新时代北外文库

媒介与传播

Media, Communication and Journalism Education

袁 军 著

人民出版社

作 者 简 介
ABOUT THE AUTHOR

袁军 1963年5月出生，湖南省新化县人，文学（新闻传播学）博士，教授，博士生导师。北京外国语大学副校长，校学术委员会主任；全国卓越新闻传播人才教育培养指导委员会主任；传播心理学会会长；中国广播电视史研究委员会副会长。

1991年在北京广播学院新闻系获法学（新闻学）硕士学位。2005年在中国传媒大学获文学（新闻传播学）博士学位。1991年硕士毕业后留校担任新闻传播学院教师。1997年破格晋升为副教授；2000年破格晋升为教授；2010年至今为二级教授。2002年8月任北京广播学院副校级干部，并作为中组部第四批援疆干部赴新疆艺术学院任党委常委、副院长。2006年11月任中国传媒大学党委常委、副校长。2017年6月，任北京外国语大学党委常委、副校长。

主要研究方向：传播理论与历史，媒介研究，新闻史，媒介素养等。主持完成多项国家社科基金、教育部人文社会科学重点研究基地重大项目、国家广电总局社科研究项目等国家级、省部级科研项目研究。近年来出版了《媒介素养教育研究》（专著）、《新闻媒介通论》（专著）、《中国新闻事业史》、《中外广播电视史》（国家十二五规划教材）、《卫星电视传播》、《中国广播电视通史》、《组织传播》（译著）、《传播学在中国》、《传播学在世界》、《新闻事业导论》（专著）等专著、合著、译著及教材。发表论文百余篇。

1996年获广播电影电视部人文社科成果一等奖；1998年获国家广电总局科研成果著作类一等奖；1999年获国家广电总局科研成果著作类一等奖；2006年获中国高等学校人文社科成果二等奖；2007年获第五届吴玉章人文社会科学一等奖。1995年被授予北京市优秀青年教师称号；2000年被国家人事部、国家广电总局授予全国广播影视系统先进工作者荣誉称号；2006年入选教育部"新世纪优秀人才支持计划"；2010年10月获全国"十佳百优"广播电视理论人才称号。

内 容 提 要
EXECUTIVE SUMMARY

本书是"新时代北外文库"中的一本。是袁军教授近三十年新闻传播学领域研究成果的集纳。

本书精选了作者代表性的学术论文，主持完成的国家级、省部级科研项目成果节选，重要著作中代表性章节的节选。包括新闻广播电视史、传播史论、媒介研究、媒介与公共管理、健康传播等新闻传播学各个领域。

本书以一个学者的视角，从一个侧面反映了在改革开放和传播科技迅猛发展的背景下，媒介、传播、传媒教育所涉及的各个领域发生的一系列历史性变革，对认识媒介与社会的互动，技术革命、社会变迁对媒介的深刻影响，以及作为"媒介化时代"的社会公民，应如何科学地认识和运用媒介，促进自身发展，都有参考意义和价值。

《新时代北外文库》编委会

出版说明

2021 年是中国共产党成立 100 周年,也是北京外国语大学建校 80 周年。作为中国共产党创办的第一所外国语高等学校,北外紧密结合国家战略发展需要,秉承"外、特、精、通"的办学理念和"兼容并蓄、博学笃行"的校训精神,培养了一大批外交、翻译、教育、经贸、新闻、法律、金融等涉外高素质人才,也涌现了一批学术名家与精品力作。王佐良、许国璋、纳忠等学术大师,为学人所熟知,奠定了北外的学术传统。他们的经典作品被收录到 2011 年北外 70 年校庆期间出版的《北外学者选集》,代表了北外自建校以来在外国语言文学研究领域的杰出成果。

进入 21 世纪尤其是新时代以来,北外主动响应国家号召,加大非通用语建设力度,现获批开设 101 种外国语言,致力复合型人才培养,优化学科布局,逐步形成了以外国语言文学学科为主体,多学科协调发展的格局。植根在外国语言文学的肥沃土地上,徜徉在开放多元的学术氛围里,一大批北外学者追随先辈脚步,着眼中外比较,潜心学术研究,在国家语言政策、经济社会发展、中华文化传播、国别区域研究等领域颇有建树。这些思想观点往往以论文散见于期刊,而汇编为文集,整理成文库,更能相得益彰,蔚为大观,既便于研读查考,又利于学术传承。"新时代北外文库"之编纂,其意正在于此,冀切磋琢磨,交锋碰撞,助力培育北外学派,形成新时代北外发展的新气象。

"新时代北外文库"共收录 32 本,每本选编一位北外教授的论文,均系进入 21 世纪以来在重要刊物上发表的高质量学术论文。既展现北外学者在外国文学、外国语言学及应用语言学、翻译学、比较文学与跨文化研究、国别与区域研究等外国语言文学研究最新进展,也涵盖北外学者在政治学、经济学、教育学、新闻传播学、法学、哲学等领域发挥外语优势,开展比较研究的创新成果。希望能为校内外、国内外的同行和师生提供学术借鉴。

北京外国语大学将以此次文库出版为新的起点,进一步贯彻落实习近平新时代中国特色社会主义思想和党中央关于教育的重要部署,秉承传统,追求卓越,精益求精,促进学校平稳较快发展,致力于培养国家急需,富有社会责任感、创新精神和实践能力,具有中国情怀、国际视野、思辨能力和跨文化能力的复合型、复语型、高层次国际化人才,加快中国特色、世界一流外国语大学的建设步伐。

谨以此书,
献给中国共产党成立 100 周年。
献给北京外国语大学建校 80 周年。

文库编委会
庚子年秋于北外

目　录

媒 介 史 论

传媒与高等教育

自　序

　　北外八十周年校庆之际,将自己多年来的学术积累,编辑成册,辑入新时代北外文库,回眸、审视关于新闻媒介、传播、传媒教育等方面研究的心路历程,颇多感慨。

　　与传媒结缘,始于1980年。这一年,笔者从工作了五年的文工团转入广电行业,专业几乎"清零""从头再来",转岗从事广播电视技术工作。因此,与同龄人相比,笔者还算得上是一个"老广电""老传媒"了。整整四十年,有幸见证、参与了随着改革开放和传播科技迅猛发展,传媒行业所经历的一系列革命性的变革,其波及面之广、影响之深刻,"史"所罕见! 这本册子中的文章,从一个研究者的视角,一定程度上反映了这一历史性变革的过程。

　　1988年,笔者考入北京广播学院新闻系攻读新闻学硕士学位,1991年毕业后留校任教,从此开始了传媒教学、研究生涯。编入册子中的文章,从最早的一篇——1991年的申请硕士学位论文《论十年来中国大陆的广播电视广告》,到最后一篇——《从办学定位入手建设大学文化》,涉及新闻广播电视史、传播史论、媒介研究、健康传播、媒介素养教育、传媒与高等教育管理等领域,纵贯近三十年,体现了笔者的"传媒观"。

　　2002年,笔者走上高校校级管理岗位,成为典型的"双肩挑";先后在三所高校履行相应职务,至今近二十年,几乎分管过高校所有的业务领域,感受体悟良多,形成文字,包括学科建设、总体规划、国际化办学、校园文化建设,等等。

　　近三十年以来的成果,除个别技术处理外,其他基本保持原貌编辑出版,将笔者在研究、思考过程中的认识水平、学识能力、话语习惯原汁原味地再次呈现在读者面前,意在截取历史发展、人的认识的某一特殊段落,反观今天乃至未来媒介、传播、传媒教育与社会的互动。

传媒人面对的是瞬息万变的世界,传媒研究者面对的是日新月异的行业。正如恩格斯所指出的:新闻事业会使人"在各个方面变得更加机智……但是,从另一方面看,新闻事业使人浮光掠影……""因为时间不足,就会习惯于匆忙地解决那些自己都不知道还没有完全掌握的问题"。这,既适用于传媒人,也适用于传媒研究者。传媒变革迅猛,传媒研究者的思考"永远在路上"。

传播理论与实践

论十年来我国的广播电视广告①

一、历史的回顾

（一）新中国成立前中国的广播广告

1. 20 世纪二三十年代广播电台的兴起与广告业务

1920 年 11 月 2 日，美国威斯汀豪斯公司的 KDKA 电台正式播音，这是美国第一家正式播音的电台，也被公认为世界第一家广播电台。世界无线电广播电台的历史从此拉开帷幕。

仅仅两年后，1923 年 1 月 23 日，美国无线电商人 E.G.奥斯邦开办的"大陆报——中国无线电公司广播电台"在上海首次播音。这是中国境内第一座广播电台。继后，美商新孚洋行、开洛电话材料公司分别在上海开办了广播电台。这些广播电台的开办者都是外国的无线电商人，通过广播电台推销无线电产品是他们的直接动机。因此，从实质上说，这些广播电台是一种商品促销工具。

---

① 这是笔者 1991 年申请法学（新闻学）硕士学位的毕业论文。文章以改革开放的第一个十年，即 1979 年中国大陆恢复和开办广播电视广告后的最初十年为研究对象，阐述了中国的媒介广告从"有"到"无"，再到"有"的奇特历程。这一历程，展现了中国大陆媒介从纯事业机构到成长为一个巨大产业背后的深源因；也从一个特殊的角度，揭示了改革开放前十年中国社会结构已经或正在孕育的巨大变迁。近三十年前的硕士学位论文，今天一字未动地公开发表，将笔者当时的认识水平、学识能力、话语习惯原汁原味地呈现在读者面前，意在截取历史发展的某一特殊段落，反观今天乃至未来媒介与社会的互动；亦以此纪念伟大的改革开放四十周年。

1927年3月,上海新新公司为了推销矿石收音机,开办了一座50瓦的广播电台,这是我国自办的第一座私营广播电台。同年底,北京出现了一座商办的燕声广播电台。

1928年12月,国民党政府建设委员会颁布了《中华民国广播无线电台条例》。该条例第三条规定:"广播电台得由中华民国政府机关公众或私人团体设立"。19世纪20年代末30年代初,我国出现了一批民营广播电台,其中半数以上集中于上海。1934年,上海登记的广播电台有50座,除5座外国广播电台外均为国人自办的民营广播电台。

当时的民营广播电台,大致有三种类型:教育性广播电台,宗教性广播电台,商业性广播电台。前两类不做广告,商业性广播电台则以广告收入作为生存基础。

值得强调的是,创办初期的民营广播电台,一般依附于厂商,专为厂商推销无线电产品作宣传,或是出于对无线电的爱好,办个广播电台自娱,并无广告费收入。

广播电台出卖时间,广告主宣传产品这一广播广告基本经营方式,起始于1930年成立的天灵无线电广告公司播音台。因此,严格说来,中国广播广告的历史应以此作为起点。

自天灵无线电广告公司播音台始,接受客商广告的做法被各地电台普遍采用。其具体经营方式主要有:

(1)设置广告节目。19世纪30年代以后,各电台除了设置"商情""行情"等传递经营信息的节目外,还专辟有"商品介绍"等为客户播送广告的节目。此类节目一般与音乐唱片混合在一起,每次半小时至一小时不等。"无论一家商店开幕、一件商品问世、或是大减价、大赠品等的广告,都要播音台来推销"。①

除此类专门的广告节目外,插播广告是各广播电台常用的方式,不仅在节目之间插播,甚至节目中间也插播广告,听众对此往往叫苦不迭。广告收入是广播电台赖以生存的基础,广告泛滥也就在所难免了。"每只唱片播送之后,

---

① 《上海播音台的历史》,《申报》1938年12月23日。

便有大批商品的广告开始播送,连篇累牍地口诵着,过了半刻钟或一刻钟之后口诵完毕,方才把无辜的听众从压迫中解放出来。"①"更其听节目在紧要关头,突然停止,插上一段广告,反复陈述,真使人啼笑皆非"②。"一面唱片不过唱了 3 分钟,而报告员的商业广告却继续到 5 分钟或 10 分钟"。③尽管当局多次明文规定,广告节目不得超过黄金播音节目的十分之二或十分之一,但广播电台开办者的商业目的决不是一纸公文规定所能扭转的。出卖时间,获取利润就是电台商人的志趣。因此,什么"咳嗽药""百带丸""花柳病"等产品广告充斥播音节目之中,也就不足为奇了。只要能赚钱,商人是顾不上什么"迎合一般低级趣味""有伤社会公德"之类斥责的。

(2)"点播节目"方式。工商界出钱点播电台节目,以扩大影响,促进产销,这种广告经营方式伴随着旧中国民营广播电台的始终。首先,大至半小时以上的戏曲说书、无线电常识、儿童节目,小到 5—10 分钟的气候报告、健身操、标准时间播报,均由不同商行公司点播。有的节目甚至是几家公司合播。另外,在大量的娱乐节目中插播点播节目的公司商行的产品广告,是通常采用的形式。可以说,广播电台仅仅是提供机器设备、播音员,至于节目内容则完全依点播者的喜好而定。其次,电台按档、分时间收取点播费。以 30 分钟为一档计算费用,时间分为甲乙丙三级,一般以一档一个月为单位,按甲乙丙三级来收取费用。最后,20 世纪 30 年代后,民营广播电台普遍开设"特别节目"。所谓"特别节目",就是由某一广告客户指定在某一天专门广播他们的广告,原来播送的客户则在那天停止。时间一般选择周末、星期天,广告主购买时间,请著名艺人演唱或直接宣传其商业。"特别节目"之多,以至于实在毫无"特别"可言。

(3)游艺员、广告员、广告代理商与广告。旧中国民营广播电台不仅设备简陋、功率小、覆盖范围有限,而且每个电台的从业人员也少得可怜。一般六至七人左右,甚至还有一人一台的。另外电台职员为兼职,很少有以电台作为唯一职业的。因此,电台的广告经营也有其独特之处,各电台并不独揽广告经

① 《申报》1939 年 12 月 15 日。
② 《上海无线电》第 38 期,1938 年 12 月 25 日。
③ 《申报》1940 年 6 月 5 日。

营全过程,电台与广告客户之间存在许多"中介人"穿针引线,游艺员、广告员与广告代理商充当"中介人"角色,商界要谋求货品的畅销往往借助电台播送广告,他们又不熟悉播音艺人和电台,所以一切托于广告员,一时广告掮客多如过江之鲫。电台播音员大多也是身兼二职,既播节目,又拉广告。

这些"中介人"的"搭桥"方式主要有以下几种:

一是由曲艺界的游艺员找到了广告客户而到某个电台去买播音时间;

二是由广告经理商找到了广告客户去买了广播时间,再去找曲艺界游艺员演唱;

三是由广告经理商买下了广播时间与节目再去接洽广告客户。

从整体上看,旧中国民营广播电台的广告制作与管理均处于低水平层次。从制作上看,无外乎今天"报告一个好消息"或"本台介绍一样好东西"之类的语句。"在节目之间像机关枪般迅速地报告一阵",单调枯燥的语言加上"填鸭式"的反复播报,听众的接受程度与广告效果也就可想而知了。严格说来,民营广播电台的广告制作实在是毫无技巧可言。从广告管理角度看,旧中国没有专门的电台广告管理条例,对广告内容、经营方式几乎是听之任之,虚假伪劣产品、任意夸大炫耀之词充斥电台广告之中,听众深受其害,叫苦不迭。电台广告数量之多,内容之庸俗低下,不仅导致广告效果丧失,而且有损社会道德风范,当时社会各界对广播电台的斥责也大多是针对电台广告的。

2. 国统区和解放区广播电台的广告业务

值得一提的是,在旧中国广播史上,除了民营广播电台大量播送广告外,国民党的官方广播电台以及解放区的人民广播电台都曾经办广告业务。

国民党的官办广播事业发轫于1928年8月1日在南京开播的中央广播电台。该台作为国民党广播宣传的舆论中心,在履行"宣传主义的无上利器"(陈果夫语)之职能外,也开办了广告业务。从1934年9月该台制订的节目表中可以看出,中央广播电台辟有"沪市商情""商业新闻及京沪商情"等栏目。是年9月,该台还委托"中国电声广告社"独家代理广告业务。中央广播电台的广告种类分为"普通""特种"两项。普通广告以两分钟为一次,每次以150字为限;特种广告每次以20分钟为限,由委办者自行出资邀集音乐或歌剧团体,然后由广告代理商介绍到广播电台播放,并随时将广告词句插入娱乐节目之中。① 此外,国民党中央广播无线电台管理处所辖的地方电台也普遍经办广告。

1940年12月30日,延安新华广播电台开始播音,拉开了人民广播事业的序幕。据现有资料,延安新华广播电台(后改名为陕北新华广播电台)不曾播送广告;但是,随着人民革命战争的节节胜利而相继开播的各解放区人民广播电台,有一部分曾经开办广告节目。如东北新华广播电台、张家口新华广播电台等。其中,东北新华广播电台还于1949年1月制定了广播广告条例,对广播广告经营的范围、时间、内容、收费等作了较为具体的规定。

(二) 新中国成立初期广播电台的广告

新中国的成立标志着中华民族历史新纪元的开始,中国的广播广告业也从此进入了一个崭新的历史阶段。综观新中国成立初期我国大陆的广播广告,可以分为两种类型:人民广播电台的广告;私营广播电台的广告。

1. 人民广播电台的广告

作为社会主义新闻事业一部分,新中国成立后的人民广播电台一律由国家经营。1950年,全国共有广播电台65座,发射总功率272千瓦。②

新中国成立初期,各地的广播电台普遍经营广告(中央人民广播电台没有广告节目)。电台的经费开支除国家拨款外,广告收入是一笔相当可观的数目。1951年,天津广播电台经费已全部自给,北京广播电台每月可向国家上缴利润。③

体制方面,新中国成立初期的人民广播电台有"人民台"和"广告台"(亦称工商台、经济台)之分。"人民台"一般不经营广告,"广告台"则以广告节目为主,兼及文艺节目。

北京市当时有3个广告台,即北京广播电台第二、三、四台。天津广播电台

---

① 中央广播无线电台管理处编:《广播周报》1934年第2期。

② "当代中国丛书"编辑委员会编:《当代中国的广播电视》(下),中国社会科学出版社1987年版,第27页。

③ 中央广播事业局编:《广播通报》,1951年11月15日"关于华北五省二市广播电台工作会议的专题报告",第20页。

从 1949 年 5 月 1 日开始办了广告台,曾一度用三个频率播出广告,广告台从 8 点到 24 点播出,中间只有两个小时不是广告。主要经营方式是出售时间,满一小时给予九折优待。承办的广告百分之八九十是医药方面的。1956 年广告台停办。①

1951 年 3 月,广州市开办工商台,集中播放商业广告。栏目名称有:《粤曲与广告》《新歌曲与广告》《粤剧与广告》《西乐与广告》《京剧与广告》等。广告形式单调,收费标准很低。② 1950 年 4 月 15 日,昆明市工商广播电台开播,后改为昆明人民广播电台广告台。内容除滇语政令、国内新闻、歌曲、花灯等外,绝大部分是广告。③ 1951 年 8 月 1 日,沈阳市广告台播音,以所得收入,支持抗美援朝,捐献"人民广播号"飞机。④

广告台在群众中有着相当广泛的影响。首先,它的播音时间比人民台长。如北京市人民台每天播音 790 分钟,而广告台达到 2860 分钟。其次,广告台曲艺节目多,广大工商业户、城市居民乃至工人、学生和干部愿意收听。

此外,南京、南通、苏州等地的广播电台,从 1949 年开始就开办有《粮食牌价》《花纱布牌价》《百货牌价》《合作供销牌价》等商情广告节目。1949 年 11 月,苏州、南京人民广播电台还制订了办理广告业务的暂行办法。国民党统治时期,物价一日几涨,广大群众深受其害。当时的《商情广告》对刚刚获得解放的市民来说是十分重要的,既稳定了他们的情绪,又使他们了解了党的方针政策。

广告台的广告经营方式大致有:(1)广告员兜揽广告;(2)广告社承包广告,请演员"赶场",插播广告(演员自报广告);(3)客户指定节目包时间;(4)剧场包场转播,在节目换场或剧中人物上下场空隙中机动灵活地插播小广告。

新中国成立之初,经济落后,百业待兴,旧社会遗留下来的各种思想、习性还远远没有根除,反映在电台广告工作方面,就是存在着相当严重的不问政治的单纯经济思想。"仅知赚钱""有奶便是娘"的观念在当时广告界普遍存在,因而在宣传方面往往导致政治上的严重失误。

---

① 天津广播电视局为《当代中国的广播电视》编写的资料性文稿。

② 《当代中国的广播电视》编辑部选编:《中国的广播节目》,北京广播学院出版社 1987 年版,第 811 页。

③ 云南省广播电视厅编:《云南各级广播电台历年节目时间表》。

④ 《当代中国的广播电视》编辑部选编:《中国广播电视大事记》,北京广播学院出版社 1987 年版,第 44 页。

针对上述问题,根据中央广播事业局的指示,1951 年 9 月 15 日至 17 日,华北五省二市人民广播电台所属的广告台,在天津召开了一次工作会议。会议总结了新中国成立两年来的广告宣传工作,交流了各台广告工作经验。对一些非政治性的单纯盈利思想进行了批判,确立了把国家经济政策、工商业发展情况和群众需要密切结合起来,克服单纯经济观点的经营方针。

这是新中国成立以来,国家机关第一次召开的广播电台广告工作会议,会议所确定的政治宣传与商业经营并举,消除单纯盈利思想的电台广告经营方针,对当时乃至以后广播电台广告经营的主体思想均产生了积极影响。

会议之后的 12 月 1 日,北京广播电台第二、三、四台(广告台)即进行了工作改革,取消了私人演员、剧社"包时间""包节目",为私营工商业作广告宣传的办法,取消了广告工作中一部分"把头式""拉牵式"的恶劣做法,保留了正当广告社的合法利润,所有广告统由广播电台管理。这一改革,增加了国家收入,提高了广告台的文艺节目质量。①

2. 私营广播电台的广告

新中国成立初期,除由国家经营的广播电台外,还存在一些私营广播电台。这些私营广播电台绝大多数集中于上海、北京等地。1949 年 5 月 27 日,上海解放。6 月 13 日,中国人民解放军上海市军事管制委员会颁布了《关于上海市私营广播电台暂行管制条例》。经过登记、审核,大美、亚洲、亚美、民声、东方等 22 家私营广播电台被许可继续播音。这些私营广播电台,无论在旧中国还是新中国成立初期,都是以经营商业广告营利为目的的,完全依赖广告客户的"电费"和客户委托代邀曲艺节目的佣金收入为生。节目时间可以买卖,广告主在私营台播音要交"电费","电费"价格以小时计算,不同时间有不同的价格标准。由于私营广播电台以追求利润为主要目的,节目中有关资产阶级世界观、人生观和封建迷信、腐化堕落的思想意识的宣传以及黄色淫荡歌曲、骗人的商业广告等依然存在。1951 年 3 月,经上海广播界座谈会协商,取消了私营广播电台的商业性特别节目,并对私营广播电台的"电费"收入作

---

① 《当代中国的广播电视》编辑部选编:《中国广播电视大事记》,北京广播学院出版社 1987 年版,第 46 页。

了限制。1952 年 10 月 1 日,公私合营的上海联合广播电台成立,上海私营广播电台的社会主义改造宣告完成。

新中国成立初期的广播广告,对促进当时工农业生产、扩大流通、指导消费、活跃经济,乃至对整个国民经济的恢复和发展,起了积极作用。总的说来,解放初期的广播广告经营具有如下特点:(1)各广播电台普遍经营广告。1956 年,工商业的社会主义改造基本完成之前,是广播广告的发展与兴旺时期,除中央人民广播电台外,各地方广播电台都曾经开办广告节目,许多大中城市还相继建立了广告台、工商台或经济台。(2)广告收入可观。华北五省二市的广播电台经费基本自给,有的还可向国家上缴利润。(3)开办时间上的非延续性。1956 年,刘少奇同志在听取中央广播事业局领导同志的汇报时指出:"广播电台为什么不播广告? 人民是喜欢广告的","过去北京有一些电台播广告,你们取消了,是不是怕搞广告?""我看有些城市电台可以播广告。"①尽管刘少奇同志对广播广告给予了充分肯定,但由于受"左"的影响,各广播电台开办广告往往是时播时停。据现有材料,1956 年以后,各地的广告台相继停播。

1957 年以后,国家对大部分商品实行统购、包销政策,广播广告大为减少,许多广播电台的广告节目由此停办。"文化大革命"中,广告成了"封资修"的同义语,社会主义经济被视为纯而又纯的产品经济,作为商品经济伴随的广播广告,也就从此销声匿迹,一停就是十几年。

二、十年来大陆的广播电视广告发展述评

(一) 电视广告的开办和广播广告的恢复(1979 年—20 世纪 80 年代中期)

中国的广告园地在历经近 20 年的枯萎状态之后,终于重新呈现勃勃向上

---

① 广播电影电视部政策研究室、《当代中国的广播电视》编辑部编:《梅益谈广播电视》,中国广播电视出版社 1987 年版,第 10 页。

生机,何以如此? 那便是改革开放的春风吹拂。

1978 年 12 月,中国共产党召开了十一届三中全会,作出了把工作重点转移到社会主义现代化建设上来的战略决策,中国的社会主义建设从此进入了一个新的历史时期。

当商品经济、价值规律、市场竞争这些曾经被认为与社会主义无关的概念被重新提起的时候,人们开始认识到了社会主义广告存在和发展的必要性。

1. 各地广播电台、电视台广告节目的恢复与开办

当人们还在对社会主义的新闻机构能否经营广告持犹豫、观望乃至反对态度时,上海电视台首先冲入"禁区"。

1979 年 1 月底,上海电视台拟订了《上海电视台广告业试行办法》和《国内外广告收费试行标准》,并且成立了上海电视台广告业务组。同年 1 月 28 日,即农历正月初一 17 时 05 分,电视屏幕上映出了"上海电视台即日起受理广告业务"的灯片,随后播放了一条片长 1 分 30 秒,内容为"参桂补酒"的广告片。该片是由上海市美术公司委托、电视台新闻组摄影记者制作的,共播 8 次。这是中国电视史上第一条商业广告。①

1979 年 3 月 15 日晚 18 时 51 分,上海电视台又播放了国内第一条外商电视广告——"瑞士雷达表"。这条广告长 1 分钟,共播 11 次,是由上海广告公司(外贸)和香港《文汇报》推荐的。7 月 16 日,上海电视台与香港《文汇报》、电视广播国际有限公司签订了为期 5 年的广告业务合作协议。11 月,该台与香港太平洋行签订了日本"西铁城"报时广告的协议,为期 1 年,广告总金额达 130 万港币。②

中国的广播广告在绝迹近 20 年后,又重新登台亮相。

1979 年 3 月 5 日,上海人民广播电台在全国的广播电台中第一个恢复了广告业务,在社会上引起很大反响。通讯社以此为电台工作改革的信息专题发布了消息。③

广东人民广播电台在 1979 年 5 月恢复广告业务,设置了独立的广告节

① 《电视广告节目的兴办和现状》,《上海广播电视资料汇编》(1),第 159 页。
② 《电视广告节目的兴办和现状》,《上海广播电视资料汇编》(1),第 159 页。
③ 《上海电台广告节目的恢复和发展》,《上海广播电视资料汇编》(1),第 121 页。

目,并开始办理外商广告业务。在当年的中国出口商品交易会(春交会)期间,播出了该台第一条外商广告——"瑞士乐都表"广告。① 这是全国广播电台恢复广告节目以来第一条外商广播广告。

1979 年 11 月,中共中央宣传部发出了《报刊、广播、电视刊登和播放外国商品广告的通知》,指出:"要调动各方面的积极因素,更好地开展外商广告业务。"②早已出现的广播电视广告终于获得了一张"通行证"。

于是,一向以沉稳、审慎著称的中国唯一覆盖全国范围的国家电视台——中央电视台开始开办商业广告。1979 年 12 月,中央电视台开辟《商品信息》栏目,集中播放国内外广告,每天 5 分钟。③ 初期电视广告分为三种形式:一种是介绍商品的;一种是介绍厂商的;还有是外商提供的带广告性的节目(如纪录片)。④

中央人民广播电台于 1979 年下半年开始研究开办广告节目的问题。经过两个多月的紧张筹备,制定了经营广告的章程和宣传方针。1980 年 1 月 1 日,中央人民广播电台向全国听众播出了第一则广告。⑤ 这是中央人民广播电台有史以来第一次开办有偿广告节目。

据现有资料,各台恢复和开办广告节目的时间大致都在 1979 — 1980 年之间。

2. 电台、电视台经办广告的社会反响

各地广播电台、电视台广告节目的相继恢复与开办,犹如一石投水击起层层涟漪,给沉寂多年的广播电视领域带来了一场不小的冲击波。经过多年的广告虚无之后,人们对广告这种似乎与社会主义无关的"新生事物"的出现已显得很不适应了,尤其是对一向吃"皇粮"的广播电台、电视台居然成了某些产品、特别是外商产品的推销阵地,更是颇有微词。有人认为,电视台播放广告"有损舆论机关的尊严""一切向钱看""是修正主义货色"。播放外商广告

---

① 潘力、汪湃:《中国的广播节目》,北京广播学院出版社 1987 年版,第 811 页。

② 《广播业务》1990 年第 2 期,第 2 页。

③ 《中国的电视台》,北京广播学院出版社 1987 年版,第 37 页。

④ 《中央电视台大事记》,北京广播学院出版社 1987 年版,第 37 页。

⑤ 《广播业务》1990 年第 2 期,第 2 页。

更是"出卖主权""丧权辱国""为资本主义效劳"等。① 一时沸沸扬扬,议论纷纷。

这毫不奇怪,中国人历来崇尚谨慎、含蓄的处世哲学,"君子言于义、小人言于利"的儒家古训早已深入人心;在商品问题上,更是遵循"酒好不怕巷子深""桃李不言、下自成蹊"的经营之道,对现代广告这一赤裸裸的商品推销方式一时无法接受也在情理之中。

长期的闭关自守政策,"左"倾思潮的泛滥严重地拘束了人们的视野,对于西方世界的物质文明与观念体系,不管其是否代表人类文明发展的最新趋势,而只要是贴上资本主义的标签,就不假思索地一味排斥。这种"夜郎自大""画地为牢"的做法严重地阻碍了我国经济的发展和人们观念的进步。因此,一旦国门洞开,西方世界经济高度发达的伴随物——令人眼花缭乱的现代广告一时充满我们的电视画面,就很可能给人们固有的观念体系、价值标准带来一种巨大的冲击力量,对外商广告的种种斥责,也就不足为怪了。

日本一位广告学者来华讲学时谈到,来中国后,使他最感惊奇的是中国的国家电台、电视台居然经营广告。

按理说,中国的电台、电视台均为国家经营,国家拨款维持其生存,本不应经营广告。从世界范围看,NHK、BBC、"美国之音"等由国家与政府资助的传播机构都不经办广告。

但是,中国的国情不同。首先,中国地广、人多,交通落后、信息不灵,商品经济要有一个长足的发展,非借助广播电视沟通产销、疏导流通渠道不可;其次,我国经济落后,国家对广播电视的拨款远远不能满足受众对电视台、电台节目的高水准要求,只能采取以节目带广告、以广告养节目的方式。

在广告问题上,精于商道的外国人倒是多了几个心眼。虽然中国广告开办之初,国家对外国商品的进口尚有种种限制,但外国人瞧准的是中国这个巨大的商品潜在市场的未来,他们把在中国广播电视上作广告看成是"向中国市场进军的第一步"。美国三家跨国广告公司,还在香港设立了分公司,专门

---

① 《电视广告节目的兴办和现状》,《上海广播电视资料汇编》(1),第159页。

处理在中国大陆的广告。①

于是,各路外国巨商蜂拥而来。

1980 年上半年,中央人民广播电台接洽外商达 60 多家、100 多人次,只是由于对方条件苛刻,与我方针、政策不符,达成协议者甚少。②

1980 年 8 月 10 日,中央电视台在 8 频道开始每日播放 15 秒日本"西铁城"手表广告。这是在中国国家电视台长期播放的第一个外国商品广告。日本公司签订这个为期一年的合同花费了 80 万元人民币,相当于 56.8 万美元。③

3. 广播电视广告业务发展情况

(1)电视广告

①商品广告

20 世纪 80 年代中期以前可以说是我国电视广告界惨淡经营的初期。长期禁止自由竞争的商业活动,一旦解禁,也不能在短期内迅速提高广告制作水平。创办伊始,既无经验,又没有可供借鉴的资料,广告片的制作基本上套用电视新闻片的模式,一般片长在 1 分 30 秒以上,长的则有三四分钟。10 个中有 9 个强调某产品得到过国家"金质奖""银质奖""优质奖"等等。广告片中经常出现某产品生产厂家的大门,作业情况,甚至亮出厂长的"玉照",然后以机关枪速度念完厂名、地址、电话、电报挂号等。

广告用语方面,"客户至上""信誉第一""实行三包""代办托运""誉满全球"等老生常谈字眼泛滥,酒类广告多是强调其"安神补心""疏筋活血""益寿延年""宫传秘方"等,很少涉及美酒给予人们生活上的情趣和享受。

广告内容方面,生活日用品缺乏,大多是笨重的车床机器、锅炉,以及化肥、农药等。电视台仿佛成了厂家"一厢情愿"的推销工具。

广告诉求技巧方面,创意新颖的广告可谓凤毛麟角,且模仿之风盛行,使得极其强调表现个性的电视广告成了某些固有模式的化身。广告片制作粗

---

① 《港报评述中国电视广告市场尚待开发》,《广播电视参考资料》1985 年第 11—12 期。

② 广电部档案处:中央电视台档案 1981 年 NO29。

③ 《广播电视参考资料》1980 年第 10 期,第 6 页;《中央电视台大事记》,第 198 页。

糙,毫无艺术感染力可言。如上海某饭店在电视上做广告,请几位著名演员介绍,为了证明其食物的精美,介绍之余,竟当众大嚼起来,这种毫无美感的噱头,简直叫人哭笑不得。①

②提供节目的广告

这一时期外商广告基本上都是为丰富电视节目而结合播出的广告,单纯做广告的除"西铁城"报时钟外,其他数量很少。

1980年12月7日,中央电视台开始向全国播放日本科学幻想动画片《铁臂阿童木》,每星期日晚播出一集,播出一年,共52集。② 这是中央电视台第一次播出带广告的儿童系列节目。

《铁臂阿童木》播出后反响强烈,收视率很高,其主题曲深受中国少年儿童喜爱。该片播到13集时,电视台即收到观众来信6000多封。③

1982年1月3日至6月27日,中央电视台播出了26集日本彩色动画片《森林大帝》。④

1983年1月至12月,中国电视台播放了52集日本动画系列片《尼尔斯骑鹅旅行记》。⑤

提供以上三片的是日本卡西欧计算机、三菱汽车工业、日立电器和组合化学工业等四家公司。广告主们可以在每30分钟的节目中占用一分钟播放面向中国的商业广告。卡西欧计算机公司海外宣传科一位人士说:"广告播放后声名大振,这对增加销售量起到了相当大的作用。"⑥

③赞助广告

1981年,中央电视台在香港进行过三次球赛转播,共19场。如果按1000美元一场购买报道权,仅报道费就需5万多美元,共需7万多美元。经与香港电视台合作,每场插两分钟赞助厂商的广告,整个19场球赛,不但没有支出分文外汇,而且还有些外汇收入。仅四场足球赛,中央电视台净收入6.5万多港

① 《广播电视参考资料》1980年第7期,第5页。
② 《中央电视台大事记》,第198页。
③ 《日刊评价中国电视事业发展情况》,《广播电视参考资料》1984年第1期。
④ 《中央电视台大事记》,第236、268页。
⑤ 《中央电视台大事记》,第236、268页。
⑥ 《把日本制电视节目和商业广告放在一起》,《广播电视参考资料》1982年第11期。

元,相当于 2 万多元人民币。①

颇受好评的《中学生智力测验》则是由瑞士雷达表公司赞助的。中央电视台在八频道播出 13 次,每次 30 分钟,雷达表公司支付中央电视台近 22 万港元,折合人民币 7 万元以及一系列奖品。②

此外,四川电视台在播放《木兰花》《排球女将》《血疑》《命运》《女奴》《父子之间》等电视片时,采用了"特放播映"形式。③

大量情节曲折离奇、引人入胜的外国电视系列片以及制作极为精良、令人眼花缭乱、耳目一新的商品广告涌入中国的电视屏幕,在丰富了电视节目的同时,人们不禁犯起了嘀咕:中国的电视台成了转播台,我们自己的节目哪里去了? 原因很简单:没钱! 一部 90 分钟的电影,收购价是 70 万元,一部 50 分钟的电视剧,几百元至几万元,单靠国家拨给那一点可怜的事业费显然远远不能满足广大电视观众对电视节目的高水准要求。正如当时中央电视台台长王枫所说:中国的电视节目之所以比较贫乏的原因是中国还是一个贫穷的国家,我们拿不出大笔的金钱来购买外国影片。1981 年,我们曾打算购买美国的电视连续剧《根》,但要 25 万美元,因为太贵了,没有买成。

大量的外商广告占据中国的屏幕,似乎挫伤了一些观众的自尊心。他们纷纷给电视台写信或打电话,表示"抗议"。④ 这可真难为了电视台,既要节目丰富,又容不得外商广告,真是众口难调,左右为难。

1979 年,全国电视广告营业额仅 325 万元。1983 年,营业额 1620 多万元,经营广告的电视台 57 座,占全国广告总营业额的 6.9%。1984 年,增至3397 万元,比 1979 年增长 10 倍多,经营广告的电视台 98 座。⑤

(2)广播广告

①商品广告

商品广告从恢复到 80 年代中期,是广播广告从无到有,形式从单一到灵

---

① 《电视广告情况汇报》,中央电视台档案 1981 年 NO29。
② 《电视广告情况汇报》,中央电视台档案 1981 年 NO29。
③ 《四川省志广播电视分志第四编——电视广播》。
④ 《外国电视剧"占据"中国电视屏幕》,《广播电视参考资料》1982 年第 1 期。
⑤ 《中国广告年鉴》编辑部编:《中国广告年鉴》,新华出版社 1988 年版,第 16、20 页。

活多样的时期,与电视广告相比,这一时期的广播广告已相对成熟。各电台充分利用广播的传播特点,在广播广告的形式方面,做了许多富有成效的探索。广播广告的主要形式在这一时期已基本形成。具体来说,主要有戏曲、歌曲、相声、对播、对话、谜语、快板、诗歌、现场报道、录音讲话等。

②文艺晚会与广告

广播电台广泛采用了各种赞助形式。上海人民广播电台于1981年7月起先后举办多次直播文艺晚会。如《愉快的夜晚》《乘凉晚会》《欢乐之夜——乘凉晚会》《越剧流派演唱会》《曲艺音乐晚会》《沪剧演唱会》《朱逢博独唱音乐会》等。这些晚会采用各种有趣的形式,如点播演唱节目、猜谜和智力测验,并在串连词中自然、巧妙地插入赞助厂家的商品知识介绍和广告。这些趣味盎然的晚会吸引着成千上万的听众。赞助《朱逢博独唱音乐会》的上海无线电四厂就收到4000个点播电话和300多封点播信。①

1982年,中央人民广播电台在开展质量月宣传活动中,也组织过两次广告文艺晚会。②

③名优产品大联播

1983年元旦期间,全国29个省、自治区、直辖市广播电台联合举办了“全国优质名牌产品专题节目”广告大联播。③ 随后,许多省区也举办了以本省区为范围的优质产品宣传活动。这种形式有效地提高了广播广告的声誉,使一些认为只有滞销产品才做广告的人,转变了看法。

1983年,全国经营广告的电台有115座,1984年达153座。总营业额1983年1800多万元,1984年为2320多万元。④

4.行业组织的建立与《广告管理暂行条例》的颁布

1983年2月,中国广告协会第一次代表大会在北京举行。会议制定了《中国广告协会章程》,通过了决议,选举了中国广告协会理事。这标志着中

---

① 《上海广播电视资料汇编》(1),第123页“上海电台广告节目的恢复和发展”。

② 《编播业务》1984年第7期,第7页。

③ 《中国广告年鉴》编辑部编:《中国广告年鉴》,新华出版社1988年版,第15、30页,第152页。

④ 《中国广告年鉴》编辑部编:《中国广告年鉴》,新华出版社1988年版,第15、30页,第152页。

国广告协会的正式成立。

1984年6月,中国广告协会电视委员会在南京成立。该委员会是中国广告协会专业性的工作机构。

电视委员会的主要工作任务是:向本行业宣传贯彻国家有关广告的方针政策,促进电视广告事业的发展,让电视广告为介绍先进技术、传播市场信息发挥更大的作用,了解世界电视广告发展趋势,掌握全国电视广告发展情况,对全国电视广告工作进行指导、协调、咨询和服务,组织经验交流,培训电视广告人才,积极开展国际交往活动,促进中外电视广告业务的交流和友好往来。

同月,中国广告协会广播委员会在北京成立。

广播委员会的宗旨是在中国广告协会领导下,对全国广播系统的广播广告进行指导、协调、咨询和服务。

针对当时广告工作无章可循,经营广告的单位各自为政,以及有些广告内容虚假、欺骗群众,有的经营单位单纯为了赚钱,在宣传某些商品,特别是外国高档消费品时,不注意国家的政策和我国国情,造成不良影响等状况,1982年2月6日,国务院颁发了《广告管理暂行条例》,这是新中国成立以来第一个全国性的广告管理法规。1982年6月5日,又颁发了《广告管理暂行条例实施细则》,在广告内容、广告设计、广告经营等方面,均作了较为详细的规定。《暂行条例》与《实施细则》的颁布,为广播电视广告的健康发展,提供了法律保障。

(二)广播电视广告的发展(20世纪80年代中期—1990年)

对广播电视广告十年的发展轨迹做一番探寻之后,不难发现,无论广播广告还是电视广告,1985年前后均可作为一个发展的转折点,这个转折点的标志主要有:a.广播电视广告经营单位急剧增加;b.营业额的成倍增长;c.广播电视广告形式日益丰富;d.着重创意,出现了一批颇具独特创造性的广播电视广告作品;e.广告产品的分类结构发生显著变化,适宜广播电视广告表现的日用产品、食品等门类的数量明显增加。

作为商品社会的一种重要经济现象,广播电视广告的发展受制于它所赖以存在的社会的各种政治经济因素。从当时的政治经济状况方面分析,20世纪80年代中期以后,随着我国改革开放政策措施的进一步贯彻与落实,我国的经济发展出现了新中国成立以来从未有过的好势头,经济改革的总体格局已基本形成。在成功地实现农村经济从自给、半自给经济向商品化、社会化、专业化方向过渡之后,进一步制定和实施了一系列城市经济体制改革措施,尤其在商品生产和流通领域,扩大了企业自主权,企业在完成国家计划和订货任务的前提下,有了根据市场需要安排生产和销售产品的一定权力。长期由国家计划分配的工业生产资料作为商品开始进入了流通,企业之间围绕产品的质量、品种、服务以及部分价格开展了竞争,从而促进了企业对商品市场的关心。计划体制的改革,使我国指令性计划产品由1984年的120种,减少至1987年的60种,许多大中型企业开始利用广告开拓市场。人们生活水平的提高,带来了彩电、冰箱、洗衣机、录像机、电风扇、自行车、手表、化妆品等高档消费品的大批量生产,这为广播电视广告经营市场的开拓提供了强大的推进力。从广播电视广告业自身的发展状况来看,经过几年的苦心经营与探索,广播电视广告的经营机构与组织的相对合理格局已基本形成,各广播电台、电视台相继成立了广播服务公司、电视服务公司、广告部、公共关系部、信息部等广告专营机构,各机构内部的规章制度基本完善。

1. 电视广告

(1)企业形象广告的兴盛与电视广告栏目的多样化

企业形象广告是企业为了提高知名度以促进产品销售而进行的一项战略性投资,是将企业的公共关系活动与广告宣传融为一体的表现形式。这类广告往往不是对产品或服务本身加以诉求,而是以专题片的形式,多方位、多角度地充分展示企业或组织的规模、设备、生产流程、经营方针,以提高企业或组织的知名度,增加社会公众对企业的了解与信任感,使企业在激烈的市场竞争中立于不败之地。

国外许多企业不惜巨资进行长期的形象广告宣传活动,截止到1989年底,杜邦化学公司做了52年的企业广告,通用电器做了67年,美国电话公司做了80年,美国钢铁公司做了51年,制罐公司也做了55年。

企业形象广告往往作为企业开拓新市场,进行大批量产品销售的先行军。早在我国电视广告开办初期,日本许多公司,如松下、日立、东芝、三菱重工等公司和集团就曾在我国做过许多成功的电视企业形象广告宣传。近年来,我国的各级电视台相继设立了丰富多彩的广告栏目,如《工商信息》《商业一条街》《大众服务》《全球瞭望》《企业天地》《经济博览》《消费指南》《穿针引线》《市场漫步》《柜台服务》《经济纵横》《厂长话经济》等。其中许多栏目是为宣传企业整体形象专设的。大庆油田、湖北十堰第二汽车制造厂、首都钢铁公司、上海宝山钢铁公司都曾在电视屏幕上展示雄姿。

企业形象广告(中央电视台称为二类广告,区别于商品广告即一类广告)片长一般有 5 分钟、10 分钟、15 分钟、30 分钟等档次。根据不同的企业性质,分别计算收费,如中央电视台就有国内企业二类广告、中外合资企业二类广告、外国企业二类广告之分。因广告片较长,单位时间内的收费标准也较商品广告低。

企业形象广告的大量涌现,是企业广告意识增强的一个重要标志。从"打一枪换个地方",单纯局限于产品的短期广告宣传,到把产品宣传与树立企业形象有机结合起来,注重宣传企业的宗旨、信念、社会责任,以取信社会,取信于广大消费者,为企业长远战略目标的实现服务,是当今广告业的发展趋势和特点。

(2)商品广告创意水平的提高

无论是从普通观众的眼光看,还是从专家的角度看,或者海外广告界的反映,都认为 20 世纪 80 年代中期以后,我国电视广告的发展跃上了一个新的台阶。电视广告创意水平的提高是这种变化的主要内容。可以说,这一时期我国的电视广告已基本上抛弃了早期的"图像加广播"的诉求方式,而开始进入重视媒介自身的传播特点,利用电视独特的视听语言,对受众进行创意性的情感诉求的时期。

1986 年,我国电视广告界明确提出向创意性广告发展这一目标。[1]

为提高我国电视广告的创意水平,缩短与先进国家的差距,1987 年 8 月30 日至 9 月 8 日,电视委员会在厦门举办了全国首届电视广告创意设计班。

电视广告创意水平的提高与全国优秀电视广告作品评选活动的举办有着

---

[1] 《中外电视》1990 年第 6 期。

密切关系。

1985 年 3 月 16 日至 22 日,第一届全国优秀电视广告作品评选会议在成都举行。会议评选出优秀电视广告作品 32 个,其中一等奖 5 个,二等奖 15 个,三等奖 12 个。获一等奖的 5 个作品分别是:浙江电视台的《小白兔儿童牙膏》,广东电视台的《广州手表》,四川电视台的《绿叶啤酒》,中央电视台的《熊猫电视机》,山西电视台的《〈摄影报〉刊物广告》。

截至 1990 年上半年,全国优秀电视广告作品评选活动共举办过四届,出现了一批富有创意性的广告作品。

①一些作品体现了策划者匠心独运的巧妙构思

构思巧妙是衡量一则广告创意水平的首要尺度。四川台摄制的《青年自修大学》广告(获 1988 年第三届全国优秀电视广告评比一等奖),以一位男青年代表因"文化大革命"而牺牲了受良好教育的一代,以一个运动员企图靠自己力量却无法跳跃一个高栏作为象征。忽然,他发现了一根写有"青年自修大学"字样的撑竿,并依靠这根撑杆,轻而易举地越过了高栏。尽管该片在构图处理方面仍显粗糙,但这种隐喻性的构思充分体现了策划者的独创意识,仍不失为难得的上乘之作。

浙江电视台 1986 年摄制的《OK 鞋油》在创意上也称得上独特:两小无猜的男女幼童玩"过家家"游戏,小男孩"呸! 呸"吐口水擦亮父亲的黑皮鞋,然后穿上,学父亲走路,鞋子穿反了不说,人还几乎要被跟他身材不成比例的鞋子和鞋旁的 OK 鞋油绊倒。他却走到镜前,自己端量一下,对小女孩说:"你看我像不像爸爸?"小女孩答道:"不像爸爸!"小男孩不服气,灵机一动,"有了!"说着还把沾满黑鞋油的手指在鼻与唇间一画,马上镜子里映出他唇上出现一道细黑的胡子,果然有了"爸爸样",而小男孩突然有所发现地说:"啊! 真香!"说着还凑过去与小女孩分享香味。片尾以"OK 鞋油亮又香"推出广告主旨。

该片采用诙谐的戏剧手法,十分巧妙地揭示出产品的功能,使受众在浓厚的生活气息中实现对广告信息的认同。这是一则典型的"作品型"电视广告。

②电视商标形象广告的出现

商标形象广告,是国外 20 世纪 80 年代兴起的一种广告诉求方式与表现形态,指的是为被推销产品塑造一种象征性形象的广告表现方式。在产品定位上,商标形象广告往往抛开商品的特征与功能,从心理定位角度,赋予产品一种抽象的替代物,即产品本身并不具备的象征性形象。从表现手法上,商标形象广告通过设置与消费者日常生活息息相关的"情境",充分发挥消费者的联想与想象的心理功能,最终达到对象征性形象的认可。这是一种建立在对消费者心理需求准确把握基础上的高层次软性诉求方式。这一新的诉求方式,以其极其个性的表现手法,在西方广告界产生了很大影响,有人认为,80年代后,广告界进入了一个形象广告的时代。

20世纪80年代中后期,由于对外交流的加强,我国的电视广告领域,已自觉或不自觉运用了这种诉求方式,并出现了为数不多的颇具商标形象广告形态的作品。

譬如,在第四届全国优秀电视广告评选中获一等奖的中央电视台的《威力洗衣机》广告:

画面一:生机盎然的北方乡村景色,一辆载有洗衣机的小型工具车在疾驰;画面二:一群农家妇女在清澈的小溪边捶打衣物;画面三:一位母亲模样的农家妇女眺望汽车的到来;画面四:一群顽童围聚载有洗衣机的汽车嬉戏;画面五:一幢素朴的农家小宅前,人们打开洗衣机。

贯串始终的画外音:(女声)"妈妈,我又梦见了村边的小溪,梦见了奶奶,见到了你,妈妈我给你捎去一样好东西。"字幕"威力洗衣机,献给母亲的爱。"

这是一则难得的富有感染力的商标形象广告。它采撷了生活中一个极富情趣的片段,没有华丽的辞藻,夸张的承诺,没有渲染产品的质地与功能,却给人留下深刻印象。中国传统文化中,"家"的观念是非常强烈的,亲人团聚、家庭和睦、敬老携幼是人们崇尚的理想生活境界。广告以广阔的农村为目标市场,以女儿赠送母亲洗衣机为契机,抛开产品的特征与功能,把诉求重点定格于整则广告所赋予洗衣机的象征意义——田园牧歌式恬适的生活环境,和谐的家庭气氛,以及女儿对母亲诚挚的爱恋。因此,威力洗衣机给予消费者的远远不仅是它具体的实用价值,更重要的是它的象征意义。这种象征意义通过人们的联想与想象等心理功能的发挥,即成为和睦的气氛、诚挚的情感以及对远离尘嚣的恬适乡村生活的遐想等产品本身所不具备的崭新的意义和价值。

此外,广州市广告公司为"鸿运"转叶扇策划的电视广告,也是较为成功的商标形象广告。

尽管商标形象广告在塑造商品的象征性形象时,展示给消费者的往往是一种可望而不可即的梦幻般境界,一种逃避现实矛盾的"乌托邦式"的理想追求。显然,这与我们所崇尚的务实精神是相悖的。对这种超现实境界的过分渲染,很可能引起对社会现实的一种不切实际的不满足情绪的产生。但是,作为一种高层次软性诉求方式,商标形象广告的出现,标志着我国电视广告策划开始进入一个比较自觉地运用商品学、市场学、消费心理学等方面的研究成果,进行有效的情感诉求的时期。

③社会名流走进电视广告画面

广告心理学研究成果表明:消费者在对某种广告产品印象的形成过程中,常具有把模特与自己所熟悉的人的形象相联系的倾向。例如,由一位著名运动员介绍体育用品,由一位著名医生介绍药品的功能,往往能有效地提高广告的可信度和感染力,这就是所谓的"模特效应"。国外广告界在进行广告策划时,十分注重广告的"模特效应",一些著名影星、运动员往往同时是知名度极高的广告明星。如美国影坛"硬汉"明星施泰隆就曾为日本的"麒麟啤酒"做过一则非常成功的广告。

我国电视广告开办之初,在模特人选方面,一般"貌"不惊人,这与社会对广告业普遍存有轻视心理有关。社会上的名媛人士认为在广告中亮相是一种自贬身价的行为。近年来,随着民众广告观念的逐步转变,一些社会知名人士也渐渐愿意在广告中露面。"悲剧之星"潘虹为上海电视台所做的"霞飞——中国一号"化妆品;体坛名将李宁的"健力宝"广告;著名演员李默然的"三九胃泰"广告均产生了广泛的反响。尽管目前我国社会名流在电视广告中亮相还远远没有达到普遍的程度,但从无到有的突破本身,至少意味着民众广告观念的进化。

④民族传统文化特色的体现

任何广告都是在特定的社会背景与文化氛围中产生的,必然表现出一定社会或民族的文化。就此意义上说,广告宣传就是一种文化宣传。既然是文化传播,就必然包括物质与精神两种信息成分。广告中的物质文化部分,是较为明白,易于捉摸的一面,并往往表现为直接的功利性;而广告中的精神文化部分,则常常表现得含而不露,但又在潜移默化中影响着民众的观念。因此,广告是一定民族文化的一种投影与折射,甚至从一个侧面表现出一定民族的理想精神状态。从传播的角度看,广告归根结底是一种信息传播,传者与受者之间的共同经验范围是信息传播得以顺利进行的先决条件,而一定的文化正是一定社会成员共同经验的载体。因此,受众的文化背景不同,对广告符号含义的理解和感受就完全不同。把具有民族特色、地方特点的乡土文化融入广告,通过人们非常熟悉的"符号",就最容易达成有效的信息沟通。所以,无论从弘扬本民族文化与价值标准,还是从有效地传递广告信息的角度看,民族文化特色都是衡量一则优秀广告的主要标准。

浙江电视台1986年制作的《西湖手表》比较鲜明地体现了这方面特点。《西湖手表》广告以一幕幕古中国的"滴水计时""日晷计时",到今日的"机械计时"展示出来,画面充满古中国的智慧与传统的典雅,配上悠悠的国乐,道出了时间的永恒与怀古之情。

到全国第四届电视广告评选时,浓烈的中华民族文化特点,已经明显地成为参赛作品的主体格调之一。如山西电视台的《腰鼓》:画面上展现出黄土高原上一群天真、朴实的孩子,他们狂欢地扭动身子,挥舞手臂,表演着打腰鼓的种种姿态,同时伴以节奏强烈、粗犷豪放的鼓声,尽管画面上没有出现腰鼓,也没有一句解说词,这情景、气氛、舞姿、音乐却紧紧吸住了观众的注意,把他们带入传统民俗的欢乐之中,勾起对"腰鼓"的联想。这时,广告片所传递的信息中,不仅有商品成分,而且有对传统文化理解上的共识所产生的一种震撼人心的力量。此外,广东电视台的《强力荔枝饮料》、四川电视台的《千杯少酒》、浙江电视台的《菊花电扇》、中央电视台的《威力洗衣机》、内蒙古电视台的《桂花葡萄酒》、山西电视台的《六曲香酒》、哈尔滨电视台的《喜鸳鸯牙膏》等广告片,都在不同程度上体现了中华民族传统文化特色,具有鲜明的中国风格。

(3)公共广告的出现

这一时期,电视广告界最为引人注目的变化当首推公共广告的出现。

1986年11月,在浙江省杭州市举行的第二届全国优秀电视广告作品评选会上,贵阳电视台的公共广告《节约用水》被评为一等奖。当时,这类广告尚处在起步阶段,制作比较粗放,影响不大。

十年电视广告中,以固定栏目形式出现的公共广告始于中央电视台的《广而告之》。1987年9月,中央电视台要求各部门为党的十三大献礼办点好节目,广告部经理刘瑾如受北京电视台屏幕上"禁止骑车带人"标语启发,突然灵机一动,"何不把呆板的口号换成寓教于乐的电视画面呢?"于是,一个取材于公共道德题材,由广告部自编自导自拍的中国电视广告史上第一个公共广告栏目——《广而告之》于1987年10月26日与全国电视观众见面。

《广而告之》在每天的《新闻联播》后播出,一次二至三条短片,时间1分56秒。1989年,中央电视台播出了30条"广而告之"短片。①《广而告之》确立了"提醒、规劝、批评"六字方针,以避免板着面孔训人,内容涉及十分广泛,大至森林防火、预防水土流失、保护生态平衡、爱护国家财产,小至注意交通安全、维护公共卫生、推广礼貌用语、培养良好习惯等,均为《广而告之》涉及。在形式上,多采用人们喜闻乐见的电视小品,精彩、有趣,使人爱看、想看,在娱乐中得到启迪,在潜移默化中受到教育。

《广而告之》是难得的深受电视观众喜爱的广告节目。1988年,中国人民大学就中央电视台的节目,进行了一次抽样调查。调查结果,按得票多少排列,《广而告之》在众多的节目中位居第三(第一名为《新闻联播》,第二名是《历史上的今天》)。②

继《广而告之》之后,全国各省、市电视台相继推出自己的公共广告,有的电视台还开辟了固定栏目。如北京电视台的《广角镜》。在1990年4月举行的全国第四届优秀电视广告评选会上,公共广告被正式列入评选范围。共7个公共广告短片获奖,其中一等奖一名,二等奖两名,三等奖三名,中央电视台的《广而告之》获特别奖。③

公共广告,顾名思义,是为社会公共利益目的而创作、发布的广告。细分起来,公共广告可分为公益广告和公德广告两大类别。公益广告涉及社会公众的整体利益内容,诸如防止火灾,保护生态平衡,预防疾病发生,劝诫人们爱

---

① 中央电视台编:《业务交流》1989年第57期。

② 《中外电视》1990年第6期,第52页。

③ 《中外电视》1990年第6期,第48—49页。

惜自己的生命,采用汽车保险带,等等;公德广告的触角一般伸向道德观念领域,着重于与社会相适应的思想观念和行为准则的提倡,如遵守交通法规、讲究文明礼貌、爱护公共设施、养成良好习惯等。中央电视台的《广而告之》虽然内容丰富、范围广阔,但大体可归属于公德广告一类。

早在20世纪三四十年代,西方一些国家就曾进行过一系列公共广告宣传运动,取得了良好的社会效益。譬如:1942年美国发起了一场以"防止森林火灾"为主题的广告宣传运动。在宣传期间,美国大约有60万次火灾被遏止,2.6亿多英亩的森林免遭毁灭。[①] 直到现在,公共广告仍然是西方许多国家广告宣传的一个重要门类。不过西方公共广告的经营方式与我国有所不同。西方的公共广告虽然不是收费的广告宣传,但一般都接受厂商或社会公共团体的赞助,或者是为了提高本媒介声誉而设,为媒介之间的广告竞争这一根本目的服务。

2. 广播广告

20世纪80年代中期以后,我国的电视以惊人的速度向前发展,素以"老大"自居的广播电台受到前所未有的严峻挑战。电视以其绝对的"声图并茂"的媒介物质条件优势逐渐在诸多媒介的竞争中占据领先地位。与此同步,电视广告也出现了令人瞩目的突破性发展。1983年,电视广告营业额为1600多万元,占全国广告媒介系统营业额总数的13%;广播广告营业额为1800多万元,占营业额总数的15%。到1986年,电视广告营业额过亿元大关,达11500多万元,占营业额总数的25%,而广播广告营业额虽然上升到3500多万元,但仅占营业额总数的8%,比1983年下降了近一半。从数字比较中,不难看出,80年代中期以后,广播广告受到了来自电视的强烈冲击,这种冲击的到来是客观的、必然的。但是,单纯以营业额的上升幅度减小,以及在广告媒介系统营业总额中所占比重的下降,来说明广播广告的发展未免片面,正如我们不能以电影受到电视冲击而卖座率急剧下降的现象来否认电影事业的发展一样,80年代中期以后,我国的广播广告无论从经营还是管理方面都已相对成熟是毋庸置疑的。

---

① 中国广告协会秘书处:《报刊广告文摘》1988年第1期,第48页。

（1）广播广告专题节目

如果说,80年代中期以前,广播广告主要是着力于对商品广告表现形式本身的拓展,即把枯燥乏味的产品信息编制成各式各样的广告小品,以促使听众在一种艺术欣赏的氛围中达到对产品信息的认同,那么,80年代中期以后,丰富多彩、令人眼花缭乱的广播广告专题节目的大量涌现,则标志着广播广告不仅在表现形式上,而且在内容范围的开拓上,均有了令人耳目一新的突破。

这类专题广告的特点:

①名目繁多

如中央人民广播电台的《企业纵横》《熊猫之友》《香雪海之音》《今日自贡》《前进中的三明市》《扬子之声》,广东人民广播电台、珠江人民广播电台的《万宝之声》《白云山之音》《红棉之声》《今日韶关》《农垦之声》,等等。

②具有连续性

这类专题节目播送时间一般至少一年,每天1—5分钟,每个专题节目都有自己独特的呼号、前奏曲或歌曲,以便给听众留下固定印象。珠江经济台与广州万宝电器集团公司开办的《万宝之声》,与广州红棉大酒店的《红棉之声》均坚持播送了四年之久。① 中央人民广播电台的《今日自贡》《熊猫之友》《前进中的三明市》等播送时间也在一年以上。

③内容丰富

广播广告专题节目有的侧重于企业形象的宣传,如中央人民广播电台的《企业纵横》。该专题开办于1987年1月,每天用五分钟时间介绍各企业的历史演变、生产规模、企业精神、经营管理、技术条件等情况,深受工商界喜爱,是中央人民广播电台开办时间最长、影响较大的一个广告专题节目。有的专题节目具有综合性,譬如1988年12月26日,中央人民广播电台开办的《扬子之声》专题,该节目历时一年,分"人物足迹""产品介绍""工厂巡礼""用户服务台""扬子乐园"五个专栏,从各个角度全面系统地介绍了扬子公司下属各工厂的概况,"扬子"的各种电气产品,为扬子公司的发展做过突出贡献的人物,比较系统地向听众普及了有关的家电知识,介绍了冰箱等产品的选择、使

---

① 《广播之路》1990年第1期,第11页。

用、维护和修理知识，播出了与"扬子"有关的文体活动消息，采访实况、听众点播的歌曲，以及听众自编的赞扬扬子公司、扬子产品和"扬子之声"专题的文艺节目，最后还进行了有奖收听活动。《扬子之声》开办一年，共收到全国各地听众来信 1 万多封、有奖收听答卷 20 万件。① 其他影响较大的综合性广告专题还有中央人民广播电台的《香雪海之音》《熊猫之友》，广东人民广播电台、珠江经济广播电台的《万宝之声》《白云山之音》《红棉之声》《星湖味精之声》，等等。广播广告专题中，还有一些并非宣传企业或商品，而是以某一城市为范围，从工农业生产成就、风土人情，以及改革开放政策等给城市带来的一些变化等方面，进行整体宣传，如中央人民广播电台的《今日自贡》《前进中的三明市》，广东人民广播电台的《今日韶关》，等等。

（2）创意水平的提高

初创时期的商品广告，主要是着力追求表现形式的多样化，即根据听觉语言特点，把广告信息编制成对话、快板、顺口溜、诗歌、相声等形式。80 年代中期以后，广播的商品广告则表现为力求寻找形式与内容的契合点，着力于对生动形式与独创内容有机结合的创意性的追求。全国性广播广告优秀作品评选活动，无疑是广告作品创意水平提高的一种外在推进力。

1985 年 5 月，第一届全国优秀广播广告作品评选会议，在江苏常州市举行，有 40 个广播电台的 90 篇广播广告作品获奖。截至 1989 年底，全国广播广告优秀作品评选会议共举办过五届，一些颇具创意性的广告作品脱颖而出。

①听觉形象的树立

日本广告学者川胜久曾指出："只靠诉诸听觉的广播广告，并没有图片，因此，必须以言语和音响效果使收听人产生视觉映象。"② 与电视相比，广播没有直接对受众的视觉产生感染力的生动形象，广播广告的表现力也由此受到一定限制。但这既是广播的劣势，也是优势，广播广告只要充分利用和发挥有声语言的各种表现方式，完全有可能塑造一种以声传情、情随声至、声情并茂的传播氛围。这种"氛围"给予受众的印象与联想，往往比纸上的文字或有限

① 中央电台总编室编：《编播日报》1990 年第 14 期。
② ［日］川胜久：《广告心理学》，汪志龙、施锦标译，福建科学技术出版社 1985 年版，第44—45 页。

的画面留给人们的印象和联想要深久得多,宽阔得多,这就是广播广告听觉形象的魅力所在。

中央人民广播电台的《华姿化妆品》(第五届全国优秀广播广告评比一等奖),构思巧妙、精致。开始是一对恋人的轻柔对白:

"送你一件礼物。"

"什么?"

"你自己打开看。"

"呀,华姿……"

(抒情,飘逸的"华姿曲"起……)

这则广告采撷了生活中爱的一朵浪花,配以美的旋律,混入亲切的述说,创造了一种美的意境。整个作品温和、低缓、抒情,富有诗的韵味,余音绕耳。它留给受众的不仅有化妆品信息,而且有美的遐想,爱的甜蜜等化妆品本身并不具有的新的意义和价值。这是一则典型的广播形象广告。

中央人民广播电台的《密山葡萄酒》广告(第二届全国优秀广播广告评比一等奖)完全是一篇优美的抒情散文诗:

"……饮一杯密山葡萄酒吧,您会感觉到密山人炽热的情怀;喝一口密山葡萄酒吧,您会感谢完达山的奉献!啊,朋友,当您在喜庆的宴席上祝酒的时候,当您在节日欢聚的气氛中干杯的时候,请别忘了完达山下,兴凯湖畔,诚挚好客的密山人,回味绵长的密山酒!"

"感人心者,莫先乎情"。动人的语言,优美的音乐,播音员饱蘸情感的述说,把受众带入了一种充满着浓浓情意的感人氛围之中,充分显示了广播作为"高情感媒介"的特点。广播广告必须以情动人,因为人们的态度乃至行为动机往往扎根于情感之中。这则广告完全可以归入情感诉求广告的佳作之列。

此外,延边人民广播电台的《和龙高粱酒》、中央人民广播电台的《小白兔儿童牙膏》、陕西人民广播电台的《西宇牌灯泡》、浙江人民广播电台的《"舒丽美"席梦思》、上海人民广播电台的《狼牌运动鞋》等广告,在情境的设置、听觉形象的塑造上也称得上别具一格。

②巧妙的构思

在构思上,上海人民广播电台的《会说话的坠胡》显得非常独特。这则广告采用拟人手法,运用坠胡这一善于模仿人声的乐器与播音员的"对话",巧妙地介绍上海民族乐器厂的琵琶、二胡等产品,使极易落入俗套的乐器广告变得生动风趣、余味无穷。

相声这一人们喜闻乐见的曲艺形式也被广泛地运用到广播广告领域。沈阳人民广播电台的《菊花牌电扇》广告,通过相声演员幽默风趣的方言对白,巧妙地说明了菊花电扇质量优良,远销全国各地,使人在捧腹大笑中自然地接受了产品信息。河南人民广播电台的《买砖机》,利用汉字的谐音特点,巧妙地介绍了产品的性能与产地。

辽宁人民广播电台的《"猎犬"牌报警器》广告,通过音乐与音响构成的环绕氛围,衬托着那排比句式展开的情节,令人如临其境,如见其形。这一戏剧小品型的广播广告巧妙地动用了声音蒙太奇效果,堪称微型艺术珍品。

旅游广告在电视上往往采用旖旎风光、绚丽多姿的画面加以表现。而仅仅依靠音乐、语言、音响为手段的广播又如何表现这一内容呢?辽宁人民广播电台的《本溪水洞游记》给予了很有说服力的回答。这则广告在体裁上有所创新,在短短的一分钟内,用"游记"这种形式,混以现场实录音响和散文式的叙述,勾勒了人间仙境——本溪水洞的奇丽景色,身临其境的现场感油然而生。

③广播广告表现形式的拓展

依前所述,从恢复到80年代中期,十年中广播广告的主要表现形式已基本形成。发展时期广播广告的进展主要表现在对内容与形式完美统一的探索方面。然而,这一时期广播广告表现形式并非完全停留在原有模式上,除前面所说的《"猎犬"牌报警器》《本溪水洞游记》等作品在形式上有所突破外,否定型广告、连续广告、TPO型广告的出现值得专门一提。

尽力渲染产品的优点,对消费者做某些略带夸张性的承诺几乎是广告创作的普遍方式。因此,广告很容易给人以"言过其实"以至"夸大其词"的感觉。而"正语反说"的否定型广告,不仅能消除人们对广告的不信任感,而且往往产生耐人寻味的诙谐效果。在国外,否定型广告有许多成功的实例,如"这种手表走得不太准确,二十四天会慢二十四秒,请君购买时三思!""我公司的刀片十分锋利,经久耐用……缺点是易生锈,用后需擦干保存,才能久放。"这样恰如其分地道出自己产品的"短处",反而能抓住受众心理,给人以诚实感。

十年广播广告中,最早出现的较为典型的否定型广告要算延边人民广播电台《狮牌保险柜》(1986年获全国第二届优秀广播广告作品评选一等奖)。

"……狮牌保险柜,最大的缺点是用密码上锁,必须用密码开锁,不然,非用焊枪切开不可,这是唯一的办法,记忆密码有困难的人,请不要使用狮牌保险柜,免得麻烦。"

"正话反说"使整则广告显得幽默、调侃、耐人寻味。

"连续广告"较为典型的是中央人民广播电台的《小白兔儿童牙膏》。它采用拟人手法,编成生动有趣的广播连续剧,分集在中央人民广播电台每日的《小喇叭》节目后播放,仿佛迪士尼动画一般,深受少年儿童的喜爱。

上海台的《提醒刷牙》是一则典型的 TPO 型广告(Time,Position,Occurrence,即根据产品特点,在时间、场所、事件的结合上作巧妙的编排。这是广播电视广告特有的一种表现方式)。它根据人们日常生活习惯——每天早晚两次刷牙的特点,分别编写两条广告词。在编排上分早晚两次播出,既督促人们养成良好的卫生习惯,又传递了产品信息,一举两得。

《提醒刷牙》虽然是一则较为简单的 TPO 型广告,但可以反映出策划者在广播广告表现形式上的探索性努力。

三、中国广播电视广告——商业属性与宣传属性的统一体

当我们对十年来中国广播电视广告的发展作综合的考察与评断时,不难发现,有两条横贯这一发展过程始终并将对其今后发展趋势产生深刻影响的线索:商业属性与宣传属性。这两者在一定程度上的有机结合,是中国广播电视广告在性质上区别于其他国家尤其是西方资本主义国家广播电视广告的根本所在。

（一）商业性质

1. 广播电视广告的经济效益

商业性的直接表现是经济效益。广告作为一种经济活动，是商品经济的产物。它伴随着商品生产和商品交换的产生、发展而出现并逐步发展起来，哪里有商品生产和商品交换，哪里就必然出现广告，这是不以人的意志为转移的客观存在。

而长期以来，我们在理论上一直认为社会主义经济是产品经济，商品经济则自然被纳入资本主义范畴。尤其在"文革"时期，商品广告被视为产生资本主义的温床及各种不正之风的摇篮而横加取缔，一提经济建设就是右倾，就给加上资本主义的帽子。经济建设尚且不能提，广告的命运也就可想而知了。

一阵狂热过后，我们终于迎来了十一届三中全会的春风，党的工作重心转移到经济建设上来，社会主义经济是公有制基础上的有计划的商品经济这一常识性命题得以重新确立，广告在久经劫难之后，得以新生。

党的十一届三中全会以后，商品经济的浪潮席卷中华大地，冲击着各行各业，就连一向吃"皇粮"，被作为纯粹事业单位的广播电视系统也毫不例外地经受着这场浪潮的冲击。冲击的直接结果就是广播电视广告的恢复与开办。1979 年 1 月 28 日，上海电视台开风气之先，播放了中国电视史上第一条电视广告。1979 年 3 月 5 日，上海人民广播电台第一个恢复了广告业务。

众所周知，广告是一种有偿的信息传播活动，向广告主收取一定费用是广告最根本的特征。这种有偿服务必然带来经济效益。

（1）广播电视广告与广告主的经济效益

对于广告主来说，广播电视广告的作用在于通过传播商品、服务或观念信息，以加速商品流转，促进生产，进而指导消费，方便人民生活。

广播电视广告使许多面临倒闭的企业起死回生。"一条广告救活一个工厂"的事例时有所闻。河北省冀县暖气片厂从 1971 年开始生产暖气片，因信息不灵，销路不畅，产品长期积压。他们抱着试一试的心情，从 1981 年上半年开始在中央人民广播电台做产品宣传广告，不到半个月，订货单、订货信不断寄到工厂，销售渠道开始畅通，当年产销平衡；1983 年，该厂年产量比刚投产时增长近十倍,达 400 万片,仍然供不应求。①

我国幅员辽阔,许多边远地区交通不畅,信息闭塞。四川省彭县境内的中和机械厂以及与彭县毗邻的崇庆县怀远造纸厂,都不知道附近的彭县仪表厂生产他们急需的压力表,而这两个厂每年均要派人去外省"求援",电视广告不仅解决了这两个厂的困难,而且使彭县仪表厂在短短一个月的时间内收到117 个单位要求购货、订货的电函,12 个单位直接派人提取现货。②

上海电视台曾调查了 234 家广告户 1984 年的广告效果,其中作广告后销售明显增加的有 91 家,占 37.4%,略有增加的 107 家,占 44%,没有明显变化的 14 家,占 5.8%,"不清楚"的 21 家,有所减少的 1 家。③

1987 年 12 月 13 日,中央电视台召开部分广告客户座谈会,在座厂家异口同声赞扬电视广告。湖北沙市日化总厂代表说:"提沙市很多人不知道,但现在无人不知'活力二八'"。江苏盐城无线电厂每年广告费 100 万元,可以建三四幢职工宿舍楼,但厂长说:"没这 100 万,能有 3000 万吗?"做广告后,该厂生产的"燕舞"收录机,家喻户晓。④

(2)广播电视广告与媒介自身的经济效益

按理说,中国的广播电视属事业单位,所需费用由国家财政拨款,本无所谓经济效益可言;但是,由于商品广告及其他赞助形式的介入,使广播电视事业不仅有了经济上的收入,而且数目相当可观。1989 年,广播电视广告营业总额达 4.37 多亿元。⑤ 这笔相当可观的广告费有效地填补了财政拨款的巨大缺口。毫无疑问,倘若没有广告的介入,十年来中国广播电视事业的飞速发展将是难以想象的。

早在 1983 年,上海电视台的广告费收入已经与国家财政拨款基本相等,即国家财政拨款 362.9 万,广告费收入 337 万。⑥

---

① 中央电视台编:《编播业务》1984 年第 7 期。

② 四川电视台编:《四川省志·广播电视分志——电视广播》。

③ 《广播电视业务》1985 年第 2 期,第 2—4 页。

④ 《提高艺术水平电视广告大有作为,支援电视事业,观众厂家皆能受益》,《中国电视报》1987 年第 52 期。

⑤ 根据中国广告协会统计数据整理。

⑥ 《电视广告节目的兴办和现状》,《上海广播电视资料汇编》(1),第 161 页。

1984 年,北京电视台广告收入 84 万元,1985 年 380 万元,1987 年达 690 万元,1988 年毛利润有 1020 万元,而国家拨款仅 250 万元。①

巨大的广告费收入给丰富广播电视节目,满足受众日益增长的高水准精神文化需求提供了强大的经济基础。十年来,大至世界级体育运动盛会的转播,系列电视连续剧播放权的购买,国内电视剧的摄制,小到一台文艺晚会,有奖知识竞赛的举办,等等,均有赞助形式广告或附带商品广告所得收入作为经济后盾。

1980 年 12 月 7 日,中央电视台开始向全国播放日本科学幻想系列动画片《铁臂阿童木》,每星期日晚播出 1 集,播出 1 年,共 52 集。如果出钱购买播映权,每集要 25 万日元,52 集就要 1300 万日元,折合人民币约 10 万元,但电视台在每播出一集时播两分钟广告,一切扣除之后,对方净付中央电视台 7200 多万日元,相当于 30 万美元。②

1982 年在西班牙举行的世界杯足球赛,仅报道权费就要 6 万多美元,加上卫星上下行费和节目制作费,总费用超过 10 万美元。如此巨额费用,单凭为数甚少的财政拨款,显然无法担负。③

1990 年北京举办第十一届亚运会。为亚运会的电视转播,国家给中央电视台拨款 3200 万人民币购买器材设备,远远不能满足需要。为此,中央电视台广告部投资 1000 万元。④

几年来,中国的电视剧发展速度惊人,更是得益于广告的资助。1983 年 2 月 5 日,北京晚报刊登了一篇题为《电视剧在困难中前进》的一次座谈会纪要。与会的是一些苦心经营电视剧的先行者,他们大叹苦经,愁眉苦脸,究其原因是缺少资金! 一部 90 分钟的电影,收购价是 70 万元,一部 50 分钟的电视剧,几百元至几万元。但不出多久,电视剧的摄制不仅不是赔本生意,反而成了通往"暴发户"的迅捷途径。选上一个本子,然后各显神通,四处奔波拉赞助,组织一班人马摄制完成。待播出时,片头片尾列出赞助单位的"清单",

---

① 郭镇之:《评北京电视台的十年》,《中国广播电视学刊》1989 年第 5 期,第 53 页。
② 《电视广告情况汇报》,中央电视台档案 1981 年 NO29。
③ 《电视广告情况汇报》,中央电视台档案 1981 年 NO29。
④ 《本届亚运会的电视之战》,《大学生》1990 年第 8、9 期合订本,第 68 页。

或加上几条商品广告,即大功告成。至于电视剧中挖空心思,不顾剧情需要,加上几段给赞助厂商"扬名"的情节,或者推出几个用赞助厂商产品做的道具的特写镜头,以至内容粗俗,品位低下,那就另当别论了。因为,"拿人者手软"嘛。

(3)广告主、媒介与受众之间的利益循环与交换(广播电视广告商业流通规律)

既然广播电视广告具有商业性,那么,就必然存在其独特的流通规律。广播电视广告商业的流通是在媒介(广播电台、电视台)、广告主、受众之间进行的,表现为三者之间的利益循环与交换的关系。如图:

对于广告主来说,媒介是它传递产品,观念或服务信息给受众的"中介物"。在广告主眼中,受众作为潜在买主而存在。广告主支付广告费用给媒介,而这些费用又从受众购买其产品或服务的费用中得到补偿。这些补偿应大大多于它支付给媒介的广告费用。否则,广告主无利润可言。

对于媒介(广播电台、电视台)来说,广告主是其经办节目所需费用的主要来源(这一点,因体制的不同而存在相当大的差异。在我国,除广告费外,还有国家财政拨给的事业经费)。媒介通过经办节目吸引受众,以受众为筹码来参与广告主的利润分配。受众数量是媒介在参与利润分配中所得份额大小的关键性因素。在国外,广告主在遴选媒介时,首先得考虑媒介的"千人费用"(OPM),其表达公式为:

$$OPM = \frac{\boxed{每一单位时间的广告费用 \times 1000}}{在确定的节目或时间里收听收看户数} ①$$

从公式中可以看出,受众数量越大,广告收费标准也就越高,反之则低。因此,媒介往往挖空心思提高节目质量,扩大覆盖范围,以增加受众数量。

---

① 章汝奭编译:《广告学基础》,上海人民出版社 1986 年版,第 60 页。

对于受众来说,一方面,以收听收看节目的方式享用广播电视精神产品;另一方面,他们不得不为此付出代价,因为广告主是把广告费用计入产品成本的,受众在购买产品时,实际上支付了广告主的广告费用。但是,广告是一种廉价的推销方式,尤其是广告的沟通产销、促进商品流通等作用,直接导致了产量上升、成本降低。因此,从理论上说,计入产品成本的广告费用是微不足道的。

2. 广告的商业性与广播电视管理

(1)广播电视纯事业性质基础的动摇

马克思、恩格斯关于商品经济的科学理论指出:当一旦全社会共同占有全部生产资料之后,商品生产将不会再存在。正如恩格斯指出的:"一旦社会占有了生产资料,商品生产就将被消除,而产品对生产者的统治也将随之消除。社会生产内部的无政府状态将为有计划的自觉的组织所代替。"①恩格斯的论述,不是对未来社会的主观构想,而是根据生产关系变化的客观规律的深刻理解作出的科学预见,是对未来社会成熟形态的本质关系和基本特征的表述。而长期以来,我们却不正确地将这些论述当作可以依样画葫芦的"乌托邦模式",当作可以不顾条件而强制实施的建设新社会的具体措施,认为一旦开始建立起生产资料公有制,就应着手消除商品经济;在理论上把商品经济与资本主义经济制度等量齐观,而与社会主义计划经济抽象地对立起来。这种教条主义式的认识逐渐形成了一种僵化的传统观点。同这种理论相适应,社会主义国家的广播电视一直被认为是事业单位。一方面,一切费用由国家财政拨款,所有收入一律上交国家;另一方面,经济效益被认为是与广播电视无关的概念,社会效益的大小是衡量广播电视节目成败的唯一尺度。与此对应,在广播电视的管理上完全依靠行政手段,上级文件,规章制度乃至领导人的旨意就是工作准绳。

广告的介入极大地动摇了广播电视作为纯事业性质的基础,广播电视事业无论在经营还是在管理方面均发生了一系列前所未有的根本性变化。衡量广播电视节目的成败,不仅要看它的社会效益,而且要注重经济上的得失。在

---

① 《马克思恩格斯选集》第3卷,人民出版社1972年版,第441页。

管理上,行政手段已不是唯一的办法,尊重价值规律,运用经济手段已客观地进入了广播电视事业管理领域。

坦率地说,尽管至今还存在着种种非议甚至责难,但是有一点是毫无疑问的,即,自从 1979 年以来,由于商品广告及其他赞助形式的介入,我国的广播电视事业已客观地被抹上了一层商业色彩。这是我国日益高涨的商品经济浪潮对广播电视领域的巨大冲击所带来的必然结果,是不以人的意志为转移的客观发展趋势。

首先,商业性的最表层特征就是广播电视广告收入在电视台、电台所需费用中比例的提高。

早在 1983 年,上海电视台的广告收入已与国家财政拨款基本相等,即国家财政拨款 362.9 万元,广告费收入 337 万元。①

1988 年,北京电视台广告收入 1020 万元,而国家拨款 250 万元,国家事业经费已经不是电视台经费的主要来源。②

1987 年,上海电视台事业费中商业性收入与政府拨款的比例约为 2∶1③。

同年,中央电视台在 4000 万元节目制作费中,国家拨款仅 1300 万元,需用广告补足 2700 万元。④

其次,广告商业性冲击着广播电视事业固有管理模式,商业性已不再仅仅局限于广告经营范围,它以强大的渗透力迅速在广播电视体系中其他领域蔓延。

1979 年,一向吃"皇粮"的中央电视台改全额预算为差额补助,开始播放广告,接受赞助。1984 年,中央电视台的财务体制又从差额补助改为预算大包干,由国家按电视台播出总时间核定事业费定额,在完成承包定额的前提下,超收部分按分配比例留成。⑤

随着广播电视商业性进程的加快,开办商业电视被提到议事日程上来。1984 年,大实业家荣毅仁向有关方面提出了办商业电视台的请求,未获允许。

---

① 《电视广告节目的兴办和现状》,《上海广播电视资料汇编》(1),第 159 页。

② 郭镇之:《评北京电视台的十年》,《中国广播电视学刊》1989 年第 5 期,第 53 页。

③ 据上海电视台 1987 年估算,《广播电视研究》杂志提供。转引自郭镇之:《中国电视史稿》。

④ 《他们心目中的广告》,《中国电视报》1987 年第 53 期。

⑤ 《电视业务》1986 年第 2 期,第 4 页。

1984年12月10日,中共中央书记处决定:"对于一些单位提出办商业电视台的要求,鉴于目前条件尚不允许,可以把资金集中起来,由广播电视部统一使用,投资单位可以租用中央电视台一定的时间专门播放商业性节目。"1985年3月,中共中央书记处书记胡启立传达国务院副总理万里的指示说:"要办一个经济电视台,着重播经济新闻、经济信息、商业行情和广告。"1986年3月,在国务院电子振兴办公室给中央的"关于购置国际卫星转发器开办国内教育电视节目、综合经济信息节目的请求报告上",副总理李鹏指示:"今年年底中央电视台开办一套经济信息节目以适应四化建设的需要。"①

于是,抹上了一层浓重商业色彩的《经济信息节目》,经济电台应运而生。

1987年2月1日,中央电视台把原先面向北京地区的第二套节目改为面向全国播出,称《经济信息节目》,以经济节目为主,主要栏目是自办的《综合经济信息》,40分钟,每天播放两次,内含一系列小型专题栏目:《经济新闻》《市场信息》《金融动态》《广告》《东南西北》《经济纵横》《经济博览》《世界经济窗》《科技与效益》《企业家园地》《新闻发布会》《消费者之友》等。这类自办的经济信息节目分"收费"和"不收费"两种。刚开办时有40个转播台,一类广告(商品广告)每分钟3000元,二类广告(形象广告)每分钟1000元。以后每增加10个转播台,一类广告每分钟加收200元,二类广告加收100元。此外,非黄金时间减半,重要或特别节目加收50%。② 为鼓励各地方台转播第二套节目,中央电视台规定,凡转播台可向《综合经济信息》节目介绍广告和收费的信息类节目(即"二类广告"),收入分成(第一年全归地方;第二年三七分成;第三年对半分成)。③

中央电视台第二套节目还采用租让节目时间的做法,由农牧渔业部、国家科委和国家计划生育委员会承办三个专业栏目——《农业教育与科技》《星火科技》《人口与计划生育》。这三个栏目中央电视台只管播出,不管制作。④

---

① 《中央电视台第2套节目向全国传送会议纪要》,1987年1月7日。
② 《中央电视台关于传送二套节目的通知》。
③ 《中央电视台第2套节目向全国传送会议纪要》,1987年1月7日。
④ 《两套节目面向全国,一套节目面向北京》,《中国电视报》1986年第52期,1987年第1、2期。

如果中央电视台在商业性进程中步伐迈得审慎、稳重的话,那么,地方电视台、电台实行分台体制的商业色彩显然浓重得多。

1987 年 6 月,上海电视台实行旨在鼓励内部竞争的一台二台分台体制,一台以新闻性节目、对象性节目和文艺节目为主,二台以经济、体育、社教节目为主。上海电视台二台采取承包制,费用包干,无须国家财政事业经费。1987 年上半年,20 频道广告收入 20 万元,改为二台后,5 个月收入 177 万。此后,实行分台体制的还有广东、浙江、天津等电视台。

20 世纪 80 年代中后期,如雨后春笋般涌现的经济广播电台,给遭受电视冲击的广播界带来了令人振奋的希望。

1986 年 12 月 15 日,由广东人民广播电台二台改办而成的珠江经济广播电台开播。它以崭新的节目风格与编排方式受到了社会各界,尤其是经济界和广大听众的强烈关注和热烈欢迎。珠江经济电台的成功,产生了巨大的"模仿效应",全国各地以珠江经济台为"楷模",纷纷开办"经济台"。

经济台的成功,极大地提高了广播的收听率。珠江台开播之前,广东省电台六套节目在广州佛山等地的收听率只有 46.7%,港台收听率 53.3%。珠江台开播三个月后,省电台收听率明显提高,达 78%(珠江台占 54.9%),港台则下降到 22%。1988 年的调查结果表明:广州市的居民户 100% 把珠江台列为"每天必听"的电台。①

收听率的提高,引起了经济界对广播广告的极大兴趣。许多厂家纷纷到珠江台做广告,不少企业一订合同就是一年。1988 年,珠江台已与 500 多个厂家有业务往来。珠江台开办的每小时一次的经济、科技信息节目引起了企业界的浓厚兴趣,与珠江台信息部建立联系的企业达 860 家。②

经济电台的"新",不仅表现在其对传统广播节目风格的突破性变革,而且在管理上也与传统的固有模式迥然不同。

各地开办的经济台大都采取承包制,以自己广开财路所得收入维持生存。经济电台除广告收费外,其他绝大多数信息节目也采取有偿服务方式。

---

① 《中国广播电视学刊》1988 年增刊,第 10 页。
② 《中国广播电视学刊》1988 年增刊,第 10 页。

天津经济台的开办没要国家一分钱,几十万元的演播室改造费、设备购置费全由电台的计划外创收经费提供。他们说:"没有有偿服务、经营创收,就没有我们的经济台。"①

②商业倾向与广播电视法制

由广告及其他赞助形式的介入所带来的广播电视体系的商业倾向,给我们提出了许多值得深思的课题。对这些课题作出理论上的解释与法律上的规定,已显得非常迫切、刻不容缓了。

广播电视的商业倾向带来了一系列喜忧参半的变化。一方面,广播电视节目的丰富程度大大提高,可观的广告费收入给广播电视节目的制作提供了坚实的经济基础;在根本利益一致条件下的广播电视领域内的竞争日益加强,竞争带来了广播电视节目质量的提高与受众观念的增强,经济规律在管理上的运用有助于提高广播电视机构运行的精确性与科学性,减少了单纯行政手段管理的模糊与盲从。另一方面,对广播电视商业倾向的过分推崇极易导致广播电视精神产品商业化的无限制蔓延。这种蔓延,将直接动摇广播电视作为党和政府耳目与喉舌的地位,削弱广播电视作为"教育、鼓舞全党、全军和全国各民族人民建设社会主义物质文明、精神文明的最强大的现代化工具"②的作用。尤其是商业倾向在广播电视新闻传播范围内的渗透更是令人深感忧虑。"广告新闻"的出现与屡禁不止,就是商业倾向无限扩大化所带来的恶果。"广告新闻"即"新闻性广告"、"广告式新闻",新闻寓于广告之中,广告通过新闻的形式而起作用。它有许多表现形式,有的广播电台在早上新闻中插播一条,收费40元,中午或晚间新闻中插播一条,收费30元,有的电视台插播一分钟,收费200—500元,有的电视台每播一条收费500—700元;有的电台、电视台则视其内容、播出时间,临时议定收费标准。

这种既背离新闻的基本原则,也违反商品交换规律的所谓"改革新蕾",实质上是利用新闻媒介的独特地位牟取私利的一种手段,是对广播电视新闻原则的亵渎。③

---

① 《中国广播电视学刊》1990年第6期,第54页。
② 广播电视部党组:《关于广播电视工作的汇报提纲》,1983年10月。
③ 《新闻与广告不能混同》,《广播电视战线》1985年第3期,第7页。

1987 年颁布的《广告管理条例》第九条明文规定："新闻单位刊播广告，应当有明确的标志。新闻单位不得以新闻报道形式刊播广告，收取费用，新闻记者不得借采访名义招揽广告。"违反规定者，"视其情节予以通报批评，没收非法所得，处一万元以下罚款。"

对于新闻传播这块神圣的领地，即使完全实现商业化的西方资本主义的新闻事业，也是严禁金钱染指的。如美国哥伦比亚广播公司的《新闻采编准则》规定："哥伦比亚广播公司新闻部是一个独立的部门"，"在制作的所有新闻报道节目中，广告主不得因为是广告客户就进行营利性诱导，不得干涉节目内容。"[①]

净化新闻领域，排斥金钱的侵蚀，是中外广播电视新闻部门共同的重要特征。对此，应有法律和宣传纪律的严格界定，以确保新闻的纯洁性。

总之，广告的渗入，使我国广播电视体系进入了一个行政式管理与企业式经营并存的时期。尽管这两者的并存显得有些尴尬，尽管对广播电视商业性倾向的发展还存在着理论上的争议，但是，所有这些都是已经客观地存在着的现实。只要改革开放的总方针不变，中国的广播电视也就决不可能回到原有的单一经营管理模式。正如我国的计划经济与商品经济能够有机融合一样，广播电视的行政式管理与企业式经营的有机并存具有巨大的可能性，重要的是法律上的规定与政策上的引导。

中国广播电视的实践正在强烈地呼唤着科学的广播电视管理法的诞生。

（二）宣传性质

1. 广告不是一种纯经济现象

如果我们分析一则现代广告的信息结构，就会发现广告中既有情报成分也有心理成分，这两者相互渗透、相互影响，共同作用于广告信息接收者。情报成分一般由产品的功能、特征、价格、包装等构成，主要诉诸广告接受者的理性，心理成分则是一种观念信息，包括一系列超物质功利性的精神成分，诸如消费观念、价值标准、道德风尚等等。正因为广告既传达实用信息，又传达某些观念信息，所以广告对信息接收者的物质与精神两方面发挥着综合效力。

---

① 欧泽纯：《论广播电视部门多元职能的管理机制》，《中国广播电视学刊》1989 年第 5 期。

因此,广告并不仅仅是一种经济现象,它同时又是一种政治和社会的范畴。正如美国经济史学家戴维·波特所说:"论社会影响,广告可以同由来已久的机构如学校和教堂相比,它统治了媒介,对大众标准的形成有巨大的影响。它是很有限的几个起社会控制作用的机构中货真价实的一个"。①

广告决不是一种单一的孤立的东西,它影响社会,同时也受社会的影响与制约。在不同的社会中,它打着不同社会制度的印记,体现着不同经济形态的精神实质。

在资本主义社会,广播电视是作为企业来经营的,广告收益是媒介商人的最高追求目标。为了攫取高额利润,媒介商不惜以格调低下、性诱惑以及一些令人百思不得其解的反常猎奇镜头,画面、文稿来迎合受众,招揽广告;广告内容中充斥着"金钱万能"、"幸福就是享受"的资产阶级人生观和生活方式。这是整个资本主义社会盛行的"金钱拜物教"在广告领域中的具体反映。诚如《多种声音,一个世界》一书所指出的:"广告是千真万确在公开使用和滥用男子汉气概,女子气质,性诱惑力和从占有物质的意义上解释的'幸福'这样一些概念。"②

社会主义广告具有完全不同的社会性质。《国务院办公厅关于加强广告宣传管理的通知》中明确指出:"在我国,广告不仅是一种传播经济信息的手段,也是社会主义宣传工作的一种形式。"宣传与经营并举,就是社会主义广播电视广告区别于资本主义广告的重要特征。我国的广播电视广告受社会主义基本经济规律的支配与制约。它既表现为促进生产、加速流通、美化生活、活跃经济服务,为发展平等互利的国际经济贸易和友好往来的旅游事业服务,也表现为在党的统一领导下,宣传社会主义高尚美德,促进物质文明与精神文明建设,有计划地、讲求实效地进行活动,成为以传达经济信息为主体,结合社会主义的政治、思想、文化艺术进行宣传的重要工具。

2. 作为党的宣传工作一部分的社会主义广播电视广告

宣传与经营并举是我国广播电视广告一贯的工作方针。这一方针的确立可以追溯到1951年,华北五省二市在天津召开的广播广告工作会议。这次会

---

① [美]德弗勒、丹尼斯:《大众传播通论》,华夏出版社1989年版,第471页。
② 肖恩麦克布莱德:《多种声音,一个世界》,中国对外翻译出版公司1981年版,第210页。

议批判了单纯盈利思想以及对广播广告内容不加审查、不讲原则的做法,强调了必须认真贯彻社会主义广告经营方针,必须把广播广告宣传和国家的经济政策,工商业发展情况和群众需要密切结合起来。这次会议确立的广播广告工作方针,对我国的广告工作有着深远的影响。1979 年以后,我国的广播电视广告得以恢复与开办,各台的工作准则以及各类规章制度中均把宣传作为广播电视广告的一个基本属性加以着重强调。正如当时中央电台台长杨兆麟在中国广告协会广播工作委员会第一次会议上所指出的:中国广播服务公司(中央电台广告部的前身,成立于 1979 年底)"既是社会主义经营管理机构,又是宣传机构。经营管理就是要参加社会上的商业活动,宣传上就是办好广告节目,这是中央台整个宣传工作的一个部分"。

在十年广播电视广告实践中,始终贯穿着一条内在的线索,那就是党的路线、方针、政策以及由此而凝聚成的社会主义时代风尚。譬如,曾在中央电台播放的一则以相声形式介绍"忍冬花"牙膏广告的开头部分:

甲:(唱评剧)巧儿哦……

乙:采桑叶。

甲:(接唱)采中药。

乙:怎么采中药了?

甲:你说的采桑叶,那是 40 年代,80 年代的刘巧儿,现在是采中药,成了专业户了!

这个开头,风趣,凝练,既将话题自然地引向了要介绍的药物牙膏,又将巨大的时代变迁和党的政策精神巧妙地融入其中,真正做到了政策宣传和广告宣传两不误。

上海人民广播电台的《幸福牌摩托车》广告展示了这样一个情节:宾馆工作人员骑着"幸福牌"摩托车追上外宾的汽车,把外宾遗忘在总服务台的手提包送到他手中。既宣传了"幸福牌"摩托车的良好性能,又巧妙地宣传了社会主义的高尚风格。

上海电台在审查有关广告的《欢乐之宵》晚会节目中,有一演员扮演女角亲吻另一演员的手,并说:"有一股大蒜味道……"在演唱《生活之路》插曲时,一演员哼唱起哀乐来,尽管这些"噱头"在平时的剧场演出中"效果"颇为强烈,但在电台广告节目中播出不够严肃,经办人员毫不犹豫地删去了此类不健康的"噱头"。①

作为党的宣传工作的一部分,广告不但要遵循经济规律,而且要符合党的方针、政策,遵守宣传纪律,统一宣传口径。1980年上半年,有60多家外商,100多人次来中央电台洽谈业务,有的要求在《新闻联播》《新闻报摘》节目最后一分钟或节目前后播广告,美国的"万宝路"、英国的"三五"公司还要求做香烟广告,这些均与我们的方针、政策不符,终未达成协议。据不完全统计,由于谢绝了这些广告,中央电台少收了近300万元人民币。②

最能体现我国社会主义广告宣传特点的要数公共广告了。西方的公共广告虽然不直接向广告主收取费用,但往往接受社会公众团体的赞助。而我国的公共广告则是一种完全与金钱脱钩的社会公益宣传。如《广而告之》的制作费全部由中央电视台广告部担负。一条"广而告之"平均制作费为1000至1500元,1989年,该台共制作了32条短片,照此计算,一年的制作费就达3万多元。尤其是《广而告之》在每晚《新闻联播》之后播出,这是电视播出的黄金时间,虽然只有短短的两分钟,但每年却减少了600万元的广告收入。由于《广而告之》具有很高的收视率,不少厂商乃至外国客商,出高价要在《广而告之》上打上自己厂家的名字,搞"某某特约播出",以扩大影响,但均被广告部拒绝。他们认为,《广而告之》是社会公德宣传,绝不能让它沾上铜绿。以至于苏联《消息报》记者写道:中国的《广而告之》是社会主义公益宣传,与资本主义国家的公益宣传不同。③

四、广播电视广告的经营管理体制及其改革

十年来,我国的广播电视广告发展迅猛,无论节目制作,还是经营管理都

---

① 上海市广播电视局《当代》编辑组:《上海电台广告节目的恢复和发展》,《上海广播电视资料汇编》(1),第121页。

② 《关于广播服务公司工作情况汇报》,中央电视台档案1981年NO29。

③ 《中外电视》1990年第6期,第47页。

取得了一些令人欣慰的成绩和经验,为世人瞩目。但是,客观分析起来,我们不得不承认,与发达国家相比,我国的广播电视广告存在着相当大的距离。在缩短差距的努力中,改革我国目前广播电视经营与管理体制已迫切地提到议事日程上来。

(一) 经营体制及其改革

1. 经营方式

"独立经营"是十年来我国广播电视广告经营的主要特点。各电台、电视台均有自己的广告经营部门。1979 年底,中央人民广播电台成立了中国广播服务公司,中央电视台成立了中国电视服务公司,具体承办国内外广告业务。清理整顿公司后,均改为广告部。目前,各台承接广告业务的部门均为广告部(有的称为经济信息部、公共关系部,职能相同)。广告部既是广告经营者,又是制作者,同时还是广告内容的审查与管理机构。广告部基本承揽广告经营的全过程,由广告公司代理的业务为数甚少。如,中央人民广播电台播出的各类广告中,99%以上均为自己承揽、制作、播出,广告公司代理的业务不足 1%。

与工商界直接打交道,挖空心思"拉"广告,是各台广告部日常工作中至关重要的一部分。

从 1982 年起,中央电台广告部每年冬季召开一次广告客户座谈会,听取意见,联络感情,落实业务。1987 年以后,则采取分片召开广告会议和登门拜访相结合的办法,广泛组织广告。至今,中央电台已有固定客户 300 余户。[①]

虽然"不要广告公司帮忙"是我国广播电视广告业务经营的主要特点,但是,广播电视广告部门内部的联合形式则被广泛采用。如广播电台系统开展的全国名优产品和节能产品大联播,就是一种全国性的广告业务联合形式。又如南方城市与北方城市广播广告工作交流会,也已举办过多届。这些交流会主要是交流广告信息,办理代理业务,它已成为全国大中城市广播电台发展横向联合与合作的一种固定形式。

1984 年 6 月成立的中国广告协会电视委员会与广播委员会,着眼于广播

---

① 《广播业务》1990 年第 2 期,第 8 页。

电视广告系统内部的业务指导、协调、咨询和人才培训,为广播电视广告业务的联合创造了一定的条件,但是,仍未能从根本上打破我国广播电视广告那种与广告公司基本隔绝的"我行我素"的经营格局。

导致广播电视广告"独立经营"状况的原因有多方面:

其一,广告公司服务范围有限。1987年,我国各类专业广告公司达795家,①数量不算少,但素质普遍较差。绝大多数广告公司只是单纯媒介代理或从事一般的广告制作加工业务,真正具备现代广告公司的条件,能给广告主提供全面服务,进行精确的广告策划的,则为数甚少。1985年,有人对65家专业广告公司的营业项目做过调查统计,能提供市场调查咨询服务的仅有1家,占被调查公司的1.54%。②

赫赫有名的广州万宝电器公司曾寻找广告总代理商,他们愿意每年为此拿出300万元,北京广告艺术公司很想吃这块"肥肉",但与万宝公司谈了很久,终未能如愿。据了解,北京广告艺术公司的实力,在我国广告界是名列前茅的,可该公司的160余人中,能为客户进行广告策划的只有两人。③

其二,企业广告投资缺乏计划。企业广告意识淡薄,对广告费用的投放,媒体和时机的选择,宣传诉求重点(包括范围、对象、手法等)缺乏科学性和计划性。真正从本企业整体经营方针和目标出发,拟定出短期或长期的广告战略,然后编制广告计划,确定广告预算,这样合理地使用广告费的实在不多。例如某厂,1985年全年广告费为56万元,可是花在赞助广告上就用去约16万元,占广告费总额的23%,拿到赞助费的33个单位中,政府机构占30%,新闻单位占45.5%,文化体育团体占9%,其他占15.5%。这类赞助广告,有的是通过行政系统摊派的,有的是利用人情关系"硬拉"的,几乎都与企业营销活动和广告计划关系不大,甚至毫无关系。④

---

① 中国广播电视年鉴编辑委员会编:《中国广播电视年鉴(1988年)》,北京广播学院出版社1989年版,第22、26页。

② 中国广播电视年鉴编辑委员会编:《中国广播电视年鉴(1988年)》,北京广播学院出版社1989年版,第22、26页。

③ 中国广告协会秘书处、《报刊广告文摘》编辑处:《报刊广告文摘》第1期,第28页。

④ 《中国广告年鉴》编辑部编:《试论我国广告业发展的合理趋向》,载《中国广告年鉴》,新华出版社1988年版,第260—261页。

2. 弊端分析及改革

广告信息的传播是一项综合性很强的系统工程。该系统一般由四个方面组成：市场调查、创意设计、媒介选择、效果测定，即广告策划的四大支柱。市场调查是进行广告策划的基础，只有对市场和消费者了解透彻，对有关信息和数据掌握充分，整个广告活动才能有的放矢，否则，就会成为纸上谈兵。创意设计是决定广告策划成败之关键所在。成功的广告在于能用独特的诉求方式，巧妙地传递商品信息，有效地诱发潜在买主的购买动机、欲望和行动。一般说来，创意设计是整个广告策划的中心环节。媒介选择是广告策划中直接影响广告主利益的重要问题，媒介的配合，时机的把握等是该环节要解决的问题。效果测定是全面验证广告策划具体实施情况的必不可少的环节，广告策划是否成功，广告主是否感到满意等都将以此为依据作出评价，这是对整个广告信息传播过程进行有效的信息反馈，以校正传播误差所必不可少的环节。很显然，只有高度专业化的信息处理机构，才能有效地行使广告策划所包含的四个方面的职能。

我国广播电视广告经营机构均为所属电台、电视台的一个部门，一般人数不多。如中央电台广告部才十来个人，中央电视台广告部也只有 30 人左右，且大都半路出家，专业人才奇缺。在为数甚少的人员中，一班都有经营业务任务压头，很难潜心于广告的创意与制作。有资料表明，在如今开办《广告节目》的 100 多家电台中，几乎找不出一家设有专职的广告创作班子。[1]

至于市场调查、效果测定等广告策划中至关重要的环节，各电台、电视台广告部门则完全无暇顾及。这种广播电视媒介越俎代庖行使广告公司职能的经营格局，严重地阻碍了我国广播电视广告质量的提高。广告质量低劣所蕴含的危机将是失去广播电视广告受众。各类收视率调查的统计结果已经给我们敲响了警钟。

1986 年 5 月至 7 月，北京电视台受众调查，在"观众节目选择意向"中，广告及广告片排在全部 26 个节目最末。[2] 在回答"您认为北京电视台的主要缺

---

[1] 《广播业务》1990 年第 2 期，第 35 页。

[2] 《中国广播电视年鉴》编辑委员会编：《中国广播电视年鉴》(1987 年)，中国广播电视出版社 1988 年版，第 475 页。

点是什么?"的提问中,共回收了 436 份有效问卷,最集中的是对电视广告的意见。填写"喜欢看广告"的问卷只有 12 份,占有效问卷的 0.8%。而同样的调查数据在 1982 年是 2.3%,这本来不高的收视率四年之中反而下降了 1.5 个百分点。①

1986 年 8 月到 11 月进行的"天津市居民对广播电视节目需求的调查"中,电台收听率,广告名列倒数第六,比例为 8.13%。②

1987 年 9 月至 11 月,中宣部、广电部联合调查组对农村广播电视受众作了一次大规模抽样调查,分析得出"农村受众普遍对广告节目不感兴趣"。③

1984 年北京新闻学会的抽样调查结果表明:"广告节目是中国所有电视和广播节目中最不受欢迎的,只有 2.8% 的广告听众和 1.2% 的电视观众喜欢广告节目"。④

受众来信则更加直截了当。

1981 年 2 月,河北省三河县一观众写信给中央电视台,送诗一首:"广告,广告,广为传告,每日电视,好不热闹,见缝插针,争分夺秒,你受洋罪,我把钱捞。"⑤

"广告不能没有,但现在太多,招人烦"、"动不动就是全国第一,誉满全球"、"好节目中间老广播广告,叫人急得慌,咱农民叫它这是'逗馋虫'玩!"⑥

"广告节目太多,影响电视节目收看,建议广告节目固定时间。"⑦

与商业化的广播电视体系相比,我国的广播电视广告在节目中所占比例明显偏低。如中央电台目前广告节目时间为每天 140 分钟左右,还不到总播出时间(第一、二套节目)2400 多分钟的 6%;中央电视台每天 25 分钟左右(多时为 40 分钟)的广告节目,在总播出时间 20 多个小时中所占比例更低。而且

---

① 《北京电视台观众收视情况调查报告电视广告专题分析》,《新闻广播电视研究》1987 年第 2 期。

② 《中国广播电视年鉴》编辑委员会编:《中国广播电视年鉴》(1987 年),中国广播电视出版社 1988 年版,第 482 页。

③ 《广播电视与农村发展》,中国广播电视出版社 1989 年版,第 50 页。

④ 《〈亚广联通讯〉报道北京抽样调查广播电视普及情况》,《广播电视资料》1984 年第 2 期。

⑤ 《二月份观众来信摘编》,中央电视台档案 1981 年《电视宣传情况》,第 22 页。

⑥ 李德润、朱述新:《"电视村"农民谈电视》,《人民日报》1986 年 12 月 22 日。

⑦ 《十一月份观众来信摘编》,中央电视台档案 1981 年《电视宣传情况》,第 22 页。

我国广播电视节目中禁止插播广告。那么,导致广告收视率低、受众不喜欢乃至厌恶的原因何在呢? 笔者认为,广播电视广告创意水平低下是最主要的因素。

十年中,我国广播电视广告虽然不乏优秀之作,但真正体现独特魅力、令人耳目一新的创意广告实在太少。相当一部分广告尚未跳出"照搬""模仿"的窠臼。表现形式上,大多数作品停留在告知性的直陈式诉求层面上,以设置"情境"为手段,充分激发受众联想与想象心理功能的形象诉求广告可谓凤毛麟角。

诚然,广告作品创意水平的提高,受到种种因素的制约,诸如经济发展现状、资金短缺、人员匮乏、观念滞后等,但是,毫无疑问,广播电视广告经营体系是至关重要的决定性因素。

令人欣慰的是,广播电视经济体制的改革已经受到一些学者及广告界人士的热切关注。一系列颇具见地的方案已经得到了理论上的证实。有人提出成立广播电视广告联合专业公司,集中进行广播电视广告的策划与制作,并逐步向全面代理制过渡;还有人建议设立以指导性策划为宗旨的广告咨询机构,作为协助企业进行广告策划的"智囊中心";等等。

尽管在我国现阶段实行全面代理制,还受到社会经济条件、人才素质、传统观念等种种限制,尽管在向代理制过渡的途径选择上尚存种种争议,但是,代理制是现代广播电视广告发展的必由之路这一点则已经得到了广告界的共识。

(二) 管理体制及其改革

可以这样说,十年来,我国的广播电视广告管理基本属于法律约束与媒介自律相结合的方式。

中央宣传部 1979 年 11 月下发的"关于报刊、广播、电视刊登和播放外国商品广告的通知"指出:要"调动各方面的积极因素,更好地开展外商广告业务",从而推动了广告业务的开展。这是十年中第一个涉及广播电视广告的规范性文件。到 1981 年底,全国经办广告业务的电台、电视台有 100 多家。[1]

---

[1] 《中国广告年鉴》编辑部编:《中国广告年鉴》,新华出版社 1988 年版,第 13 页。

　　为了加强全国广告的统一管理,改变经营单位"多头领导,各自为政"所造成的混乱局面,国务院指定国家经委和工商行政管理局代为起草了《广告管理暂行条例》,经国务院审议通过,于1982年2月发布,5月实施。1982年4月,工商行政管理局在北京召开了全国广告工作会议,制定了《实施细则》(内部试行)①。

　　《暂行条例》是新中国成立以来第一个全国性的综合广告管理法规。至此,自1979年初相继恢复与开办的广播电视广告终于有法可依。

　　《暂行条例》及《实施细则》对承办广告的审批、广告经营商、内容的真实性、广告收费标准、违反条例的处罚等作了规定。

　　继《暂行条例》后,国务院、国家工商行政管理局等机构相继制定颁布了一系列广告管理法规。其中较有影响的有:

　　1985年4月17日颁发的《国家工商行政管理局、广播电视部、文化部关于报纸、书刊、电台、电视台经营、刊播广告有关问题的通知》。该《通知》指出:"禁止以新闻记者的名义,招揽所谓'新闻广告'","新闻和广告,两者不得混淆。严禁新闻收费和以新闻名义招揽各种形式的广告"。这是十年中将"新闻性广告"或"广告新闻"列为禁止范围的第一个法规。

　　1985年11月15日颁发的《国务院办公厅关于加强广告宣传管理的通知》。《通知》指出:"在我国,广告不仅是一种传播经济信息的手段,也是社会主义宣传工作的一种形式","广告既要为建设社会主义的物质文明服务,又要为建设社会主义精神文明服务。"从而第一次以法规的形式对社会主义广告的性质作了规定。

　　1987年10月26日,国务院颁发《广告管理条例》,这是十年中最为系统、具体的广告法规。

　　十年中,我国尚未制订专门的广播电视广告法规,对广播电视广告的制作程序、播出方式、内容审查、赞助形式等方面的规定尚显粗略。中国广播电视广告的法律管理有待完善。

　　在运用法律管理的同时,媒介自律也是十年来我国广播电视广告管理中

────────────────

　　① 《中国广告年鉴》编辑部编:《中国广告年鉴》,新华出版社1988年版,第13页。

不容忽略的一个方面。

1979 年开办广告以后，各电视台、电台均根据国家的经济政策与宣传方针制订了广告管理的规章制度。这些规章制度在一定程度上弥补了国家政策法规的空缺，对防止广告经营的混乱，起了重要作用。

一个行业是否成熟，重要的标志之一是看它有没有自我完善机制。以此为标准衡量，我国的广播电视管理体制还远远没有成熟；尤其与西方发达国家相比，尚存在相当大的差距。

西方广告业走过了三百年的路，形成了完整科学的管理体系。譬如，美国和法国，都有官方和行会双重的广告专业管理组织。美国官方管理广告的机关是联邦贸易委员会（FIC）和联邦通讯委员会（FCC），而全国广告监察委员会所属的广告工作局则是行业性的自我审查组织。官方与行业相互作用，共同负责对全国的广告进行预审、监督。没有审查组织的批准，任何广告经营者不得刊播。

我国到目前为止还没有一个权威的广告管理部门，没有预审、监督机制。我国广告业的行业组织——中国广告协会只在行业之间起着指导、协调、咨询、服务作用，不具备从事广告业自我管理、自我审查广告内容的条件。对于虚假广告，我国是采取事后追究的办法，因此，等发现虚假广告时，它已经给消费者造成损失。按照《广告管理条例》规定，在我国，经办广告的部门身兼广告经营与广告审查二职，为了自身的经济利益，它对职责的履行难免要打折扣。

在我国广告业迅猛发展的今天，建立完善的广告预审制度，已经迫在眉睫。

1989 年，中国广告协会已向有关部门建议，在我国开展以广告协会为中心的广告预审制度，建议能否成为现实，人们将翘首以待。

（本文原载章晓英主编：《国际新闻与传播研究——传承与趋势》，外语教学与研究出版社 2019 年版）

电视商标形象广告论略

商标形象广告,亦称"形象设计广告"、"象征意义型广告",是国外 20 世纪 80 年代兴起的一种广告诉求方式与表现形态。它以极具个性的表现手法与对传统广告表现方式的根本性突破,在国外广告界产生了很大的影响。

关于商标形象广告,我国广告界刚刚接触。至今未见这方面专论。但是,在广告实践领域,尤其是电视广告中,已自觉或不自觉地运用了这种诉求方式,出现了为数不多的初具商标形象广告形态的广告作品。本人力求在综合手头有限的零星资料的基础上,对这一新兴的广告表现方式谈几点粗略的看法,以求教于广告界同仁。

一、广告诉求方式的演变轨迹以及商标形象广告的基本特点

广告,从实质上说,是一种纯粹的商业活动。无论它如何"拐弯抹角"、"乔装打扮",总掩盖不了其"庐山真面目"——传播产品信息,或服务信息。

然而,当我们对广告的发展轨迹作一番探寻之后,不难发现,广告诉求方式越是向前发展,其诉求内容与商品宣传距离越远。从再素朴不过的原始时期的"叫卖"声以及仅仅标有"酒"、"茶"字样的幌子等一目了然的广告表现形态,到当今绞尽脑汁隐蔽商业动机的诉求方式,广告着实变得令人眼花缭乱了。

广告诉求方式的演变与广告媒介运用范围的拓展有着密切的内在联系。

印刷媒介的出现极大地扩大了广告信息传播的空间范围,使广告信息的跨地域传播成为现实,从而导致广告传播方式的根本性变革;而进入 20 世纪以后,广播、电视、电影、计算机、通信卫星等科学技术的相继发明,则使广告进入了现代化的电气、电子时代。尤其是声图并茂的电视媒介在广告领域中的应用,使广告信息进入了形象化的传播阶段。

如果把电视广告诉求方式的演变历程以时间段加以划分,大致可以分为三个时期:早期的"直陈式广告";70 年代的"作品型广告";以及 80 年代之后的"商标形象广告"。当然,这三种广告表现形态并不是某一种形态一旦出现就完全取代另一种形态,而是三者并存,不过在不同时期某一种形态占主导地位而已。

(一) 直陈式电视广告——硬性推销方式

一种传播媒介出现的初期,在功能上往往是对旧有媒介功能的简单"移植"。电视广告的发展初期,几乎都是印刷媒介广告的简单翻版。直陈式电视广告就是其典型形态。这种广告往往把产品的功能、作用在观众面前充分曝光,在短短的时间内毫无选择地将产品信息连珠炮式地硬性灌注给观众。这种硬性推销方式现在在国外的电视广告设计中已基本淘汰,但在我国的电视屏幕上却仍然屡见不鲜。甚至可以说,它还是我国目前电视广告的主体。

(二) 作品型电视广告——软性推销方式

70 年代后,随着传播学以及广告理论研究的深入,有限的传播效果理论,目标市场、产品定位、市场定位等一系列科学的广告策划与传播理论在广告设计中被广泛应用。人们认识到,广告并不是施于完全被动的受众的一种力量;广告信息根本不具有"魔弹"般的威力;硬性推销方式不仅不能使受众毫无选择地接受广告信息,反而极有可能引起逆反心理;广告是以特定市场为目标从产品特性出发的一种宣传。同时,电视在这一时期已完全摆脱了对印刷媒介传播方式的依赖,寻找了一条适宜充分发挥自己独特优势的路子。于是,以产品的特质作为广告信息核心,以软性推销方式激发受众诱发心理功能充分发挥的作品型电视广告被广泛应用。

作品型电视广告有一定的故事情节,有人物,有戏剧性冲突。为了增强广告信息的可信度以及受众的参与感,这类广告往往创造一个与产品的实际应用颇为相似的典型环境,随着情节的展开,充分展示产品对人们的适应和满足。宛如一则颇具吸引力的电视小品,使受众在受情节所感染的心态中不知不觉地实现对广告信息的认同。

作品型电视广告是充分利用电视媒介自身的特点而形成的广告诉求方式。但它仍然依赖产品的某些特征和功能。实际这类广告是产品特征与功能的戏剧性表述。

(三) 商标形象电视广告——高层次软性推销方式

商标形象广告是以塑造产品的象征性形象为主要特征的。换言之,象征性形象是商标形象广告区别于其他广告诉求方式的核心所在。如果说前两种广告表现形态均依赖于产品的特征与功能,那么,商标形象广告则是对产品特征与功能的某种超越。如"万宝路"香烟电视广告以一个骑术高明、枪法神奇、足智多谋、力大无比的美国西部牛仔作为主人公,经过集中的广告宣传,"万宝路"也就成为粗犷豪迈、纵横驰骋、四海为家、无拘无束等令现代青年人钦羡的男性风度的象征。而健牌(Kent)香烟电视广告则通常出现上层人士的活动,以高层次的生活方式作为其象征。这是以社会某一特定阶层的生活方式作为象征来迎合消费者心中某种意念的表现方式。还有以某种特定情感作为象征的。如:"威力洗衣机"电视广告:

画面一:(梦幻风格音乐背景)生机盎然的北方乡村远景,一辆载有洗衣机的工具车在疾驰;画面二:清澈的小溪、一群农家妇女槌打衣物;画面三:一位母亲模样的妇女眺望汽车的到来;画面四:一群天真的孩童围聚汽车嬉戏;画面五:一幢素朴的农舍前,人们打开洗衣机包装。

贯串始终的画外音(女声):"妈妈,我又梦见了村边的小溪,梦见了奶奶,梦见了你。妈妈,我给你捎去一样好东西。"

字幕闪出:"威力洗衣机,献给母亲的爱。"

这是一则难得的富有感染力的商标形象广告。它采撷了生活中一个极富情趣的片段,没有华丽的辞藻、夸张的承诺,更没有渲染产品的质地与功能,却给人以深刻印象。中国传统文化中,"家"观念是非常强烈的。亲人的团聚,家庭的和睦,敬老爱幼是人们崇尚的理想生活境界。这则广告把广阔的农村作为目标市场,以女儿赠送母亲洗衣机为契机,抛开产品的特征与功能,把诉求重点定格于整则广告所赋予洗衣机的象征意义——田园牧歌式恬静的生活环境、和谐的家庭气氛以及女儿对于母亲的诚挚的爱恋。因此,威力洗衣机给予消费者的远远不仅是它具体的实用价值,更重要的是它的象征性意义。这种象征性意义通过人们联想与想象等心理功能的发挥,即成为和睦的气氛,诚挚的情感以及对远离尘嚣的恬适乡村生活的遐想等产品本身所不具备的意义和价值。

商标形象广告将实际产品变成了一种象征性符号,把诉求重点从产品的性能、特征转移到了由消费者购买的商品牌号所传达的特定意义和价值上面。从这个意义上来说,商标形象广告将无生命的物体赋予了意义、价值。通过以上分析,我们可以概括出这种象征性形象的一些基本点:

1. 这种象征性形象是用具体事物表示出来的某种抽象的概念或思想感情。

2. 象征形象的完成,依赖于消费者联想与想象等心理功能的发挥,消费者的参与是不可缺少的因素。

3. 设置与消费者生活息息相关的"情境"是赋予商品象征性意义的必要途径。

4. 象征性形象是抛开商品本身功能与特性的崭新的意义和价值。

二、商标形象广告产生的社会心理根源

从商品的特征与功能,转向对商品本身并不具备的一种抽象替代物的诉求,是商标形象广告区别于其他广告表现形态的核心所在。这种从具体到抽象,从事物本身到某种相关的替代物的变化过程,标志着广告表现形态的根本性变革,这是对传统广告诉求模式从观念到方式上的一种历史性突破。这种变革与突破的社会心理根源是多方面的、复杂的。

（一）消费者需求层次的提高

广告是对消费者展开的一场心理战。如果把广告的诉求方式比作武器的话，那么，这种"武器"的性能与功用则取决于对消费者心理需求认识的深化。

1943年，美国人本主义心理学家A.B.马斯洛提出"需要层次论"：生理需要、安全需要、爱的需要、尊重的需要、自我实现的需要。这五种需要是按低级到高级的层次组织起来的。只有当较低级层次的需要得到满足后，较高层次的需要才能产生。

广告的诉求重点从商品本身转化到商品的象征性意义，这一变化轨迹与人们需要层次的演进是相吻合的。"强调商品本身"针对的是消费者对商品的使用价值的追求。在生产力水平低下、产品匮乏的情况下，供不应求是消费市场的基本特征。此时，广告主只要"告知"消费者商品信息，即能引起消费者的需求欲望，并直接导致购买行为的发生。

随着生产力的发展，人们生活水平的提高，商品日益丰富，消费市场呈现供过于求特征。消费者的需求欲望向高层次转化，对商品的精神需要超过物质需要。在这种情形下，人们购买电冰箱，看重的往往不是它的实用价值，而是为了显示自己的经济实力和得到社会的认可；人们购买易拉罐饮料往往并不是看中它鲜美的味道、精致的包装，而是看重电视广告片所赋予这种饮料的象征意义——与朋友一起郊游时对大自然秀美景色的感受，以及对朋友的真挚友谊等情感的体验。这是对产品本身并不具备的一种抽象替代物的追求，是超出产品物质价值之上的精神价值和意义的追求。

消费者需求心理的变化，使得厂家生产产品的目标定向，广告的诉求重点，广告所诱发消费者购买欲望的方式不得不发生根本性变化。人们逐渐意识到，单纯以理性的方式来述说产品的特征、功能，或者以某种巧妙的诱发手段吸引消费者的注意，已很难达到广告目标。商业广告的成功，关键在于是否唤起消费者积极的情感体验与相应的意向活动；在于能否激起消费者精神需求心理的共鸣。因为，消费者在心理感觉上对于商品及其广告的好恶，直接影响着他的购买行为。于是，抛开商品本身的功能与特征，以设置与消费者生活息息相关的"情境"为手段，充分发挥消费者联想与想象等心理功能，赋予商品以象征性意义和价值的商标形象广告应运而生。

（二）商品功能特征差异的缩小与商品定位角度的转变

商品定位是现代广告创作的一种基本策略。所谓定位，就是广告主希望通过广告宣传使商品在潜在买主中占有某种地位。一般说来，定位在与同类竞争商品在特征、功能、质量、品种、价格、造型、包装等方面的比较过程中确定的。这可以说是对产品特性的定位。此外，我们还可以对产品进行一种心理上的定位。因为，从本质上说，商品是物质现象，满足人们某种实实在在的需要是其存在的最起码条件。但是，正如以上所分析的，商标形象广告以及其他一些促销手段将实际产品变成了一种象征性的符号。这种符号所代表的象征性意义能够超越商品的特征与功能等物质性因素，塑造一种产品本身并不具备的"抽象替代物"。这种替代物的产生，使商品并不仅仅是一种物质，还包含有某些观念性的东西。既然商品并不完全是物质性的，那么，当人们购买商品的时候，他们不光是购买商品本身，同时也买进了一种观念，对商品的消费也就和精神的满足有着微妙的联系。因此，在商品定位时，不得不考虑这种心理上的因素。换言之，对商品某种特定的心理上的倾向也构成定位，有时，这种心理上的定位往往具有关键性的意义。

在当今世界市场上，广告的竞争主要表现在争取消费者对自己产品的注意这方面下功夫。消费者对产品的注意可能是受产品独特功能的吸引，也可能是由于产品能够满足消费者某种心理上的需要所致。

我们知道，如果一种商品不能以牌号与其他同类商品相区别，那么，即使花费巨额资金做广告也是没有多大意义的。然而，我们正处于一个科学技术高度发达的信息时代，那种由于市场的闭塞与信息传递的阻滞而造成的文化和科学技术的差距日趋缩小。加上市场竞争的激烈，同类产品的性能与优势已渐趋一致。这样，产品仅仅依仗其特征、功能，就很难在消费者心中占据独特地位。比方说，有几家香烟公司生产的香烟，品味起来基本上一样，技术上也处于同一水平。那么，怎样才能推销这些大同小异的香烟呢？只能采取心理定位的方式，通过广告，给不同的香烟塑造一种不同的象征性形象，然后说服消费者相信各种香烟的味道都是独特的。于是，"万宝路"香烟总是与美国西部风光、马背上纵横驰骋、无拘无束的牛仔、辽阔的空间等联系在一起。这样就产生了一种在消费者的精神与心理感觉上具有独特性的商品,“万宝路”抽起来也就不同于“温斯敦”,虽然这两种香烟的味道实在没有什么差异。

通过设置“情境”,赋予产品以某种抽象的情感和意义,其实就是对产品进行心理定位的一种方式。

如广州市广告公司为“鸿运”转叶电扇的广告策划,就是采用这种心理定位的方式。在一系列周密的市场调查分析之后,他们把“鸿运”扇的目标市场定为拥有独生子女的年轻夫妇。在这种家庭中,独生子女往往备受宠爱。于是,调动年轻父母爱子心切的思想感情,诱发人们对美好幸福家庭的热爱与联想就成为“鸿运”电扇的“产品定位”。以此为重点,制作了如下电视广告:画面:一小女孩酣睡,枕边摆有玩具小木屋。音乐:“天鹅”与“摇篮曲”。广告标题:“柔柔的风,甜甜的梦……”整个广告片形成一种温馨、和谐、富有人情味的气氛。广告播出后,产生了积极效果。人们普遍认为有新意,感染力强,能给人以深刻印象。

(三)象征性形象与受众参与

受众是信息传播的出发点和归宿。强调受众参与,肯定受众在信息传播过程中的主导地位是现代传播媒介的特点。拉近传播媒介与受众的距离,变以往居高临下的指导为与受众平等交流是信息传播的发展趋势。

重视受众参与,消除受众对广告的逆反心理,在广告的设计与制作中尤显重要。因为,归根结底,广告是一种商儡信息的传递,高频率、多重复是其传播特点。如果广告表现形式呆板、艺术品位低下,就很容易落入枯燥乏味的窠臼,并极易引起受众反感而把电视广告节目时间作为进“厕所时间”。

此外,广告是一种有针对性的信息传播。在理想情况下,它的传播范围是目标市场中的潜在买主。但是,随着七八十年代以来电视的普及以及电视在广告媒介中地位的提高,电视广告信息的传播范围远远大于理想情况下某一商品的目标市场。这意味着电视广告信息所覆盖的范围内有很大一部分受众并非某种商品的潜在买主。这一部分受众极有可能将电视广告节目视为与己无关的“浪费时间”。一般说来,消除这一矛盾的途径有二:一是控制专业性强、销售面窄的商品广告的数量。如一些限于某一行业使用的生产资料商品,完全可以在专业杂志、报纸中进行广告宣传。二是提高电视广告的艺术水准与品位。必须意识到,电视广告不仅仅是传递商品信息的手段,它还必须给人以美的享受、艺术的熏陶、情感的体验以及引导社会道德风尚等多层次功能。

可以说,商标形象广告是与当今社会对电视广告信息传播的这些客观要求相吻合的。依前所述,通过设置与消费者生活息息相关的"情境",赋予商品象征性意义是商标形象电视广告的一种基本形式,而"情境"的体验,象征性形象的最终完成,均依赖于消费者联想与想象等心理功能的充分发挥。即消费者在接受商标形象广告信息时,不仅不是处于消极的被动地位,反而成为这种广告信息传播最终完成的一个不可或缺的因素。

从早期电视广告以"告知"的方式对产品的特征、功能作直陈式的诉求到抛开商品的自身价值,把诉求重点定格于商品的象征性意义,这不仅是传播技巧的重大发展,而且是对受众在传播过程中主导地位的肯定。下面我们比较一下两种诉求方式对受众产生心理效应的过程:

直陈式电视广告:广告——有意注意——感知——行动。

商标形象电视广告:广告——无意注意——情境的感知与体验——象征性意义的认可——行动。

比较两个过程,不难看出,直陈式电视广告实质上是一种"一厢情愿"、"灌注式"的信息传播。广告信息传播者试图使消费者由一无所知到知之甚多并使之深信不疑,最后出钱购物。换言之,广告传播者把广告看成是施于完全被动的接受者的一种力量。消费者对直陈式电视广告的接受处于发挥认知心理功能层次。

商标形象电视广告通过形象化的手段设置情境,以达到与消费者在情感上的共鸣与交流。消费者对广告的认知是通过对情境的感知而产生的心境或者是联想、暗示、感染等心理作用下获得的。消费者不仅要发挥认知心理功能,而且要发挥参与心理功能。象征意义的理解,乃至整个广告作品价值的实现,均依赖于消费者的积极参与。

三、商标形象电视广告的局限性

（一）任何广告诉求方式的作用都是有限的

商标形象广告也并非是一种万能的表现方式。从整体上说,广告的诉求方式可分为理性诉求与感性诉求两大类。商标形象广告属于后者。当我们有重要的消息要向消费者诉说,也就是产品的个性特别突出时,诉诸理性往往比诉诸感性实惠且更有说服力。即使没有,理性的因素也不能完全忽略,因为消费者往往需要一些理性因素来证明自己选择的有道理。此外,以商品的象征性意义作为诉求重点,往往要提高广告作品的艺术品格,艺术性尽管重要,但只是达到广告目标的一种手段而已。因此,决不能喧宾夺主,为了加强艺术性而模糊了广告目标。

（二）"象征性意义"不能超出人们的经验范围

对象征性意义的理解,依赖于消费者的经验贮存以及联想与想象等心理功能的发挥,超出人们的经验贮存范围以及联想与想象能力,广告受众就会觉得不知所云,如坠"云雾山中"。另外,象征性意义还涉及一个民族文化差异问题。象征性意义本身具有民族性和地域性。如颜色的象征意义,不同国家与民族具有相当大的差异。对于国际贸易广告,这一点尤显重要。

（三）商标形象广告是以塑造商品的象征性意义为核心的

有时,这种象征形象所展示的是一种可望而不可即的梦幻般的境界,这与我们所崇尚的务实精神是相悖的。对这种超现实境界的过分渲染,很可能助长对社会现实的一种不切实际的不满足情绪。这是一个很值得研究的课题,需要专文论述,作者期待着广告界同仁的高见。

（本文原载《中国广播电视学刊》杂志 1996 年第 3 期）

卫 星 电 视

20 世纪八九十年代以来,一大批先进的科学技术成果纷纷进入信息传播领域,产生了一系列新兴的传播媒介,引起人类信息传播方式的根本性变革。在众多新兴的传播媒介中,最为引人注目的当推卫星电视。卫星电视的兴起,不仅极大地改变了传统的传播观念和传播方法,重整了世界信息传播的秩序,而且对世界各国的政治、经济、文化、社会生活以及国际关系产生了深刻影响。

一、卫星电视的兴起

(一) 通信卫星的起源

人类探索空间的梦想由来已久,早在 1905 年,梅里艾已将前人的科幻小说拍成一部叫作"月球旅行记"的影片。本世纪中叶,人们开始研究空间技术。

1946 年,有人用雷达向月球发射微波信号,第一次收到了月球面反射的电波。1957 年,又有人用月球面反射做了电话电波的接收实验。

1957 年 10 月 4 日,苏联成功地发射了人类第一颗地球卫星"史普尼克"1 号(Sputnik)。这促使美国在 1958 年 2 月 1 日把其第一颗人造卫星"探险者" 1 号送入地球轨道。当人造卫星刚刚进入地球轨道的时候,它最有实用价值之处在于它与通信技术的结合。1958 年 12 月 18 日,美国发射的"斯夸"号卫星已装载了录音机。

1960 年 8 月 12 日,世界上第一颗用于通信的卫星出现在距地球 1600 公里的上空。这是一颗被动反射型的通信卫星。它完全不同于后来的卫星,实际上是一个金属球,自己不能接收、放大和发射无线电波,只能利用卫星表面将电话、电视信号反射回地球,所以被命名为"回声"1 号(Echo)。这是一种无源卫星。1960 年 7 月 10 日,装置了中继台的人造卫星"电星"1 号(Telstar)升空。作为第一颗通信卫星,它在欧美两大洲之间作了通信实验,第一次实现了洲际电视信号传送。

早期的有源通信卫星离地球较近,所以只有当它出现在地平线上,通信双方都能看到时,才能把天线对准卫星进行通信。加之,那时卫星运行速度与地球自转的速度不同步,所以使用时间很有限。

继地球轨道同步卫星"行空"2 号(Syncom 2)于 1963 年 7 月被送上天空之后,第一颗同步通信卫星"行空"3 号(Syncom 3)在 1964 年 8 月 19 日被送上轨道,为真正实现全球通信奠定了基础。同步卫星在离地球大约 35800 公里的赤道上空绕地球飞行,每秒钟 3.075 公里,其运行角度与地球自转的角度相同,从地球上看,它们总是一动不动地挂在天空上。一颗同步卫星可以覆盖地球 1/3 的面积,最大跨度 18101 公里,只要在地球上空每隔经度 120°再配置一颗卫星,就能实现全球通信。"行空"3 号 1964 年将东京奥运会盛况的电视信号转播到北美洲和欧洲,震惊世界,这证实了卫星通信的实用性。

"行空"3 号的成功,引起了人类对商业卫星通信的关注,开始筹建一个国际商业通信的临时机构,这就是后来的国际通信卫星组织。1965—1988 年,该组织陆续发射了 7 组国际通信卫星,分布在大西洋、太平洋、印度洋上空。

据国际互联网上的"卫星百科全书"统计,目前在全世界共有各国发射的 134 颗通信卫星,用于电话、广播和电视的通信传输。

(二) 卫星电视广播系统

随着科学技术的飞速发展,人们可以将人造卫星轻易地送上太空。利用卫星传播电视节目,开创了电视传输技术的新纪元,解决了直接进行大面积电视信号覆盖的难题。

为什么电视机不能像收音机那样接收外地的节目? 这是因为电视信号是

利用超短波传送的,超短波只能直线传播,而地球为一球形,地面是弯曲的,因此即使电视塔的塔高超过 500 米,电视有效传播距离最多不过几十公里。

过去为了扩大电视的有效服务面积,采取了电视差转台或微波中继接力站(每隔 50 公里建一中继站)的办法进行转播,它不但要大大增加设备的投资成本,而且经过多次转播,信号衰减严重,图像质量大大下降。对于幅员辽阔的国家,依靠上述方式实现边远地区的电视覆盖极为困难。

1945 年,英国科学家 A.C.克拉克首次提出了利用地球静止卫星实现全球通信和广播的设想。如在赤道平面上空 35786 公里的同步轨道上,每隔 120 公里安置一颗卫星,就可以实现除地球两极附近的盲区以外的全球通信。这时卫星在该轨道上绕地球运行一周的周期正好等于地球自转的周期,卫星相对于地球就像是静止不动的,即所谓"静止卫星"。在卫星上安装电视转发器,犹如将电视塔建在三万多公里高空一样,每颗卫星与地球表面所形成的切线的包围区域便是该卫星的电波覆盖区,它约为地球表面的三分之一。因此,用一颗卫星完全可以覆盖我国的全部国土。

电视节目由电视演播中心通过卫星地面发射站,用定向天线向太空中的卫星发射微波信号(上行频率为 f1),卫星中的转发器接收来自地面的电视信号,经过放大、变换等一系列处理,再用下行频率 f2 向地面服务区转发电视信号;服务区内众多的地面卫星接收站便可接收到演播中心发出的电视节目。通常一个卫星装有多达 24 个转发器,每个转发器可以转一套模拟电视节目,如采用数字频带压缩技术,一个转发器可容纳 6 套电视节目。

目前世界各国卫星电视广播普遍采用 C 波段(3.7—4.2GHz)和 Ku 波段(11.7—12.5GHz)。由于 C 波段与地面通信业务共用,为了避免卫星电视信号对地面通信业务的干扰,卫星发射到地面的功率通量密度要受到限制。为保证接收图像质量,通常需要采用较大口径的天线(1.8—3 米),主要适用于集体接收(例如 CATV 系统)。Ku 波段的特点是频率高、频率范围宽、信道容量大,发射到地面的功率通量密度不受限制;加之 Ku 波段信号波长短,同样口径天线的增益要比 C 波段高,从而采用较小口径天线(0.5—1.2 米)就能获得满意的图像,更适宜个体的直接接收,是卫星广播的优选频段。我国于 1995 年 11 月开播的中央卫星电视节目就是通过"亚洲 2 号"(AsiaSat 2)Ku

频段转发器进行转播的。由于频段之间的频率间隔均为 19.18MHz,而卫星下行的电视信号频带一般都大于 20MHz,这种相邻频道间的信号频带的相互重叠,会造成相互干扰,因此邻国和相邻之间,常常采用不同频道和不同极化方式进行卫星电视广播。由于卫星转发器的体积重量受到严格限制,转发器的发射功率一般在几十瓦至 100 瓦,经过 36000 多公里的传输到达地面,信号能量受到很大的衰减,同时混入了各种噪声。为了接收如此微弱的信号,卫星地面接收站必须采用具有很强方向性的天线来接收信号能量,并通过低噪声微波放大器的放大、变换,然后输入卫星电视接收机,才能接收到电视图像和声音。

二、卫星电视的发展状况

(一) 国际卫星电视的状况

卫星电视兴起以来,世界各国纷纷采用这一先进的媒体技术进行跨地区、跨国界的电视传播。卫星电视兴起之初基本上都是为满足偏远地区接收需要,为扩大电视节目覆盖范围,提高收视率。后来,随着世界范围的卫星事业的发展,卫星电视日益成为专门提供信息和娱乐节目的媒体,节目数量得以迅速增加,卫星电视公司不断涌现和发展壮大,卫星电视节目也在全球范围内日益受到关注和重视。

1. 美国

美国的卫星电视已相当发达,形成了卫星传送与卫星直播并存,以卫星传送为主的格局。

自 1975 年美国通信公司(RCA)发射了第一颗用于传送电视信号的通信卫星(CS)以来,至今已有 70 多颗卫星向地面有线电视网传递电视节目信号。有线电视台和有线电视系统是美国卫星电视接收的主要方式。与此同时,美国的卫星电视个体接收也较发达。目前全美有 400 万户装有家用卫星天线,他们只需安装 46—61 厘米的卫星接收天线和室内 DBS 接收机,就可以接收直播卫星的电视节目。

美国对待卫星电视的态度基本上受制于美国市场经济发展的需要。一方面,美国国内的卫星电视相互竞争,自由发展;另一方面,随着美国政治和经济的国际化,卫星电视大举入侵国外,占领国际传播市场,倾销美国文化和美国精神。

美国的卫星电视发展呈现了专业化和多样化的趋势。仅电影频道就细分为电影新片、电影名片等,还创办了面向残疾人、面向听力障碍等专门人群的频道,以服务为主的家庭购物等频道也得以不断发展,并受到欢迎。

在美国开办卫星电视的电视网中,有线电视新闻网(CNN)是美国商业的国际卫星电视网,由特纳广播公司(TBS)董事长特德·特纳于 1980 年 6 月创办,通过卫星向有线电视网和卫星电视用户提供全天候的新闻节目。总部在美国佐治亚州的亚特兰大。CNN 的创办标志着国际电视业的正式诞生。1986 年 CNN 在现场直播“挑战者”号失事事件中初露锋芒,1989 年播报苏联和东欧剧变时再显威风。1991 年海湾战争中 CNN 迅速及时的战况直播更是其名扬天下的最佳时机,从此,CNN 声名大振,成为了大多数电视台国际新闻的来源,它能“在同一时刻给世界提供同一信息”,促进了全球“向无国界世界的演变”。目前,CNN 租用 10 颗卫星组成全球电视传播网,每天 24 小时连续播出全球新闻信息,覆盖 200 多个国家和地区,观众有 7800 万户。

继 CNN 之后,美国新闻署于 1984 年 11 月开办了世界上第一家官方国际电视台——世界电视网(World Netword),从 1985 年 4 月起每天向欧洲提供 2 小时的新闻和娱乐节目,由 Intelsat 卫星传送。其节目内容由最初向美国驻外使馆播发美国官方举行的新闻发布会和重大事件的纪录片扩大为向国外宣传美国的社会、政策、价值观念和生活方式。以新闻信息为主,辅以少量文化、科技、娱乐节目。到 1990 年覆盖了 128 个国家的 190 个城市。

1990 年,美国新闻署将其所属的“电视电影处”(含世界电视网)同“美国之音”电台、“对古巴广播处”合并,成为美国统一对全世界进行无线电广播和卫星电视广播的全能机构。

20 世纪 80 年代末以来,美国的其他电视网如娱乐与体育节目公司(ES-PN)、家庭影院公司(HBO)、音乐电视(MTV)、发现公司(DISCOVERY)等也纷纷在欧亚设立分支机构,租用卫星转发器,四处伸展其触角。

ESPN是美国广播公司(ABC)的下属机构,目前已进入了150个国家的1.57亿个家庭。

发现公司成立于1985年,下设发现频道(Discovery Channel)和学习频道(Learning Channel),前者为美国第五大电视网,拥有用户6300万;后者为美国第二十大电视网,用户3450万。

时代华纳公司的子公司家庭影院公司(HBO)自1991年10月开办第一个西班牙语的国际频道HBO Ole以来,已在美国以外的35个国家和地区拥有了300多万观众。

美国影响较大的卫星电视台还有美国音乐电视台(MTV),开播于1981年8月,以播放音乐录像带为主,24小时全天播出。在全世界对80个国家播放节目,仅海外观众就有2.5亿多人,大多为18—24岁的年轻人。

在美国的卫星电视机构中,有一个机构不可不提,这就是商营国际卫星电视网——美国籍的澳大利亚跨国传媒巨头罗伯特·默多克创办的新闻集团(News Group)。目前默多克系统在世界各地自办、合办的卫星电视台和有线电视台已达14家,默多克意欲利用其"全球电视帝国"实施一项建立全球卫星电视网的战略性计划。默多克的卫星电视覆盖范围已占全球面积的1/3和全球人口的2/3。

1994年6月,美国开播了两家新的卫星电视台。一家是休斯通信公司(Hughes Communication)下属的"直播卫星公司"(Direc TV),另一家是Stanley Hubbard公司下属的"美国卫星广播公司"(USSB),两家公司使用的天线直径不到两英尺,使用的是新的卫星直播电视技术。Direc TV目前有用户120万。USSB为世界首家多频道数字广播的空间电视媒体,到1995年末有150万订户。

2.英、法、德国

(1)英国的卫星电视

英国的卫星电视事业开始于80年代初。1982年,英国广播公司(British Broadcasting Corporation)和英国独立广播公司(Independent Broadcasting Company)合作成立了联合卫星有限公司(Unisat),向欧洲天星卫星公司(Eurostar)订购并发射卫星。

英国对外的卫星电视台中最有影响的是英国广播公司的世界卫星电视台BBC WSTV（BBC World Service Television）。作为英国官方的对外卫星传播机构，该台创办于1991年3月，是在1987年6月开办的BBC对欧洲电视广播的基础之上开办的，其节目主要由BBC对外广播网和世界广播部的记者和通讯员采制。

1991年11月，随着香港"卫视"（Star TV）的开播，BBC WSTV通过"卫视"的一个频道对亚洲和中东地区开办了全天24小时的卫星电视节目，覆盖中国大陆及台湾地区、东南亚、日本、西亚，主要播出国际新闻、亚洲新闻和亚广联商业节目等。其后，BBC WSTV的对象地区扩大到非洲、东北亚、加拿大、德国、中欧和俄罗斯部分地区。

1994年1月，BBC WSTV被迫停播了对中国大陆、中国香港地区、中国台湾地区及韩国等国家、地区的节目后，竭力保留对南亚的节目，并开办了对中东和北非的阿拉伯语节目、对日本的日语节目、对北美的英语节目和一套对全欧的新闻节目。

1994年6月，BBC与英国最大的传播公司皮尔森公司（Pearson）合作成立了BBC环球公司（BBC World，通过Eutelsat卫星播放，免费收看，目前在欧洲拥有1500万订户）和BBC娱乐台（BBC Prime，通过Intelsat播放，采用加密方式，目前拥有370万订户）。其后，BBC World wide在全世界各地取代了BBC WSTV，覆盖世界上141个国家和地区，提供全天24小时的节目。

英国另一家重要的卫星电视台英国空中广播公司（BskyB）是目前世界上覆盖最广的有线电视网，隶属于罗伯特·默多克的新闻集团，是在默多克创办的英国空中电视台（Sky TV）的基础上于1990年与英国卫星广播公司（BSB）合并成立的。

（2）法国的卫星电视

法国于1979年提出了自己的卫星计划——法国电信传播系列卫星Telecom-1计划，亦即TDF（Telediffusion de France）计划。该计划的卫星除覆盖法国外，还涵盖比利时、卢森堡、瑞士等法语国家。1988年10月27日，TDF一号（TDF1）经阿里亚纳太空公司（Ariane Space）的Ariane lanucher系统发射升空。

　　法国的对外卫星电视台为法国国际电视台（CFI），由国家控制的法国广播金融公司（SOFIRAD）于1989年创办。1989年5月起，CFI通过卫星向非洲的法语地区每天传送4个小时的新闻、科技、娱乐、体育节目。目前CFI覆盖了世界上的1.7亿个家庭，主要集中于非洲、东欧和阿拉伯地区等。CFI计划在本世纪末成为一个全天24小时面向全世界的国际电视台。

　　法国著名的卫星电视台还有新频道电视台（CANAL+），成立于1984年12月。

　　在法国还有一家由欧广联EBU创办的泛欧电视新闻网——欧洲新闻电视台（Euro News）。该台自1993年1月1日起以英语、法语、德语、意大利语和西班牙语5种语言通过卫星向欧洲地区进行每天20小时的电视广播。Euro News通过家庭卫星接收天线和有线电视传播，以新闻为主，节目由欧广联成员共同提供，整个欧洲和地中海地区都可以收看。它与美国的CNN、英国的BBC一样，成为了跨地区的影响较大的卫星电视新闻网。

　　（3）德国的卫星电视

　　德国的卫星事业开始于70年代。1974年和1975年，分别与法国合作发射了交响乐1号和交响乐2号（SynphonieI、II）卫星。

　　目前德国卫星电视普及率已达到8.9%。仅Astra卫星的用户在德国就有2279万户。德国已经成为仅次于美国的卫星电视家庭数量最多的国家。

　　德国的卫星电视台主要有：卢森堡电视台（RTL）、德国体育台（DSF）、卫星一台（SAT1）、三星台（3SAT）、欧洲音乐电视（VIVA）首映电视台（Pro7）、卢森堡二台（RTL2）等。

　　德国的对外广播电台——德国之声（Deutsche Welle）也开办了全球性的卫星电视。1991年11月，"德国之声"电台台长魏里希宣布"德国和其他国家一样，实行对外电视与对外广播并举，即在对外传播媒介中采用广播与电视的双轨制"，开办"以提供新闻为主、具有竞争力的对外电视广播，将有助于提高德国的国际地位"。1992年4月1日，"德国之声"电视台（DWTV）开始从柏林通过Eutelsat上一个Ku波段24小时的转发器向整个欧洲、北非、西亚正式播出对外电视节目，由政府拨款。

3. 亚太地区

近年来,亚太地区的卫星事业日益受到瞩目。在这一地区,目前最引人注目的卫星系统是"亚洲卫星"和"帕拉帕卫星"系统。这两个低功率的卫星系统服务地域非常广泛,由于 BBC、CNN、ABC 等国际著名广播机构使用这些卫星进行国际电视传送而受到了瞩目。这两个卫星系统都计划发射高功率卫星,并进一步扩大服务范围。除此之外,泰国、日本、中国、韩国等国家均有自己的卫星发射计划。亚太地区将成为继欧洲之后的世界上第二大卫星市场。

"亚洲卫星"公司由英国有线和无线电信公司(C&W)、中国国际信托投资公司和香港地区和记黄埔有限公司三方共同投资成立。1990 年 4 月,"亚洲卫星"公司(Asia Satellite Telecommunication Co.Ltd.)使用中国长城工业总公司的长征运载火箭,成功地发射了"亚洲一号"卫星(Asiasat 1)。Asiasat 1 定位于 105.5°E,覆盖了从远东到中东的广大地区。该卫星还是一个以亚洲各国为对象的商业卫星,其 24 个卫星 C 波段转发器全部用于电信广播,被称为"亚洲的阿斯特拉"。

印度尼西亚的"帕拉帕卫星"系统原系为印尼国内提供电视与通信的系统。帕拉帕 1-A(Palapa 1-A)是亚洲第一颗电视卫星,自 1976 年以来,一直服务于南北宽 2000 公里、东西长 5000 公里的原印度尼西亚的 1.4 万多个岛屿。现在的第二代帕拉帕系列因其在亚太地区用于国际电视电信服务而闻名于世。

亚太地区的另一个卫星系统"亚太卫星"也在崛起。1992 年 9 月 10 日,香港亚太通信公司正式开业。亚太通信公司是一家以中资为主的经营通信卫星及地面通信设备的国际性公司,由中国远望集团总公司、中国通信广播卫星公司、香港维泰斯系统有限公司和泰国的正大国际电讯有限公司联合发起成立。

被誉为"东方之珠"的香港地区目前是亚洲地区的卫星电视中心之一,也是西方媒体争夺亚太市场的基地。

1991 年 4 月,香港卫星电视公司开办了第一个泛亚电视台——卫星电视台(STAR TV),即香港卫视。香港卫视由 Hutch Vision Group 于 1991 年成立。美国新闻集团(The News Corporation Limited)于 1993 年 6 月买入了香港卫视

63.6%的股权,并于两年后购入余下的 36.4%。现在香港卫视有 1500 多名员工分布于亚洲各地。

目前,香港卫视覆盖了 53 个国家及地区,观众人数估计达 2.6 亿,而且不断有新观众加入。香港卫视提供的节目分为收费节目及付费电视两类,主要频道通过 Asiasat 1 传送,其他则分别由 Asiasat 2 和 Palapa C2 传送。此外还通过 ORBIT(由 Intelsat703 传送)、ASTRO(由 MEASAT1 传送)以及 Indovision(由 Palapa C2 传送)传送节目。其节目主要由新闻集团及世界各地的电影公司的制作为主。为适合观众口味,也不断加入本公司原创或与地区传播机构共同制作的节目。香港卫视各频道不断播送最新的音乐、体育、亚洲及国际电影、文化及信息节目,务求观众有多元化的选择。香港卫视包括卫视音乐台、ELTV、ELPN 体育台、印尼影院、凤凰卫视中文台、卫视中文台、卫视电影台、卫视东南亚电影台、卫视亚洲合家欢台及卫视合家欢台、卫视日本合家欢台、卫视体育台、VIVA 影院、ZEE 影院以及 ZEE TV。ESPN 卫视体育台由卫视 ESPN 亚洲联合制作,24 小时不停以英语、广东话、国语及印度语广播,为观众送上现场直播国际性大型精彩赛事和地区性体育盛事。

凤凰卫视中文台则为亚洲地区千千万万以普通话为语言的观众提供普通话节目。

卫视亚洲合家欢台及卫视合家欢台提供适合全家收看的国际性娱乐节目。而卫视日本合家欢台则为日本观众播送各种娱乐、体育、音乐节目及电影。

ZEE TV 是增长最快的印度语频道,播映家庭节目、游戏节目、清谈节目、连续剧及喜剧等。1994 年 12 月,卫视及 ZEE TV 开设了第二个印度语频道——EL-TV。除印度外,ZEE TV 在巴基斯坦以及中东地区均拥有庞大的观众群。卫视拥有 ZEE 50%的股权。

卫视电影台是卫视第一个提供收费节目的频道。自 1994 年以来,电影台不断将 20 世纪福克斯公司以及全球 200 多个电影库中的经典影片贡献给观众。使用印度语言的 ZEE 影院,于 1995 年春季开始提供服务;VIVA 影院 1996 年 5 月起用菲律宾语广播;印尼影院 1997 年 1 月开始 24 小时为印尼观众播放各种电影节目;最新加入的凤凰卫视电影台 1998 年 8 月 28 日开播,为中国大陆观众播放电影节目。

目前,香港卫视面临着来自诸多方面的挑战,其中之一便是来自香港本地的竞争。1993 年 6 月,香港无线电视台(TVB)的国际台已经与美国有线电视新闻网(CNN)、娱乐与体育电视网(ESPN)、澳大利亚国际电视台(ATVI)和美国的家庭影院频道(HBO)联合使用印度尼西亚的 PalapaB2p 卫星覆盖东南亚地区,使用 Asiasat1 覆盖中国大陆、中国台湾地区、朝鲜半岛、日本、印度、印度尼西亚和西亚的广大地区。

1994 年 12 月 1 日,香港"中文娱乐电视台"又称家庭娱乐电视频道试播,1995 年 3 月正式开播。该频道传送游艺节目、电视剧、信息娱乐节目及美容、医药、健身等节目,全部使用普通话播出。

1994 年 11 月 25 日,另一家卫星电视台——传讯电视(Chinese Television Network,CTN)开始试播。这家电视台标榜自己是全球第一家全天 24 小时以华语播出新闻的卫星电视台,并计划在三五年内让全球超过 50%的华人都可以收看到 CTN 的节目。CTN 由香港智才集团筹备,由泛美二号(PanAmSat II)传送两个频道的节目。该台于 1994 年 12 月 12 日正式开播,到 1995 年末 CTN 已经进入了中国台湾地区、新加坡、泰国、菲律宾、澳大利亚及美国等地。

其次,香港卫视还受到来自美国和其他国家电视台的竞争。

1994 年 10 月,美国特纳广播公司(TBS)投资 1000 万美元的卡通频道 Cartoon Channel 开播,全天播出卡通片和经典影片。1995 年 4 月,TBS 进一步加强其下属的有线电视新闻网(CNN)的亚洲节目比重,除原有内容外,每天增加半小时由香港制作中心编制的新闻。

1992 年,美国的家庭影院频道(HBO)即已向包括中国台湾地区、印度尼西亚、菲律宾等在内的 12 个国家地区全天 24 小时播放不含商业广告的影片。

1995 年 6 月 20 日,美国全国广播公司所属总部设在美国的财经新闻台(CNBC)亚洲台正式开播,从香港地区向亚洲地区全天 24 小时播送国际财经新闻。

此外,ABC、MTV、DISCOVERY、ESPN、FBI、DWTV 等具有实力的电视网、台也把触角伸向了亚洲,已经或将要开办对亚洲的卫星电视广播。

在亚太地区,日本的卫星电视技术最为先进。

日本是世界上创办卫星电视较早的国家。1984 年 1 月 23 日,日本成功地发射了世界上第一颗直播卫星"BC-2"号,将电视节目直接传送到电视用户,不再需要其他地面电视台及天线接收装置的中继。

1984 年 5 月,日本广播协会(NHK)电视台率先开办卫星电视试验广播。1987 年 7 月,NHK 开办了第一个独立的卫星电视频道,24 小时全天播出。

目前,NHK 的卫星电视节目有两套,第一套全天 24 小时播出,以国际新闻和体育新闻为主,还有部分音乐节目和特别节目。第二套节目主要针对偏远山区,以艺术品位较高的娱乐节目和文化教育节目为主,包括电影、戏剧等。

眼见 NHK 在卫星电视领域突飞猛进,日本民间广播电视机构也不甘落后。1984 年 2 月,日本民间卫星广播电视公司(JSB,简称日本卫星放送)成立,该公司由 190 家股东组成,各民间电视台为争取卫星电视与地面电视的协调发展,都成了该公司的股东。

1990 年 11 月,日本卫星放送(JSB)利用 BS-3a 广播卫星开始了卫星电视频道的节目播出,从而开始了日本卫星电视三台并立的时代,JSB 的卫星电视代号为 WOWOW(取 world、wide、watch 三个词的 W,并有欢呼的意思),播出内容以电影、音乐、戏剧、体育、电视购物为主,号称世界娱乐。

1996 年 9 月,日本卫星系统(JAST)的伊藤商事、住友商市和日商岩井等几家公司共同投资成立了日本数字播放业务公司(DMC),计划采用 1995 年 8 月发射的 JC-SAT3 中 13 个转发器的 50 个频道开办高清晰度电视(HDTV)业务。1996 年 6 月,DMC 与日本卫星放送会社(JBS)共同开办了日本第一家数字卫星电视台——完善电视台(Perfect TV),从 1996 年 9 月起提供 58 个电视频道和 100 个广播频道的卫星节目服务。

(二) 我国的卫星电视

我国的电视事业起步于 1958 年。到 20 世纪 70 年代初,基本建成了从北京通向全国的微波干线,这是我国当时电视传播的主要方式。由于我国幅员辽阔,地形复杂,70%以上的地区为山地和丘陵,而微波传送技术受地形、地貌的影响和制约,电视节目覆盖率增长不快,到 1985 年,电视节目覆盖率仍不足 50%。

1972年2月,美国总统尼克松访华,北京电视台(中央电视台的前身)、上海电视台协助美国三大广播公司记者和技术人员通过卫星向国外传送电视新闻节目。这是我国首次通过国际通信卫星向世界发送电视新闻报道。此后,一些国家元首访华,北京电视台都协助对方通过卫星传送实况或电视新闻片。1976年1月8日,周恩来总理逝世,应国外电视机构的要求,北京电视台独立通过印度洋、太平洋、大西洋上空的国际通信卫星向世界播发了周恩来丧事活动的3条彩色电视纪录片。不久,毛泽东逝世的新闻片也通过卫星传送。

1984年4月8日,我国自己发射的第一颗实验通信卫星"东方红二号"(DFH-2)成功地定点于125°E的赤道上空,标志着我国广播电视事业开始迈入空间时代。经过一段时间的调试之后,4月20日,"东方红二号"进行了15路广播、1路电视信号的传输试验,新疆的乌鲁木齐当天接收到了中央电视台的节目。

1988年,"东方红二号"的改进型卫星"东二甲"(DFH2-A1)发射成功,定位于87.5°E,曾被用于传送中央电视台第一、二套节目及四川、西藏、新疆等省级台节目。该星有4个转发器,用开口直径为4—5米的卫星天线接收。于同年发射的另外一颗"东二甲"卫星(DFH-A2)定位于105°E,曾被用于转发国家教委的两套教育电视节目。以上两颗卫星的使用寿命已到期,节目转入了其他卫星。

1990年2月,我国发射了一颗新"东二甲"卫星,定点于98°E,用于通信业务。

鉴于DFH2-A1寿命已到,我国在1992年与美国GTE空间网络公司签约购买了SPACENET-1卫星,该星于1993年6月定位于115.5°E,于同年7月正式启用。SPACENET-1是一颗C波段和Ku波段混合使用的通信卫星,被命名为"中星5号"。该星主要用于国内通信和电视节目的传送,以弥补我国空间通信资源的不足,可以覆盖我国整个大陆和沿海岛屿。该星已于1996年末寿命到期,节目移至于1996年7月发射的"亚太1A"(Apstar 1A)。

为了满足亚太地区的经济发展和对卫星转发器日趋增长的需求,一家以中资为主的从事通信卫星及其他地面通信设施服务的公司——亚太通信卫星公司,于1992年在香港成立,并于1994年7月发射了第一颗商用卫星"亚太

1 号"（Apstar1），定位于 138°E，该星具有 24 个 C 波段转发器，其卫星波束覆盖整个亚太地区。

为解决转发器紧缺的问题，亚太卫星公司在 1996 年发射了"亚太 1A"，作为"亚太 1 号"的备用星。该星具有 24 个 C 波段转发器和扩展 C 波段转发器，覆盖范围比"亚太 1 号"略大。其中 12 个转发器加强了印度区域的等效全国辐射功率。

1990 年，我国为亚洲卫星公司成功地发射了"亚洲 1 号"卫星（Asiasat-1），定位于 103.5°E。这颗商用卫星发射至今运行正常，满负荷工作。我国在"亚洲 1 号"上租用卫星转发器。

1995 年 11 月 28 日，作为"亚洲 1 号"备用星的"亚洲 2 号"（Asiasat-2）发射成功。"亚洲 2 号"拥有 24 个 C 波段转发器和 9 个 Ku 波段转发器。其 C 波段波束覆盖北起俄罗斯、南到澳大利亚、东到日本、西到东欧北非的广大地区，约可覆盖世界 72% 的人口。该星的 Ku 波段波束主要覆盖中国及其邻国。我国已买断该星的 3 个 Ku 波段转发器用于广播电视与数据通信。

我国的卫星电视对外输出节目业务开始于 1991 年。其中的一条通路是租用"亚洲 1 号"卫星上的一个转发器，用 NTSC 制向亚洲地区播送中央电视台的第四套节目；另一条通路是租用 96.5°E 俄罗斯卫星上的一个全球波束的转发器，用 PAL 制向海外观众传送中央台的第四套节目。1995 年 1 月 1 日，中央电视台第四套节目又通过其他国际通信卫星传送，覆盖全世界，并开始全天 24 小时播出，初步实现了中国电视走向世界、覆盖全球的对外宣传计划。

为做好卫星节目的落地工作，由美国 3C 集团与中央电视台合作，自 1993 年 1 月 1 日起开辟了一条由中国至北美的国际卫星特别传输通道。中央电视台每天将一小时节目发射到"亚洲 1 号"卫星，通过香港卫星地面站、国际中转卫星和美国卫星地面站传到芝加哥华语电视台，再通过 3C 集团所属的新世纪北美联播网，使用可以涵盖整个北美地区的 C 波段和 Ku 波段卫星，再分别向北美地区国家播出。目前 3C 集团与十余家北美地区中文电视台签订了播放合同，通过国际频道、美国咨询卫星电视系统等传送到几百万美国家庭和 6000 多所学校以及许多政府机构，观众可达几千万人。

1997 年 8 月全国 28 家省市电视台和 3C 集团合作，在美国创建美洲东方卫星电视,于同年 8 月 28 日开播,每天用国语、粤语和英语播出,成为世界了解中国的一个重要窗口。

到 1997 年,我国的卫星地面收转站已达 149962 座;截至 1998 年年底,除中央电视台的节目外,已经有 28 个省级电视台将自己的节目送上通信卫星。短短十几年的时间,我国建成了一个覆盖全国乃至全球的庞大的卫星电视传播网络。

三、卫星电视的特点与功能

(一) 卫星电视的特点

卫星电视被人们视为继家庭录像、有线电视之后出现的又一新的媒介。它既脱离了传统媒介的某些局限,又依附于传统媒介之中。就传播特性而言,卫星电视与国际互联网和互动电视不同,它属于单向传播媒介的范畴;而国际互联网和互动电视,则表现出建立在双向互动基础上的革命性的变化。因此,我们在考察卫星电视的媒介特点时,不能完全脱离以传统媒介为参照的可能性。

1. 传播范围

从传播范围的角度来讲,卫星电视使用的主要概念是覆盖面,即卫星信号所能覆盖的区域。一般来说,一套卫星节目都通过一颗或几颗卫星来传递信号。因此,它的覆盖面比传统的无线电视要大得多,它能实现跨国、跨区域乃至全球传播。

由于卫星电视需要特殊的接收设备才能收看,因此,从实际传播来说,具有与传统的无线电视不同的特点。

首先,就传播效果而言,卫星电视通常不用收视率的概念,而是用收视户的概念,即在它的覆盖区内,有多少户人家有接收设备,可以收看到此节目。因此,并不一定覆盖区域大就收看的人多,实际的传播效果要看收视户多少。

其次,为了扩大收视户,卫星电视通常要与有线电视系统相结合,通过有线网把它的节目送到各家各户。因为装一套卫星接收设备对于单个家庭来说,并不是件容易的事,不仅花钱,还要有空间放置蝶型天线,此外还需技术。作为有线网络就容易得多,一个天线接收下信号,可以直接进入原有的网络中去。

最后,卫星电视的传播主要不在于上天,而是在于落地,因此,卫星电视并不是像人们想象的那样具有不可控制的传播威力;反之,卫星电视是极容易被管制的,无论是国家、地区或社区,只要通过行政手段或立法方式,就可以限制或禁止卫星电视节目的传播。许多国家在对媒介管制方面,都出台对境外卫星电视的限制措施。

2. 传播速度

从传播速度的角度来讲,卫星电视大大缩短了信息流通的时间,这主要是指远距离传播可以实现即时传送。

所谓即时传送有几个方面的意义:一是电视机构把现场发生的事件直接送上卫星,由各地的电视台作为节目,同步直播传送给观众。例如,1997年英国王妃因车祸而死,在为她举行葬礼时,全世界的观众与伦敦街头参加她葬礼的几百万人共同经历了3个小时的追悼活动。再比如奥运会、世界杯足球赛等大型世界性体育赛事,全世界的观众可以同一时间收看到正在发生的比赛实况。

二是记者通过卫星把新闻及报道送回电视台的演播室,电视台在节目中即时播出,让观众看到最新的消息。

三是通讯社随时把最新的新闻素材通过卫星送到世界各地的电视机构,电视机构将这些来自通讯社的新闻素材立即编辑播出。这些都使得各地发生的最新消息可以以最快速度到达世界的各个角落,这在传统的电视传播方式中是不可能做到的。

3. 媒体运作

卫星电视作为一种大规模、高投入的媒体,在运作方式上有以下特点:

一是商业化。卫星电视由于覆盖面大,通常从商业角度来考虑它的目标观众、节目定位和人员配置等,以最大的商业利益来支撑它的高投入。

二是竞争意识。卫星电视所面临的竞争是多方面的,例如,就一个地区而言,会有许多地方性的频道和区域性的频道,作为外来的卫星频道如何与之竞争? 就不同地区而言,各地有各地的文化特点、生活习惯,作为跨文化的卫星频道如何吸引不同地区的观众? 就覆盖区而言,会有多个卫星频道在同一区域的天空中,作为其中之一如何战胜对手? 面对各种竞争,卫星电视通常有较强的竞争意识,针对不同的方面作出不同的对策。如发展电影频道、音乐频道、体育频道、财经频道等专业频道,在专门化上加强实力,或利用强大的资金后盾实现垄断性占有,香港卫星电视就曾买下"亚洲1号"卫星三分之二的转发器,别人要买转发器时,它可视其竞争力决定给不给对方。

三是与其他媒介相结合。卫星电视与有线电视的结合是必不可少的,它要通过有线电视扩大其实际的收视群。另外卫星电视也越来越多地同国际互联网发生联系,专业频道的发展也使它更多地与电视公司、报业、音像出版业、娱乐业等发生往来,有的甚至组成媒介集团,向跨国垄断的方向发展。这也是国际媒体未来发展的趋向。

(二) 卫星电视的功能

1.加速社会的信息化

人类社会的发展演变,一般而论,其主要原因是政治、经济、社会的繁荣所引起和促进的。但进入后工业时代以来,除了政治、经济、社会的繁荣,人类的生存演进很大程度上有赖于人类在信息的加工、储存、传输等诸种方式上的演变。因为,在现代社会,人类的信息活动造就了人们赖以生存的新环境,这种环境也构成了当今时代最主要的特色。

韦尔伯·施拉姆(Wilbur Schramm)在《传播时代的来临》一书中曾经把信息时代的来临,归功于"信息机器"的出现。人类使用高效率的信息机器(包括速度和质量)来生产信息、加工信息、储存信息、检索信息、分配和传输信息,使得信息社会形成三个主要特征:

(1)劳动力分配方面:使劳动力有较大的比例用于信息的制造、收集和分配;

(2)投资形态方面:国民生产总值中有较大的比例被用于信息产业;

(3)信息流通形态方面:速度更高、数量更多。

他进一步指出,信息社会在这些特点下,还显示出五个动向:

(1)信息量大增,以致造成严重的信息过剩问题;

(2)远地来的信息比例增大;

(3)信息传递速度大增;

(4)信息可传达至任何地方;

(5)信息的控制、获取、处理、存储、播散与经济和军事资源相同,都成为国家的重要资源。(Wilbur Schramm,The Coming Age of Communication)以此为参照,卫星通信(其中包括卫星电视)及国际互联网的出现,成为推动信息时代到来的重要科技力量。

卫星电视加速了社会信息化的发展,这是一个毋庸置疑的事实。当初特纳在开办有线电视新闻网(CNN)时,人们普遍认为这位传媒怪人在做一个危险的尝试,一天24小时播出新闻节目,是注定要以失败告终的。因为那时人们认为会有那么多新闻吗?会有人去看那么多新闻吗?但是,今天CNN成为全球最有影响力的电视传媒,通过卫星它把世界各地的消息收集起来,又传送到世界的每一个角落。今天,人们比以往任何时候都更习惯于对信息的需求,他们不仅需要了解自己身边究竟发生了什么,也渴望了解世界正在发生着什么。而且如今人们对信息的需要,也不仅仅限于政治、经济、军事、国家关系的新闻,社会生活、文化、娱乐方面的信息更成为人们的兴趣所在。卫星电视在加速信息传播方面所起的作用越来越大。

2. 实现传播的国际化

随着传播技术的发展,传播媒体的生态环境急骤改变。

早在70年代,加拿大传播学者麦克卢汉就提出了"地球村"的概念,尽管那时卫星电视还远远没有成为传播媒介中引人注目的媒体。随着科技进步成果的不断更新,传播国际化的趋势愈加明显。

所谓传播国际化,可以从两个方面来理解:

一是作为媒体,卫星电视通过卫星进行区域性或全球性覆盖。除我们前面提到的CNN(全球覆盖)以及香港卫星电视(区域覆盖)外,我们再看看1994年正式启播的一家华语卫星电视网络——传讯电视(CTN):传讯电视是一家台湾背景的电视公司,每天24小时为全球华人传送两个频道的信息节目。中天频道 24 小时播送国际信息、财经动态、体坛消息等新闻节目;大地频道播送娱乐信息、时尚潮流、珍奇趣怪的大自然纪录片等生活信息。传讯电视的节目信号经香港电讯发射到泛美二号卫星(PanAmSat-2),用 C 波段向亚太地区广播,覆盖整个亚太地区及美国西海岸,而在美国,又经美国的本土卫星 Galaxy Four,用 Ku 波段把信号送到整个北美洲。传讯电视还在世界各地 20 多个重要城市,包括北京、上海、台北、纽约、华盛顿、莫斯科、东京、悉尼、新加坡、多伦多、伦敦等地设立了采访中心,建立了庞大的全球性信息收集网络。

二是作为覆盖区,观众可以通过卫星天线和有线网络收看世界各地的卫星节目。例如在中国大陆,除可收看到全国各省的卫视节目外,不少地方还可收到 CNN、香港卫视多个频道、香港凤凰卫视、日本 NHK、美国 HBO 等。在台湾,一般家庭都可收到不同国家的卫星电视,光是美国的就有 CNN、DISCOVERY、MYV、HBO、ESPN 和 DISNEY 等。这种传播景观,已与传统媒体所形成的传播方式有了很大差别,它不仅极大地改变了人们对现代传播的认识,而且也影响了世界传播的秩序和格局。

3. 改变人类"社区"的性质

在社会关系方面,卫星电视的发展使麦克卢汉(Marshall Mcluhan)曾经提出的"地球村"的概念完全成为可能。

过去人们对"社区"的理解,是一群居住在邻近地区的人的结合体,是一种地理空间范围内的社会关系。在信息时代,特别是以卫星电视为特征的远距离传播,一种不以地理邻近性为特质的"社区"出现了。新媒介打破地理隔阂,把兴趣相同、品味相投或爱好相似的人联系起来。这些人通过信息交流,寻找同好,分别形成"看不见"的"社区"。每个社区的分子分散在地球的不同角落。这是一个"想象的社区",是靠不同人接受传播时的共鸣经验所形成的。英国传播学者罗兹(C·D·Rath)1986 年在评述透过传播电视而建构的不再只是"国家"这个社区的问题时,就已说过:对于跨越国界而进行的传播应该予以注意,"此时一个国家、一个地域或一个文化的界域,不再是诉求的依据,更为重要的是传播领土的疆域。因为,传播的空间已经超越了……权力的界限,超越了社会生活与知识的疆域,而这些已被超越的东西,先前正是界定民族文化性的空间要素。"

卫星电视的发展,极大地开阔了人们的视野,传统以国为边界的广播电视,正面临着冲击,这种新的传播形式,在解构民族文化的过程中担当了重要的角色。例如,1997年发生的影响世界的重大事件之一就是英国戴安娜王妃之死,从传统的意义来说,这应该是英国人的事,就如同1998年影响世界的重大事件"美国总统克林顿的性丑闻"一样,这本应是美国人的事,但它们却都成为全世界每个角落的人议论的话题。在世界各地人们似乎不约而同来到伦敦西斯敏教堂和美国的国会上,目睹一个事件的发生。并推而广之,引发广泛的社会言论,成为世界性的大事。

美国学者梅罗微兹(J·Meyerrowitz)在论及卫星电视等新媒介重新界定了社会位置与"方位"的观念时,曾经有这样的观点:电子媒介究竟以何种方式冲垮了物理环境及社会情境的传统关系,以至于我们"身处的地方不再与从前相同",是因为这些媒介"让我们变成其他地方发生的情景的阅听人,并且让我们接近其实并不在场的阅听人"。

根据他的说法,这些媒介利用传播符号,产生了多种"虚拟的社会互动",创造了新的"多种社会区",将原本分离的许多人群,围绕电视而得到"共同的经验",这是"由此及彼"的一种文化同质化过程。在这个过程中,电视的地位,像天气一样,是共通经验的基础,"看电视也就是共看经验……看看别人在看什么。"基于这种想法,梅罗微兹指出:"数以万计的人,在一个不成为地方的'地方',看着肯尼迪被暗杀……,每天晚上数以万计的美国人看电视的'所在地'并不是由围墙、街道或邻里所界定,而是由随时可以化作轻烟消逝的'经验'所界定的,人们宛若是生活在一个全国性或国际性的信息体系,而不是生活'在'一个地方城镇或都市。"

这种社区观念随着跨国传播的日益普遍而显得越发引人注意。在卫星电视、新闻频道及各种专业频道的盛行,也是基于这种理念发展起来的。人们彼此虽然近邻,但是并不意味着大家相互依附于一个传播、沟通系统之中;相反,彼此虽然相距遥远,却因为相同的意趣被相同的传播符号联结起来。

4. 改变"空间"的意义

一位研究媒介效果的学者曾经说过:"对于大多数人来说,所得世界,只有两处,他们的住家以及他们的电视机。"这从某种程度上说明了现代社会人们了解世界的方法以及他们对世界的理解。

跨区域的传播,特别是电视中经常采用的现场直播使得人们有了了解世界的方便,但同时也改变了人们对地域(或现场)的意义的理解。

当年美国总统里根遇刺时,离总统遇刺地点仅隔一条街的新闻记者亨利·费尔接到了英国《观察家》杂志编辑从伦敦打来的电话,告之里根遇刺的消息,使他大吃一惊。这位编辑是从电视上看到总统遇刺的实况镜头后打电话告诉他的。在论及这种传播科技造成的效果时,麦克卢汉说道:"电子通信凌驾了'时间'与'空间'这两个体制,它持续无间断,将所有其他人的关注之情,一股脑儿向我们倾倒而下……我们的世界新又奇,天涯咫尺万顷瞬间。'时间'消失无踪,'空间'变成幻影。我们现在生活在地球村。"梅罗微兹也在研究电子媒介改变"人类生活的地理情境空间"时指出,电子媒介已经改变了人们从现场得知信息比通过媒介得知信息更重要的看法,"从四面八方带来信息与经验","国殇、战乱……太空飞船尽人戏码,几乎可以在每个家庭的客厅中上演。"

一个有趣的事实能够说明,卫星电视使"在场"这个概念变得模糊难解了。英国《卫报》驻南非特派记者贝瑞斯福特(David Beresfoud)在一篇文章中提及他采访报道曼德拉获释后演讲的事,他当时在现场,但是实际上他根本无法看见曼德拉的身影和听到他的演讲。他说,这样的经验就是"在现场但也不在现场"的感觉,"身在现场的人,反而面对可悲的结局,因为地球村其他所有人观看的影像,我们居然看不到"。由于媒体的参与,这种情况日渐常见,许多身在公共事件发生现场的人,他们竟然要带着手提电视机才能目睹"发生了什么事",待在现场,不等于有效地参与。

"在现场"的概念,随着电视的跨国同步转播,传达了一种国际社区的神话,同时也在重构一种人们对"现场参与"的感受与理解。人们不再需要现身参与那些公共性的仪式,但是却相当有效地参与了。例如,四年一度的世界杯足球赛,全球超过二十亿人在电视机前观看,甚至比现场那五六万人看得更清楚、更过瘾。再比如美伊的海湾战争,全世界的观众通过电视看到的战争比真实的战争本身更富有戏剧性,人们甚至可以从空中轰炸机飞行员的角度看到导弹怎样击中地面目标,可以通过红外线摄影看到夜战中的情景。

因此,有研究者认为,由于人们在家中从媒介中参与公共事件,其公共事件的特性已经发生了变化,它转变为"为数众多,同时重复进行,以家庭为基础,诸事依序排定的微观层次的事件",是一种特殊的媒介事件了。英国学者戴安和凯兹(Dayan and Katz)在研究电视转播集体式的庆典仪式时曾说:"电视观众数量庞大这回事,已经将庆典置换为一个亲密的聚会。典仪的空间已被重构,在家中重构。参与仪式的单位是整个小团体,聚在电视机前,专注在符号核心,心中明白还有许多其他团体,同样在收看电视,方式近似、时间相同。这种空间建构实际上来自两方面:一是制造了一种'参与'的感觉,二是制造了一种共同经验,即'共享'的感觉。"

5. 促成文化的同质化

早在80年代,人们已经看到大众传播的发展,促成了媒介强国对世界信息传播秩序的强大影响力。

从信息流通的角度来讲,欧美发达国家几乎霸占了世界信息流通的所有渠道,控制着新闻信息的传播内容和传播方法。特别引起第三世界不满的是,这些信息通常带有对第三世界明显的偏见。

从文化传播的角度来讲,那些信息发达的欧美国家,往往将他们自己的价值观以及衣、食、住、行、娱乐等生活方式输送到世界各地。对于许多发展中国家来说,这些信息内容形成了对自己本土文化的影响,甚至毁灭性的冲击。

从技术转移的角度讲,工业技术落后的国家,需要求助于那些先进的媒介强国来改善自己的技术条件。虽然技术本身不带有意识形态和价值观念,但是技术转移的过程,往往使得技术落后的国家更加依赖这些先进国家。

从传播方式的角度来讲,先进国家的跨国强势媒体,通过空中传输它的文化产品,可以轻而易举地打破国家壁垒,使发展中国家对它更难加以控制和选择,而同时却更容易促成对其模仿。

进入20世纪90年代以来,随着卫星电视的发展,当初引发的"建立信息传播新秩序"的争论虽然逐渐平息,但不平等的传播秩序带来的后果却更加明显。在西方颇为盛行的"全球地域主义"(globalism)就是为适应文化帝国主义的跨国性文化工业开拓新市场而产生的文化思潮。

"全球地域主义"认为,当今世界的文化发展正在日益全球化,各种文化都在用一种"国际符号化"的手法在进行"本土化改装"。这样的文化融合一方面使跨国文化商品具有本土的风味,另一方面又使得本土的文化特色变得更近似于一种国际间的空洞符号。

特别在电视,这种文化的同质化更为明显。跨国的强势媒体主要通过卫星电视和有线电视的强力渗透,迫使地方本土文化的民众产生跨文化的认同感。

以我国为例,近年来香港卫视的节目对内地带来巨大的冲击,不光是民众的收视习惯发生变化,连国内电视台也纷纷仿效它的节目风格、包装样式,甚至于主持人的语言方式。在生活方式上,外来节目往往对人们的观念起到重要的示范作用。

6. 助长媒介的强权化

随着电子时代的来临,大众媒介在很大程度上成为跨国势力,许多卫星电视都是企业化经营的跨国公司。媒介强国以其巨大的技术优势、经济优势和文化优势不断促使媒介权力强权化。而第三世界国家,由于其所处的困境难于发展独立的大众媒介:

(1)缺乏传播的基础建设如设备、电讯、传输手段等;

(2)缺乏专业技术,如编采人员、电讯人员、节目制作人员等;

(3)缺乏文化、生活资源,生活方式落后、文化活动贫乏等;

(4)甚至缺乏观众、听众,因为教育落后、接收工具不普及等。

这都使得媒介帝国形成对世界信息传播的垄断。70 年代后,发展中国家提出了"建立世界传播新秩序"的口号,要求打破文化帝国主义对媒介以及信息传播的垄断。但是近十几年,这种旨在建立促进国家平等发展的新秩序非但没有形成,反而随着通信卫星、电脑网络等技术的发展,不平等现象日益严重:

(1)垄断信息源。由于跨国取材网络,使世界信息总汇于一家。

(2)垄断文化资源。以大量廉价来行销文化产品,扩大占领文化市场份额。

(3)垄断发布时机。以最快时间发布消息,抢夺观众群。

(4)垄断技术发展。靠强大经济后盾,不断更新传播技术与设备。

电视越向高技术、高成本投入发展,国家间传播不平等的现象将越趋严重,卫星电视无疑加大了这种差距,于是也使得许多发展中国家更加强了对卫星电视的防范和戒备。

四、卫星电视对国际关系的影响

卫星电视在世界上的迅速兴起和发展,使全世界的电视广播出现了新的局面,给跨越国境的信息传播带来了便利。无论在时间还是空间上,卫星都使世界极端地缩小了。中东的冲突、波黑的战火、日本的地震、美国的体育比赛……无论是国内还是国外发生的事件及其过程,电视观众都可以通过卫星电视的传播及时准确地了解到,并能在电视屏幕前身临其境般地追随事件发生、发展的脉络,了解到地球这端和那端的、身边和异地的种种发展变化。

然而,卫星电视对人类社会的影响是全方位的,既有无与伦比的正面效应,也存在诸多负面影响。卫星电视不仅影响了全球范围内信息流动的方向、数量和结构,以及个人的信息接受环境,还对一个国家的国内、国际传播方式,乃至国际关系产生了深刻影响。卫星电视传播尤其是卫星电视的国际传播也带来了诸多问题,引起了世界各国的普遍关注和重视。

(一) 卫星电视的跨国传播问题

近年来,卫星电视的越境问题已经日益成为一个严重的国际问题。

尽管国际电信联盟和《无线电规则》要求各国电视节目应定向于覆盖本国地域,但由于直播范围极广的技术特征及种种政治原因,卫星电视节目信号"溢出"现象非常严重。要想完全挡住卫星电波,不让它越过国界,实际上是不可能的。

为了预防对电视直播卫星电波的人为干扰,各国都赞成遵守根据国际电信协议(IECA)的有关条款管理电波分配的规则。每个国家都可以尽其最大努力运用所有技术手段防止电波溢出的问题。不过,却没有一种技术屏障能挡住或控制住到处渗透的溢出电波。

尽管各国政府在原则上都已同意为限制卫星的接收范围而制定一项新的国际规章,但由于各国利益纷争,在一些具体条款上难以达成一致,协议的产生尚需时日。

1972年召开的联合国教科文组织第17届大会规定,一个国家拥有对来自任何渠道的信息(新闻)进行选择、批评的绝对权力。

对卫星电视信号的溢出问题,不同的国家有不同的处理结果。如果两国关系友好,卫星电视就可能被看作对双方有益的桥梁,是双方在信息方面的自由流通。欧洲共同体的"电视无国界"计划就是这一情况的例证。

欧洲共同体为了加强经济一体化,正在它们之间谋求实行"广播国际化"和"广播一体化",他们渴望互相交流电视节日。欧洲共同体成立以后,一直期望形成一种新的泛欧国际文化一体化秩序,并要求欧洲共同体各国成员利用卫星和有线电视这些新的大众传媒技术在这方面作出努力。1989年,欧洲理事会和欧洲共同体相继制定了越境卫星电视的国际规则,对相关法律和管理事项作了一些规定和协调。

不过,在卫星电视的信号溢出问题上,像欧共体这样实行政治和经济一体化的机构只是一种例外。因为这个问题涉及信息流通的主权,在相当多的国家中,这种传播被认为是外来文化对本国的入侵。主权国家出于维护和发展本国文化形态、价值观念、伦理道德、社会稳定等的考虑而对越境电视进行依照本国法律的管理。

(二) 卫星电视的单向传播问题

在电视节目的流通过程中,卫星电视节目及其传送技术的先进与否要受到所在国经济实力、科技水平的制约,其节目影响力的大小受该国的政治实力、文化实力和传播动机等因素的制约。

当今世界上那些卫星电视发达的国家往往是那些拥有相当经济实力和政治实力的国家和地区。而那些没有充足的资金、技术、设备和能力来制作本国所需要的电视节目的大量发展中国家,在卫星电视的竞争中则完全处于劣势。

当前世界上的20个发达国家拥有世界90%的电子通信设备,135个发展中国家只拥有10%,美国、英国、德国、法国、日本5个国家的15个跨国公司以不同的方式控制着绝大部分的国际传播业务。在各国进口的电视节目中，70%来自美国，而全世界传播的300多套卫星电视节目中，一半以上的节目也来自美国。资金、人员、设备都不能与之相匹敌的广大发展中国家在传播竞争中无疑只能是被动的接收者。

西方发达国家总是强调"信息自由流动"的原则，认为各国都不应设置障碍，限制信息的自由流动。这些国家的传播集团，凭其雄厚的财力、物力和先进的传播技术，把其电视信号连同价值观念一道肆无忌惮地在世界各地广泛传播。

"信息的自由流动"，就其观念的真正含义而言应该是能够被人们广泛接收的。由于有了卫星传送的各种电视节目，世界各地的人们对世界大事的了解就有了比较，这些节目具体形象地展现了异国异地的经济状况、政治制度、社会习俗、生活方式、文化情趣等，接收者可与本国本地的一切相互比较，进行褒贬和弃取，但由于发达国家在节目制造和传播中的许多信息是被伪造或篡改的，一旦接收国的受众信以为真，就容易使民族间、国家间及宗教间的冲突和仇恨更加激化。

对于第三世界的发展中国家而言，这种传播却只能是一种单向的流动和单方面的开放，是发达国家向发展中国家输出信息、倾销观念的借口而已。这种流量、方向都不平衡的信息流动成为对第三世界国家的一种政治、经济、文化和社会冲击。

正如80年代美国国际电视进入西欧为已经风靡的美国影片推波助澜时欧洲传媒界的议论与应对一样，当卫星电视主战场已由发达国家扩展至第三世界国家后，发展中国家也应当积极采取措施反对"文化帝国主义"的入侵，保护本国文化传播业的健康发展。

（三）卫星电视的政治、经济和文化影响问题

"冷战"结束后，世界并没有变得太平起来，世界各国在意识形态领域这个没有硝烟的战场里的厮杀愈演愈烈。西方大国逐步认识到对历史起决定作用的不是武器而是人的思想，于是，第三世界国家成为"世界媒体巨擘的必争之地""电视霸权争夺的最后疆场"。

在西方大国政府看来,国际卫星电视和核武器一样,正在成为强国的标志,并将在世界范围和地区的霸权争夺中起到决定性的作用。当代国际卫星电视的发展固然由科技发展本身引起,但如此迅猛的发展态势则主要是西方发达国家在世界信息传播领域内依靠卫星技术展开激烈竞争的结果。由于卫星电视没有国界之分,因而被越来越多地当作一种外交手段而加以利用,越来越多的国家利用这一新型传播媒介向外推销自己的政治立场、政策、观点及价值观念、生活方式等,以更为有效地进行对外政治宣传,树立和推销本国的形象,从而产生了所谓"电视外交"。而国际卫星电视也成为西方国家的"推广外交政策的最宝贵工具",在国际冲突中清楚地表明所属国的官方立场。著名的英国广播公司(BBC)的负责人曾经公开地宣布过 BBC 在国际电视传播中的这一作用。

1990 年,美国新闻总署将其所属的电影电视处、美国之音电台和对古巴广播处合并为一个"对全世界进行无线电广播和卫星电视广播的全能机构",目的在于"适应美国政府在对世界各国听众和观众施加影响方面迅速地改变着的需要"和"提高我们向全世界报道美国的情况的能力"。

曾经有专家指出:60 年代的国际传播媒体是通讯社,70—80 年代是短波广播,90 年代是卫星电视。为了更有效地进行政治宣传,许多国家开始把原来用于对外短波无线电广播的拨款转移到了卫星电视上。结果是"由于数以百计的电视节目跨越了国界,各种思潮、形象和文化的流动势不可当,结果甚至使人们对于诸如国家主权之类的基本概念也产生了怀疑"。而这种通过卫星电视带给第三世界国家的现代化,实际上只是"西化"和"美国化"。

除了这种潜移默化的影响外,更为严重的是"卫星电视使它的控制者拥有了一种在第三世界用这一媒体制造动乱的巨大能力"。这种能力使西方国家非常重视自己的选择,而忽视第三世界或独立国家的选择。

卫星电视节目的开办,从政治上来说是所有国的外交工具,对接收国而言则有可能是侵犯主权。因此发展中国家在国际电视的竞争中强调主权原则,认为跨越国界的电视广播应征得对象国的同意,并有一定的约束和规范。

建立国际范围内新的传播秩序和建立国际政治新秩序与国际经济新秩序一样是需要相当长的一段时间的。在尚无相应的国际公约和国际法规的情况下,现有国际法规中关于国与国关系的准则和有关保障人权的条款应该广为遵守,尤其是那些如不得鼓吹战争、不得煽动国家种族或地区间仇恨、不得宣扬暴力、不得诲淫诲盗教唆犯罪等内容。如欧广联和亚广联那样制定跨国界传播规范的方法也不失为一种解决方法。总之,国际卫星电视应当在不侵害他国主权的条件下有序化、合理化地开展。

从经济角度来看,卫星电视已成为一种巨大产业。目前全世界每年用于编排电视节目的开销已达 650 亿美元,并以每年 10% 的速度在继续增长。

丰厚的商业利润孕育了一批规模庞大、实力雄厚的跨国卫星电视公司,而以传媒巨头罗伯特·默多克创办的新闻集团最为典型。该集团 1985 年收购数家美国媒体,创办了 20 世纪福克斯和福克斯广播公司(FOX),1986 年又兼并新世界通信公司而成为美国最大的广播网之一。在英国,拥有空中广播公司(BskyB)50% 的股权,在德国,成为欧洲首家数字卫星电视台 DFI 的成员。在亚洲,该集团 1993 年收购香港卫视(STAR TV);后又取得了印度 Zee-TV 公司的股份;1996 年 6 月,与软件银团联手买断了日本朝日电视公司 21.4% 的股份。在澳洲,该集团创建了 Foxtel 公司,并拥有澳大利亚第七电视网,进而开办有线电视。

卫星电视产业的丰厚利润主要来自两个方面:一是卫星电视跨国公司对外倾销影视节目,二是大量播出商业广告。很显然,这种商业性的传播行为也是极"不平衡、不均衡"的。大量外来的影视节目强烈地冲击着发展中国家的电视传播业。如何面临挑战?如何发展和提高,以抵挡外来电视的冲击?如何丰富节目以赢得受众?乃至如何能以自己的卫星电视节目获得国外受众(侨民和外国人)?诸如此类问题已无情地摆在了发展中国家电视从业者面前。由于经济科技实力以及节目制作水平的巨大差距,导致了发展中国家电视产业在卫星电视节目市场竞争中处于劣势地位,甚至败下阵来。同样,无孔不入的外来电视广告也猛烈冲击着发展中国家的国内市场,严重削弱了这些国家民族工业的实力,制约了民族工业的发展。

就文化影响而言,发达国家凭借自身强大的经济科技实力,拥有庞大的跨国卫星电视传播系统,对不发达国家和发展中国家进行文化观念、价值观念、政治观念的渗透。这种渗透,常常被卫星电视接收国视为一种危害极大的

"文化侵略"。主要表现在以下三个方面：

1. 随着使用碟形天线收看国际电视节目家庭的增多,西方电视在发展中国家长驱直入,严重影响了当地居民的思想意识和生活方式。正如印度作家理查德·克拉斯达所说的那样,"卫星电视使印度人感到,印度的一切都是不好的,而西方文化是那么美妙。传统的社会价值观正在被摧毁。""过去我们曾多次顶住了外来文化的入侵,但这次我不敢说我们一定能顶得住。电视的诱惑力太大了。"西方电视不仅能带来不同的观念、意识,还可能带来性、色情或暴力这种有害于国家安定和睦的东西。

2. 大量涌入的电视广告使发展中国家的国内市场秩序趋于瓦解,保护本国民族工业的政策受到严重打击的同时,也干扰了人们的日常生活。外国电视文化在穿着打扮、音乐欣赏,甚至烹饪吃喝等方面都给第三世界的老百姓,尤其是未成年人,带来了许多时髦的风尚,并由于过不上这种生活而使他们产生了失落感。

3. 尽管未必有意,但卫星电视发射国还是把自己的文化、语言、宗教、哲学传给了接收国。巴基斯坦的"艾哈迈地·穆斯林"电视台自 1992 年夏在国际卫星电视中播出节目,这些以教义教规为中心内容的节目被安排在伊斯兰教安息日每周五播出,日本也有信徒收看。据推测,基督教、伊斯兰教等宗教卫星广播可能会陆续出现。

亚洲的发展中国家居多。相当一部分亚洲国家认为,西方文化通过卫星电视入侵亚洲,主要有两个渠道:第一条是倾销西方的电视节目,第二条是开办卫星电视直播节目。从第一渠道来看,在亚洲国家引进卫星电视等媒体的过程中,它们不得不购买一些外国制作的节目,以满足观众对软件的要求,这样也就使西方文化有了入侵的可能。新媒体引进后,广播政策和经费方针随之相应改变,而改变的进程又往往利于西方文化发挥主导因素的作用。

从第二条渠道来看,西方对亚洲广播的卫星频道在使用上往往很巧妙,多半由几家有声誉的西方广播公司、制片公司联合经营。如香港"卫视"台大量播送美国、英国的节目,预计亚洲地区将出现的大多数卫星电视台都可能采用这一方式。这一点表现了西方文化欲闯入亚洲市场的强劲之势。

国际卫星电视的输出与接收,使传播国与接收国之间的文化冲突和摩擦变得不可避免,外来文化与本土文化间展开了激烈而微妙的较量。正如 1989 年 3 月,奥地利《萨尔茨堡新闻》发表的《第三世界和宣传工具》一文中所指出的:"来自西方的电视娱乐节目在发展中国家犹如一种药剂,结果使第三世界对文化的态度日益以西方工业文明为准则,年轻人开始轻视本民族文化。第三世界对'文化帝国主义'的指责虽然粗暴,但不无道理。"这一过程中,真正强大而有生命力的文化是能在这种与异族文化相碰撞交流过程中,兼收并蓄、取其精华的开放的文化。每个国家在卫星电视的传播面前都应当更新和完善自身,以迎接国际卫星电视带来的文化挑战。

总而言之,卫星电视从兴起、发展到具有如今的规模只有短短十几年,虽然时间不长却引起了多方面的重视。就其普遍意义而言,卫星电视的确促进了社会的沟通,对各种信息,特别是文化、体育等信息的交流起到了积极的推动作用,是形成世界经济一体化的重要力量。但就其特殊意义而言,卫星电视成为少数发达国家向广大发展中国家进行文化渗透,以至于政治观念和经济运行机制渗透的有力工具,他们在所谓的"信息自由流动"的旗帜下,利用手中的经济实力和媒介实力,向第三世界国家进行着潜移默化的渗透。

(四) 卫星电视的管制

面对日益严重的跨国卫星电视传播导致的负面影响,许多国家特别是发展中国家都表现出相当的忧虑。尽管有一系列国际条例规定电视节目只能覆盖本国领域,但卫星电视传播的技术特点和政治因素,使得卫星电视传播几乎失去了任何国际性约束,卫星电视的越境"溢出"日趋严重。这种毫无约束的传播,实际上等于卫星电视开办国在别的国家建立电视台,从而构成了对其国家主权的侵犯和践踏,这是任何主权国家都不可能容忍的。因此,世界几乎所有国家(包括发达国家)都从维护国家主权和民族利益出发,对境外卫星电视采取管制措施。例如,英国明确规定,独立电视委员会对管辖下的电视频道有权取消其传播的"不可接受"的外国卫星电视节目。加拿大也曾因为美国卫星电视传播暴力内容而爆发群众性的"反暴"运动。日本的《电波管理法》规定,国内无线和有线电视台均不得转播卫星电视节目,日本居民只能接收日本广播协会(NHK)和日本卫星广播公司(JBS)的卫星直播节目,不允许接收境外卫星电视节目。1993年,日本召开了"广播领域和国际化调研会",规定今后凡来自通信卫星的服务,如果满足一定的条件,经过审查以后可以批准个别收看或经有线电视台中继。

然而,对境外卫星电视传播最为敏感的无疑是第三世界发展中国家,其对境外卫星电视的管制也较为严厉。

以发展中国家居多的亚洲地区为例,亚洲国家和地区对待卫星电视的态度可以大致分为两类:一类是基本上完全禁止收看外来卫星电视节目;另一类是经过了一个主动或被动的过程之后,政府已经允许私人拥有卫星接收天线。

在新加坡,除了大旅馆和得到特批的政府部门与贸易机构,一律不得使用卫星天线。但是,1992年新加坡批准美国有线电视新闻网(CNN)在当地开办了有线电视,同年年底接收卫星电视的家庭已达到10万户。由于新加坡具有强大的技术基础力量,交通方便,通信设施良好,具有成为亚洲电视传播中心的条件,音乐电视台(MTV)、娱乐与体育电视网(ESPN)、UTV国际台等西方电视网纷纷迁至新加坡。

但是,卫星电视频道的空前增加,并不意味着新加坡政府放松了对节目内容的管理和控制。新加坡新闻部官员表现,"我们希望阻止不受欢迎的东西进入新加坡——即充斥性、色情、暴力或者危害我们亚洲人和睦相处的东西"。新加坡广播局准许境外公司传送节目的前提是"关注收视国在政治、宗教、文化和种族方面的敏感问题"及维护新加坡同其他国家的关系。

新加坡政府除了对国外卫星电视节目进行控制之外,还通过组建自己国家的卫星电视公司发挥影响。1994年,它成立了新加坡国际电视公司,每天平均播出1小时的英语、华语和马来语的对外电视节目。亚洲第一家商业新闻卫星电视台——亚洲商业新闻电视台(ABN)也于1993年年末在新加坡开播。新加坡国际电视公司的子公司TCSI自1995年10月起针对有线用户播出了卫星普通话节目。

新加坡新闻和艺术部长说:"要使国内市场不受外国广播电视的渗透越来越难。由于卫星天线越来越小,卫星功率加强及信号的功能处理,要阻止接收卫星信号是不可能的。"尽管如此,新加坡绝不会让外国公司自由经办自己的频道。

马来西亚是对外来电视节目严格控制的国家之一。该国把对外电视管理看作关系国家安全的政治问题。1988 年,马来西亚政府明确规定不准个人和家庭接收外国的卫星电视节目。1993 年颁布法规规定"准许国家元首及政府成员借助卫星通信收看西方的电视节目,其他人则无权观看",理由是会造成有害的精神和文化影响。在马来西亚,从法规上讲只有政治家、外交人员和那些只有外国人居住的旅馆才可以安装卫星接收天线。外国驻马来西亚领馆接收要按对等原则,视马来西亚驻该国使领馆能否接收来决定。个人和家庭如擅自安装,必须拆除,否则按《电讯法令》提出检控。如果罪名成立,罚款额最高达 10 万马元(折合约 4 万美元)。但实际上,自行安装卫星电视接收天线的情况相当普遍,仅沙捞越一个州就有 2000 个家庭装有卫星天线。

在巴基斯坦,卫星主要用于播放教育节目。巴基斯坦一台、二台和 SHALLMAR 广播电视公司已经得到了政府批准安装碟式卫星天线,向政府交费即可。

1994 年马来西亚当局批准了 4 个频道可以从 1994 年起转播香港卫视(STAR TV)与美国有线电视新闻网(CNN)的节目,但在播出前必须经过审查。同时,当局要求尽量使用国产节目(电视节目中国内节目数量占到 80%),以符合世界各国的发展趋势。

马来西亚已于 1996 年解除对使用卫星抛物面天线的禁令。但是使用天线的许可证只限于发给那些从 Measat 卫星上接收信号的用户。

1996 年 10 月 1 日起,马来西亚政府有限制地准许人民接收 Measat-1 传播的"过滤"节目,并且只准许用新闻部规定的碟形接收器(开口直径小于 0.6 米)。该国的环宇电视台全天 24 小时播放包括 CNN、HBO、STAR-TV、ESPN 和 ABCN 等在内的 22 家电视台和 8 家电台的节目。另一家电视台华丽台与香港"无线"(TVB)合作,播放中文的时事新闻、古装戏集、音乐、谈话及综艺节目等。

中东一些国家也严格控制卫星电视接收天线的装用。沙特阿拉伯对接收外国广播电视节目进行了归口管理。1994 年年初,沙特阿拉伯大臣会议宣布禁止用任何别的手段接收和传播卫星播放的外国电视节目,并禁止订购和播放卫星电视节目,违者将处以罚款并没收设备。同年 3 月上旬,沙特阿拉伯禁止进口和生产任何接收卫星电视的装置设备,并责成有关部门建立闭路电视系统,向用户有选择地转播卫星电视节目,保证这些节目不与本国伊斯兰宗教和社会观念相违背。

海湾地区国家多数支持沙特阿拉伯的这一政策和做法。

针对西方国家的"文化宣传"和"文化侵略",伊朗1994年5月的议员提案提出了禁止进口、生产、销售及使用卫星天线,但不反对政府部门恰当地使用卫星电视接收天线。1995年,伊朗政府通过了禁止安装卫星接收天线的法案。

在卡塔尔,禁止安装卫星接收天线首先从皇家做起,同时主张通过闭路电视转播卫星节目,以便审查。

在亚洲的另一些国家和地区,如阿拉伯联合酋长国、科威特、阿曼、尼泊尔等国,使用碟式卫星接收天线是合法的。在老挝,得到政府批准并交纳一笔税款后可以使用卫星天线。

在南亚国家中,使用卫星接收天线基本上没有被禁止。在孟加拉国,国营电视网除周五外每天上午转播CNN和BBC的节目。

在印度拥有卫星天线是合法的,尽管需要申请执照。

跨国卫星电视在东亚和东南亚地区出现和发展之初,对于这些国家地区固有的文化产业管理和媒介控制似乎构成了威胁,大多数国家的政府也对跨国卫星电视频道采取了种种措施进行控制和管理。但随着时间的推移,该地区政府逐渐改变初衷,对卫星电视采取了商业上利用和政治上监管的两重性政策,另一方面跨国卫星公司由于受到种种现实条件的制约而开始寻找新出路。在这些国家和地区,有线电视业者和卫星电视经营者的联合成为一条可行之计。

通过有线电视播出卫星节目能够对节目播出的过程实施监督和审查,从而保证只有经过审查的节目才能播出,因而受到政府欢迎。同时合作者也能享有丰厚的利润。

台湾地区是卫星电视与有线电视合作的样板。1992年起,台湾当局准许有线电视业者开展经营活动和转播卫星电视节目,使原先私设的卫星电视转播变得合法。截至1994年年末,台湾各地从事有线电视播出业务的机构有

620 个。在 540 万户收看电视节目的家庭中,有 56% 的可收看有线电视节目。

1994 年 2 月,香港地区颁布了关于有线电视、卫星电视及地面电视的专门法规,其中包括成立一个专门的管理机构,负责发放卫星经营许可证及行使其他权利。目前香港的卫星电视十分普及,有线电视发展稍嫌缓慢。

随着 1992 年泰国军政府的被推翻,文官政府使有线电视和私营电视合法化。一家私营公司 IBC 在 1993 年和 1994 相继发射了 Thaicom1.2,向国内及柬埔寨和老挝播放泰语节目,Thaisky 和 Universal Cable TV(UTV)也获准了从事有线电视业务。这 3 家公司播放自己公司的节目和外国公司提供的节目。

亚洲一些国家的政府已经意识到,在跨越国境的卫星传播的年代里,一方面要大力发展自己的对外卫星电视广播,在激烈竞争的卫星电视市场占有一席之地,能在国际交往中听到自己的声音;另一方面,也是最重要的一点,提高和改进本国节目的竞争力,向本国观众提供更具吸引力的节目,同时通过自己的有线电视台或收费电视台,播放经过挑选的卫星电视节目。

我国政府很早就意识到境外卫星电视节目的危害,从 1990 年起,就针对接收境外卫星电视广播的问题制定了一系列管理政策。

1990 年 5 月,经中华人民共和国国务院批准,广播电影电视部、公安部、国家安全部等联合发布了《卫星地面接收设施接收外国卫星传送电视节目管理办法》;

1991 年 4 月,广播电影电视部公布了《〈有线电视管理暂行办法〉实施细则》;

1993 年 10 月 5 日,国务院总理李鹏发布了中华人民共和国国务院第 129 号令,宣布《卫星电视广播地面接收设施管理规定》自发布之日起实行;

1994 年 2 月,广播电影电视部发布 11 号令,即《〈卫星电视地面接收设施管理规定〉实施细则》;国家工商行政管理局也发布了就销售卫星电视接收设施所作的 5 项规定;河南、上海、广西、黑龙江、西藏、浙江等部分省、自治区的工商局同时都作出了暂停销售接收设施的规定。

对于卫星接收设施的进口,国家经贸委、对外贸易经济合作部、海关总署在联合下发的有关机电产品进口的文件中,也按《管理规定》的有关条款作了相应的规定。

1995 年,广播电影电视部还发出了《关于接收境外卫星电视节目管理的有关问题的通知》。

尽管对境外卫星电视的管制并不能完全阻止电视信号的跨国传播,但它仍是目前大多数发展中国家避免西方大国利用卫星电视进行政治、经济和文化渗透,以捍卫国家主权,维护民族利益最有效、最直接的办法。技术和社会的不断进步使这种管理方式暴露出许多需要解决的问题,同时,这种方式也在一定程度上消极地保护着本国的电视传播业,削弱了其参与竞争、得到良性发展的能力。因为,在激烈竞争中增强自身实力,才是抵挡境外卫星电视冲击的良策。

总之,对发展中国家来说,加强对境外卫星电视的管制,产生了直接的积极效果。然而,这无疑是权宜之计,要从根本上解决目前卫星电视传播中存在的混乱无序的状况,消除卫星电视跨国传播和单向传播造成的负面影响,还有赖于世界各国政治、经济、文化的均衡发展,以及以此为基础的世界信息传播新秩序的建立。

卫星电视仍处于不断发展之中,不仅卫星电视频道数量增加,而且卫星电视技术发展也日新月异。美国、日本等国研制的大功率直播卫星接收技术已进入商业化阶段,用直径只有 40 公分的碟形天线就可以直接接收卫星节目。据说在不久的将来一种像纸板一样的平面天线将会问世,只要将它贴在窗户上就可以接收到卫星电视节目。此外,高清晰度的卫星电视也已在日本播出,欧美国家正加紧发展。有人预测,卫星电视与有线电视的结合将日益成为强势媒体而取代传统的无线电视的统治地位。由于技术进步而推动的这种新型的电视形态,在它发展中会不断创造出新的媒介景观,但与此同时,对社会、文化、国家关系而产生的影响与震荡,也将愈加强烈。这将为人们不断地提供崭新而广阔的研究领域。

(本文原载《大众传播与国际关系》,刘继南主编,北京广播学院出版社1999 年版)

西方传播学引入我国的历程及其启示

一、传播学引入中国二十年之曲折历程及其与社会环境的相关性分析

传播学是一门研究信息及其传播规律的科学。传播学最初的提出和形成是在美国。20 世纪一二十年代开始酝酿,四五十年代形成一门学科。因此,对于中国来说,传播学属"舶来品"。

在 21 世纪初西方传播学的酝酿期,"Communication"这个词曾被社会学和心理学学者以"沟通"的含义介绍到中国。在四五十年代西方传播学成型期,国内的新闻学界也零星做过介绍,但后来由于 1957 年的"反右"斗争和接下来的"文化大革命",译介工作即告中断。直至 70 年代末 80 年代初重新恢复学术交流,传播学才得以正式引入。

传播学在一定程度上可以说是信息社会的产物。迈入信息社会是任何一个民族、一个国家在走向现代化中不可回避的现实,这决定了传播学在国际上存在和传播的合理性。多年来在社会主义初级阶段付出高昂代价的摸索,终于将中国送上了改革开放的快车道,中国走向现代化、迎接信息社会到来的历史必然,决定了传播学得以在中国生发的必然性。尤其是,国门的重启,使国人意识到中国的经济、文化和科学技术与国外发达国家的差距,借鉴他人的先进成果,包括社会科学的成果成为中国进行国际文化交流的当务之急。传播学引入中国的二十年,也是中国改革开放的二十年。在短短二十年的探索中,尚未完成农业社会向工业社会转型的中国直接迈进了信息社会。因此,引入传播学,研究中国社会环境下的信息传播规律势在必行,而中国的特殊国情和

传播环境决定了传播学的引入不会一帆风顺。

　　自 70 年代末 80 年代初传播学正式引入中国以来,传播学在中国走过了一段颇不平静的路程。从有的学者对新闻学术刊物刊载传播学文章所作的考察中可略见一斑,比如沈莉以《新闻大学》(1982—1996 年)为样本,对其内容进行量化分析后得出结论:传播学研究主要集中在 1981—1985 年,1993—1996 年两个阶段,1986—1992 年出现了一定程度的空白;黄旦和韩国飚对 1981—1996 年发表在《新闻大学》《新闻学论集》《新闻学刊》(包括后来的《新闻研究资料》《新闻与传播研究》)等刊物上有关传播学的文章做了相关的量化分析,考察结果以图表显示①:

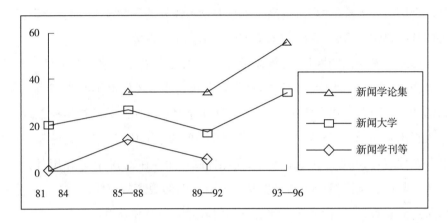

　　各刊物虽然在各阶段文章数目不尽相同,但高峰点和低峰点都是在相同的时期,基本走势是一致的,呈时起时伏的波浪状递进。如果对该轨迹作进一步探究,不难发现,传播学在中国的"曲折"轨迹在相当程度上与中国改革开放的进程契合:1981—1984 年是中国经济体制改革的初步探索阶段,同时也是传播学谨慎引入的阶段;1985—1992 年是中国经济改革的全面推进阶段,同时也是传播学明确了主攻方向——新闻传播,从而进行深入研究的阶段;1988—1992 年间中国的改革遇到挫折,传播学的引入与研究也跌入低谷;1992—1997 年是中国建立社会主义市场经济体制阶段,于是传播学重新活

---

　　① 黄旦、韩国飚:《1981—1996:我国传播学研究的历史和现状》,《新闻大学》1997 年春季号,第 21 页。

跃,并确立了学科地位。因此,传播学在中国的曲折发展,与中国的社会政治、经济、文化改革与发展的大背景息息相关。

(一) 80 年代前期:中国经济体制改革的初步探索和传播学的谨慎引入

70 年代末 80 年代初是中国历史上具有转折意义的重要时期。1978 年年底中共十一届三中全会的召开,开创了以经济建设为中心的时代,拉开了中国改革开放的序幕。1978 年 12 月 13 日,邓小平在中共中央工作会议上发表的《解放思想,实事求是,团结一致向前看》的重要讲话,开了思想解放运动的先河。全国科技大会的召开,提出了不仅要学习国外的科学技术,而且要学习国外的社会科学的方针,国际学术交流得到了真正的恢复。

国际学术交流的恢复,为传播学登陆中国提供了可能性。五十年代就做过译介工作的复旦大学新闻系郑北渭先生和其他学者们重操旧业,开始了传播学的重新引介工作。由于 1976—1984 年是经济体制改革的初步探索阶段,中央提出了"计划经济为主,市场调节为辅"的改革原则,改革只是局部、个别和分散地进行,其重心是农村改革;而旧体制依然存在,仍然在起作用,仍然在总体上限制着国民经济的进一步发展。由于旧的观念的束缚,传播学的引入常常遭到非难,致使传播学在此阶段的引入异常小心和谨慎。

比如在 1982 年 1—8 月第一次受众调查启动之时,即遭到有些人的非难,他们以"新闻研究所有人要搞资产阶级民意调查"为名,状告到当时中国社科院新闻研究所所长安岗(也是《人民日报》副总编辑)那里。当时在设计调查问卷时,关于信任度问题是否列入提纲颇受争议,最终决定列入信任度问题的举动被认作"铤而走险"的行为。但事实上调查报告出来以后,最有价值并引起新闻界震动的还是信任度问题。在北京读者中只有 24.2% 的人认为报纸的宣传报道"可信",55.1% 的读者认为"基本可信";认为"有些报道内容与实际生活不相符"的占 44.3%,认为"报喜不报忧"的占 43.7%。① 虽然此次调

---

① 《访陈崇山——艰难的起飞》,袁军、龙耘、韩运荣:《传播学在中国——传播学者访谈》,北京广播学院出版社 1999 年版,第 184、185 页。

查意义重大,使新闻界意识到新闻改革的必要性,但调查自始至终都异常小心。

再比如,1983 年浙江调查的结果在《中国日报》发表,新华社《参考资料》上刊登了一位外国新闻记者对该调查的报道,说是中国东部一个省的民意测验显示,许多读者不相信中国报纸。有关领导看罢当即连夜给《中国日报》的总编辑打电话,质问"中央三令五申不准搞民意测验,你们为什么还搞"?① 并下令追查。虽然后来向上级领导解释该调查既不是《中国日报》所为,也不是民意调查,而是读者调查(英文中,两者是同一个词),但这一"事件"确实反映了传播学在引进初期,由于受"左"倾思想的束缚,对民意调查方法异常敏感,致使传播学应用研究起步艰难。

1982 年 9 月 1 日,中国共产党十二次全国代表大会正式确立了改革开放的基本国策,为学习和借鉴外国经验,开展国际交流提供了健康的政治环境,传播学的引入开始有了起色。

第一次全国传播学研讨会于 1982 年 11 月 23—25 日在北京召开。会议由中国社会科学院新闻研究所倡导,参加单位有复旦大学、中国人民大学、北京广播学院、厦门大学、暨南大学、新华社、新闻战线杂志社、北京周报社,代表 30 多人。会议探讨了传播学产生的历史背景和社会条件,传播学研究的对象、内容、基本理论和方法,明确了"既然传播学是一门新科学,就应当了解、介绍、分析、研究"的态度。会议提出了十六字方针,即"系统了解、分析研究、批判吸收、自主创造"。社科院新闻研究所的陈力丹研究员回忆,当时在会上他提到了马克思曾论述过"交往",大家叫他赶紧写一篇文章,从马克思主义那里找理论依据,以证明研究传播学是名正言顺的,会后,即写了《从传闻女神到印刷广场》。现在我们回想这些事情,不难看出那时学者们研究传播学所怀有的心态。②

传播学在我国经历了二三十年代的酝酿、50 年代的前期引入和 70 年代

---

① 《访陈崇山——艰难的起飞》,袁军、龙耘、韩运荣:《传播学在中国——传播学者访谈》,北京广播学院出版社 1999 年版,第 184、185 页。

② 《访陈力丹——对传播学研究的几点意见》,袁军、龙耘、韩运荣:《传播学在中国——传播学者访谈》,北京广播学院出版社 1999 年版,第 258—259 页。

末的重新引入,到 1982 年第一次传播学会议的召开,自此,传播学开始了在中国的正式引入。

不久,传播学国际学术交流活动开始进行,科研机构也开始建立。1984年,首都有关新闻单位和教育机构倡议成立传播学研究小组。1985 年 2 月,首都新闻学会传播学研究组成立。1985 年 6 月 20 日,中国大陆第一次传播学国际讨论会由上海外国语大学主办,在上海召开。会议着重探讨了新科技的发展对传播媒介的影响,以及对新闻教育提出的新要求。这次会议进一步深化了人们对传播学的认识,同时也反映出对传播学持疑义的人仍不在少数。1985 年 6 月,我国高校第一个传播学研究机构"文化与传播研究中心"在复旦大学成立。

这一阶段,由于极"左"路线的阴影还时常徘徊于人们的思想意识中,传播学的引入仍是心怀余悸地谨慎进行。传播学的理论与中国的媒介实践尚有太多的隔阂,也未能对传统的新闻理论起到切实的观照作用。但不可否认,传播学开始在观念上冲击人们对新闻媒介、新闻理论固有的认识。

(二)80 年代后期:中国经济体制改革的全面推进和传播学在新闻领域的普及

1986 年第二次全国传播学研讨会在黄山召开。会议回顾了 1982 年第一次传播学研讨会以来我国传播学教育研究成果,对国外传播学理论的新发展、对美国传统学派和西欧的批判学派进行分析和评价,对我国普及和发展传播学的前景作了讨论和规划。提出了"建设有中国特色的传播学"的目标,明确把新闻传播作为今后传播学的主攻方向。该方向确定的初衷虽然仅仅是针对理论研究,但实际上也明确了传播学理论应观照实践的方向——新闻改革。传播学引入的目的性因此也大大增强了。

从客观上来讲,在 80 年代中期,随着我国的经济体制改革从探索、酝酿和实验阶段进入以城市改革为重心大规模的推进和深化阶段,政治改革的呼声也日见其高。1987 年 10 月召开了中国共产党第十三次全国代表大会。此次会议对中国新闻事业的发展意义深远。会议报告中提出了"发挥舆论监督的作用","重大情况让人民知道,重大问题经人民讨论","建立社会协商对话制度","抓紧制定新闻出版法"等,新闻改革被作为政治体制改革的一部分提上议事日程。[1] 一方面,现实为我国的新闻体制改革提供了良好的环境,积极推动新闻改革成为摆在新闻学界面前的当务之急;另一方面,改革也使决策者迫切需要对国家的社情民意有全局性的把握,以此作为政策研究的参考。因此,80年代中后期,传播学在中国的新闻领域逐步得到普及。

从主观上来讲,随着改革在各个领域的深入发展,作为党的"耳目喉舌"的中国新闻事业无论从理论还是从实践都暴露出许多问题。一部分学者也逐渐清醒地认识到,仅仅依靠新的方法对原有理论进行简单的演绎和理论嫁接越来越无法说明变动不居的现实,"没有取自于实际的第一手的实证材料的研究,就像做菜一样总是'豆腐一碗,一碗豆腐'——再会做菜,也就只能做出一个豆腐菜"[2]。于是,1986年10月,中国第一家调查研究机构——中国人民大学舆论研究所成立,通过一系列实证调查切实一步步地推动新闻改革的进展。比如1988年的《首都知名人士龙年展望的调查》就是通过自下而上的调查,先是在群众中进行,然后在新闻工作者中,而后对所谓的"三高"(高职、高龄、高知)人士进行调查,得出了令人警醒的结论:如91.5%的人认为新闻媒介反映群众呼声太少;宣传报道在群众中存在信任危机;等等。[3] 调查分析报告终于引起了决策层的高度重视,经《人民日报》等报纸的传播,引起全国受众注目,加大新闻媒介改革力度的呼声日渐强大,进而推动了新闻改革的进展。

(三)80年代末90年代初:中国改革的转折关头和传播学走入低谷

我国经济体制改革在缺乏经验的情况下,宏观调控出现偏差,80年代末期引发了严重的经济秩序混乱。经过几年的治理整顿,经济过热现象缓解,通货膨胀得到控制,经济秩序明显好转,社会趋于稳定。但是一些经济生活中的

---

[1] 孙旭培著:《新闻学新论》,社会科学文献出版社1993年版,第341页。

[2] 《访喻国明——寻找媒介和市场追加结合点》,袁军、龙耘、韩运荣:《传播学在中国——传播学者访谈》,北京广播学院出版社1999年版,第171页。

[3] 喻国明、刘夏阳著:《中国民意研究》,中国人民大学出版社1993年版,第99页。

深层次问题仍然没有得到解决,制约着经济的发展。由此,也提出了怎样评价已经进行的经济体制改革和怎样继续进行经济体制改革的问题。无论是经济理论界的学者还是政府的决策者在改革的理论与改革政策方面存在的分歧,集中体现在是坚持计划经济还是发展市场经济的问题上。因此,改革仍然面临许多根本性的障碍和限制。面对 80 年代末国际国内发生的问题,许多人归结为改革出现了方向性的错误,进而提出改革姓"资"姓"社"的问题,认为市场化取向的改革就是走向资本主义,因而要在经济领域反对"和平演变"。"左"的思潮又开始抬头。

1989 年"政治风波"过后,政府对新闻媒介卷入激进的改革潮流给予了高度的重视。指出"新闻界造成了思想混乱","在舆论导向上发生了严重的错误";重申"我国的新闻媒介必须坚持喉舌性质。我国的新闻事业是党的事业的一部分,必须在政治上坚持党性原则,不允许用'人民性'来否定党对新闻事业的领导"。[1]

由于社会环境和媒介环境的突变,传播学的研究也一下子坠入谷底。原本定于 1989 年年底在珠海召开的第三次全国传播学研讨会被取消,1989 年至 1992 年有关传播学的论文和受众调查的数量均呈大幅度减少。[2] 众多批判性的文章把传播学与资产阶级画上了等号,传播学被称为"资产阶级传播学"。有人认为传播学研究是要用"信息"的概念取代"新闻"的概念;有人认为研究传播学是以"超阶级的观点","掩盖新闻事业的阶级性";还有人认为,把报纸、广播、电视称为"传播媒介"是搞"中性化"[3]。传播学研究的环境异常艰难,传播学课程和学术研讨会被取消,传播学的研究几乎被中断。

(四) 1992 年—1997 年:"南巡"讲话的发表和传播学在中国的重新活跃

在决定改革走向和改革成败的关键时刻,邓小平在 1992 年初发表了"南

---

① 《访孟建——中国大众传播事业与社会民主化》,袁军、龙耘、韩运荣:《传播学在中国——传播学者访谈》,北京广播学院出版社 1999 年版,第 43 页。

② 黄旦、韩国飚:《1981—1996:我国传播学研究的历史和现状》,《新闻大学》1997 年春季号,第 21 页。

③ 徐耀魁:《我国传播学研究的得与失》,《新闻与传播研究》1998 年第 4 期。

巡"讲话。从历史的角度来看,邓小平南方谈话的意义和作用,与1978年12月13日关于"解放思想,实事求是,团结一致向前看"的讲话有惊人的相似,再一次解放了中国人民的思想。同年10月党的十四大进一步明确了我国经济改革的目标是建立社会主义市场经济体制。此后,我国大大加快了市场化进程,对中国的大众传播事业的发展产生了重大的影响,传播学的研究又重新活跃起来。国家哲学社会科学研究"九五"规划将新闻学与传播学并列为一级学科,大众传播研究也列入"九五规划重点课题";国家教委将传播学列入高等学校的必修课程,并组织人力撰写统一教材;经国家新闻出版署批准中国社科院新闻研究所原编辑出版的《新闻研究资料》改名为《新闻与传播研究》;新闻研究所正式改为新闻与传播研究所;《北京广播学院学报》也改刊为《现代传播》;有关传播学的研讨会也重新启动。①

经过对传播学引进中跌宕起伏的反思,越来越多的学者体会到,要想使传播学真正在中国扎根,光靠西方人总结的原理和方法是行不通的,因为事实已证明西方的理论不能完全解释具有中国特色的媒介现实。中国的传播学者从此更关注中国传播理论的建设和中国的传播实践。1993年5月25—30日,全国第三次传播学研讨会在厦门召开。会议回顾和总结了传播学自引进以来的经验和教训,即:不能脱离中国的实际。明确了建立中国特色的传播学理论体系,要从中国实际出发,为中国实践服务,必须研究和借鉴国外传播理论和总结中国的传播实践,建立自己的传播理论体系。此次研讨会不仅标志着中国传播学研究的全面展开,而且有关"传播学本土化"的思考也从此开始浮出水面。

1993年在厦门大学召开了一次"中国传统文化中传的探索"座谈会,内地、台湾和香港的新闻、传播、历史、人类、经济、社会、民俗、语言等学科的学者,一起商讨如何开展对中国传统文化中的传播研究。会后,海峡两岸成立"中国传统文化中的传播研究课题组",拟定合作撰写一本概论性的著作,这就是后来孙旭培主编的《华夏传播论》。

---

① 黄旦、韩国飚:《1981—1996:我国传播学研究的历史和现状》,《新闻大学》1997年春季号,第21页。

1995 年 6 月 26—30 日,在成都召开的全国第四次传播学研讨会以"传播与发展"为主题,着重研讨传播在国家政治、经济和文化中的作用,交流国内外传播与社会发展的研究成果与发展趋势。此次会议旨在推动结合中国大众传播与社会发展实际从事研究,赋予了中国传播学界以更加广阔的研究视野。

（五）1997 年:社会主义市场经济理论的发展和传播学学科地位的确立

1997 年 9 月,党的十五大进一步发展了社会主义市场经济理论,从根本上推进了社会主义市场经济体制的建立。1997 年国务院学位委员会对原来的新闻学科进行了调整,设立了一级学科"新闻传播学",下设两个二级学科"新闻学"和"传播学",并很快开始招收传播学的硕士生和博士生。传播学学科地位的确立,一方面,使传播学在中国有了"正式户口",传播学研究在中国终于实现了真正意义上的"名正言顺";另一方面,传播学和新闻学的相互渗透也"顺理成章"了,再也没有人对传播学研究在中国的合理性提出质疑,也再没有人对传播学的地位进行无谓的争议。传播学的研究从此进入了蓬勃发展的新阶段。

二、传播学引入中国各历史阶段的研究特点

（一）初闻传播学

1. 前期引入以概念的引入为特点

早在 20 世纪二三十年代,当传播学正在美国酝酿之时,伴随着"西学东渐"的潮流,西方的自然科学和社会科学逐渐介绍到中国,"Communication"这个词也被社会学和心理学学者以"沟通"的含义介绍到中国大陆。在学术自由的空气下,传播学在中国大陆实际上也在社会学、心理学和人类学等学科领域中开始酝酿和培育。

在四五十年代西方传播学成型期,随着战后美国政治、经济和文化日益强

劲的影响力,传播学开始在世界范围内传播。当时在美国专攻传播学的中国学子,后来的复旦大学新闻系教授郑北渭先生也学成归国,做了一些零星的译介。1956 年,在复旦大学新闻系编辑出版的《新闻学译丛》总第三辑《美国报纸的职能》的译文中,郑北渭将其译为"群众思想交通"。在同辑的《拆穿自由、独立报纸的西洋镜》的译文中,译者刘同舜将"Mass Communication"译为"群众交通"。1960 年在人民大学新闻系内部编印的《批判资产阶级新闻学资料》中,张隆栋在摘译威廉·爱琳的《大众传播研究》(1958)中的一篇文章时,又译为"公众通信"。

由于二三十年代传播学在美国还没有形成气候,所以,在国内的酝酿也谈不上有什么影响。50 年代,美国经过产业调整正逐步向信息社会过渡,信息在国民经济中起到越来越重要的作用,作为研究信息传播规律的传播学也受到关注和重视。而此时中国大陆正处于社会主义改造时期,不仅"信息社会"闻所未闻,就是从农业社会向工业社会的转变也还有很长的路要走。经济发展阶段的不同,使中国与信息产业的实践活动相距甚远,在翻译"Communication"这个概念时,无法理解其信息传播的意蕴。加之当时国际国内意识形态的斗争都极其尖锐,从思想意识上对资本主义文化根本排斥,因此,五十年代对传播学的引入仅是概念的引入,模糊且不统一,在国内的影响微弱,并仅限于学界。

2. 后期传播学学科的引入

以 1978 年召开的十一届三中全会为转折点,中国社会开始了全面的"拨乱反正"。随着"拨乱反正"的深入,新闻界由揭批"文化大革命"期间新闻媒介的造假宣传逐步深入到对新闻理论的正本清源上。在寻找对新闻理论正本清源的着手点时,新闻学界和业界开始关注国际新闻界的理论成果——传播学。

首先,南方以郑北渭、陈韵昭,北方以张隆栋为代表的新闻学者开始了传播学理论的重新引进工作。1978 年 7 月,复旦大学新闻系内部编印的《外国新闻事业资料》第一期发表了两篇编译文章《公共传播学的研究》和《美国资产阶级新闻学:公众传播学》,引起了新闻学界的重视。几乎是在同时,1979 年中国人民大学张隆栋教授在《国际新闻界》第二期连载了希伯特的《公众通讯的过程、制度和效果》。①

其次，采取了"走出去，请进来"的办法。先是国内新闻学界和业界人士赴国外学习、考察，获得对国外媒介实践的感性认知。1980 年 1 月 5 日，《人民日报》副总编，同时任中国社会科学院新闻研究所所长的安岗，赴美参加了亚洲太平洋地区关于国际政治大众传播的学术会议。安岗注意到国外媒介非常重视受众调查和传播效果，从而启发了从"读者研究"入手进行新闻改革的思路，并在 1981 年 5 月 12 日北京新闻学会（1984 年改名为首都新闻学会）举行的首次受众学术研究会议上发表了题为《研究我们的读者》的著名演讲。他指出"研究读者，就是要解决我们怎样直接为广大群众服务得更好的问题，这无论是在新闻理论上还是在实践中，都是一件大事情"。② 在安岗的直接支持和推动下，我国于 1982 年 1—8 月进行了第一次受众调查。中国社会科学院新闻研究所发起，《人民日报》、《工人日报》、《中国青年报》和北京广播学院的代表共同组织，成立了北京新闻学会受众调查组，首次对报纸、广播电视的传播效果进行综合考察。北京调查具有里程碑的意义，是我国受众调研的开始，开创了我国新闻实证研究的新领域。

1978 年 10 月，日本新闻学界的权威，东京大学新闻研究所的内川芳美教授访华，在复旦大学新闻系作了题为《日本公众传播研究的历史和现状》的讲座，介绍了有关日本传播学研究的情况。1982 年 5 月，美国传播学的集大成者施拉姆先生在其学生，也就是香港中文大学新闻与传播系主任余也鲁先生的陪同下来华，先后访问了北京、上海和广州等地的大学和新闻研究机构，在人民日报社主楼开了一个几百人参加的会议，提出了向中国系统介绍传播学的一些设想。《新闻学会通讯》连续发表了施拉姆的《传学与新闻及其他》《传学的发展概况》和余也鲁的《在祖国进行传学研究的可能性》等文章。施拉姆先生的此次访华，在国内掀起了一个介绍传播学的小高潮。

（二）传播学研究确立了"十六字"方针

1982 年 11 月第一次全国传播学会议提出的"系统了解、分析研究、批判

---

① 廖圣清：《我国 20 年来传播学研究的问题》，《新闻大学》1998 年冬季号。
② 《中国新闻年鉴》，1982 年版，第 173—174 页。

吸收、自主创造"的研究原则,成为日后指导传播学引入的重要方针。从此,译介性的文章不断见诸学刊、杂志。1982 年 10 月至 1985 年 12 月,在报刊上发表的传播学文章有 182 篇,属于介绍和评述的占 56.7%,以分析研究为主占43.3%,这些文章的译者和作者达 105 人之多。① 其间有几本译介著作,对当时传播学初步普及起到了重要作用。比如在 1983 年,中国社会科学院新闻研究所编辑出版了《传播学(简介)》,书中汇集了明安香、徐耀魁、张黎、范东生等人对西方传播学研究译介的十篇文章,这本小册子在当时是新闻学界不可多得的普及性读物,即使现在看来,它的内容也包含了传播学几乎全部的重要理论精髓。此后,李启等人翻译的《传播学概论》(1984)和陈韵昭翻译的《传播学的起源研究与应用》(1985 年),对促进西方传播学在大陆新闻界更大范围的普及起到了积极作用。

1986 年在黄山召开的第二次全国传播学研讨会明确了把新闻传播作为传播学的主攻方向后,传播学理论和应用研究有了明确的指向性。

这一明确的研究指向首先表现在 1988 年戴元光、邵培仁和龚炜合作出版的第一本概论性质的专著《传播学原理与应用》上。作为我国年轻学者在消化和吸收西方传播学理论的基础上自主编著的系统性传播学教材,该书明确地提出了"新闻学是传播学的一个分支",突出地对新闻学理论和实际应用加以讨论,也明确了当时传播学所面对的服务对象——新闻工作者。

在应用研究方面,主要以关注宏观新闻体制改革为特点。比如当时成立的第一家民意调查机构中国人民大学舆论研究所,在 80 年代后期所做的大量实证调查,大多服务于当时的新闻改革。这些调查主要包括两大类:一类是有关时事政治的民意测验,比较典型的调查有《中国公众对"十三大"的期望》《首都知名人士龙年展望的调查》(1988 年 1—2 月)、《我国公众社会心态和价值取向的调查》等;另一类是针对某一宣传活动的传播效果调查,典型的有《关于我国新闻媒介学潮报道宣传效果的调查》(1987 年 1—2 月)、《政治体制改革与新闻宣传的调查》(1987 年 7—8 月)等。调查资金主要来自决策系

---

① 黄旦、韩国飚:《1981—1996:我国传播学研究的历史和现状》,《新闻大学》1997 年春季号,第 21 页。

统，如中宣部、国家体改委以及某些国家社科基金资助项目，这种投资结构决定了 80 年代实证调查的政治和行政行为性质，是为宏观决策服务的。事实证明，这些实证调查确实一步步地推动了新闻改革的进展。

（三）传播学研究中的探索

1989 年"政治风波"之后，由于社会环境和媒介环境的突变，中国的新闻媒介进入了深刻的反思时期。在此期间，学界对传播学的引介和研究非但没有因媒介环境的变化而停滞，反而由于理论界的潜心反思，使传播学的自主研究迈出了重要的一步。有的学者对传播学抱着始终如一态度继续潜心研究，开始探索传播学的理论创新；有的学者对中国国情、中国的改革有了深刻认识，开始关注传播实践，从而走向理论与实践相结合的研究途径。

理论研究方面，有的学者开始尝试从中国的传统文化中寻找传播资源。1990 年，沙莲香主编的《传播学——以人为主体的图像之谜》，以马克思主义关于人的"革命的实践"的理论为传播学成立的根本理由，在介绍了传播学已有的比较成熟的研究成果的基础上，着重探讨了文化和传播的关系，还试图从文化研究的角度考察中国传统文化的传播特点，并提出了传播的内在机制问题。

也有学者在洞悉传播学在西方的发展趋势——即分支化的基础上，力求突破传播学传统的研究领域，开始从新闻传播、艺术传播、教育传播、政治传播和经济传播等分支角度展开对传播现象的研究。如在 1990 年，江苏人民出版社和南京大学出版社联合推出《当代传播学丛书》，其中包括张学洪主编的《舆论传播学》、邵培仁主编的《经济传播学》《政治传播学》《艺术传播学》《教育传播学》《新闻传播学》等。而 1993 年陈力丹的《精神交往论——马克思恩格斯的传播观》，是作者通读了马克思恩格斯全部著作，倾心酝酿十年之后推出的力作。该书的理论探索是深刻的，对以马克思主义为指导的社会主义国家研究和发展传播学具有启示作用，提供了丰富的理论资源。只是到了 90 年代，由于人们已经不太注重本本，所以它的影响力就弱了一些。

对于这些成果,有人认为"只是中国传播学者在上一阶段研究成果的总结"①。诚然,这些研究成果是在前期引介的基础上进行的,理论深度不够,甚至显得稚嫩,但研究的视角却已不乏新意。与其说这期间的著述是前期研究成果的总结,毋宁说是在大众传播业进入反思时期,研究者们丢弃了起初引介传播学时急功近利和浮躁的心绪,开始潜心于从各个角度对传播学理论进行探讨的有益尝试。

传播学应用研究虽然也曾陷入低潮,但1990年亚运会广播电视宣传效果的成功调查,不仅获得了一段特殊历史时期中国受众心态的实证资料,还激活了一度沉寂的受众调研活动。由于在调研过程中第一次采用高级的数理统计方法和国际上通用的"社会科学用的统计软件"(SPSS)来处理分析新闻传播中的数据资料,把我国的受众研究推进到一个科学化的阶段;尤其是北京广播学院柯惠新教授利用结构方程式模型进行的"亚运会广播电视传播效果的定量模型研究",被认为是国内传播研究方法的新突破,填补了我国传播学研究中的一项空白。

总之,1989—1990年无论是传播学理论研究还是应用研究,都曾一度陷入低潮,但随着1991—1992年间研究活动的展开,传播学逐渐在探索中走出了低谷。

(四) 传播学研究对本土传播理论与实践的关注

1992年邓小平"南巡"讲话发表,再一次解放了中国人民的思想,传播学在中国的发展面临着新的契机,传播学研究又重新活跃起来。

理论研究方面,有关"传播学本土化"的话题开始浮出水面。1993年在厦门召开的第三次传播学研讨会,对传播学引进以来的经验和教训进行了总结,指出传播学研究不能脱离中国的实际。会议就如何使传播学本土化提出了四条齐头并进的研究途径,并提出必须注意基础理论与应用研究相结合,引进西方传播学与自主研究相结合。1993年在厦门大学召开的"中国传统文化中传

---

① 黄旦、韩国飚:《1981—1996:我国传播学研究的历史和现状》,《新闻大学》1997年春季号,第21页。

的探索"座谈会之后,海峡两岸成立了"中国传统文化中的传播研究课题组",旨在从浩如烟海的中国传统文化中挖掘传播方面的财富,促进传播学研究,最终创造出集东西方文化精华之大成的传播学。研究成果《华夏传播论》一书于1997年出版。该书总结了中国传播文化中传播的若干特性,如家国同构的一元性政治结构决定了中国传播体制的一元格局,仁礼并重的伦理道德决定了中国传播活动的"止于至善"的价值取向等。虽然该书在理论上也有不尽完善之处,但在传播学本土化方面进行了难能可贵的初步探索。当然,这一阶段,针对"传播学本土化"这一命题也曾引起过诸多的争议。有人认为,科学是没有国界的,传播学被冠以"中国的传播学",违背科学规律的本质;也有人认为西方传播学还没有吃透,却急于"本土化",实质上是个"情绪性的提法"。

应用研究方面,开始由关注宏观新闻体制转移到媒介的实务操作上来。比如从人民大学舆论研究所在推动媒介实践进展时做的两类调查来看,一类是区域媒介市场调查,可以看作是区域性的基础调查,如两次北京报业市场调查,调查结果不仅对报业市场,而且对整个媒介体系都具有指导意义;另一类调查是开发性调查,也叫预测性调查,例如《我国城市居民早间生活形态和电视收视意愿的调查》,通过对城市居民生活形态和生活规律的把握,为媒体开发节目量体裁衣、度身定制。总之,中国人民大学舆论研究所在此期间介入《北京青年报》《中国经营报》《精品购物指南》等报纸以及中央电视台和北京电视台等媒介的调查策划,帮助这些媒介在竞争中率先获得优势生存空间,推动了媒体朝着适应社会趋势的方向发展。这期间中宣部的课题也带有明显的实用目的。比如1995年的课题"关于中国报业总量、效益、结构研究",主要是为中国报业"治散、治乱"的整顿服务。因此,无论是学界还是政府部门,在传播学应用研究中越来越注重与媒介实践的互动。

(五) 传播学研究逐步走向兴盛

1997年"新闻传播学"确立为一级学科,"传播学"正式确立为二级学科后,极大地促进了传播学的研究。

理论方面,刘京林的《大众传播心理学》(1997)从现代心理学视角来观照大众传播;黄升民、丁俊杰主编的《媒介经营与产业化研究》(1997)从理论和实际操作上对中国的媒介经营进行了探索性研究。有关传播学的前瞻性研究成果也有问世。如明安香主编的《信息高速公路与大众传播》(1999),深入探讨了以数字式、多媒体、网络化等为主要特征,以信息高速公路为基础的信息传播技术、新媒介给大众传播带来的深刻变化,并前瞻性地提出要形成新的传播理论和传播体系即网络交流学,专门研究网络传播时代传播的特点、环境的特点、媒介的特点、受众的特点以及有关职业道德、法制等问题。

随着传播学学科地位的确立,各新闻院系在传播学学科建设上的投入力度加大,传播学研究开始出现规模化的成果。中国传播学界曾几度计划联袂翻译西方传播学系列经典著作,因经费和研究力量分散等原因而搁浅。这一计划终于在2000年1月由北京广播学院和华夏出版社付诸实施,合力推出了"高校经典教材译丛——传播学",其中包括《当代广告学》《传播理论:起源、方法与应用》《传播研究方法:策略与资料来源》《表演学》《大众传播研究方法》《国际传播》《媒体伦理学》《电子影片制作》《大汇流:整合媒介、资讯与传播》《传播政治经济学》《组织传播》《媒介形态变化:认识新媒介》等,均为国外传播学最新版本的教材。同时,北京广播学院"传播学书系"丛书也陆续出版。

几次传播学研讨会也达到了较高水准,从一个侧面反映了传播学研究的兴盛状况。

1998年9月,"中国市场调查业现状与发展研讨会"在北京召开。这次大会是市场调查业在我国诞生十多年以来第一次全国性的大规模盛会,共有150家单位近300人参会。会议内容涉及行业发展状况探讨、专业调查研究技术交流以及客户需求特征等方面。这次大会被认为是中国调查业的一次历史性会议,是中国调查业开始走向成熟的一个重要标志。

1999年11月7日在上海复旦大学新闻学院召开了第六次全国传播学研讨会。这次研讨会以"面向21世纪的信息与传播的中国与世界"为主题,来自全国各高等院校和研究机构以及英国、日本、新加坡、中国香港、中国台湾的新闻传播学者共70余人参加了会议。会议按照规范的国际会议操作方式进行,内容广泛涉及中国的传播学研究、新媒介技术研究、中国媒介改革进程研究等各个方面。这次跨世纪的传播学研讨会在组织方式、理论话语、关注焦点和研究方法等方面,都体现出一些特点和进步。

三、传播学引入对中国新闻界的影响

传播学引入中国的二十年,给中国的新闻界带来了巨大的影响,对推动新闻改革起到了积极作用。

从对新闻学的影响来看,首先,更新了新闻学的理念。这集中表现在对新闻事业性质从"工具"论向"媒介"论转变,对新闻媒介功能从单纯的宣传功能向信息传播功能的认识的转变,以及从传播者本位向受众本位转变。[①]

传统新闻学是在党报理论的基础上发展起来的。无论是在战争年代还是在社会主义改造和建设时期,中国的新闻事业都发挥了不可替代的政治宣传作用,其性质被定位于党的宣传工具,曾一度被极端地视为"阶级斗争的工具",新闻媒介的功能就是宣教功能。加之中国的新闻事业成长于计划经济年代,新闻工作只注意进行自上而下的灌输,却忽视了传播对象的特点和需要,虽然 50 年代曾提出过"读者需要理论",但由于种种原因基本上未能付诸实践,因此,实际上,受众研究基本上被排除在新闻学的视野之外。

传播学的引入,尤其是信息观念的引入,对新闻事业性质的认识也越来越回归其本质属性,即新闻事业区别于其他事业的主要性质并不是由于它的"工具"性,而在于其作为信息传播载体的本质属性;对新闻媒介功能的认识摒弃了单纯的宣教功能,承认其主要的信息传播功能,即除了宣教功能,新闻媒介还具有其他信息服务功能、娱乐功能和教育功能;对新闻事业仅着眼于传播者而忽视受众,进而无视传播效果的"传播者本位",逐渐让位于面向受众、服务受众,进而影响受众的"受众本位"。

其次,引入新的研究方法。传统的新闻学研究中,新闻史沿用了历史文献研究方法,新闻理论研究采用思辨方法,新闻业务基本上无方法可言,至多是对新闻工作的总结和概括,现代社会科学优秀成果中的研究方法并未运用到

---

① 明安香:《传播学的普及与中国新闻改革》,《新闻界》1998 年第 6 期。

中国传统的新闻学研究中。随着传播学的引入,主要是美国实证研究的引入,定量的研究方法给中国新闻学的研究带来了深刻的影响。运用量化的研究方法进行受众研究成为传播学引入中国最重要的成果,促进了中国新闻学研究的科学化和规范化。

最后,拓宽了新闻学研究的视野。传统新闻学的研究领域主要包括新闻史、新闻理论和新闻业务。传播学的引入,为新闻学的研究提供了广阔的视角。从沈莉对1981—1996年新闻学理论研究主题的梳理来看(不算纯粹的传播学研究),除了经典文献研究、广播电视研究的议题继续丰富之外,新闻理论研究中出现了诸多新的研究议题,如媒介运作状况、信息革命热和新闻事业、走向市场中的新闻事业、报业集团现象、传媒文化等;出现的边缘、交叉领域研究有新闻心理学、新闻伦理学、广告心理学、新闻法学、公共关系研究、广告研究、报业经营管理研究和媒介经营管理研究等。

从传播学引入对中国新闻实践的影响来看,一方面,丰富了新闻业务的内容和样式。随着新闻媒介种类的增多和数量的增加,媒介间的竞争日趋激烈,新闻业界开始从传播学理论中寻找思路。内容上,关系到百姓生活的经济商品类信息、服务类信息和纯娱乐性信息越来越占重要的地位;样式上,以电视为例,纪实报道、谈话类节目和现场直播等新的传播样式纷纷涌现,大大丰富了电视传媒实践。另一方面,为中国的媒介注入了经营观念。市场经济体制的逐步确立,推动了中国新闻媒介自身的改革,传播学的引入,为新闻事业双重属性即政治属性和经济属性的认定提供了理论基础,中国的新闻事业由此获得了新的发展思路,经营观念得以普及。媒介内部调整结构,转换机制;媒介外部通过优化组合形成竞争优势和规模效益,媒介的产业化、集团化成为大势所趋。

四、传播学在中国研究的不足

第一,西方传播学成果引入不足。从时间上来讲,基本上还停留在对国外七八十年代成果的咀嚼上,缺乏对90年代最新成果的追踪;从引入的面来讲,基本上沿袭了美国实证派研究,而欧洲批判学派在国内基本上没有什么影响。从传播学引入时的第一本译著《传播学概论》算起,完整的译著寥寥可数,缺乏对国外传播学经典著作做系统的译介。虽然时有零星的译介文章,但大都散见于各种新闻学术期刊中,缺乏整体的学术规划而流于孤立、零散,因而难以达到系统的学术传播效果。由于引入量的不足和不全面,就很难对西方传播学有全局性的把握,哪些理论重要,哪些理论不重要,哪些理论随着时间和环境的变化而变化,变化的过程中相关的理论是怎样做具体调整的,对此都缺乏全局性的了解。当然,令人欣慰的是最近北京广播学院和华夏出版社合作翻译的高校经典教材译丛,对译介不足的局面有所改观。同时,一些学者对西方传播学有代表性的理论做了较系统的介绍,比如郭镇之教授在其《北美传播研究》(1997年)一书中曾对大众传播的议程设置理论、电视的教养理论、"报刊的四种理论"进行了相对系统的梳理和分析,张咏华对麦克卢汉的理论进行了再认识,等等。然而,从总体而言,译介不足的状况并未根本改变。对西方传播学缺乏系统、全面的了解,发展本土的传播学理论就缺乏一个必要的学术平台;对最新成果缺乏追踪,就不可能把握传播学的发展趋势。

当然,对西方传播学的系统了解,并不意味着要穷尽西方传播学理论才能进行自我创造;对西方传播学最新成果的追踪,也并不意味对西方传播学亦步亦趋或者"言必称希腊"。问题是理论创新必须建立在引进必要数量成果的基础之上,否则,在没有理解西方传播学的全貌和本质的前提下进行自主创造,难免会创造出一套新的学术话语,不仅言语、内容与原来的传播学渐行渐远,而且由于失去了学术延续性,就更难以和国际学术接轨。

第二,对西方传播学理论消化得不透。中西社会背景和文化的差异,决定了西方传播学与中国传播学的理论前提和适用性的不同。比如,在美国,学者用了很烦琐的方法证明的议程设置理论,在中国似乎却是不证自明的事实,因为坚持正确的舆论导向,即用媒介宣传引导人们的思想和行为是我们新闻工作一贯的方针。然而,毕竟"舆论导向"是一种主观的追求,而"议程设置"是一种客观的效果,在这两者之间还有是否一致的问题。① 因此,引入西方传播

---

① 郭镇之著:《北美传播研究》,北京广播学院出版社1997年版,第252—253页。

学,存在着理论的验证问题,有必要运用科学的方法在中国的社会背景之下对西方传播学理论进行必要的证实或证伪,或证实在哪些特定的条件下理论的适用性,在哪些条件下理论的不适用性。据考察,传播学引入大陆二十年,诸多耳熟能详的传播学理论并没有在中国的土地上验证过,只是近期复旦大学张国良教授在承担教育部"跨世纪人才"课题中,拟对西方传播学的三个重要理论:议程设置、涵化理论和信息沟通进行实证。结果也许会验证,也许会否定,也许会发展,但只要实验是建立在科学的基础上,相信无论结果如何,此举都将对传播学在中国的发展起到积极推动作用。

第三,传播学在中国的研究领域有待拓展。众所周知,西方传播学产生和发展源于多学科背景。传播学的奠基人分别是某一专业领域杰出的学者,如政治学家拉斯韦尔、心理学家卢因、社会学家拉扎斯菲尔德、实验心理学家霍夫兰,传播学最后的集大成者是新闻学出身的传播学家施拉姆。从目前美国传播学研究的现状来看,也是多学科领域的学者从不同角度的介入研究。而与之相比,传播学在我国只是由新闻学界引入,其影响仅仅局限在新闻领域,导致中国传播学者单一的新闻学科背景,加之传统新闻学研究和教育的局限,可以说对相关学科的理论储备存在先天的不足。因此,向社会科学中取得突出成就的人类学、经济学等学科寻求理论支援已成为我国传播学进一步发展的必要条件。多学科交叉是传播学的特色,只有从其他学科领域中源源不断地汲取活水,才能保持传播学旺盛的生命力。

第四,科学化的实证材料积累不够。改革开放20年来,中国的大众传播媒介发生了迅速而剧烈的变革,为传播实证研究提供了广阔的领域。而20年来针对实践的科学化的实证研究远远不足,能揭示某种规律性的研究几乎还是空白。从已有的实证研究来看,一方面,90年代开始逐渐介入媒体扩张的热潮之中,表现出一定程度的理论与实践的互动,但往往局限于大都市的强势媒体,大多数的媒体还缺乏对理论需求的自觉,因此,实证性研究尚需大力拓展;另一方面,已有的实证性研究缺乏理论的提炼。类似柯惠新教授"亚运会广播电视宣传效果数学模型"那样可重复操作的理论还十分缺乏。

第五,传播学的创新研究亟待加强。由于传播学引入、消化和普及的种种局限,尤其是科学化实证研究的不足,限制了传播学在中国的创新研究。传播学在中国已经经历了 20 年的引入和吸收,加强传播学在中国的创新研究不仅是学科自身发展的需要,而且是不断丰富、不断扩张的中国传播实践的要求。

五、对未来中国传播学研究的几点想法

(一) 拓宽传播学研究领域,建立完整的学科体系和理论框架

作为一门多级交叉学科,传播学不仅涉及新闻学、社会学、政治学、心理学,而且涉及语言学、人类学、哲学及相关的技术学科,是在人文社会科学与自然科学的交合点上形成并发展起来的综合性边缘学科。因此,我国的传播学研究除了要继续关注大众传播现象外,还要加大对传播学的其他领域像人际传播、组织传播和公共关系等领域的研究力度,甚至包括更细化的研究,如广告传播、国际传播、艺术传播、语言传播、媒介经营研究、文化传播、技术传播、网络传播等领域的研究,这是建立完整的传播学体系的基础。因为任何学科建设都必须在分支研究的前提下完成必备的积累,才能上升到整体认识阶段。拓宽传播学在中国的研究视野,在各个分支研究领域获得扎实的积累,在此基础上才能完成中国系统化的传播学理论建构。

(二) 坚持引进与创新并举的方针

传播学起源于西方,经过几十年的发展,已形成完整、丰富的学科体系。对西方传播思想及其理论观点产生的背景进行广泛而有深度的探讨,将为中国自身的传播学学科建设提供比较完整的理论参考框架。应注重跟踪西方传播学研究的最新动态和成果,在引介传统学派成果的同时,要更多地关注欧洲批判学派的理论。在引进的基础上,增强自我创新能力,最终构建起符合我国国情的传播学理论框架体系。

(三) 密切关注传播实践动态,实现与传播实践的良性互动

中国的传播业正处于重大变革时期,为传播理论研究提供了丰富的素材

和经验,等待传播研究者去分析、去归纳;迅速发展的传播业也急需传播理论的支持。传播学研究必须主动介入日新月异的传播实践,丰富自身的理论研究,拓宽自己的研究领域。当今世界,传播科技迅猛发展,新兴媒介不断涌现,对人类社会的信息传播方式产生了革命性的影响:记录方式从模拟走向数字,传输方式从区域走向全球,沟通方式从单向变为双向,接收方式从被动变为主动,等等。这一系列重大变化,对传播学的研究产生了深远影响,甚至带来传播学原有理论的重建,还可能导致全新理论的建构。在这样的背景下,我国的传播学理论框架的构建,必须充分关注传播实践动态,高度重视高新科技对信息传播的深刻影响。

(四) 建设有中国特色的传播学

经过 20 年的引进,从传播学给中国新闻界带来的巨大影响来看,可以说西方传播学的科学内涵对中国的传播实践具有某种程度的普适性,但不能因此就将西方传播学所有的理论奉为圭臬。毕竟,传播学研究对象主要是人类的信息传播规律,在不同的历史、文化背景之下的人的世界观、价值观及宗教信仰是不同的,这就决定了不同背景下人的传播行为的个性特征。因此,产生于西方的传播学虽然为我们的传播实践提供了丰富而有价值的理论资源,但中国迥异于西方的特殊国情,使中国的传播实践也与西方大相径庭,用现成的西方传播学理论显然无法解释中国传播实践的全部。正如特殊的国情决定了中国经过多年的摸索要走一条具有自身特色的社会主义道路一样,中国特殊的传播实践也决定了传播学的创新研究——建设有中国特色的传播学,既要保持与西方传播学的学术延续性,也要建立符合中国实际的传播理论体系。

(本文原载《面向 21 世纪的传播学研究》,北京广播学院出版社 2000 年版,作者:袁军、韩运荣)

中国的新闻学研究与教育

一、新闻学研究

在中国,新闻学属"舶来品"。19 世纪初,外国传教士在中国创办近代报刊的同时,也开始零星介绍有关报刊的一些基本观念。据现有资料,最早的一篇新闻学专文是 1834 年 1 月刊登在《东西洋考每月统记传》上的《新闻纸略论》,它简略地介绍了报刊的产生、西方报刊现状以及新闻自由等问题。

国人对报纸的论述始于 1861 年洪仁玕的《资政新篇》。洪仁玕在这个企图自上而下实行资本主义性质改革的基本政纲中提出了整套办报方案。此后,随着国人自办近代报刊的兴起和发展,有关报刊的论述日益增多。早期资产阶级改良派的一些代表人物在创办报刊宣传政治主张的同时,纷纷发表文章,较为系统地论述了报刊的地位、功能和作用,对外报垄断表示不满,呼吁允许国人自由办报。汇集这些论述的文章主要有:郑观应的《盛世危言·日报》、王韬的《论日报渐行于中土》《论各省会城宜设新报馆》、陈炽的《庸书·报馆》等。维新运动中,康有为、梁启超、谭嗣同等维新派代表人物提出了一系列关于报刊性质、功能和作用的看法,在早期资产阶级改良派办报主张的基础上,有许多新的发展。梁启超把报纸比作耳目喉舌,认为"无耳目,无喉舌,是曰废疾。……其有助耳目喉舌之用而起天下之废疾者,则报馆之谓也"。认为报纸的主要功能在于"去塞求通"。"国之强弱,则于其通塞而已。……上下不通,故无宣德达情之效,而舞文之吏因缘为奸;内外不通,故无知己知彼之能,而守旧之儒反鼓其舌。中国受侮数十年,坐此焉耳","去塞求通,厥道非一,而报馆其导端也"。① 辛亥革命时期,资产阶级革命派也就报刊的性质、功能和任务提出了一系列看法,其理论深度和影响均大大超过改良派和维新派的认识。孙中山认为,报刊是"舆论之母"。秋瑾也说:"具左右舆论之势力,担监督国民之责任者,非报纸而何?"②"一纸之出,可以收全国之观听;一议之发,可以挽全国之倾势。"③孙中山曾对党与机关报之关系发表过很有见地的见解,认为同盟会是"体",其报纸是"用","有体有用,我们党的宗旨和作用才发挥出来,两件事就是一件事"。④ 革命派报人还对言论自由、报刊"开民智"的作用、记者的学识与素养等提出了一些观点和主张。

20 世纪初,中国出现了第一批攻读新闻学的留学生,西方新闻学的一些观点诸如"报纸兴趣性""有闻必录"等开始在中国报界广为流传,国外一些新闻学著作被陆续翻译出版。1903 年,商务印书馆翻译出版了日本松本君平的《新闻学》,这是第一本译成中文的外国新闻学著作。随后,美国休曼的《实用新闻学》也被编译出版。中国新闻学研究开始突破仅对报刊性质、功能和作用进行论述的局限,西方客观报道理论、导语、新闻要素、消息结构("倒金字塔")等基本知识也被陆续介绍过来。

1918 年 10 月,北京大学新闻学研究会成立。这是中国第一个新闻学研究团体。这个研究会是由北大一些学生酝酿,《京报》社长邵飘萍积极倡议,由北大校长蔡元培出面发起组织的。蔡元培担任会长。该会"以研究新闻原理,增长新闻经验,以谋新闻事业之发展"为宗旨,由徐宝璜、邵飘萍担任导师,成员大约 50 多人,以北大文、史、哲、法等系学生居多,研究期满发给证书。1919 年 4 月 20 日,在徐宝璜的主持下,研究会还正式出版了中国第一个新闻学专业刊物《新闻周刊》。研究会近两年的活动,对中国新闻学研究起了积极的推动作用。

20 年代后,新闻学研究有了进一步发展。北京、上海等地的大学纷纷开

① 梁启超:《论报馆有益于国事》。
② 《中国女报发刊词》。
③ 《国民日报发刊词》。
④ 转引自方汉奇主编:《中国新闻事业通史》第一卷,中国人民大学出版社 1992 年版,第983 页。

办新闻系、报学系,出现了一些新的新闻学术团体。1927年,黄天鹏等人创办了北京新闻学会,1931年中国新闻学会成立,1932年中国左翼新闻记者联盟成立,1938年中国青年新闻记者学会成立,以这些学会为核心,创办了一批新闻学术刊物。新闻学的研究范围进一步扩大,涉及报纸经营、管理、广告、新闻摄影、新闻教育、广播事业、印刷等各个方面。国人自撰的新闻学著作相继出版,如徐宝璜的《新闻学》、邵飘萍的《实际应用新闻学》、黄天鹏的《新闻学概要》、刘觉民的《报业管理概论》、戈公振的《中国报学史》等。据不完全统计,从20年代到40年代,中国出版的新闻学书刊有200种左右。其中,徐宝璜的《新闻学》是中国第一部新闻学著作,邵飘萍的《实际应用新闻》是中国第一部新闻采访学专著,戈公振的《中国报学史》是中国第一部新闻史专国人自撰的新闻学著作,基本理论和观点多来自西方新闻学,但是,根据本国情况和撰写者自己的经验作了新的解释和阐发。新闻自由、新闻价值、客观报道等,成为当时研究的热门课题。

中国共产党成立之后,随着马克思主义在中国的传播,用马克思主义的观点指导新闻学研究的工作开始了。《中国共产党的第一个决议》就对出版党的报刊作了原则的规定,如报刊"须由中央执行委员会或临时中央执行委员会经办","由党员直接经办和编辑","不能刊载违背党的方针、政策和决定的文章"等。中国共产党第一个中央机关报《向导》、第一个日报《热血日报》等报刊就是遵循这些原则开办的。1931年,中国左翼新闻工作者在上海成立中国新闻学研究会,宣称要致力于以社会主义为根据的、科学的新闻理论之阐扬,并创办了新闻学术刊物《集纳批判》。中国共产党的领导人张闻天、瞿秋白、李富春、博古等也曾就新闻学发表过专论,论述了党报的任务和作用。在周恩来领导下,1938年由范长江等人在武汉成立了中国青年新闻记者学会,以"研究新闻学术,进行自我教育,促进中国新闻事业之发展,求取新闻事业及其从业员之合理保障,以致力中华民族之解放与建设"为宗旨,创办了《新闻记者》月刊,各地分会也出版了许多新闻工作刊物,发表了不少介绍新闻工作经验的文章。这个学会和各地分会还举办了新闻学校和训练班,开办新闻学讲座等,为新闻学的研究作出了贡献。

延安整风运动中,以中国共产党中央机关报《解放日报》改版为中心,新闻学研究与整风、改版相结合,提出了一系列无产阶级新闻工作的思想和原则,其中最重要的是"全党办报"思想的确立。当时,《解放日报》连续发表了一系列社论和文章,如《把我们的报纸办得更好些》《致读者》《党与党报》《报纸与新的文风》《报纸是人民的教科书》《新闻必须完全真实》《我们对于新闻学的基本观点》《政治与技术》《本报创刊一千期》《党报记者要注意些什么问题》等。这些社论和文章对报纸的性质和作用,新闻工作的党性原则作了比较系统的论述;文章还批判了"无冕之王""有闻必录""技术第一、新闻第二"等观点,阐明了新闻本源是事实,事实第一性,新闻第二性的新闻观。1948年4月2日,毛泽东发表了《对晋绥日报编辑人员的谈话》,10月2日,刘少奇发表了《对华北记者团的谈话》。毛泽东和刘少奇的谈话论述了新闻工作的任务、作用以及新闻工作者的思想和业务修养等问题。

中华人民共和国成立后,中国大陆的新闻事业进入了一个新的历史时期,新闻学研究也有了新的进展。50年代,广泛开展了学习苏联新闻工作理论与经验的工作,翻译了一批苏联新闻学著作,大学新闻系广泛采用苏联教材,中央新闻单位相继派代表团到苏联访问学习。这对丰富新闻学研究起了一定的促进作用,但也出现了盲目模仿、照抄照搬的倾向。

1956年,人民日报社、新华社、中央广播事业局开展了大规模的新闻改革。《人民日报》率先进行改版,取得可喜成果;新华社以建设世界性通讯社为目标,进行了多方面的改革;广播系统也进行了重要的改革。新闻改革的同时,新闻学的研究也达到了高潮,研究探讨新闻理论和新闻业务的空气十分浓厚。新闻界对报纸的性质和作用任务、读者观念、指导性与趣味性、中国报纸的传统等问题展开了热烈的讨论,提出了不少见解,发表了许多文章,出版了一批新闻学刊物。

1957年的反右斗争扩大化,严重干扰了新闻学的研究工作。"文化大革命"期间,大陆新闻事业受到严重摧残,新闻学研究进入了低谷。报纸、广播、电视被视为"无产阶级全面专政的工具",产生了十分恶劣的影响。

改革开放后,大陆的新闻学研究进入了一个前所未有的发展时期。为了开展新闻学研究工作,从中央到各省、自治区、直辖市,普遍成立了新闻学术团体和新闻机构。它们主要是由新闻单位、科研部门和新闻教育机构创办的。

1978 年 8 月,在中央各新闻单位的鼎力支持下,中国社会科学院建立了新闻研究所(1997 年改名为"新闻与传播研究所")。1984 年年底,中国新闻学会联合会成立,这是中华人民共和国成立后第一个全国性的新闻学术团体的联合组织,全国各新闻学会、研究会均以团体会员资格入会。该会的宗旨是:"在马克思主义、毛泽东思想的指导下,组织和推动新闻学术研究,对新闻理论、新闻实务、新闻事业史以及干部培训等方面的问题进行探讨,组织国内外新闻学术交流,以促进社会主义新闻事业的发展与繁荣。"几年之内,在中国社会科学院新闻研究所和新闻学会的积极组织和带动下,在北京和其他一些省、市、自治区先后召开了几十次新闻学术讨论会或座谈会,对新闻学的一系列重大基本问题,如新闻事业的性质与职能、新闻工作的党性原则与人民性、新闻的真实性、新闻的指导性、新闻价值、新闻立法、新闻道德、读者(听众、观众)调查、报纸的经营管理、新闻与宣传的关系、新闻学与其他学科的关系,如何对待西方新闻学等,展开了广泛的讨论。新闻学研究的活跃,带来了新闻学著作出版的空前繁荣。一大批新闻学专著和研究论文纷纷问世,涉及新闻理论、新闻事业史、新闻业务等各个方面。一些高等新闻教育单位编写出版了大量新闻学教材;一些老一辈新闻工作者,在总结多年实践经验的基础上写出一批新闻学专著;新闻学研究人员承担和完成了一大批科研项目。新闻专业刊物也纷纷复刊或创办。其中比较有影响的有:人民日报社编辑出版的《新闻战线》、新华社编辑出版的《中国记者》、中国社会科学院新闻研究所的《中国新闻年鉴》《新闻研究资料》、北京广播学院编辑出版的《中国广播电视年鉴》《现代传播》、中国人民大学的《新闻学论集》和《国际新闻界》、复旦大学新闻学院的《新闻大学》、解放军报社主办的《新闻与成才》以及北京市新闻学会、北京市新闻工作者协会主办的《新闻与写作》等。

随着改革开放的逐渐深入,大陆新闻界与西方的交流日益增多,相互了解日益加深。1981 年 11 月,中国与澳大利亚新闻界人士在北京共同举办了新闻学讨论会,这是中国大陆和西方国家的同行第一次在一起探讨新闻学问题。与此同时,美国著名的新闻学府,如密苏里大学新闻学院、斯坦福大学传播系、明尼苏达大学新闻学院、密执安大学新闻系、夏威夷大学新闻系和美国夏威夷东西方中心研究所的学者,都来访交流。在此背景下,中国大陆的新闻学研究逐步实现了一个重要的转变,即从对西方新闻学观点的完全排斥转向分析、批判、借鉴。尤其值得一提的是,在西方广为流行的传播学,经过 20 年的交流、消化和吸收,已经被大陆新闻学界所接受和认同,并对大陆新闻学研究和教育产生了重大影响。

近十几年来,随着现代科学技术的发展,学科之间的相互渗透和交叉明显加强。新闻学研究顺应学科发展整体趋势,广泛开展了与社会学、经济学、心理学、法学、伦理学、管理学等相关学科的综合研究,产生了许多边缘学科,如新闻心理学、新闻法学、社会新闻学、经济新闻学、新闻伦理学等,一大批成果纷纷问世,扩大了新闻学研究的视野,开拓了新的研究领域。

进入 90 年代,随着传播科技的迅猛发展,市场经济体制的逐步确立,新闻学研究领域进一步拓展。对信息高速公路、网络传播、高新技术对新闻传播的影响等问题的讨论正方兴未艾;市场经济与新闻媒介的关系、新闻的商品性、有偿新闻与职业道德、新闻侵权与新闻诉讼、媒介集团与产业化、跨国传播与民族文化等,都成为了新闻学界关注和探讨的热门话题。

二、新闻教育

中国最早的新闻教育,是 1918 年北京大学新闻学研究会开设的"新闻学讲座"。该研究会聘请徐宝璜、邵飘萍为导师。徐宝璜每逢一、三、五晚上为研究会会员讲课,内容从新闻的定义到报纸的性质、任务,兼及编辑、采访、评论、发行、广告等各个方面,其讲稿 1919 年 12 月由北京大学出版部以《新闻学》书名出版发行。邵飘萍主讲新闻采访,其讲稿经整理于 1923 年出版。研究会成员约有 50 多人。

1920 年 9 月,上海圣约翰大学设立报学系(后称"新闻系"),聘请《密勒氏评论报》主笔毕德生担任主讲并主持系务,课程设置仿照美国,设有新闻、编校、社论、广告、新闻学原理与历史等课程,用英语授课,办有学生实习报纸《约大周刊》(英文)。这是我国大学中正式设立的第一个新闻学系。1952年,该系合并到上海复旦大学新闻系。

1923年,北京平民大学设立报学系,徐宝璜担任系主任,邵飘萍、吴天生任教授。该系学制4年,课程设置齐全,还组织了新闻学研究会,并出版发行《北京平民大学新闻学系级刊》。

1924年,北京民国大学、国际大学、燕京大学相继成立报学系。其中燕京大学报学系(后称"新闻系")是我国北方新闻教育的重要基地,白瑞华为系主任,蓝序等为教授。曾创办燕京通讯社和《新闻学研究》《报学》等杂志。

1925年,上海南方大学设立报学系,由《申报》协理汪英宾兼任系主任。1926年因学潮停办,部分师生转入上海国民大学增设报学系。戈公振任系主任并主讲《中国报学史》和《新闻学》,《商报》总编辑陈布雷主讲社论写作,《商报》编辑潘公展主讲编辑法,《时事新报》总编辑潘公弼讲授报业管理。

1926年,上海复旦大学设新闻科,1929年正式成立新闻系,谢六逸为系主任。此外,上海光华大学、大夏大学、沪江大学都曾设立报学系。

1928年秋,广州成立中国新闻学院,谢英伯创办,后改名为中国新闻学校。这是中国最早的一所专业新闻院校。1928年12月,顾执中创办了上海民治新闻学院,后改名为民治新闻专科学校,直到1953年才停止招生。这是旧中国开办时间最长的专业新闻院校。同一时期比较著名的还有报业活动家成舍我创办的北平新闻专科学校。

从1920年到1929年,我国共有12所大学设有新闻系(报学系)或新闻科,并创办了两所专业新闻院校。这些新闻系、科、校等开设的课程一般包括:新闻学概论、报馆管理、评论写作、编辑与采访、发行学、广告学、出版法、报纸印刷术、时事问题研究、外国新闻事业、本国新闻事业等。学制一般为4年,前两年在校学习,后两年实习。

1935年,中国国民党主办的中央政治大学开设了新闻系,并于1943年扩大为新闻学院。

中国共产党十分重视新闻干部队伍建设,在战争年代主要通过新闻工作实践培养新闻干部,但也注重发展新闻教育事业。1939年,延安女子大学设置过新闻系。延安大学文学系设有新闻学课程,华中建设大学文教系办有新闻训练班。40年代,中国共产党开办的新闻校系主要有:华中新闻专科学校(后改为苏南新闻专科学校)、华中联合大学新闻系、华东新闻干部学校、中原大学新闻系等。1948年9月和1949年6月,新华通讯社总社先后在西柏坡和北平香山开办新闻训练班。1940年7月,上海成立华东新闻学院,北京创办了北京新闻学校,一些省也开办了类似学校。

中华人民共和国成立之初,大陆开设新闻系和专科的学校有:复旦大学新闻系、圣约翰大学新闻系、民治新闻专科学校、中国新闻专科学校、燕京大学新闻系、社会教育学院新闻系、国民大学新闻研究班等。不久,新闻教育事业进行了调整和改革,合并或撤销了一些新闻院系,新成立了一些新闻教育单位。1953年,院系调整后的北京大学设置新闻专业。1954年,中央高级党校开办新闻班,培训在职新闻干部。1955年,中国人民大学增设新闻系,1958年北京大学新闻专业合并到人民大学新闻系。1958年以后,江西大学、杭州大学、暨南大学、南京大学、西安政法学院等都先后创办新闻系或新闻专业。1959年,北京广播学院成立(前身是1954年开办的中央广播事业局广播技术人员训练班和1958年成立的北京广播专科学校),这是中国大陆第一所培养广播电视专门人才的高等院校。此后,各新闻单位还开办了不少培训在职新闻干部的学校或训练班。

"文化大革命"期间,大陆的新闻教育事业遭受严重摧残。

改革开放后,中国大陆新闻教育获得了空前的大发展。一大批新闻教育单位纷纷创办。四川大学、广西大学、郑州大学、河北大学、山西大学、兰州大学、北京国际关系学院等,都相继开办了新闻系或新闻专业,厦门大学设立新闻传播系。中国人民大学新闻系恢复,复旦大学新闻系、北京广播学院进一步发展。

1978年,中国社会科学院研究生院新闻系建立,开始招收新闻学研究生,人民大学、复旦大学、北京广播学院的新闻系也开始招收新闻学研究生。1984年,中国人民大学和复旦大学的新闻系新闻学专业获得博士学位授予权。从1985年开始招收新闻学博士研究生,大陆的新闻教育提高到一个新的层次。

1983年5月,中共中央宣传部和国家教育部联合召开第一次全国新闻教育工作座谈会,提出了《关于加强新闻教育工作的意见》,指出:"30多年来,我国的新闻教育工作有所发展,但是远远满足不了新闻工作发展的需要,我国高等院校新闻在校生应有一个大的增长。"这次会议的召开,极大地促进了新闻教育事业的发展。到 1987 年,大陆已有 47 所高等院校建立了新闻系或新闻专业,在校生达 11085 人。此外,1986 年,全国高等教育新闻专业自学考试委员会建立,积极开展新闻专业的自学考试工作,考试合格者可取得学历证书。1985 年,中央广播电视大学招收新闻专业学员近 2 万人。培训在职新闻干部的工作开始大规模展开。许多高等院校新闻系开展函授、夜大教育,经常性地举办各种培训班、业务讲座,培训新闻在职人员。不少新闻单位也举办业余新闻学校和短训班。

各高等院校纷纷拓宽新闻教育的专业设置,除新闻学专业外,还增设了广播电视、国际新闻、新闻摄影、广告、播音、编辑、新闻事业管理、节目主持人、公共关系、网络传播等多种专业或专业方向。

到 1996 年年底,经国家教委批准备案的设有新闻类本科专业的普通高校共 55 所,专业点 88 个。如果加上近几年各地未经国家教委备案的专业点,整个大陆约有 120 多个新闻专业教学点。

1997 年国务院学位委员会颁布的新的博士、硕士专业目录中,新闻学从二级学科升格为一级学科,名为"新闻传播学",下设新闻学、传播学两个二级学科。传播学的学科地位终于得以确认。1998 年,又新增了两个新闻学博士点,即北京广播学院和中国社会科学院研究生院新闻系;中国人民大学和复旦大学获得传播学博士学位授予权。目前,大陆共有新闻学专业和传播学专业硕士授予点 21 个、博士授予点 6 个、博士后流动站 1 个、国家级重点学科点 1 个。

总而言之,改革开放二十年来,大陆的新闻教育得到长足发展,已形成多层次、多渠道、多学科和专业门类齐全的新闻教育体系。然而,也存在一些不容忽视的问题。如过多、过滥,一些高等院校在条件不具备的情况下盲目上专业。此外,随着信息传播业的迅猛发展,新闻教育如何适应新形势的发展,进行课程内容和教学方法体系的改革等,已成为迫在眉睫的一大问题。

三、具有鲜明特色的广播电视教育

广播电视是当今最重要的新闻传播媒介,广播电视教育是新闻学教育的重要组成部分。

（一）发展历程

大陆的广播事业起始于 1923 年,电视事业开始于 1958 年,正规的广播电视教育从 50 年代开始起步。

为了适应广播事业迅速发展的需要,1954 年 3 月 3 日,当时的中央广播事业局决定自己培养广播技术干部,开办了属中等专业学校性质的广播技术人员训练班。到 1959 年先后举办了 6 期,为广播系统培养输送了一批中等专业人才。

1956 年 8 月召开的第四次全国广播工作会议决定,建立培养编辑、记者、播音员的专门学校,经过两年筹备,1958 年 9 月 2 日,在广播技术人员训练班基础上建立了中央广播事业局直属的第一所高等专科学校——北京广播专科学校。

1959 年 9 月 4 日,经教育部批准,北京广播专科学校扩建为北京广播学院,学院设新闻系、无线电系、外语系。为了办好初建的北京广播学院,广播事业局从中央人民广播电台、广播科学研究所、局无线处等单位抽调了一批经验丰富、业务能力强的老广播工作者充实教学力量,其他兄弟院校也向广播学院输送了一批毕业生,组成了一支较强的教师队伍,在很短的时间内制定了一套适合培养广播电视人才的教学大纲、教学计划,开设了具有广播电视特点的课程。为贯彻国务院关于外语教育七年规划的指示,适应外语广播和国家外事工作需要,广播学院增设了一批非通用外国语言专业。到 1965 年 9 月,全院设 27 个专业,其中外语系有 23 个专业,成为当时全国五大外语人才培养基地之一。同年 7 月,学院成立函授部,首次开办广播电视技术高等函授教育。1966 年开始的"文化大革命"打断了学院的发展进程,学院曾一度停办。1973 年经国务院批准学院恢复重办,1974 年 11 月恢复招生。1977 年恢复高考制度,1979 年首次招收硕士研究生,1999 年开始招收博士研究生。

1983 年 8 月,中央宣传部和国家教育部联合发出《关于加强新闻教育工作的意见》,旨在推动新闻教育的大规模快速发展,其中提出有条件的院校应逐步增设广播电视等专业。此后,复旦大学、中国人民大学、武汉大学、华中理工大学、厦门大学相继开办了广播电视新闻专业,还有几十所高校设置了广播电视工程专业,培养广播电视技术人才。

为了加速培养广播电视专业人才,原广播电视部于1985年1月在杭州市筹建了浙江广播电视专科学校,计划规模为在校生1200人,1986年开始招生。这是一所文科院校,主要为省以下的广播电视机构培养大专层次的专业人才。学校设新闻、播音等5个专业,学制2年。1992年在原有5个专业的基础上,增设广告、文秘两个专业,播音系和新闻系分别增设了节目主持人和广播电视文学两个专业方向。1995年将播音等5个专业的学制由2年改为3年,增设了电视节目制作专业,设立了5门公共选修课。

广播电视事业的发展,不仅需要大批高级专门人才,而且需要大批中等专门人才。大陆的广播电视中专教育兴起于50年代末期,湖南省广播事业局在1958年9月15日创办了第一所中专学校,即湖南省广播技术学校。1959年2月召开的第六次全国广播工作会议建议有条件的省、自治区广播事业局都办专业学校。在此前后,有13所广播中专学校诞生,规模都较小,"文化大革命"中全部停止招生。1978年以后,广播电视中专教育事业逐步恢复。1983年年底全国广播电视干部工作座谈会确定了"中央(部)、省(厅、局)两级办学校"的方针。此后,中专学校普遍改名为广播电视学校。原广播电视部于1984年年初在太原市筹建了华北广播电视学校,后又筹建了郑州广播电视学校,均为部属中专学校。

1990年8月15日,原广播电影电视部在太原市创办了广播电视部管理干部学院。该校为部直属院校,是以培养各级各类管理干部为主的成人高等学校,其主要任务是:逐步轮训广播电视系统县以上各级机构的领导干部;对地市级以上广播电影电视机构主要岗位的部分专业技术干部和管理干部进行相应的岗位培训;对受过高等教育和具有中级专业技术职务的科技干部进行继续教育,举办多种类型的政治理论、管理和业务技术短期培训班;对未达到岗位所要求的高等文化程度和专业知识的干部进行本专业大专层次的学历教育和专业证书教育。

(二) 现状

大陆广播电视教育经过40多年的发展,目前已有普通高校2所,成人高校 1 所,中专学校 20 所;此外,还有一些高等学校开办了广播电视专业。

北京广播学院:国家教育部直属高等院校,中国广播电视教育的最高学府。始建于 1954 年 3 月,现已发展成为以文、工两大学科门类为主,文、工、管、经、法、教多学科协调发展的综合性大学,以鲜明的特色和独具的优势屹立于全国高校之林。

学院现设新闻传播学院、电视学院、播音主持艺术学院、国际传播学院、网络传播学院、信息工程学院、录音艺术学院、继续教育学院、高等职业技术学院、素质教育院等 10 个二级学院,新闻系、广告系、公共传播系、电视系、文艺系、电视艺术技术系、播音系、应用语言学系、电子信息工程系、通信工程系、计算机科学与技术系、音频工程系、录音艺术系、外语系、国际传播一系、国际传播二系、网络新闻系、网络广告系、网络编辑系、网络艺术系、网络技术系、网络语言应用系、管理科学系、广播电视文学系等 24 个。全院开设 46 个本科专业,2 个博士研究生专业,11 个硕士研究生专业。共有学生 15000 余人,其中全日制在校生 5500 多人,分布在全国各地的在读函授生、夜大学生、网络大学生共 10000 余人;利用卫星电视设置"空中课堂",开展现代远程教育。

学院校园占地近 400 亩,校舍总面积 18 万余平方米。拥有一批在国内高校中独具特色的实验中心(室),如:电视节目制作实验中心、广告图文创意制作实验中心、广播节目制作和播出系统实验中心、广告影视制作实验室、声频测量实验室、多媒体实验室、语言学(播音)实验室、广播电视数字化工程中心、有线电视实验测试中心、电视直播室、广播直播室等,装备了一大批先进的仪器设备,为科学研究和教学实验提供了良好条件。拥有先进的校园计算机网、双向有线电视网等公共服务设施。图书馆现有藏书近百万册,音像带 20 余万盒,期刊 1600 多种,形成了以新闻、广播、电视为重点的藏书体系,实现了计算机自动化管理。

学院被誉为中国广播电视传播人才的摇篮。40 多年来,为全国广播电视系统及相关行业培养输送毕业生 3 万多人,培训在职人员 15 万多人次。他们遍布全国各地,形成了一支从领导干部到专业人员的骨干队伍,不少人已成为著名的记者、编辑、播音员、节目主持人、导演、编剧、制作人、翻译和高级工程技术专家。

学院的科学研究在全国广播电视学术领域居于领先地位。校内设有广播电视研究中心、新闻传播研究所、广播电视技术研究所、国际广告研究所、调查统计研究所、IMI 市场信息研究所等 20 多个研究机构,有 1 个国家级人文社科研究基地、3 个部级人文社会科学研究基地、2 个部级重点实验室、5 个部级重点学科以及由广播电影电视部和国家语言文字工作委员会共建的普通话水平测试实验室。创办有《北京广播学院学报》等学术刊物,承担《中国广播电视年鉴》的编纂工作,设有北京广播学院出版社和北京广播学院音像出版社。

学院在长期的办学过程中,逐步形成了自己鲜明的特色:一是充分体现始创性、独特性、综合性的学科特色。广播学院作为大陆第一所培养广播电视传播人才的高等学校,在没有同类院校经验可资借鉴的情况下,经过多年的艰苦探索,创建了符合中国国情的广播电视高等教育学科体系,设置了齐全的专业门类,体现了"人无我有,人有我优,人优我特"。二是与广播电视传媒鱼水相依的、多形式的办学特色。学院遵循"植根广播电视系统,依托传媒界,面向全社会开放办学"的思路,建立了董事会和教育协作理事会,注重产学研结合,与数十家广播电视机构和相关企事业单位实行了多种形式的联合办学。三是根据广播电视的职业特点和要求,重视培养学生的综合素质和职业道德,坚持理论与实践相结合、传播知识与培养能力相结合的育人特色。学院的校训是:"立德、敬业、博学、竞先"。

学院积极开展对外文化和学术交流活动,已同美国、日本、韩国、德国、法国、加拿大、澳大利亚、新加坡、俄罗斯等 30 多个国家的高等院校和广播电视机构建立了友好合作关系。经常性地举办各种类型的国际学术研讨会,与国外同行的学术交流不断深入,是国际高校影视联合会正式会员,学院的国际知名度日益提高。学院大力发展多种形式的留学生教育,目前已有来自 10 多个国家和地区的 200 多名留学生。

北京广播学院的发展目标是:到 2010 年或更长一段时间,把北京广播学院建设成为高水平、高质量、现代化的国内外著名的传播大学,成为中国传媒界的人才培养与人才信息交流中心、科学研究与科技开发中心、节目制作与节目交流中心、文献信息资源集散中心。

浙江广播电视高等专科学校:设有新闻、播音、文艺、摄像、事业管理、广告、文秘等7个专业,学制3年。该校本着"立足大专、面向地市、重点实用、联合办学"的方针,主要为华东地区及有关省市广播电视系统培养专科层次的文科人才。学校强调以教学为中心,努力把学校办成具有广播电视特色的大专学校。

广播电影电视总局管理干部学校:根据广播影视事业发展的需要,1992年开始举办大专层次的成人学历教育,第一次招收录音艺术和电视摄像两个专业。1994年增加了电视节目制作、动画、广播电视技术和计算机4个新专业。1997年经国家教委批准,电视摄像、电视节目制作、录音艺术、影视动画、电视美术(广告方向)、计算机应用等6个专业招收高职班。

中专学校:20所广播电视学校,分布在19个省、自治区,分别为:内蒙古广播电视学校、华北广播电视学校、山西广播电视学校、辽宁广播电视学校、吉林广播电视学校、江苏广播电视学校、安徽广播电视学校、山西广播电视学校、浙江广播电视学校、江西广播电视学校、湖南省广播电视学校、湖北省广播电视学校、郑州广播电视学校、广东省广播电视学校、广西广播电视学校、贵州省广播电视学校、四川省广播电视学校、云南省广播电视学校、甘肃广播电视学校、新疆广播电视学校。在校生千人以上或接近千人的有安徽、浙江、湖南、湖北和郑州广播电视学校。目前,全国广播电视中专学校在校生1.1万余人,教职工总数1200余人,其中专任教师600余人,高级讲师约140人。开设的主要专业有广播电视技术、有线电视技术、电视节目制作、播音。

(三)特点

在长期的建设和发展过程中,大陆广播电视教育已逐步形成自己鲜明的特点:

一是形成了以广播电视行业办学为主,其他教育机构办学为辅的广播电视教育格局。虽然许多综合性大学开办了广播电视有关专业,但构成广播电视教育主体的是培养广播电视专门人才的专业性、行业性院校,这是大陆广播电视教育有别于其他国家和地区的最大特色。

二是办学层次齐全。本科、专科、高等职业技术教育、中专、大专续本科、第二学士学位、硕士、博士等层次一应俱全。

三是专业门类齐全。覆盖广播电视的各个专业领域,满足广播电视行业对各种专业人才的需求。

四是办学形式多样。既有全日制普通高等教育和中等专业教育。也有函授、夜大、网络大学等远程继续教育和各种短期培训进修,还设置"空中课堂",利用卫星电视对广播电视系统从业人员进行岗位培训。

五是融教学、科研、节目制作、技术开发于一体。广播电视教育机构既是广播电视人才培养基地,又是科学研究与科技开发中心,解决广播电视发展过程中遇到的重要理论和实际问题,有的院校还成为了重要的广播电视节目策划和制作基地,成为集多种职能于一体的办学实体。

随着高新科技的发展,新兴媒介不断涌现,传播媒介的汇流与整合态势逐渐形成,媒介之间的界限日益模糊。这一形势,对以行业办学为主的大陆广播电视教育提出了挑战。如何在保持"广播电视特色"的同时,开阔视野,拓宽教育外延和领域,树立"大传播"观念,把人才培养与科学研究的触角延伸到整个信息传播领域,是大陆广播电视教育面临的紧迫课题。

(本文原载《21世纪广播电视发展趋势研究》,袁军、蔡念中主编,华夏出版社 2000 年版)

让世界了解中国,让中国走向世界

——中国的对外书刊宣传

在对外宣传媒体中,书籍和刊物以其针对性强、图文并茂、包容量大、易于保存、阅读方便等特点,发挥着其他媒体无法替代的重要作用。

一

中国共产党十分重视对外宣传工作。早在艰苦卓绝的抗日战争时期,我党就曾创办外文刊物。1941年3月,由张闻天主持,邀集马海德等外籍人士,在延安编印了用英、俄、法等三种文字刻写的油印刊物《中国通讯》,对外报道中国人民的抗日战争,争取各国人民的同情和支持,宣传中国共产党的抗日主张,在外国记者和中外人士中散发。国共重庆谈判期间,中国共产党在上海创办了英文《新华周刊》,对外介绍国共谈判真相。后又在香港创办《中国文摘》双周刊,刊登中国共产党的重要文件,报道解放区的情况和国统区的民主运动。

中华人民共和国成立后,对外书刊宣传进入了一个崭新的历史阶段。党和政府对对外宣传工作极为重视,毛泽东、周恩来、邓小平、江泽民等都曾在各个历史阶段对外宣工作作过重要指示。毛泽东同志关于外宣工作的批示就有数十次之多。周恩来同志更是亲自指导和帮助创办了《人民中国》《北京周报》《中国建设》等一系列对外宣传刊物,并经常对外宣工作给予具体指导。

1949年10月1日,中央人民政府为了创建系统、多方面的对外宣传和新闻出版事业,专门成立了主管对外宣传、新闻报道和出版工作的国际新闻局(后更名为中国外文出版发行事业局,简称"外文局")。

新中国成立之初,以美国为首的一些西方国家在对新中国进行军事、经济和文化封锁的同时,开动庞大的宣传机器,对人民共和国极尽造谣诬蔑之能事。面对这一形势,我们迫切需要建立自己的"喉舌",加强对外宣传,向世界介绍新中国的真实情况,以打破帝国主义的封锁,争取各国人民对中国的了解和支持。在这种背景下,我国先后创办了《人民中国》英文版、《人民中国报道》世界语月刊、《人民画报》外文版、《中国建设》英文版、《北京周报》和《中国文学》英文季刊等对外宣传刊物。这些刊物以丰富多彩的形式,翔实的内容报道了新生的人民共和国的政治、经济、文化等各方面的基本情况,促进了世界各国人民对新中国的了解。

1966年"文化大革命"开始后,在周恩来同志的直接关怀下,上述6种外文期刊仍坚持出版,外文局的外文图书出版和书刊对外发行工作得以维持。但是,在极"左"路线的干扰下,对外书刊一味强调世界革命、输出革命,号召世界人民起来打倒帝国主义,严重影响了宣传效果。

十一届三中全会后,我国进入了改革开放和社会主义现代化建设的新时期,政治、经济、文化和社会生活等各个方面发生了重大变化。针对这一新形势,中央适时提出了我国对外宣传的方针、政策和策略,进一步明确了对外宣传工作的任务。伴随着改革开放的步伐,我国的对外书刊宣传工作因此步入了一个新的历史阶段,得到了长足发展。

改革开放前,特别是"文化大革命"期间,由于受极"左"路线的影响,对外书刊在宣传内容、方式和文风等方面存在一系列问题。例如,不看对象,主观办刊、出书;一味强调政治挂帅,不注意外宣和内宣的区别;不善于用事实说话,宣传味太浓;等等。为强化宣传效果,各期刊、出版社吸取教训,进行了多方面改革。

第一,明确对外宣传的对象就是外国人,力争向尽可能多的外国人作宣传,从过去划分左、中、右,强调以左派或中间派为主要宣传对象的窠臼中解脱出来。

《人民画报》将过去"对外为主,兼顾国内"的方针改为完全对外,面向全世界。《中国建设》（现《今日中国》）、《人民中国》曾规定读者对象"以中间群众为主，要照顾中间偏右，甚至落后群众"，改革后分别定位为"面向世界各国人民"和"面向日本各界人士"。外文图书出版也本着"面向一切外国人"，"照顾不同国家、不同阶层、不同党派、不同职业乃至不同年龄人们的不同兴趣和要求"的原则，把出书重点从政治理论书籍转到全面介绍中国基本情况的书籍上来，分别从政治、历史、地理、文化教育、体育卫生、外交政策、法律条例、少数民族、人民生活、风土人情、名胜古迹等不同角度，生动、真实、全面地反映中国的光明与进步，并着重介绍中国改革开放以来所取得的巨大成就。

第二，明确了对外宣传的根本任务是"让世界了解中国，让中国走向世界"，改变了过去空喊"促进世界革命""提高左派、争取中间、分化上层"等不切实际的宣传目标，力求逐步改变国外读者长期把中国外文书刊当作鼓动革命的政治宣传品的印象。

《中国建设》作为以中国福利会名义出版的刊物，强调要保持政治色彩不强烈的风格。《人民中国》重申要"从增进日本人民对我国的了解和友谊入手"。《人民画报》除重大活动外，一般不搞政治时事性、礼宾性报道，撤销了固定的时事专栏。

第三，明确对外宣传的方针是"真实地（既不夸大也不缩小）、丰富多彩地（经济、政治、文化、人民生活、科学技术、文艺的以及中央和地方的）、生动活泼地介绍我国情况，主要是宣传报道新中国"。

《人民画报》扩大选题范围，新增知识性介绍我国基本情况、生活的栏目，并加强了图片报道的真实感和说服力。《中国建设》遵照周恩来总理规定的编辑方针，以社会主义建设为范围，以生活为内容，面向全世界各国人民，加强了宣传报道的计划性和系统性。《中国文学》扩大选题范围，增加对文学作品之外的其他艺术作品的介绍和评论。世界语刊物《中国报道》增加国内外世界语活动的报道。外文图书出版增加花色品种，满足读者的多种需求。

第四，强调对外宣传的内容和方法必须内外有别，反对强加于人；必须实事求是，反对虚夸空谈；必须"有的放矢"，反对"对牛弹琴"；必须讲究宣传效果，反对八股文风，反对盲目发行。

为解决好"给谁看、写什么、怎么写"的问题，突出特色和针对性，对外期刊十分注重宣传艺术,抓住国外读者普遍关心和感兴趣的问题,巧妙地融入宣传党和国家政策主张、宣传改革开放成果的意图,增加文章的感染力和说服力,稳定和扩大读者群。尤其抓住一些热点问题和重大事件,如纪念抗日战争胜利50周年、香港回归、北约轰炸我驻南使馆以及人权、宗教、台湾、西藏等问题展开集中报道,收到了良好效果。

为加强地区针对性,赢得更多读者,《北京周报》1987年增出北美版,1988年增出《中国与非洲》法文月刊;《今日中国》1983年创办了英文北美版,在美国洛杉矶印刷,阿文版也于1984年改在埃及开罗印刷;《人民画报》海外中文版(繁体字)改在香港印刷。

为适应国际市场需要,加强宣传效果,对外期刊在装帧、设计、印刷等方面广泛采用先进技术,提高外观效果;对外图书出版积极开展国际合作出版和版权贸易,利用外国出版发行渠道有效地扩大了发行范围,使我国图书顺利进入日、美、欧发行主渠道。

全方位的改革,使我国对外书刊步入了良性循环轨道,呈现出前所未有的勃勃生机。

二

目前,我国形成了以中国外文出版发行事业局(简称"中国外文局")所属期刊社和出版社为主体,其他书刊发行机构为补充的对外书刊宣传网络体系。

中国外文局集出版、印刷、发行于一体,是我国专门从事书刊对外宣传任务的新闻出版机构。其前身是成立于1949年10月1日的中央人民政府新闻总署国际新闻局。50年代后陆续创办了一批对外宣传的外文刊物,并以外文出版社名义出版国家领导人的著作和介绍中国情况的图书。1952年国际新闻局改组为外文出版社,行政上受新闻出版总署领导,业务上由中宣部领导。1963年经中央批准,外文出版社改为外文出版发行事业局,直属国务院。以后隶属关系数次变更。目前,中国外文局是中共中央所属事业单位,是承担党和国家对外宣传任务的新闻出版机构,由中共中央对外宣传办公室代管。

经过半个世纪的发展，中国外文局成为国内最大的对外出版发行机构。目前拥有 7 种对外期刊，以 32 种外文版，向海外读者报道中国的政治、经济、文化、教育、外交、科技和社会生活等各方面的新进展、新情况；拥有 11 家出版社，每年用近 20 种语言，出版 1000 多种不同题材的图书，包括政治、经济、文化、中医中药、文学艺术、儿童读物、汉语教材、学术著作等各个门类。上述期刊和图书由外文局所属的中国国际图书贸易总公司向 182 个国家和地区发行，50 年来，已累计发行中外文书刊 10 亿多册（份），其中外文图书 2 亿多册。这些书刊的出版发行，在西方主流社会和广大第三世界发展中国家产生了广泛影响，为树立社会主义中国的良好国际形象，为配合国家经济建设和外交斗争，为加深中外了解，增进合作和友谊，起到了十分重要的作用。

中国外文局的对外期刊有：

《北京周报》1958 年周恩来总理倡议创办，先出英文版，后相继出法、日、德、西班牙文版，是我国唯一用多种外文出版的中央级时事政策性新闻周刊，在北京出版，发行到 150 多个国家和地区，1987 年出版北美版，在美国印刷发行。其主要读者对象为各国政界、知识界、经济界、舆论界关注和研究中国问题的人士。着重报道中国的政治、经济、文化、外交、科技、社会等方面的新情况，提供具体的背景材料和统计数据，阐述中国重大的内外政策和观点，被海外读者视为有关中国方面报道和论述的最具权威性的信息源。主要栏目有《编者札记》《大事与动向》《商贸动态》《文化·科学·体育》《社会与人物》《报刊文摘》《旅游》《港澳台》《读者之窗》等。

《今日中国》原名《中国建设》，系 1952 年 1 月由宋庆龄创办的英文刊物，后陆续增出法文、西班牙文、阿拉伯文、葡萄牙文及中文版，成为综合性、多语种的对外宣传月刊。1990 年各外文版易名为《今日中国》。发行 150 多个国家和地区，读者十分广泛，有青年学生、自由职业者、教师、职员、医务人员、家庭妇女、退休人员、旅游爱好者、商贸人士等。该刊强调"真实的报道传统"，以向世界各国读者介绍中国社会主义建设成就，人民生活的变化及有关中国的背景知识，增进各国人民对中国的了解和友谊为宗旨。各种文版除采用通稿外，还有满足不同国家和地区读者需要的专稿。

《人民中国》我国最早专门对日本出版发行的日文综合性月刊，1953 年在北京创刊。以促进中日友好、增进日本人民对中国的了解为办刊宗旨。采用日本读者喜闻乐见的形式,图文并茂、生动具体地报道中国人民进行社会主义建设的成就,介绍中国的历史、地理、传统文化和风土人情。辟有《30分钟对谈》《中国简讯》《文化生活》等栏目,在日本拥有广泛的读者,是日本人民了解中国的重要窗口。

《人民画报》外文版和海外中文版称《中国》画报,1950年2月在北京创刊。以摄影图片报道为主,内容十分丰富,涉及中国的政治、经济、文化、人民生活、自然风光等各方面的基本情况,力求真实、客观、全面、图文并茂,具有感染力。用20多种文字出版,发行到世界五大洲160多个国家和地区,是我国对外发行量最大的期刊。

《中国报道》创刊于1950年,为综合性世界语月刊。通过世界语介绍中国各方面的情况,增进各国对中国的了解,促进中国人民和各国人民之间的友谊,并为世界和平,人类进步事业作出贡献。先后开办过60多个栏目,报道中国社会主义建设的基本情况,介绍中国的社会风貌、人民生活、传统文化、历史等,及时反映中国和国际的世界语活动,以促进世界语运动的发展。发行120多个国家和地区,被国际世界语界公认为世界上最好的世界语刊物之一。

《中国与非洲》(隶属北京周报社)创刊于1988年,是我国唯一的针对非洲地区的综合性月刊。该刊以报道中国各方面情况,反映中国与非洲的友好关系,为我国对非外交与经贸政策服务为宗旨,发行到非洲绝大部分国家和地区。

《中国文学》创刊于1951年,是刊登中国当代小说、古典名篇、诗歌、文艺评论以及文艺动态的对外期刊,英、法文版为季刊。

中国外文局的对外出版机构有:

外文出版社,创建于1952年,是我国以出版外文图书为主的最大的综合出版社。以英、法、德、俄、西、汉等10多种文字出版党和国家的重要文件,国家领导人的文集以及政治、经济、文学、艺术、法律、中医、体育、旅游、古今名著等图书。所出书籍具有权威性,在国外享有盛誉。

新世界出版社,原隶属外文出版社,1979年起独立建制。主要出版外国人撰写的有关中国情况的英文书籍,以及学术著作、工具书、参考书、传统文化、文学艺术等中外书籍及画册。

新星出版社，以多种文字出版介绍我国基本国策、基本情况以及人民生活的图书。同时出版非贸易对外宣传品和小册子，如《中国一瞥》《中国》《中国之窗》及《看中国》地方折页等。

人民文学出版社，出版以西方文字译介中国文学艺术作品的出版社。

华语教学出版社，外文出版社的子公司，出版华语教学图书、音像教材，供外国人学习中文。

海豚出版社，外文出版社的子公司，以出版精美、有趣和富于教育意义的儿童读物为特色。

中国世界语出版社，面向海外读者，用世界语、英语、中文出版图书。

今日中国出版社，用多种文字出版介绍当代中国政治、经济、文化、社会生活等方面的图书和画册。

中国画报出版社，用多种文字出版介绍中国风景名胜、艺术作品和人民生活的精美画册。

人民中国出版社，用日文、英文出版反映我国文化传统和人民生活方面的图书。

朝华出版社，用多种文字出版介绍我国文化艺术、文物古迹、风景名胜的画册，同时出版精美的儿童读物。

除上述外文局所属的期刊和出版社外，我国还有一批由相关行业部门出版发行的专业性对外宣传刊物，以及各省、市、自治区出版的外文画刊等，这些刊物覆盖面宽，涉及旅游、民俗、医药、国际贸易、市场营销、自然和社会科学等各个领域。如：《中国旅游导报》（英文周报）、《中国对外贸易》（英、法、西班牙文月刊）、《中国妇女》（英文月刊）、《中国银幕》（英文季刊）、《中国体育》（英文月刊）、《中国西藏》（英文季刊）、《桥》（英、俄文季刊）等。

上述对外宣传书刊，充分利用自身传播特点和优势，与对外广播、电视、报纸相互配合，真实、客观、全面地向世界各国人民报道了社会主义中国的建设成就、内外政策、社会生活、传统文化、风俗风情等各方面情况，加深了各国人民对中国的了解和理解，增进了相互间的友谊，为树立社会主义中国的良好国际形象，为社会主义现代化建设和改革开放创造良好的国际环境，做出了突出的成绩和贡献。

三

世纪之交,人类社会正处在一个深刻变革时期,对外书刊宣传也面临着挑战和机遇。这种挑战和机遇主要来自两个方面:

一是国际形势的发展。

冷战结束后,世界向多极化趋势发展,国际关系发生了深刻变化。世界各国尤其是各大国之间,都在迅速地调整关系。随着经济的全球化和金融的国际化,各国相互依赖关系进一步加强。和平与发展成为当今世界的主流。然而,世界并不太平,霸权主义、强权政治仍然猖獗,局部的武装冲突和区域性战争依然不断。人们越来越清楚地看到,国与国之间的竞争实质上是国力的竞争,实力的较量,一个国家要想在多极化的世界中占据主动地位,必须增强自身综合国力。

新中国成立以来,尤其是经过 20 年改革与发展,我国的综合国力大大增强,国际地位日益提高。面对错综复杂的国际形势,我们在坚持以经济建设为中心,增强自身实力的同时,必须充分认识到对外宣传工作的重要地位和作用,进一步完善与我国政治和经济地位相适应的对外宣传体系。因此,包括对外书刊宣传在内的对外宣传工作将得到空前加强,任务将日益繁重。

二是对外宣传媒体的竞争。

随着高科技的迅猛发展,以信息技术为先导的新一轮科学技术革命已经来临。一系列高新技术成果纷纷进入信息传播领域,引起人类信息传播方式的深刻变革。国际广播的影响越来越大,国际卫星电视已成为对外宣传极具魅力的媒体,横空出世的国际互联网络以其特有的优势在对外宣传领域中牢牢地占据了一席之地……对外宣传媒体百舸争流的时代已经来临。书籍和刊物作为最古老的大众传播媒体,正面临着来自众多新兴媒体的挑战。

在过去的几十年中,我国的对外书刊在对外宣传工作中发挥了特殊重要的作用。面对世纪之交国际形势对外宣工作提出的要求,以及对外宣工作媒体之间的激烈竞争，对外书刊必须适时调整定位，发掘和利用自身潜在优势，在激烈竞争中寻找生存空间，为新世纪我国对外宣传事业作出新的贡献。

（本文原载《国际传播——现代传播文集》，刘继南主编，北京广播学院出版社 2000 年版）

讲好中国故事，提升中国话语权

——对习近平总书记十九大报告中
有关新闻传播论述的思考

"坚持社会主义核心价值体系。""发展社会主义先进文化,不忘本来、吸收外来、面向未来,更好构筑中国精神、中国价值、中国力量,为人民提供精神指引。""更好构筑中国精神、中国价值、中国力量,为人民提供精神指引。""推进国际传播能力建设,讲好中国故事,展现真实、立体、全面的中国,提高国家文化软实力。"习近平同志十九大报告中关于文化与传播力建设的论述,掷地有声地为新时代中国特色社会主义新闻传播人才培养指明了方向。

党的十八大以来,以习近平同志为核心的党中央构建了中国特色的新型大国传播。五年来,从 APEC 会议到 G20 峰会,再到金砖国家会议,"人类命运共同体"的概念从无到有,到被广泛认可,中国从国际社会的融入者向引领者演进。从外源性的现实来看,当今世界格局在理想观念淡薄、国际组织影响力被削弱的大背景下充满了复杂性与不确定性;从内源性的机遇来看,中国共产党领导全国人民朝着两个"一百年"的目标奋勇前进,中华复兴正当时。中国正以前所未有的姿态步入世界中心舞台,积极参与全球治理体系改革和建设,世界问题的解决需要中国经验、中国智慧、中国方案。随着中国特色社会主义进入新时代,我们新闻传播人才的培养,更需要坚持党的领导,全面深化高等教育改革,以维护网络与信息安全、加强互联网内容建设、繁荣互联网文化、满足人民日益增长的美好生活需要,讲好中国故事,提升中国话语权为目标,培养有理想、有本领、有担当的青年一代新闻传播人才。

进入 21 世纪以来,随着媒介融合的加速,新闻传播学科的边界不断拓宽,这对新闻传播人才培养来说，既是机遇，也是挑战。培养既有马克思主义新闻观、又能适应新兴媒体需要的、具有中国特色新闻传播人才培养需要从以下两方面着力：

一、深化新闻传播人才培养改革

党的十九大，习近平总书记做出全新判断：进入中国特色社会主义新时代，我国社会主要矛盾已经转化为"人民日益增长的美好生活需要和不平衡不充分的发展之间的矛盾"。从"物质文化需要"到"美好生活需要"，从"落后的社会生产"到"不平衡不充分的发展"，党的十九大报告强调"坚持以人民为中心"，把人民的福祉放到第一位。作为人民精神食粮的主要内容提供者，新闻传播工作者需要"深入群众，不尚空谈"，切实走到群众中去，"去问开化的大地，去问解冻的河流"，深化新闻传播领域的供给侧改革，在充分了解需求和中国东西部地区、城乡差距的前提下，实现供给产品与内容的"适销对路"，在精神文化产品方面满足人民日益增长的美好生活需要。因此，新闻传播人才培养也需要创新人才培养模式，调整学科专业结构，以因应迅猛发展的传播实践的需求，培养能充分运用新兴信息通信技术进行融媒体内容传播的新型人才。

二、提升中国故事的感召力与传播力

中国文化的国际传播有着悠久历史。历史上，从丝绸之路到四大发明再到郑和下西洋，中国的文化传播分享了我们对世界的认知，加深了彼此的了解和互信。时至今日，中国文化融入世界，我们更有底蕴，更有自信，但在讲故事的方式和传播故事的介质方面仍有提升空间。最新发布的国家形象宣传片《中国进入新时代》，尝试从宏大叙事切换到微观叙事，从神圣叙事转移到常人叙事，在世界多极化、经济全球化、社会信息化、文化多样化时代国际传播中,依托中国软实力,以价值共享为愿景,讲好中国故事,推动全球构建人类命运共同体的意识。我们对新闻传播人才的培养,应坚持扎根中国与融通中外相结合,一方面要加强中国传统优秀文化的教育,引导教育学生树立正确的历史观、民族观、国家观和文化观,"打牢、增强做中国人的骨气和底气";另一方面则要加强中外人文交流,以实现在全球传播中以我为主,兼收并蓄,向世界真实、立体、全面地展现中国的大国风貌。

"不忘初心,方得始终。"社会主义先进文化的涵化与中国国际传播能力的提高并非一夕之功,广大新闻传播教育工作者要牢记习近平总书记的教诲,练习讲"好故事",讲好"好故事",充分利用媒介融合契机,尊重传播规律,才能实现中国文化大发展、大繁荣,中国软实力大提升、大传播。

(本文原载新华社《内参选编》2017 年第 47 期)

大众传播时代"媒介环境"的负面功能

一、"媒介环境"的生成

"媒介环境",也称"拟态环境""虚拟环境""信息环境",是处于人与现实环境之间的一个"中介物",它不是现实环境"镜子"式的再现,而是"在与自然环境相区别的社会环境中直接或间接地控制社会成员之行为方式的符号部分;并且,它主要是通过非人际关系向社会提示的环境"①。人类时刻处于信息传播的环境之中,信息传播是人类生存与发展的一种基本方式。信息传播与人类社会同时产生,是一种普遍的社会现象,没有信息传播活动的社会是难以想象的。

人类的信息传播,在不同的历史时期,随着传播媒介的发展,表现为不同的情形。人类的传播水平决定于传播媒介的发展,传播媒介的发展是人类传播能力发展变化的直接表现,传播媒介在相当程度上决定着人类传播的方式和结构,人类传播的发展历史实际上就是一部传播媒介的发展史。

在传统社会中,由于受社会生产力水平和落后的传播媒介的制约,人们的交往范围和规模十分有限,人直接面对客观世界,对客观世界的认知以通过面对面的人际传播获取的"第一手的直接信息"为基础,人与自然、与社会环境的互动关系简约而单一。

---

① [日]内川芳美:《信息与社会》,转引自郭庆光:《传播学教程》,中国人民大学出版社1999年版,第125页。

资本主义生产方式的出现,特别是 18 世纪后期到 19 世纪中期的工业革命,极大地促进了生产力水平的提高,世界面貌发生了奇迹般的变化。随着资本的输出,国际贸易的发展,整个世界变成了一个紧密联系的大市场,人类的视野迅速扩大,所处的环境日益广阔而且复杂,交往方式发生了前所未有的巨大变化。显然,这一广阔、复杂的客观环境,已远远超出人类自然感知的范围,单凭传统的人际传播方式已远不能达到与自然和社会环境的互动,人类呼唤着更为先进的传播媒介的出现。

大众传播媒介的发展,极大地拓展了人类的传播能力和传播范围。正如加拿大传播学者麦克卢汉所指出的,媒介是人体的延伸,面对面的交谈是五官的延伸;印刷品是眼睛的延伸;广播是耳朵的延伸;电视是耳朵和眼睛的同时延伸。随着科学技术的不断进步,传播媒介不断发展,人的五官也得以不断延伸和扩展,"千里眼""顺风耳"已成为不足为奇的传播现实。

大众传播媒介的发展,也极大地改变了人类与环境的互动方式。大众传播是通过媒介组织向为数众多、成分复杂的受众大规模地传播信息的过程。大众传播运用一系列具有特定含义的传播符号,诸如语言、文字、音乐、音响、图片、影像等,组成具有完整意义的信息向受众进行信息传播。受系统内部组织机构、运行规律以及外部各种因素的影响和制约,任何大众传播媒介不可能将所有的信息都纳入自己的传播范围,对客观世界作"全息"式地反映,而是有选择地进行传播,有选择必然有倾向;即使对选择来的事实,传播者也不可能是纯机械式的反映,不可能是"镜映",而是或多或少、或强或弱、或明或暗地渗透着自己的主观倾向。因此,大众传播媒介所"呈现"的环境并不等同于客观的"现实环境",而是充满了主观色彩的"媒介环境",或称之为"虚拟环境""拟态环境""信息环境"。同时,客观世界十分广阔,世界上发生的事情,人们无法逐一了解、感知或亲身体验,必须借助大众传播媒介作为认知外部世界的重要通道。这样,在大众传播时代,人类与客观环境之间不再是直接的认知关系,而是插入了大众传播媒介这样一个"中介物",单凭自然感知获取"第一手直接信息"来认知世界、协调环境已不可能,而不得不更多地依赖大众传播媒介所"呈现"的"媒介环境"。人类与环境的互动关系发生了前所未有的根本性变化。

最早对"媒介环境"问题进行深入思考和研究的是美国著名政治学家李普曼。20世纪20年代初,李普曼与同事一同研究了自1917年俄国十月革命以来美国《纽约时报》等报刊有关苏维埃的报道。在当时的美国,这些报道被认为是国际事务方面最权威、最可信的文章。但是,李普曼等人的研究结果却显示:"有关俄国情况不是实际所发生的新闻,而是人们期望看到的新闻。"①也就是说,《纽约时报》等美国主流媒体对苏维埃的报道,并不是苏维埃当时状况的真实写照,而是有选择、有偏见甚至是道听途说的歪曲性报道。基于这一研究,李普曼于1922年撰写出版了后来被誉为舆论学开山之作的《舆论》(Public Opinion)一书,提出了著名的"两个环境"理论。该书第一章的标题为"身外世界与脑海图景"(The World Outside And The Pictures In Our Heads)。按照李普曼的观点,人类生活在两个环境里:一个是"身外世界"的现实环境;另一个是"脑海图景"中的虚拟环境。现实环境是独立于人的意识之外,不以人的主观意志为转移的客观世界;虚拟环境则是渗透了人的意识,被人所体验过的主观世界。李普曼认为,我们的"身外世界",即现实环境越来越广阔、复杂而又稍纵即逝,人们已很难直接地去亲身体验它、理解它,现实环境已成为"不可触、不可见、不可思议的"环境。人类要在这个环境中生存和行动,必须将其重新建构成一个更为简单的模式,即通过各种大众传媒去了解现实。这样,人类行动所依据的不再是客观环境及其变化,而是大众传播媒介所"再现"的"媒介环境"。要得到关于现实环境的真实图景是枉费心机,人们只是生活在"脑海图景"中,而这个"脑海图景"是由大众传播媒介为我们创造出来的"虚拟环境",是被大众传播媒介解释过的环境,而并非现实环境本身。也就是说,在人类与现实世界之间插入了一个由传播媒介创造的虚拟的"媒介环境"。正如李普曼所指出的:"我们必须特别注意到一个共同的因素,这就是在人与他的环境之间插入了一个拟态环境,他的行为是对拟态环境的反应。但是,正因为这种反应是实际的行为,所以它的结果并不作用于刺激引发了行为的拟态环境,而是作用于行为实际发生的现实环境","对于我们仍然生活在其中的环境,我们的认识是何等的间接","我们大家都直接接触消息,而不

① 张国良主编:《新闻媒介与社会》,上海人民出版社2001年版,第81、86页。

是接触我们看不到的外界环境"。①

二、大众对媒介环境的依赖与负面功能的产生

可以这样认为,大众传播媒介在"现实环境"和"媒介环境"之间充当"中介"角色,反映了传播媒介对社会发生功用的内在机制。媒介的基本社会功能就是监视环境,即持续不断地、及时地注视环境的变化,向社会公众报道新闻、提供信息。从某种意义上说,大众媒介履行监视环境功能的基本途径就是为受众塑造"媒介环境"。正如美国传播学者德弗勒所指出的:"传播媒介能产生强大的效果,是因为它发出的信息建构了一个社会现实,向人们提供了一种世界观;人们根据媒介提供的'参考架构'来阐释社会现象与现实。"②然而,可悲或危险的是,在媒介化的社会里,人类已习惯于在"媒介环境"或"信息环境"中生活,甚至已习惯于把"媒介环境"视为"现实环境"。这种对媒介的依赖性往往导致人类认知的偏差,甚至造成悲剧性的后果。由于媒介选择和报道事实的倾向性,导致"媒介环境"与"现实环境"之间存在距离,或"媒介环境"有意无意地成为了"歪曲环境",人们以此作为"现实环境"而采取实际行动,悲剧就在所难免。例如,第二次世界大战时期,德国纳粹利用大众传播媒介大肆鼓动,宣扬侵略战争的"正义性",让数以万计的热血民众心甘情愿地充当了战争的牺牲品。因此,大众传播媒介"再现"客观世界的"媒介环境",应视为大众传媒的一种"隐性"的负面功能,其社会负面影响不容忽视。

日本传播学者藤竹晓较早地认识到了这一现象。1968 年,他在李普曼"两个环境"观点的基础上,提出了"拟态环境的环境化"问题。他指出,许许多多的"拟态事件",包括语言、观念、价值、生活或行为方式等,最初并不见得有代表性或普遍性,但一旦进入了大众传播渠道,很快就会演化为社会流行现象,变成随处可见的社会现实。大众传播虽然提示的是"拟态环境",与现实

---

① Lippmann,Walter,Puinion,Macmillan,New York,1956,p.15.
② 张国良主编:《新闻媒介与社会》,上海人民出版社 2001 年版,第 81、86 页。

环境之间有很大的距离,但由于人们是根据媒介提供的信息来认识环境和采取行动适应环境的,这些行动作用于现实环境,便使得现实环境越来越带有了"拟态环境"的特点,以至于人们已经很难在两者之间做出明确的区分。①

总之,大众传播媒介具有"塑造""媒介环境"的功能,这一功能体现了大众传播发挥社会影响力的内在机制,深刻地改变了人类与自然的互动方式。在传统社会,人际传播是主体,人类对环境的认知建立在以亲身感知获取的"第一手信息资料"的基础上,人与环境的交往表现为"直接互动"。进入大众传播时代,大众传播媒介在延伸了人的感知功能的同时,也"间接化"了人与环境的交往。由于大众传播媒介的"插入",人与环境的关系演变为"间接互动"。借助大众传媒,人类极大地拓展了自己的视野,但付出了不得不极大地依赖大众传媒作为认知客观世界的"中介"。从这个意义上说,在大众传播时代,人类的视野是一种"虚拟"的视野,人类所认知的环境是一种"拟态"的环境;加之"拟态环境的环境化"趋势,人类往往因此付出沉重的代价。

三、媒介负面功能的发现及其内在机理

大众媒介对社会的负面影响一直是传播学和社会学十分关注的领域。西方传播学中,美国哥伦比亚大学应用社会学研究所的保罗·拉扎斯菲尔德和罗伯特·默顿的负面功能研究最为系统,最具影响力。1948年,拉扎斯菲尔德和默顿发表了《大众传播、大众鉴赏力和有组织的社会行为》一文指出:"大众媒介是一种既可以为善服务,也可以为恶服务的工具;而总的说来,如果不加以适当的控制,它为恶服务的可能性则更大。"②他们认为,大众传播的负面功能主要有以下几个方面:

1. 助长"社会顺从主义",削弱公众的辨别力和对社会的批判精神。
2. 降低大众的审美鉴赏力和文化水平。

---

① 转引自郭庆光:《传播学教程》,中国人民大学出版社1999年版,第127页。
② 中国社会科学院新闻研究所编:《传播学》(简介),人民日报出版社1983年版,第158页。

3.大众媒介剥夺了人们的闲暇时间。

4.麻醉人的精神。

除了拉扎斯菲尔德和默顿外,其他传播学者也对大众传播的负面功能作了多角度的探讨,提出了许多有见地的观点:

1.大众传播使人产生冷漠心理。

2.导致人们的隔离。

3.导致文化渗透和文化侵略。

4.凶杀、暴力和色情泛滥。

笔者认为,从"两个环境"理论和"刻板印象"理论更便于我们理解媒介负面功能形成的内在机理。

如前所述,李普曼的"两个环境"理论着力于阐述"媒介环境"与"现实环境"的差异,论证大众传播媒介在信息传播过程中具有"意义构成功能"。由于"拟态环境的环境化"趋向,人们往往将"媒介环境"视为"现实环境",由认知误差导致的行为误差在所难免。因此,从整体上看,大众传播媒介的"意义构成功能"和"塑造媒介环境的功能"可以纳入"负面功能"的范畴;同时,由于媒介的这一功能是通过对现实世界的描述、说明、解释,受众"从所读到、看到和听到的内容,发展出对物质现实和社会现实的主观及共认的意义构想",其产生作用的方式往往表现为比较隐秘、似有若无、潜移默化,因此,也被视为"隐性功能"。

应该说,"两个环境"理论是从宏观的角度揭示大众媒介的负面影响,为我们整体把握媒介与社会的互动,特别是媒介对社会发展的消极作用提供了总体思路。

"刻板印象"(stereotype,亦译为"定型"或"刻板成见"),指的是人们对另一群体成员所持有的简单化看法,一种与其所代表的真实情况不相符或不完全相符的固定印象,它通常伴随着对另一群体的价值评价和好恶感情。① 刻板印象是人们通过对范畴中个体的各种特征的观察并经过抽象形成的,这种抽象表现为当人们想到一个范畴的成员时,通常所想到的是该范畴的典型样

---

① 金冠军、冯光华:《解析大众媒介的他者定型》,《现代传播》2004年第6期。

例。例如,美国的一项研究表明,在美国人眼中,德国人"有科学头脑"、犹太人"精明"、黑人"迷信"、"懒惰"。这就是美国人对另一(国家)群体成员的"刻板印象"。刻板印象一旦形成,即在人们头脑中产生了某种认知模式和固定看法,就具有一定的稳定性,很难随现实的变化而变化。刻板印象是对认识客体的一种简单化的固定印象,有助于加速信息处理过程,以应付复杂的信息环境,这是其积极的一面;然而,由于刻板印象往往表现为不能正确地反映现实,因此,其消极作用更为突出。

刻板印象的形成,有多种渠道。在"媒介化"的社会中,大众传播媒介是人们间接形成刻板印象的最重要的途径。人们通过接受媒介内容中对各种社会群体的描述,形成对各社会群体简单、固定、概括的看法,即刻板印象。媒介形成刻板印象,其根源在于媒介具有塑造"媒介环境"和"意义构成"的功能,在于人们认知过程的"拟态环境的环境化"趋向。

媒介中的刻板印象,其突出的社会负面影响往往集中表现在民族、性别、宗教、年龄等方面。它既是各种社会偏见和社会歧视(如性别歧视、老年人歧视、种族歧视、宗教歧视、残疾人歧视、同性恋歧视等)的传播渠道,也是这些社会偏见和社会歧视得以形成的重要途径。这使得媒介中的刻板印象成为一个广泛涉及伦理、道德、人权、政治等领域的问题,成为传播学、社会学、政治学等学科一直十分关注的重点课题,产生了一系列有影响的研究成果。

在性别方面,媒介中男性出现的概率远大于女性,且女性多是柔弱、迷人、性感、情绪化的依赖男人的角色,而男性则多是具有坚强、勇敢、智慧、理性等特征的重要的社会角色。1995 年北京第四次世界妇女大会《行动纲领》指出,大多数国家的印刷和电子媒体的主要问题是:没有以平衡的方式描绘妇女在当今世界中的不同的生活和对社会的贡献;传播传统的女性定性角色;制作暴力和有辱人格的色情产品;将妇女身体商业化等。这些问题的实质是从男权中心文化的立场来塑造女性形象,是一种性别歧视,因此,促进媒体传播非刻板印象的性别角色,就成为国际社会促进性别平等的战略目标之一。①

① 转引自刘晓虹、卜卫:《大众传播心理研究》,中国广播电视出版社 2001 年版,第 203—206、26—27 页。

在种族(国家)方面,媒介对刻板印象的形成作用非常显著。早在 20 世纪二三十年代,著名的美国佩恩研究就着重分析了电影对年轻人的社会态度的影响。一项实验研究结果表明,被试在观看肯定中国人的影片《神之子》之后,持亲华态度的百分比显著提高了;在观看一部否定黑人的影片《国家的诞生》后,被试对黑人持肯定态度的比例显著降低。1970 年代一项针对英国、联邦德国、匈牙利和加拿大青少年电视观众心目中的外国人形象的调查显示,青少年对外国人的印象主要来自电视,而且充满了刻板印象。例如,加拿大青少年认为美国气候温暖,生活充满了乐趣;苏联爱好战争;德国人是纳粹;非洲人住在茅棚里;墨西哥人很懒惰;中国人口众多并且爱好打仗等。研究者指出,这些观点非常片面,而且早已过时。① 学术界一直非常关注对非白人种族的刻板印象的研究。一项美国学者 20 世纪 80 年代的研究结果表明,在美国的娱乐节目中,普遍存在着对非白人群体的刻板印象化处理,表现为过分简单化,把白人作为较理想人群的参考点。例如,把美洲印第安人描写成原始和野蛮、亚裔美国人腐败和强暴、拉丁美洲人暴躁和懒惰等、非洲裔美国人偷懒无能和易受惊吓等等。对非洲裔美国人的研究还显示:在电视中出现的比例低于人口普查数据、与白人相比更经常性地成为犯罪行为的受害者或卷入犯罪行为、年龄较白人低、权威性较白人差等。②

在年龄方面,媒介中老年人的负面形象远远多于正面形象。美国传播学者格伯纳等曾就电视剧中人物的年龄差异进行统计研究,结果发现,在 1969 年至 1978 年黄金时段电视剧的 9000 多个人物中,年龄为 25—45 岁的中青年所占的比例远高于实际比例;而 65 岁以上的老年人的比例只有 3.7%。并且,老年人通常表现为口出恶言、坏脾气、丑陋、无助、顽固、愚蠢,性格古怪、不受尊敬。同时,研究还发现,越是长时间接触电视的人,越是倾向于对老年人持否定的评价。

此外,媒介刻板印象还广泛涉及其他许多方面,例如,残疾人——通常被

---

① 转引自刘晓虹、卜卫:《大众传播心理研究》,中国广播电视出版社 2001 年版,第 203—206、26—27 页。

② 转引自刘晓虹、卜卫:《大众传播心理研究》,中国广播电视出版社 2001 年版,第 203—206、26—27 页。

表现为社会负担、超人英雄、恶魔、牺牲品等；宗教——偏执、愚昧、保守、恐怖、暴力，与现代文明社会格格不入等；少数民族——愚昧、落后、懒惰、狭隘、保守等。

　　总体而言，大众传媒是形成、传播刻板印象的重要途径和渠道，媒介与社会刻板印象有着密切的联系。这一方面决定于刻板印象的形成机制和大众传播媒介具有"意义构成功能"；另一方面，也取决于大众媒介所处的社会环境，特别是市场因素和媒介制度因素对媒介传播的制约和控制。媒介刻板印象具有正面效能，然而，与正面效能相比，媒介刻板印象的社会负面影响更为突出。

　　　　　　　　　（本文原载《新闻记者》2010 年第 5 期）

突发性公共事件与政府形象修复策略研究

一、问题提出

近年来,由于处于特殊的社会转型期,社会各阶层利益矛盾在一定范围内、一定程度上激化,新的社会问题不断产生;新媒体的发展,尤其以微博、社交网络为主的社会化媒体、公民媒体的介入,进一步增强了大众的传播能力和监督意识,也使得以往政府习以为常的传统形式的媒介控制(例如对报刊报道进行冷处理)和舆论引导的效力大大减弱。这两者的结合使得近年来涉及政府形象的公共事件层出不穷,甚至许多非政府的自然灾害及不可预测的突发事件,在受众舆论的解读和归因中也往往偏向强调政府应对能力或工作上的问题。凡此种种,对政府的威信及形象都提出了极大的挑战。

尽管舆论监督对于政府而言毋庸置疑是必要,但一旦政府的形象及公信力不足以支撑其执政的需要,无疑会造成其社会管理能力下降,使社会更加的不稳定,这种恶性循环最终便会造成所谓的"塔西佗陷阱"。即当一个政府失去公信力时,无论说真话还是假话,做好事还是坏事,都会被认为是说假话、做坏事。因此在现时条件下,政府需要将自己的危机传播能力作为执政能力的重要组成部分加以重视。本文的研究即开始于此,拟以本尼特(Benoit)的形象修复理论为主要理论框架,对2011—2012年四个以政府为主要形象修复主体的重大公共事件为例,试图对以下几个问题进行解答:(1)政府在以上一些事件的处理中,主要应用了哪些形象修复手法? (2)这些形象修复手法的效果如何? 是否起到了修复政府形象的作用? 舆论对其反映的短期及长期效果如何？（3）如何改进政府的形象修复方式？

二、何谓"形象修复"理论以及本文的关切

　　形象修复（Image Restoration）理论是与危机传播理论密切相关的一个理论体系，该理论的代表人物是美国学者本尼特（Benoit）。形象修复理论最初来源于企业界。认为企业在发生危机之后应该迅速对该危机承担责任，从而使得危机对企业形象造成的损害减至最低。本尼特提出了五项具体的策略用以修复组织的形象。①

　　（一）否认（Denial）。否认是组织在形象修复中可以首先使用的策略。本尼特认为否认包括两种形式：直接否认（simple denial）和转移责任（to shift the blame），也就是当组织发生危机之后，将危机的责任推诿于第三方。

　　（二）规避责任（Evasion of Responsibility）。对于那些不能进行否认的危机，组织通常还可以通过合理的规避责任来修复其受损的形象。这一策略具体又分为四种主要的方法：正当回应（provocation）即组织之所以会犯错是因为其在捍卫自己的正当权益；无力控制（defeasibility）指的是危机事件是因为组织缺少相关信息或能力对危机进行控制；意外（accident）是指组织可以将危机事件或是组织曾经做出的失当行为归结为一次意外；本意良好（good intentions）指的是组织可以向公众解释组织虽然做了某些不当的行为，但其本来的意图是良好的，即所谓的好心办了坏事。

　　（三）减少敌意（Reduction of Offensives）。减少敌意即指组织发生危机之后通过各种方法减少公众对于组织产生的敌意，从而减少对组织形象的伤害。减少敌意具体包括六种方法：强化支持（bolstering）即加强公众对于组织的积极看法或者组织解决问题的决心；最小化危机（minimization）即尽量降低公众心中危机的严重性；区别化（differentiation）即将危机事件与那些伤害更为严

---

　　①　关于形象修复理论相关策略的描述参照 Benoit W L. Image Repair Discourse and Crisis Communication. *Public Relations Review*, 1997, Vol 23, No.2, p.177；鲁津、栗雨楠：《形象传播理论在企业危机传播中的应用——以双汇瘦肉精为例》，《现代传播》2011 年第 9 期。

重的行为区别开;超脱(transcendence)即改变事件的框架;反击(attack accuser)即攻击消息信源;补偿(compensation)即补偿危机受害者。

(四)纠正行为(Corrective Action)。采取措施承诺会纠正自己的不当行为和歉意(Mortification),并通过表达歉意的方式获得公众的原谅。

(五)责任分离(Separation)。除以上策略外,Brinson 和 Benoit 在此后的研究中又提出了一种新的策略①,称之为责任分离。他们指出,组织可能会将它们自身与组织中涉及危机责任的个体区分开,并指出那些成员与组织的价值观是不符合要求的,或是未经授权而采取行动的,从而减小这些个体对组织整体形象造成的损失。

形象修复理论自提出以来便因其实用性和启发意义受到学界关注,尤其被广泛应用于企业公共关系和政治传播领域。Benoit 自己便做了大量的个案研究,这些研究除了单一的形象修复的研究,还包括探讨哪种形象修复策略或者哪几种策略组合的有效性。总体而言,表达歉意和纠正不仅是两种最为有效的表达和被接受的方式,而且这两种策略的组合也是较为有效的组合。②

形象修复理论出现之后,也引起了华人学者的兴趣。众所周知,中华文化中对形象十分重视,"面子""体面"观念深入人心,但由于东西方受众接受心理不同,对于形象的认识、策略等都有较大差异。华人学术圈对于形象修复理论的研究,主要关注的问题是形象修复理论这一成长于西方社会的理论如何应用于跨文化的东方语境及受众心理。例如台湾学者黄懿慧最早于 2001 年介绍了形象修复理论,并且根据华人社会的情境对其理论进行了修正。

本文根据形象修复理论拟对突发性公共事件之后的政府形象修复手法进行研究。对于"突发性公共事件",本文主要采用《中华人民共和国突发事件应对法》中的定义,指"突然发生,造成或者可能造成严重社会危害,需要采取应急处置措施予以应对的自然灾害、事故灾难、公共卫生事件和社会安全事件"。此外,参考本尼特的形象传播理论,组织是否被认为对已经发生的事件

① Benoit W L, Brinson S L. Queen Elizabeth's Image Repair Discourse: Insensitive Royal or Compassionate Queen? *Public Relations Review*, 1999, Vol 25, No.2, p.145-156.

② Sellnow T, Ulmer R, Snider, M.The Compatibility of Corrective Action In Organizational Crisis Communication.*Communication Quarterly*, 1998, No.46, p.60-75.

负责是影响组织形象和采取策略的重要因素。因此,我们可将四种突发性公共事件按照政府的可能责任程度和起因粗略地一一对应以下的矩阵(见表1)。

表1　四种突发性公共事件相关矩阵

	政府对事件的责任较弱	政府对事件的责任较强
起因与不可控的自然因素有关	无预兆的自然灾害性事件(如7·24北京特大暴雨)	环境问题、公共卫生问题,因政府的工作不当或疏忽而激化(如广西龙江镉污染事件)
起因主要与可控的人为因素有关	突然爆发的公共安全事故(如7·23温州动车脱轨事件)	政府明显的工作失误、官员的腐败问题等,造成的政府信任危机(如宁波PX事件)

根据这个矩阵,本文分别一一对应四个发生在2011年到2012年的突发性公共事件:2012年7月21日北京市的特大暴雨事件、2011年7月23日的动车侧翻事件、2012年1月的广西龙江镉污染事件及2012年7月的宁波PX群体性事件。四个事件均为具有一定规模和舆论影响的突发性公共事件。本文研究方法为内容分析法,主要材料选取方法为选取事发之后七天的媒介报道进行形象修复策略分析。包括《人民日报》及人民网①、新华社及新华网②及事发地政府党政机关报③,以篇为文本单位,选择新闻中所体现的政府最核心的形象修复策略(如文本包含有多种形象修复策略,则选择其标题、主题句或中心段落为准)。

三、突发性公共事件后政府形象修复策略的形式

尽管本尼特的研究为形象修复策略划定了基本框架,然而,由于文化背景

---

① 本论文引用《人民日报》的稿件来源于人民网搜索:http://search.people.com.cn/rmw/GB/bkzzsearch/gj_search.jsp#。

② 本论文引用新华社的稿件来源于新华社多媒体数据库:http://info.xinhua.org/cn/gailan.do? cid=35。

③ 本论文引用地方党报具体来源为:《北京日报》(2012年7月21—28日),《温州日报》(2011年7月23—30日),《河池日报》(2012年1月30日—2月5日),《宁波日报》(2012年10月22—29日)。

及政府组织的特殊性,形象修复的具体形式仍然与理论本身存在着一定的差距。本文参考了台湾学者黄懿慧等对中华地区形象修复策略的修正①,从四个突发性公共事件之后的媒介表现,将目前政府在突发性公共事件发生后所采用主要的修复策略简要归纳为以下几种,见表2所示。

**表2　样本突发性公共事件发生后政府所采用的
主要修复策略种类、形式与示例**

种类	形　式
直接否认	与原策略相类似。
转移责任	与原策略相类似。
正当回应	政府正面回应群众质疑,证明其行为符合政策和法律的合理性。
无力控制	政府强调问题的突发性和规模,以证明其应对机制并无不当。
意外	与原策略相类似。
本意良好	政府强调其动机在于服务人民根本利益,发展经济等长远目标。
强化支持（分为三项子策略）	诉诸意识形态:强调政府的先进性及为人民服务的本质
	诉诸已有作为:强调政府已经在事件前的作为。
	诉诸领袖:强调该事件已经得到了政府高层领导的重视。
最小化	与原策略相类似,但更强调事件在政府作为后已得到控制。
区别化	官方通过对事件的"定性"尽量使其与更危险的事件区别开来。
超脱（分为两项子策略）	宣传英雄:宣传事件中发生的英雄事迹及人们的正面品质。
	长期目标:强调人们应当着眼于更为宏大的目标。
反击	政府对于事件中的不良信源的反击。
纠正（分为两项子策略）	纠正许诺:政府许诺将做出行动。
	纠正行为:政府的具体纠正行为。
赔偿	政府对事件中的受害者进行赔偿。
分离	政府强调事件中的责任人并非政府的重要人物。

与本尼特的策略相比较,我国政府形象修复策略具有一些不同的特征。

---

① 黄懿慧:《危机回应:浅谈形象修复策略》,《公关杂志》第42期;黄懿慧:《当东方的面子工夫碰上西方的形象修复策略——初探公关形象修复策略的文化意涵》,http://dspace2.lib.nccu.edu.tw/bitstream/140.119/3575/1/912412H004026.pdf。

本尼特的组织形象修复理论更多适用于西方语境下的组织公关工作,而中国突发性公共事件之后的形象修复实践,则属于政府舆论引导的一部分,受到传统的党报宣传思想指导,更多以配合政府处理工作,维护及稳定团结大局而非修复政府形象为主要目的。此外,政治影响及文化背景也是一个差异较大的因素,尤其在大型突发性公共事件中,政府形象修复往往让位于其他的政治考虑。例如地方政府在考虑形象修复策略时,往往首先考虑的并非政府的形象,而是政府的主动地位和领导人在事件中的责任问题,因此对于突发事件中公共舆论较为关心但较敏感的问题,往往选择沉默或模糊以对。相对于西方而言,中国的政治文化更加强调政府对于事件后的控制能力和善后作为,因而道歉这一策略虽然在西方研究中被证明为十分有效的,但是在政府突发性公共事件处理中,往往会牵扯到政府威信的降低和事件责任的分配,因此道歉往往被视为万不得已的最后手段。

基于以上考虑,尽管目前政府形象修复意识和危机处理意识较之前已经有了很大的提升,但应对突发性公共事件仍主要以正面宣传占绝大多数。就形象修复策略而言,主要分为"强化支持"与"超脱"两种。我们的"强化支持"策略可以被细分为三种:其一,诉诸意识形态,此处指政府强调其为人民服务的意识和对人民利益的切身关注,以提升受众对于政府妥善处理突发事件的信心和对于政府表现的评价。其二,诉诸已有作为,与政府在事件后的"纠正"措施不同,诉诸已有作为关注的是政府在事件之前已有的作为,通常与"无力控制"或者"意外"联合使用。其三,诉诸领袖,此一种方法是强化支持中最常见的一种,即突出事件已经得到了政府部门的领导人的关注。这种形象修复的可能性与中国的政治文化有密切关系,因为作为行为主体的领导人行政等级越高,影响力越大,便越意味着公共事件受到政府妥善处理的可能性越大。高层领袖的出现,通常意味着政府密切关注公共事件发展,并且已经做好处理的准备。

我们的"超脱"策略则包括两种,第一种为宣传英雄,即发掘和强调事件中的正面行为(英雄)和闪光点,例如在北京暴雨中自觉救灾的市民,河池水污染事件中的救灾官兵等。第二种则是从一个更大的社会进程框架中去解读公共事件的正面意义,例如从宁波 PX 事件的处理中解读出政府尊重民意的态度和建立沟通机制的必要性。就形象修复这一方面而言,"超脱"的意义在于改变人们对事件的解读框架,更多关注事件中的正面意义,从而减轻政府的压力。另外,超脱与具体改正措施相配合(如救灾现场的报道),可以为受众提供更多关于改进措施的感性认识,从而增进其说服力。

关于形象修复的策略也可从量化结果中得到验证。除宁波 PX 事件,由于事件的特殊性,仅有 4 篇样本报道外,在代表三种不同性质的北京暴雨事件(129 篇样本报道)、动车事件(125 篇样本报道)和河池事件(56 篇样本报道)中,"强化支持""超脱""纠正"这三种主要策略都是最多的;其中,主要体现"强化支持"策略的报道篇数在三个事件中分别为 25、12、11 篇,"超脱"分别为 57、70、16 篇,"纠正"分别为 23、30、23 篇。总体来看,体现三种策略的新闻稿件分别占总体事件报道比例的 81.3%、89.6% 和 89.3%。在官方媒体上,政府较少对事件起因及事件责任进行主动直接回应——无论是正当回应,转移责任或者否认。如果事件原因与政府责任直接相关,地方媒体通常采取的策略往往是沉默或者等待事件解决之后进行总结报道(如宁波 PX 事件)。

就对地方/全国媒体表现的比较而言,地方媒体较新华社、《人民日报》一类的全国性媒体更多使用"超脱"策略,尤其是"超脱"中的"宣传英雄"子策略(88.1%)。这可解释为地方性报纸与事件第一线更为接近,因此能够提供更多的篇幅来报道正面的人和事,同时,地方政府也要负责更多的维稳任务,因此需要正面消息以鼓舞人心。而类似的,在地方媒体的"强化支持"策略中,则以"诉诸领袖"为最多(74.2%)。在一个报道中"诉诸领袖"和"宣传英雄""纠正承诺"等经常配合出现,体现了地方媒介的宣传重心仍然是以领导为主。

四、突发性公共事件后政府形象修复策略的效果及反思

毫无疑问,由于缺乏可靠的调查手段,考察形象修复舆论策略的效果可能是比较困难的。本文为了对其进行大致的分析,将其操作化为网络论坛对形象修复策略新闻的反映。

是什么造成了这一点？究其原因，除了官方媒体的公信力下降以外，恐怕还有几个重要因素：首先，相对于20世纪90年代以前，新媒体的出现与民间媒体的活跃提供了大量的第三方信源，官方媒体尤其是地方党报尽管还有权威性上的优势，但无法再垄断事件的解释权，因而政府对于舆论引导的能力下降。微博上的舆论领袖在动车事故中的持续追踪，主导了相关的舆论议程。其次，新媒体的无界性，使得突发性公共事件变得再无地域之分，不仅控制事态和保持沉默变为不可能，而且各地政府形象出现了"一荣俱荣，一损俱损"的现象。即某一地的政府形象修复成功与否不仅仅关系到当地政府的形象，还会使得全局性的政府形象受损，而这样又势必会影响之后的人们对政府形象修复措施的效果和评价框架。最后一个挑战是，如果没有足够有说服力的具体行动作为支撑，短期内一些缓解政府压力的措施未必能够修复政府形象，尤其是当类似的策略重复多次之后，形象修复便不会像最初那样有效。新媒体使得人们可以更详细地了解到关于突发性公共事件的处理情况，这大大加速了上述过程。例如在汶川地震中，人们对灾区的同情心和灾区中的人性光辉曾在一定程度上缓解了政府经受的压力，但在北京暴雨事件中，同样属外力引起的自然灾害，对于"正能量"的描述却引起民意反弹，这样的现象令人深思。

如何依据本尼特的形象修复策略，改进我国政府在突发事件之后的传播方式？我们认为，首先从内容上政府应当意识到，传统的突发事件后的传播方式，尤其是所谓"灾事喜报"的"强化支持＋超脱"宣传模式的局限性。有必要运用多种方式，根据不同性质的事件设定不同的宣传方案，例如，对于自然灾害类事件，应增加"正面回应"的比例和强度，针对人们所关心的问题积极主动地提供信息。而对于政府责任重大、民心关切的事件应适时运用"道歉＋纠正"的策略以维护形象。更重要的是，形象修复策略应当建立在事实的基础之上，善后工作的密切落实，才是所有形象修复策略起到作用的根本。

其次，政府应该意识到，新媒体时代下的政府形象修复是一个全面的、系统的工程，实质上政府形象已经没有明确的地域、时效之分，任何一个地方政府对具体危机事件的处理得当与否，都会影响到整个政府的形象和民众对于政府的评判框架，甚至会影响外交上我国的国家形象。因此，有必要将政府形象修复方案纳入整体的政府突发事件应对方案中,特别是针对一些历史条件、社会环境较为复杂的地区和一些可能激发社会矛盾的事件,在事前便应有充分的应对措施。同时,党报和政府宣传部门应当积极主动加大与新媒体、民间媒体的沟通与联动,意识到应对危机事件需要的不是一个单向的、一元式的传播,更是双向多元的沟通,而后续的效果评估、舆情沟通很可能同最初的信息发布一样重要。

（本文原载《现代传播》2013 年第 10 期,作者:袁军、冯尚钺）

政府官员的媒介素养现状及提高途径

党的十六届四中全会提出要加强党的执政能力建设,在《中共中央关于加强党的执政能力建设的决定》中指出:要"坚持党管媒体的原则,增强引导舆论的本领,掌握舆论工作的主动权","重视对社会热点的引导,积极开展舆论监督,完善新闻发布制度和重大突发事件新闻报道快速反应机制","高度重视互联网等新型传媒对社会舆论的影响","努力探索新方式新方法,加强和改进思想政治工作"。这说明,在实际工作中,政府公务人员媒介素养水准不但关系到政府形象,关系到政府如何制定传媒发展战略,同时也反映了政府执政的能力。因此,政府公务人员媒介素养的提高对提高党的执政能力和建设现代政府具有重要意义。

一、研究缘起及方法

当前政府公务人员媒介素养的水平参差不齐。政府部门的新闻发言人或受过一定传媒训练的官员有着较好的媒介素养,他们具有一定的传媒知识,能够熟练应对媒体采访并能够较好地利用媒体进行一定的议题设定。但这部分官员在整个公务员队伍中的比例不高。为数众多的党政干部对传媒的认识还比较片面和表面,他们不愿意接受媒体采访,尤其是在突发事件发生时,以为躲避媒体报道或者封堵信息就能够减少负面新闻的产生,有的甚至认为要对媒体报道进行管控,结果是造成了更坏的社会影响,进而危害了部门和政府的形象。

当前政府官员的媒介素养究竟如何？他们需要什么样的媒介知识？如何提高他们的媒介素养？我们课题组希望通过对政府官员进行问卷调查为主、访谈为辅的方式进行了解。我们第一阶段的调查在重庆、天津、太原分别选择了 100 名司局和处级干部，采用问卷调查的形式对"公务人员媒介认知及其应对行为""危机事件与公务员媒介素养"等方面的内容进行调查。调查内容主要涉及公务人员基本的媒介接触行为、媒介与工作的关系、媒介利用和态度、个人媒介行为、个人网络行为以及危机事件与媒体应对。调查问卷以选择题为主，后期采用 OFFICE EXCEL 软件、SPSS 分析软件，对数据进行了录入、整理、分析。

在选取调查对象时我们考虑了调查对象的多样性和代表性，调查对象来自公检法、国土资源、交通、旅游、劳动保障、计划生育、卫生、民政、教育、水利、农业、林业、文化、工商、税务、质监、环保、广电、新闻出版、药监、物价、电力、邮政、通信、自来水、市政、海关等多个部门，基本涉及了当前政府公务人员的领域。调查对象中 41—50 岁和 31—40 岁两个年龄段的人群最多，男性受访者比例在 70% 以上，大学本科学历的占 80% 左右。总体而言，受访者以 31~50 岁的、男性的、本科以上学历的人员为主，基本上符合当前政府公务人员的基本情况，具有一定的代表性。

作为系统研究的阶段性成果，本文仅对三个城市处级干部个人的媒介认知和使用及其对媒介与政府工作的认识及在工作中运用媒介的能力和态度进行分析。

二、调查结论及分析

根据美国媒介素养研究中心 1992 年的定义：媒介素养就是指人们对于媒介信息的选择、理解、质疑、评估的能力，以及制作和生产媒介信息的能力。我们对公务人员媒介素养的构成同样从以上几个方面进行分析，包括认识不同媒介种类、性质、功能；正确解读媒体信息；正确与媒体打交道等。政府官员加强媒介素养，增强媒介使用能力，对于提高执政能力具有积极的作用。

（一）个人媒介认知及行为

根据媒介素养理论,一个成熟的受众会根据自身的兴趣、爱好作出各自的媒介组合,形成特定的"媒介搭配优势"。这种组合基于受众对不同媒介的传播方式和传播特点的了解程度以及对媒介的偏好。

调查发现,85%的受访者平时接触报纸、广播、电视、网络四种媒介,其中用于网络的时间最多,其后依次为电视、报纸、杂志和广播。调查发现,多数受访者将电视和报纸作为信息来源的主要渠道,其中50%的受访者将电视作为获取信息的首选,28%的受访者将报纸作为获取信息的首选,22%的受访者将网络视为获取信息的首选。在重大新闻发生时,他们更倾向于接受主流报纸和电视提供的信息。

由于本次调查的受访者是直辖市和省会城市的处级官员,他们在媒介接触方面主要选择中央和省市级主流媒体。在受访者经常阅读的报纸中,《人民日报》的提及率最高,《南方周末》和本地党报的提及率也较高;受访者经常收看的电视频道多为中央电视台一套节目和地方电视频道。几乎没有受访者能够说出自己经常收听的广播频率的名称,即便是那些宣称收听广播的听众。

在接触媒介的动机方面,"了解新闻"是最主要的目的,100%的受访者将"了解新闻"作为看报纸、看电视和上网的目的,但80%左右的受访者同时选择"消遣娱乐"为看电视的目的,72%的受访者选择"增加知识"为上网的目的。此外,还有一些受访者将媒介接触行为的目的归结为"工作需要"。

由此可见,当前政府官员获取信息的渠道具有多元化和立体化的特征。尽管新媒体不断涌现,但传统媒体因其公信力较高更容易受到政府官员的青睐。

（二）媒介与政府工作

政府公务人员是特殊的媒介受众,他们既是媒介信息的接受者,又是媒介的使用者,一方面,他们需要通过媒介获得各种信息,另一方面又需要利用媒介发布信息。随着社会民主法治进程的加快,现代社会的信息性更强,政府形象如何,对于开展政府工作、稳定社会秩序,特别是在推进社会主义民主政治建设、社会主义政治文明建设中发挥着重要作用,而与媒体和政府工作开展得成功与否有着直接的作用。媒体在舆论引导、舆论监督等方面和政府的工作休戚相关。媒体与政府工作的关系也已经成为现代社会文明的重要内容。

在公务人员对媒介与政府工作的认知方面,我们的调查主要集中在他们对媒介的性质和社会角色的认知、他们对媒介功能和作用的看法以及他们日常工作中与媒体打交道的频度和能力。

调查发现:

对于"媒介的社会责任和角色",90%的受访者有"一些认识","有很清楚的了解"和"完全不清楚"的分别为8.39%和1.7%;将近94%的受访者认同"新闻媒体是政府和公众间的桥梁"的说法。尽管83.3%的受访者"同意"和"比较同意""新闻媒体是党和政府的喉舌",但有5%和1.7%的受访者表示不清楚和不同意。

自2003年以来,我国各级政府基本上建立了新闻发言人制度,与此相关的培训也相应展开。一些省市开展了"突发事件媒体应对""领导干部突发公共事件处置与媒体应对""公共危机处理与政府官员应对媒体"等专题培训,一些政府官员对新闻媒介功能和作用的认识有所提高。因此,在"新闻媒体可以促进和谐社会建设""新闻媒体有助于塑造政府或部门形象""政府与新闻媒体今后需要更多地沟通和了解"这几个问题上,调查的结果高度统一,超过90%的受访者对以上问题表示"同意"和"比较同意"。在问到"媒介对自己的工作是否有帮助"时,43.3%的受访者表示有帮助,50%的受访者表示有一些帮助,表示没有帮助和有影响的比例仅为5%和1.7%。

公务人员对媒体性质和定位的认识对他们处理与媒体关系和利用媒体方面产生直接影响。受访者基本都不认为官员与媒体之间是敌人的关系,半数以上的公务人员认为媒体是政府的朋友,选择"非敌非友"的比例为23.3%,选择"亦敌亦友"和"不好说"的比例大体相当;在问到对某些地方流行的"防火防盗防记者"的看法时,表示"同意"和"比较同意"的受访者占28.3%,表示"不清楚"的占20%,略多于50%的受访者并不认同这一做法;关于"政府官员有权拒绝媒体或记者的采访"的问题,选择"不同意"的比例为43.3%,选择"同意"和"比较同意"的比例达46.7%;在回答"您是否赞成记者在进行新闻采访前先经过本单位宣传部门的同意"或"不经过本单位宣传部门的认可,我不接受任何采访"的问题时,有35.5%受访者表示很有必要,赞成;有60%的受访者表示不一定,要看情况而定,只有5%的受访者表示没有必要,不赞成。

由此可见,尽管政府公务人员经过培训和实践,对媒体的性质与功能有了一定的了解,多数被访者认可媒体是政府的喉舌和政府与公众间的桥梁,也认可媒体对于促进社会和谐以及塑造政府和部门形象有着积极的作用,但在实际工作中,还有相当数量的人不能完全处理好与媒体间的关系,在面对媒体时多数表现得比较被动。从以下问题的回答中我们可以发现政府公务人员在如何利用媒体方面还存在一定的不足,需要进行引导和培训。

在参加新闻发布会和接受媒体采访的问题上,尽管46.7%的受访者不同意"出席新闻发布会和接受记者采访只是新闻发言人的事",但48.3%的人并没有参加过新闻发布会,60%的人几乎没有主动联系过媒体采访,即便在记者主动要求采访的时候,采取敷衍了事、敬而远之、避而远之的人也占到了34%。当然,断然拒绝记者采访的比例也很低,只有1.7%的人会对记者采访采取严词拒绝的态度。

在政府主动性的问题上,73.3%的人认为"政府应当主动向媒体发布信息",23.3%的人"比较同意",只有3.3%的人"不同意"。另外,78.3%的人同意"政府官员应当主动参与行风热线类节目与听众交流",16.7%的人"比较同意",选择"不清楚"和"不同意"的人分别为3.3%和1.7%。这一结果与多数受访者认为新闻媒体有助于塑造政府和部门形象一致。

现代政治学理论认为,新闻舆论监督反映了大众媒介在政治发展体系中所具有的相对独立性和不可替代性。政府机关和公务人员是新闻舆论监督的主要对象。对新闻舆论监督的必要性问题,61.7%的受访者认为"很有必要",认为"比较有必要"的占36.7%,两项合计达98.4%。可见公务人员对于新闻监督的必要性和重要性具有一定的认识。

近年来网络舆论的监督力量日益凸显,我们的调查有专门针对公务人员网络使用及其对网络舆情看法的内容。调查发现:对网络民意"非常关注"和"有时关注"的受访者分别占到了受访者总数的40%和55%,从不关注网络民意的公务人员只有5%。在"网络舆情是否对社会安定团结有影响"的问题上,95%的受访者认为"非常有影响"和"在一定范围内有影响",认为网络舆情"在现实生活中没有影响"的只占5%。在另一个相关问题"有人认为网络的兴起使得媒体的舆论导向受到影响,给政府工作带来了麻烦。"的问题的回答中,26.7%的受访者非常赞同和比较赞同这一观点,55%的受访者表示"不太赞同",表示"不赞同"的仅为18.3%。

（三）突发事件媒介应对

目前中国已进入公共突发危机高危期,每年因各种突发公共灾难造成的损失十分惊人,而且在未来很长一段时间内,我国都将面临突发公共事件所带来的严峻考验。频发的公共突发事件不但是对政府执政能力的考验,同样也是对政府官员危机应对能力的挑战。官员应对危机所应具备的能力之一就是应对媒介的能力。

针对"媒体可以在危机事件中发挥积极作用"的选项,65%的受访者选择了"同意",31.7%的人选择"比较同意",两项合计达96.7%。可见政府官员对媒介在危机事件中所能够发挥的积极作用持肯定态度,但具体到自己或自己所在的单位时,他们大多数不会选择在第一时间表态或发布信息。尽管公务员们已经认识到在突发事件发生时隐瞒信息并不能够解决问题,但半数以上的受访者并未选择"公开事实,接受采访"。其中45%的受访者表示要在"查清楚原因后再对外公布信息",表示"初步处理后再对外公布"达10%。这些官员之所以选择不在第一时间公布事实有多种原因,其中之一是他们对突发事件发生后第一时间表态是否会使自己陷入被动有所顾虑。研究受访者中只有13.3%的人表示第一时间表态不会使自己陷入被动,认为可能"会"和"一定会"的占41.7%,还有18.3%的受访者"不清楚"自己是否会陷入被动。

近年来有关部门多次处理公共突发事件时的表现证明,当前政府官员对于如何处理危机事件及在危机事件中面对媒体的策略还不是很了解,他们希望能够获得这方面的培训和教育。调查中68.3%的受访者对"对政府工作人员进行危机媒体策略教育"表示"很有必要,赞成",认为"没有必要,不赞成"的仅占5%。

三、提高政府公务员人员媒介素养的途径

近年来,通过建立新闻发言人制度和进行相关培训,一些政府官员面对媒介的能力有所提高。我们需要强调的是,政府对媒体的"应对"必须在政府信息公开的前提下。政府官员要提高对新闻传媒特性的认识和了解。由于多数政府官员在大学期间所学的专业并非新闻传播学相关专业,因此需要加强对他们的培训,提升他们应对和运用媒体的能力,特别是在突发事件上处理和对外发布信息的能力。对政府官员的媒介素养教育大体可以通过以下几个途径进行:

(一) 统一培训

加强专业培训是提高政府官员媒介素养的重要办法。可以通过各级党校的学习加强培训,也可以对政府官员举办媒介素养培训班,由新闻院校的专家、教授和一线新闻工作者以及在新闻发布工作中表现出色的新闻发言人等对政府官员进行媒介素养的培训。

2003年9月22日至27日,国务院新闻办首次在北京举办了全国新闻发言人培训班;2004年,四川省对近7000名省级部门副处级以上干部进行"如何面对媒体"专题培训。此后,国内多数省市都举办了类似的培训班。经过6年的新闻发言人培训,在政府面对媒体方面取得了一定成绩。但我们认为,新闻发布只是官员接触媒体的途径之一,更多的时候他们需要主动约请媒体或接受媒体的上门采访。仅仅掌握新闻发布的技巧和方法不足以满足政府官员应对媒体的需要。

2006年3月30日,中央颁发《干部教育培训工作条例(试行)》,对党政干部的素质教育培训提出了明确的法规要求。我们认为,对政府官员的媒介素养教育,应当从新闻发言人培训过渡到政府官员媒介素养提高,并逐渐过渡为对政府公务员的全员培训。在培训方式上则采取案例教学为主,实战演练为辅的方式。北京市行政学院在中国传媒大学建起媒介素养基地,由传媒大学

的教师和学生帮助其组织针对公务人员的媒体实战演练。通过一对一的演练,参加培训的官员们得以更好地将所学的知识与媒介运用能力进行结合,提高其综合素养。

(二) 自我学习

我们前面所说的统一培训具有针对性、系统性强和见效快的优点,但统一培训无法持续较长时间,也不能在短期内对大量的官员进行频繁轮训。因此,统一培训只能作为提高官员媒介素养的渠道之一。要想真正提高媒介认知和使用能力,还需要政府官员进行日常媒介知识学习,在实践中不断领悟媒介特点和应对技巧,不断提高自身的媒介素养。

2002 年,中组部编写了一套全国干部学习读本,为干部学习提供了全面、系统的学习教材。但这套读本没有涉及媒介素养的相关内容。近年来出版的关于媒介素养的书籍,又因面对的受众过于庞杂,缺乏对政府官员群体特征的把握,针对性不足。因此,我们可以在经过普遍调查,基本了解政府官员媒介素养状况的基础上,有针对性地编写可读性强、实用性强的学习材料,供其日常学习、提高修养。

由于我们第一期调查选择的城市数量相对较少,虽然考虑了经济发达程度、地理位置等多方面的因素,但还不能够较为全面准确地反映当前政府官员媒介素养的整体状况,随着今后调查范围的扩大和调查对象的增加,能够得出一些更为合理的结论,在此基础上提出的意见和建议也将更有实际操作价值。

(本文原载《现代传播》2009 年第 5 期,作者:袁军、王宇、陈柏君)

从理政广播看服务型政府
建设中的媒介功能创新

1997 年 9 月 1 日，河北省邢台市广播电台和邢台市文明办联合开办了《行风热线》，该节目是中国广播媒体开办的第一条"行风热线"，也是全国创办最早的热线理政节目。①

2002 年 6 月 3 日，河北人民广播电台与省民主评议行风办公室在早晨黄金时段开办了全国第一家省级电台舆论监督类热线直播节目《阳光热线》。国家广电总局副局长胡占凡曾盛赞《阳光热线》"探索出了一条政府与群众互动的新思路，开创了媒体与党委政府积极联动、政府与群众良性互动的新模式，提高了媒体的社会公信力和影响力"②。

据不完全统计，全国各地以《行风热线》《政风热线》《政风行风热线》《政府在线》《阳光热线》等为名的热线理政节目达上百个。

2005 年 3 月 1 日，北京人民广播电台在向《阳光热线》学习的基础上突破节目限制，打造了中国第一个以城市管理和服务为宗旨和主要内容的广播频率——北京城市管理广播。该频率是在构建和谐社会、实施"新北京、新奥运"的战略构想和转变政府职能的大背景下产生的政府执政平台的延伸，"以电波沟通城市，用声音服务生活"，紧紧围绕首都的城市建设和管理工作，旨在搭建一个政策解读、沟通理解、为首都建设和管理献计献策的平台。

2007 年，江苏省淮安市开播了淮安城市管理广播，是我国第一家地市级

---

① 也有人认为广东人民广播电台 1991 年 1 月 1 日开播的《近日热线》是全国第一个理政热线节目。

② 《国家广电总局推介河北电台〈阳光热线〉节目》，《中国纪检监察报》2006 年 2 月 28 日。

城市管理广播。目前,江苏南京、内蒙古呼和浩特、山东威海、湖南娄底等城市相继开办了城市管理广播。

从单个的理政热线节目到频率化的城市管理广播,看起来只是节目数量和内容的扩充,从更深层次上反映的则是当前形势下广播媒体社会服务功能的延伸拓展,通过听众参与型的政令传达和舆论监督,较好地改变了政府和公众间的信息不对称,实现了媒体、政府、公众的有机互动。理政广播的出现,更好地配合了国务院提出的"建设服务型政府"的目标,发挥了媒体在建设服务型政府中的特殊作用,对政府、公众、媒体产生了多元的影响。

一、创新喉舌功能:改变政民信息不对称,搭建新型施政平台

"信息不对称"概念产生于微观信息经济学领域,但同时也广泛存在于社会政治和法律领域内。它是指决策所依赖的信息在相对应的组织或个体之间呈现不均匀、不对称的分布状态,即一方占有的信息数量和质量优于另一方。[1]

政府与公众之间的信息不均匀分布主要表现为,作为最大公共信息资源的制造者,政府利用自身的信息优势地位垄断信息的传播,实施追求自身利益最大化的目标。作为信息的劣势方,公众不仅权益受损,他们还面临着在政治上的"逆向选择",即对政府报以冷漠、不信任的态度,削弱了他们参与公共事务管理的行为。而对于信息优势方来说,信息不对称问题也不利于落实、贯彻有关政策、措施,反而会提高行政管理成本,降低行政管理效率。因此,在公共信息不断扩容、社会思潮不断涌动的当代社会中,公开政府信息,就成为解决政府与公众之间信息不对称问题的基本方式和手段。

从另一方面来讲,社会转型期的特点使得政府会产生更强烈的及时了解真实情况的渴望与更早期地获得危机预警的需求。理政广播恰恰可以通过听

---

① 方燕:《从信息不对称理论看政府信息公开的实践意义》,《北方经济》2005 年第 12 期。

众的热线和短信交流帮助政府了解社情民意,发现潜在的危机,对其进行因势利导。

理政广播的出现,为政府职能部门和广大民众提供了直接沟通交流的机会,通过官员对政府新近出台或即将出台的政策法规和决策部署的解读等,使听众直观形象地了解了这些政策法规出台的背景、价值及具体运作等,较好地消除了听众心中的不确定性,促进了民众更好地了解政府的施政理念和行为。同样,听众也通过这一沟通平台及时反映了自己有待解决的问题和对城市相关公共管理工作的意见和建议,使政府职能部门可以快速、直接地了解民意。它不是一个纯粹的新闻现象,已经成为政府行政、施政、理政的平台,成为对政府系统内实施监督的平台。[1]

二、发挥沟通功能:发挥沟通型媒体特长,快速传达社情民意

与其他传统媒体相比,广播具有沟通型媒体的特点,其中热线节目就是最能体现沟通型媒体特点的节目形态。热线用于广播理政节目之中,为听众通过节目反映意见、呼声和看法提供了机会,听众可以通过热线电话、手机短信和面对面的交流形式直接和政府官员对话,将广播大众传播的优势与电话沟通人际传播的优势进行嫁接,不但使节目反映的问题更加快速、及时,也使广播的传播更具有人性化的特征。

政府公共事务管理是一项复杂的系统工程,关系到决策者(政府)、执行者(职能部门)、老百姓及媒体等多个方面。这四个方面相互作用、相互关联,组成城市管理的一个有机整体。其中,媒体担负着上传下达、信息反馈的沟通功能,使政府、职能部门和市民群众相互理解、相互支持,推动城市管理工作的顺利进行。对政府而言,这是一个了解社情民意的快速平台;对公民而言,则是"私领域"跨入"公共领域"的中介。基于热线交流的政民互动作为社会倾

---

① 陆小华:《热线理政节目与法治政府的建设》,《中国党政干部论坛》2004 年第 6 期。

诉的制度性安排,有利于形成一种社会学上的"安全阀"效应。无论是偶然遇到的小事,还是淤积多年的旧事,都可以一吐为快,利于缓和社会矛盾,保障社会平稳发展。

理政广播坚持客观全面地反映社情民意,及时准确传达政令法规,生动活泼地服务市民需求,竭力将广播打造成为政府与市民沟通的平台。很多政府部门的负责人在做客理政广播节目后,深切地感受到了市民关心城市建设和发展的热情以及这种方式对工作的促进作用。北京市副市长牛有成在北京城管广播和听众对话后,感到"到电台来沟通的这种渠道非常畅通,可以听到方方面面的声音,特别是了解市民的意见更直接、更广泛,没有过滤。"2007年北京城市管理广播更名为北京城市服务管理广播后,其名牌栏目《城市零距离》还在早间"沟通版"的基础上增加了午间"服务版",邀请各政府部门的领导就各种政策法规为群众解疑释惑。

三、拓展监督功能:多种监督方式结合、建立监督反馈机制

实施舆论监督是新闻媒体重要的功能之一。与以往通过深度报道或新闻评论性节目进行舆论监督不同,直播型、交流式的热线节目不但注重听众反映问题的及时性、针对性和集中度,同时关注舆论监督的实际效果。热线理政节目采用开放的热线交流形式,在节目时间内听众和有关部门的负责人可以自由沟通,及时反映情况、提出意见和建议,将政府有关职能部门工作的成绩和缺失呈现在广大听众面前,使得传统的新闻监督变成了"一人投诉、万人监督",将舆论监督、法律监督、行政监督和群众监督有机结合在一起,增强了透明度和监督力度,也使得参与节目的部门和行业变被动接受监督为主动接受监督。

以先后获得中国新闻奖"中国新闻名专栏"的《政府在线》(河南电台)和《阳光热线》(河北电台)为例,《政府在线》每周一、三、五播出热线版,而每周二、四、六播出的反馈版,则以对前一天节目中群众所反映的情况调查和处理

结果、听众来信来电选编等为主要内容;星期天的周日版是对一周节目的回顾与集锦。截至 2005 年 4 月底,《政府在线》节目共播出 673 期,走进直播间的厅局级以上领导干部嘉宾已达到了 285 人(次)。累计收到来信近 2 万封,来电约 12 万个。通过节目共解答听众咨询 4133 条,为听众解决实际问题 1057 件。① 《阳光热线》在 2002 年开播以后,有 50 多个省直部门的 530 多位厅局级领导 1500 多次参与节目,82 位厅局级领导、1100 多名(次)处级干部带队深入基层解决问题,记者头天随同采访,第二天早晨报道处理结果或处理问题的进展情况,和听众企盼问题得到快速解决的急迫心理同步互动。② 该节目开播以来累计解决各类实际问题 45000 多个,退还各种不合理收费 2 亿 3 千多万元,问题解决率和听众满意率都在 98% 以上。③

北京城管广播则在全国首创了"市民反映+媒体曝光+政府督办解决+向群众反馈"的媒体监督模式。在市政府的配合下,北京城管广播开播三年,帮助市民解决了 2 万件问题,平摊到每一天有 20 多件,解决率从 2005 年的 44% 到 2006 年的 55%,2007 年达到 61%。④ 在正常节目时间之外,北京城管广播每天派专人负责接听热线电话,并将问题录入电脑。随后,负责转办的人员把问题整理归类,在每周三定期将热线反映的问题转给各委办局、区县等几十个部门,并在《市民热线》节目中每日播出 20 条左右的回复。

四、构建公共空间:提升听众公共意识,参与城市议程管理

中国社会转型过程中,随着市场经济的深化发展,多元利益格局也随之形成,但公众的社会责任意识未能得到显著的彰显,甚至在某些领域还出现缺位

---

① 河南人民广播电台专栏《政府在线》申报资料,《中国新闻奖作品选》,新华出版社 2005 年版。

② 王广文:《从质提升到品牌运营——写在(阳光热线)荣获全国"十佳"栏目之际》,《中国广播》2005 年第 4 期。

③ 河北电台《阳光热线》材料。

④ 北京城市服务管理广播开播三周年特别节目内容。

现象。作为媒介,在提高自身社会责任感的同时,还具有培养受众社会责任意识的责任。在理政广播的节目设置当中,听众被视为社会公民,是社会公共事务的潜在参与者。通过媒介搭建的公共平台,不但让听众知晓社会事务,还激发起参与和讨论社会公共事务的热情,通过听众与政府职能部门面对面沟通交流,有望重新树立听众的公共意识,使其从城市管理信息被动的接受者转变为自主思考、积极讨论的参与者,在此过程中有效地实现了受众社会责任意识的提升。

理政广播的新闻议题,通常是编辑从听众反映的问题中经过筛选的具有共性原则的话题。从某种程度上来讲,这种议程设置将媒体话语权向社会公众的倾斜,决定了议题和发表观点的不再只是专家、学者、社会名流等,一些普通大众也能够通过广播发表自己的意见、建议、观点。对于那些听众反映的具有普遍典型意义的问题,他们已成为某种意义上的议题策划者,他们从参与的角度与社会公共事务一起构成新闻互动,形成舆论声势,引起政府相关部门的重视,最终促成问题的解决。

北京城管广播的志愿者服务队作为以反映社区动态、监督政府工作为宗旨的公益服务性组织,其成员积极参与各种社会活动,随时随地地反映社区新闻,提供动态信息,并且收集反馈社区居民对政策、法规的意见与建议。由他们带动的普通居民伴随着节目收听开始关注身边问题、思考社会事件,积极参与社会公共管理事务。

在当前的社会背景下,理政广播从某种意义上讲是政府和传媒共同创造的特殊制度安排。这种特殊的制度安排,可能会比正常制度安排与程序运作更强有力。一方面,有了这些来自政府的支持和合作,能够使媒体监督获得政府管理部门的有效注意,百姓提出的问题也能够得到更为迅速、及时的解决;另一方面,理政广播不同于音乐广播等专业频率,涉及面广,情况复杂,大量的组织、协调工作都需要依靠一定的行政力量协助完成。

理政节目中由于有了政府、媒体、公众的参与互动,往往会因社会关注度高而促成一些问题和矛盾的快速解决。但是,如果因为舆论监督压力的存在而使某些问题处理的进程过分加快,则很可能会破坏社会公共机构正常运行的规律。可能只是解决了表面问题,却无法触及深层矛盾,或者只能在节目中讨论和解决一些鸡毛蒜皮的小问题。因此,理政节目不要过分急于求成。一要避免舆论监督压力下仓促的行政行为,二要避免媒体对行政监督和法律监督的越俎代庖,不要过分深度介入新闻事件,更不能"导演"新闻事件和社会问题,要通过真实、客观、公正的报道反映社会进程,追寻事实真相。此外,电台还应对公众议程进行设置,科学引导社会关注点。结合当前社会实际和各政府职能部门的工作重点,有意识地设置或征集一些公众话题,将听众的关注点引导到这些政府需要公众互动的问题上来,真正起到对公众、媒体、政府关系的协调沟通作用。

(本文原载《中国广播电视学刊》杂志 2010 年第 1 期,作者:袁军、王宇)

对发挥广播自然灾害
第一媒体作用的思考

目前,我国已进入风险社会时代,每年因各种突发公共灾难造成的损失十分惊人,而且在未来相当长一段时间内,我国都将面临突发公共事件所带来的严峻考验。以自然灾害为例,中国是世界上受自然灾害影响最为严重的国家之一,灾害种类多,发生频度高,损失严重。我国有 70% 以上的大城市、半数以上的人口、75% 以上的工农业产值,分布在气象、海洋、洪水、地震等灾害严重的沿海及东部地区。

近年来,在屡屡发生的巨大自然灾害,尤其是 2008 年的南方雪灾和汶川大地震中,人们发现广播发挥着不可替代的重要作用。广播从业人员和研究者认识到:广播不但在抗灾抢险、组织社会互助方面起到鼓舞、沟通作用,还发挥了社会救助和生命关爱的功能。中共中央政治局常委李长春在"5·12"汶川地震发生后曾经指出:"在重大灾情的情况下,广播的作用是非常大的。不管各种媒体怎么发展,广播的作用是别的新闻媒体不可替代的!"①

西方一些国家认为,广播是将灾害警报告知公众的理想方式。因此在灾难到来之时,告知逃避、防护信息并进行指挥调度的广播系统十分重要。美国早在 1963 年就开始建设紧急广播系统,最初的设计目的是当国家处于紧急状况时给总统提供一个能迅速通告全民的通信方式。后来在美国联邦通信委员会(FCC)、联邦应急管理局(FEMA)和国家气象服务(NWS)三个部门共同努力下,紧急广播系统逐步完善,并更名为紧急警告系统。系统除了能实现全国

---

① 《李长春同志接见搞抗震救灾一线记者侧记》,http://www.cnr.cn/military/。

范围的紧急警告之外,州或地区发生紧急情况时也可以使用。① 在亚洲,日本、韩国的灾害广播系统发展也相对较好。2004 年年底印度洋海啸造成近 30万人遇难,此后,亚太广播联盟(ABU)开始成立研究项目,致力于在其区域联盟成员内推广警报广播系统(EWBS)。

在我国,虽然人们已经认识到广播作为自然灾害报道第一媒体的作用,但对如何发挥广播的这一作用却较少研究,我们认为,结合当前我国广播业发展的实际情况,可以从以下几个方面着手开展工作。

一、建立国家和地方两级紧急广播体系

2008 年,一些广播研究者在总结中央人民广播电台的大型直播节目《爱心守望　风雪同行》的成功经验时,曾有人提出应当尽早建立国家广播应急体系和应急广播保障体系并实现与中央广播同频播出。② 汶川大地震发生后,又有人提出中国应建立"紧急广播"国家系统。③ 紧急广播是涉及社会多个部门的综合性公益服务,需要社会各部门的通力配合、互相合作才能有效发挥紧急广播服务政府、服务人民的作用。

从国家管理角度来看,政府及相关管理部门要认识到广播作为"自然灾害第一媒介"的价值,将广播纳入国家应急管理的总体框架,在《国家突发公共事件总体应急预案》中增加在紧急状态下发挥应急媒体作用的章节,从法律上确定广播电视在突发事件发生时作为应急媒体的地位并规范其行为。

建立国家广播应急体系,对大范围的公共突发事件的即时信息传递和舆论引导具有重要作用。但鉴于中国幅员广大、人口众多,相当多的自然灾害具有区域性的现状,采用国家和地区两级的应急广播体系可能更具有实际价值。

---

① 陈德林、张定京:《紧急广播概况及我国开展紧急广播业务的相关建议》,《广播与电视技术》2008 年第 1 期。

② 魏胜利、侯永生:《〈爱心守望　风雪同行〉的启示》,《中国记者》2008 年第 3 期。

③ 栾轶玫:《建立紧急广播国家系统兼议国家电台在汶川大地震中的表现》,《视听界》2008 年第 4 期。

从合理配置资源的角度来讲,针对不同级别的自然灾害启动不同层次的广播应急体系,更有利于合理使用频率和人力资源,播出的节目内容针对性、服务性更强,也不会因部分地区的灾难引发其他地区的波动和恐慌,具有稳定社会的积极作用。

当跨地域的重大自然灾害发生时,可以启用国家广播应急系统,由中央人民广播电台为主,各地方电台配合,及时传达中央政府和相关政府部门的政令和协调各方关系的信息,体现国家意志,树立国家形象;当区域性的海啸、台风、地震及其他雨雪灾害天气出现时,则主要依靠地方广播电台或地方电视台联合,播出针对性更强、服务性也更强的节目,充分发挥地方政府和地方媒体在公共突发事件中的主观能动性。

二、重视防灾、减灾宣传与救灾报道的结合

早在 1998 年,"国际减灾日"的主题就是"防灾与媒体——预防从信息开始",希望媒体成为防灾工作的重要力量。但我国的现状是:灾害是报道的热点,防灾是报道的冰点。

事实上,新闻媒体积极参与防灾减灾的宣传,真正做到信息共享,有助于减少灾害的发生,对国家的政治、经济、文化、安全等都有着重要的作用。世界上很多国家都有媒体参与减灾宣传、取得成效的实例。墨西哥自 1997 年 9 月开播了关于减灾防灾的无线电广播节目,包括人物专访、专题报道和新闻广播,该节目已成为交流减灾防灾信息和新技术与成果,教育人民参与减灾和灾害风险管理的有效途径之一。①

日本历来重视国民的危机意识,中央财政每年投入大量经费用于国民的防灾教育和宣传,民众对于灾难来临时可能遇到的情况、逃生要领、急救知识等都非常清楚。日本在防震减灾中十分重视对媒体的利用,并于 1978 年发布

---

① 《防灾与传媒——国外媒体如何参与减灾防灾中的信息传播》,《中国记者》1998 年第 11 期。

了《大地震对策特别措施法》,其后经常通过各种媒体进行防震减灾宣传,达到家喻户晓。1982年5月,日本内阁做出决定,将每年的9月1日定为"防灾日",8月30日到9月5日为"防灾周",在此期间举办各种宣传普及活动,采取的形式有展览、媒体宣传、标语、讲演会、模拟体验等。由于媒体宣传与其他教育渠道的结合,日本人的防灾意识甚至超过了防病意识,尽管日本的地震频繁,但人员伤亡并不严重。

在我国,利用新闻传媒普及科学知识、增强公民减灾意识、减少灾害损失也有着良好的例子。1984年南黄海6.2级地震波及上海,由于当时公众的防震减灾意识差,再加上地震后出现谣言,给社会造成了严重影响。其后,上海加大了地震相关的科普宣传和教育,提高了防震减灾的意识,当1996年发生类似事件时,就没有再出现当年的恐慌。由此可见,日常的防灾减灾宣传对灾害来临时人们的反应有着重要的影响。

除日常的防灾减灾宣传外,灾害发生后信息的快速公开传递也是减少灾害损失的重要一环。仍以日本为例,日本各地有好几处专门的地震监测中心,地震一发生,监测中心就立即将震级、震源、震中等基本情况传递给国家有关部门。在地震发生1分钟内,日本广播公司就将地震的大致信息迅速告知全国。地震发生后,所有市民从广播、电视、报纸以及各个机构的信息渠道中所获得的信息,几乎都是一样的。这样的做法对于减少灾害损失非常有用。

三、打破媒体、地域界限,建立跨界合作

在2008年春各地迎战暴风雪的过程中,一些地方交通广播除了打破正常节目编排进行直播外,还与其他地方的多家交通广播进行连线直播,及时沟通春运信息和路况信息。如江西交通广播与全国20多家交通广播进行台际连线直播、羊城交通广播与十几家电台做了上千次连线报道等。这样的联合,使得交通广播成为冰雪灾害中的应急指挥平台。由于有了年初的尝试,在"汶川大地震"期间,地方交通广播再度携手,5月22日早上8点,由四川人民广

播电台交通广播发起的全国 73 家交通广播联合直播抗震救灾大型特别报道"我们心连心"开播,播出时间长达 14 个小时。

但是,我们也必须看到:这样的联合多属于暂时性的业务联合。多年形成的广播体制,使我国的电台一直存在各自为政、条块分割的问题,在自然灾害发生时广播电台报道的范围和节目的覆盖范围受到行政区域划分的影响,无法满足受众的实际需求。当多个省市发生重大自然灾害时,由于缺乏统一协调和机制保障,电台之间跨地区的合作只能是暂时性的业务合作。

除地方电台无法实现有效跨界外,国家广播在各地频率的不统一也影响了信息的传播。尽管目前中央人民广播电台的节目实现了全国绝大部分地区的覆盖,但在各省区市落地的频率不一致,甚至在同一地区的不同县市间的频率也不统一。这样既不利于跨省、跨地区流动人群收听,也不利于频率资源的充分合理利用。因此,要真正实现自然灾害中广播的跨地区播出,对国家电台播出频率的调整具有重要意义。

除电台之间的合作外,多媒体整合传播也是今后广播媒体应当着力探索的领域。随着传播技术的不断发展,广播与新媒体的结合已成为大势所趋,利用网络、手机、掌上通信工具等新媒体,可以进一步增强媒体对突发事件的应对能力,并建立更加互动的信息传播平台。

在这方面,我国已有成功的案例:中国广播网(简称"中广网")改变过去与广播频率、总网与分网相对独立的局面,与中国之声、各地方记者站及 15 个分网直接对接。在 2008 年年初的暴风雪报道中,中广网编辑力量整体前移到中国之声特别报道组,从记者在前方播报开始,同步速记、整理,迅速分类进入编辑平台,改写、整合,补充背景资料,并添加相关链接,使之成为一个完整、厚实的新闻,经过审核平台,迅速发布。中国广播网的转载量和原创量比例由原来的 8∶2 一跃成为 2∶8。① 从 1 月 21 日到 2 月 5 日,中广网的访问量和在线收听率随着风雪灾害的延续不断增长。网络和广播互为推广,其成效显而易见。

---

① 于都、刘永恒:《中国广播网依托中央台"台网一体"抗冰雪》,《中华新闻报》2008 年 2 月 27 日。

四、完善灾害报道应急机制

胡锦涛同志在 2008 年 6 月 20 日视察《人民日报》时指出,要"健全突发公共事件报道机制,第一时间发布权威信息,提高时效性,增加透明度,牢牢掌握新闻宣传工作的主动权"。重大自然灾害也属于突发公共事件,需要一系列管理规定和组织要求来构成媒体应急机制。

所谓应急机制,可以理解为应对突发事件而采取的一些应急措施和制度,通常包括预防机制、预警机制、反应机制、控制机制、恢复机制等主要部分。新闻媒体的应急机制既需要面对突发事件的报道决策,也需要对报道活动进行协调与保障。

对广播来说,应急机制可以包括以下几个方面:1.评估机制:对突发自然灾害进行事前和事后评估,根据灾害的严重程度和发展态势决定是否启动应急预案、启动几级预案。灾害的规模、影响的范围、报道的难度以及公众的关注程度等都是评估的重要指标。此外,还应在报道结束后对其进行事后评估,搜集受众的反馈以及社会评价等,及时发现报道中存在的问题。2.快反机制:一旦发生突发性自然灾害,媒体要根据事前评估启动相应的应急预案,迅速确定报道方案,第一时间、第一现场向受众传递最新的事件发展情况。与此同时,电台结合自然灾害的状况确定是否插入特别节目甚至打破常规编排进行直播。除调整节目播出外,电台还需要调整不合时宜的广告并及时组织社会募捐活动等。3.组织机制:电台采用虚拟团队的方式组织一支能够随时派往突发事件一线的队伍,除包括经验丰富的资深记者、编辑、主持人这样的团队核心外,还需要技术、后勤、联络人员等负责提供保障的人员。4.保障机制:在重大突发自然灾害发生后,除一线编辑、记者、主持人要做好相关的报道外,后方物质、信息、设备、节目等各种资源的协调保障也很重要。5.培训机制:针对突发事件报道的问题,专门印制突发事件报道工作手册,组织记者参加专门课程的培训,针对人身安全、法律伦理、信息核实等专门问题对记者进行指导。

(本文原载《中国广播电视学刊》2010 年第 2 期,作者:袁军、王宇)

健康传播中的控烟议题研究

——以《人民日报》控烟报道为例

　　烟草控制,作为公共卫生与健康传播的重要议题,长期以来一直为政府机构、医疗研究人员以及媒体所关注。在长期的新闻实践中,我国媒体对控烟议题的报道在传播形态、传播主题、传播内容等多方面呈现出不同的变化和特点。通过对一定时期内媒体的控烟报道进行考察,我们可以对议题建构过程中媒介映像的特点与媒介的建构策略进行发现和分析。本研究考察了《人民日报》的控烟议题从 1996 年到 2008 年的媒介建构过程,希望能够丰富健康素养研究相关理论。

一、《人民日报》控烟主题报道情况概述(1996—2008 年)

(一) 年报道量

　　在选取的《人民日报》1996 年至 2008 年的控烟主题报道中,共有报道数277 篇,其中 1996 年与 1997 年的报道数量较多,为 45 篇与 36 篇,分别占总量的 16.2%与 13.0%;2008 年的报道数量到 28 篇,成为继 1996 年与 1997 年后又一个报道较多的年份。对这种变化的一个可能的解释是,控烟主题报道的报道量与控烟事件的出现密切相关。如 1996 年与 1997 年重要的控烟事件有大量控烟法规的出台实施以及世界烟草大会在中国的举行,而 2005 年后控烟报道量的递增也与《烟草控制框架公约》在我国的生效以及临近 2008 年北京奥运会的时间线相吻合。

（二）控烟主题报道的月报道量

按月统计发现,控烟主题报道主要集中在每年的五六月,以5月的报道量最大,5月共有报道53篇,占报道总量19.1%,6月共有报道49篇,占总量的17.7%,这两个月的报道量占了13年间报道总数的三分之一以上。原因是控烟报道会集中在每年的世界无烟日,即5月31日前后,同时由于6月1日国际儿童节与世界无烟日相连,相关报道会涉及少年儿童,从而造成了这两个月的报道量激增。

（三）报道版面

各个版面在整体报道中所占比例按从多到少排列,前三位依次为:国际新闻版(136篇,占49.1%)、教科文卫新闻版(47篇,占17%)、要闻及国内新闻版(37篇,占13.4%),可以看到控烟主题报道主要集中在国际新闻版,报道量几乎占到总数的一半,而要闻及国内新闻版的报道量则不足国际新闻版的三分之一。值得注意的是,医药科技版作为介绍健康信息的重要版面在13年间仅有13篇报道,占报道总数的4.7%,并在1996年至2000年出现空白,但是从2004年起医药科技版每年都有控烟主题的报道。该版面报道出现空白的原因由于其设立时间较短,控烟报道并未在13年中都有体现。但是,从2004年起至2008年,该版面都有对控烟报道的涉及,说明控烟问题已经纳入该版面的固定报道范畴。

（四）报道体裁

控烟主题报道体裁排名前五位依次为消息(165篇,占59.6%)、调查和专访(26篇,占9.4%)、特写(24篇,8.7%)、图片报道(23篇,占8.3%)、读者来稿(16篇,占5.8%)。

从以上数据中可以看出《人民日报》的总体报道风格偏于硬性,着重于对即时新闻信息的报道;而像调查和专访、特写与图片报道偏于对事件与人物细节的叙述,与消息相比相对比较软性和感性,虽然在报道文体中也有所体现,但是并不作为报道的主体出现。继续从时间线上分析可知,自 2004 年起对调查和专访有所侧重,这说明《人民日报》开始逐渐改变原有强调硬性消息的报道特点,开始对报道背景及事件本质进行挖掘,而评论性报道主要出现于 1996 年、1997 年与 2008 年,这也与有关控烟的重要事件出现的年份相吻合,并从另一个角度印证了前文对控烟报道的出现健康传播中的控烟议题研究——以《人民日报》控烟报道为例时间与重大事件之间关联性的假设。

(五) 以控烟报道为主题的内容划分

在对控烟主题的报道中,"评论呼吁"性内容出现最多,共有 152 篇报道涉及相关内容;其次是有关"国家及地方宏观的控烟政策、有关烟草控制的会议、领导人出席控烟活动"的内容,出现 134 次,而"烟草流行的现状描述、控烟现状描述、吸烟人群或被动吸烟人数的报告""具体的控烟、救治措施、政策的实施""控烟宣传教育活动"的出现次数则分别处于第三到五位。"评论呼吁"性内容居于首位表明,控烟问题已经引起了媒体的重视,媒体在报道过程中正通过自身的、积极的构建来引起读者的关注。而对国家宏观控烟政策以及当前控烟现状的描述则说明了《人民日报》作为党和政府喉舌,在传达官方意见时遵循的媒介传统。

(六) 吸烟行为的危害性描述

罗杰斯于 1965 年总结了诉诸恐惧宣传活动中的 3 个关键要素:"所描绘事件的危害性、那种事件发生的可能性和所建议对策的有效性。其中每个因素均带有认知判断的过程,而且这种认知判断过程就决定了后来的态度改变量。"[1]对全部控烟主题报道中提及吸烟行为危害性的情况进行分析,媒体报道将更多的重点放在展现吸烟的危害性,其中提及吸烟危害性的报道共有 184 篇,与之相比,媒体对二手烟造成的危害报道较少,仅有 53 篇。在对控烟

---

① [美]沃纳·赛佛林、小詹姆斯·坦卡德:《传播理论:起源、方法与应用》(第五版),郭镇之等译,中国传媒大学出版社 2006 年版,第 141 页。

措施的有效性描述上,媒介内容的反映更为稀少,仅有 43 篇报道有所涉及。对吸烟的危害普遍重视,而对危害发生的可能性、相关措施有效性有所忽略,反映了《人民日报》在报道中更加偏向于用即时报道唤起受众的注意,而对如何通过报道实现受众态度的转变考虑较少。

二、控烟报道的特点与策略

通过对 1996 年至 2008 年的控烟主题报道进行内容分析,可以看到《人民日报》在报道中呈现出以下特点:

(一) 报道的态势与控烟相关事件的出现时间相呼应

从年份分布来看,控烟主题报道数量较多的年份与重要控烟事件相对应。如控烟系列法规的出台(1996 年、1997 年),世界烟草或健康大会在北京的举行(1997 年),《烟草控制框架公约》的生效(2006 年后),无烟奥运承诺的兑现(2007 年、2008 年),在这 5 个年份中,控烟主题报道的力度明显高于其他年份。从月份分布上来看,控烟主题报道大多集中在"世界无烟日"前后,在每年的五六月,控烟主题报道达到全年报道量的最高值。

(二) 报道方式以消息类报道为主,同时结合多种报道手段

通过对报道版面与报道体裁的分析可知,《人民日报》大多是通过"国内新闻""国际新闻""教科文卫新闻"这 3 个版面对控烟主题的消息集中刊发。在进行硬性报道的同时,逐渐在"医药科技"等专版,运用"特写""调查和专访""图片报道"等软性报道方式对控烟主题进行多角度发掘,这样加大了控烟报道的层次感,使报道更加细腻与真实。

(三) 报道的关注点有所偏差,对控烟报道的外延还需继续拓展

在对吸烟人群、二手烟伤害人群、控烟误区的报道上,《人民日报》的关注

程度明显少于对政策、会议、报告的陈述,而这恰恰是现在控烟工作中急需使广大公众知晓、了解并需要媒体广为宣传的 3 个方面。即使在对吸烟行为危害性的报道上,媒体自身也没有展现出一个合理的报道体系,其关注点集中在强调吸烟危害健康,而对二手烟危害性的报道力度却明显不足。至于在用可靠的数据证实危害的发生,并对当前控烟工作有效性的展示上,媒体继续表现出报道数据上的缺失。这一方面是因为我国控烟工作的艰巨性,控烟活动进展较慢,同时也暗示了媒体自身在报道控烟问题时还缺乏系统性,没有形成一个长效的、完整的报道思路与报道体系。

三、控烟话语背后的多元力量

"无烟奥运"系列报道中体现的控烟话语是在 2008 年奥运会这一特定历史阶段形成的一种特定话语,通过对这一时期控烟话语的分析,可以发现控烟话语的建构过程极为复杂,它是由众多不同的话语交织在一起共同组成了一个有关控烟的新话语,多元话语的集结反映了控烟行为背后多元力量的交互影响,在这种影响下,有关控烟的健康传播活动呈现出相对应的表现特征。

首先是政治因素。当控烟活动与奥运产生直接联系时,政治因素也便参与到控烟话语之中,并发挥主要影响。这一参与过程将所有重要的政治元素都囊括在内,因为奥运主题自身就具有广泛的包容性,它涵盖着国家、民族、种族,可以说政治因素对控烟话语的参与只是对奥运话语建构的一个层面。其中最明显的表现是政府代表的控烟言论、政府推动的控烟行为以及政府制定的控烟法规。控烟报道的全过程体现了政治意识的渗透,当然这种渗透有利于构建出一个高效的宣教体系,但是在遭遇突发性变化时,媒体的"监测者"职能却难以体现,新闻报道的及时性也会因此而逐渐消失,健康传播也只会作为政治语篇中的一个片段。

其次是商业因素。控烟活动本身是对烟草企业利益的威胁,作为维护商业利益的反制手段,烟草企业通过自己的公关宣传重新塑造了人们对烟草的现实印象,如在报道中提到与个人魅力的种种联系。当商业利益的实现与政治关联,特别是商业利益成为政治运作的重要组成部分时,媒介也会出现偏向,在媒介内容中显示出烟草企业的意图构想。在"无烟奥运"主题报道中,虽然更多体现的是对政治意识的遵从,但是当商业因素全面渗透时,媒介能否在健康传播中取得立场的平衡,还是值得考量与检验。

再次是公众因素。当今社会,在政治与商业的广泛渗透之外,更有一种新兴的、具有旺盛生命力的影响因素,这就是公众因素。公众因素体现在公共领域的主体强化其主体意识、发挥其主体权利的全过程,反映在"无烟奥运"报道中,更多地体现为对公众健康、社会生活空间维护的呼吁。这一方面说明当媒介对文本意义进行构建时开始自觉将公众意志作为参考对象,另一方面也体现了公众影响的威力,大众传媒与公众之间的主从关系开始被"传媒与民意的合作所取代"①。

除此之外,由于"医学制度化、规模化构成的立体形象,极易使中国人自然而然地产生对科学力量的崇拜心理"②。医疗、科技,甚至不同时空发生的事件都有可能对控烟活动以及健康传播活动产生影响。大众传媒构建的媒介文本已经难以呈现出某种单一的声音,而更可能将自己的声音拓展成一种现实的混响。

四、控烟与健康——媒介对健康素养的构建趋势

(一) 在健康取向下实现议题的多角度发掘

控烟问题是健康问题,需要媒介以促进公众健康为出发点,坚定传播健康知识的立场,对健康信息做出及时准确全面的报道。同时又要结合社会、环

---

① 张自力:《突发公共卫生事件中的传媒报道与民意诉求:以"苏丹红事件"为例》,《新闻大学》2005 年冬季号。
② 杨念群:《再造病人:中西医冲突下的空间政治》,中国人民大学出版社 2006 年版,第418 页。

境、经济、法律、文化、道德等多种因素对控烟议题进行多角度解读,因为健康素养的培养不只是需要对健康信息进行认知与处理,更是自身生存信息及发展信息的认知与处理。健康观念的形成是一个长期的过程,媒介解读的多角度化正是为受众健康素养的提升提供了一条便捷的路径。

(二)叙事方式的多样化

在叙事的多样性上首先需要做到信源引用的规范,避免报道中出现全篇没有消息来源的现象。同时在多篇报道的布局中,应当注意引用不同的信源,如个人、科研机构、民间团体或协会、烟民亲属等,在做到准确性的同时兼顾全面。在体裁上,注重体裁运用的均衡,实现硬性报道与软性报道的合理分配,使消息、特写、调查、评论、科普文章等能在信息的传播中相互补充,最终赋予报道以层次感。

(三)实现媒介解读的深入性

就控烟议题而言,经过多年的媒介报道以及宣传教育活动,民众对于控烟活动的认知还处于简单的知晓阶段,对其了解还不够深入。在信息认知方面,从宏观角度来看,媒体对控烟议题的解读还要代表公众挖掘许多被政府忽略甚或掩盖,但又并非不重要的信息,这体现了对公众知情权的尊重。媒介还需要培养公众的信息辨识力,使其学懂了解公共事务的方法,能够理解各种政策与法令的含义。在知识、政策类报道中,需要媒介做到审慎与通俗兼顾,既能从专业角度对涉及的医学知识有一个科学的阐释,在强调造成的危害时,更要以有力的证据获取受众对所做报道的信服。同时在出现专业术语时,不能简单复制专业机构的报告数据,要能用比较通俗的解释使受众对专业领域的知识有一个清晰的认知,从而在知识结构上帮助受众建立起对控烟问题的整体认知,而不会被烟草企业的公关宣传所误导,形成对吸烟危害的误导性印象。在提高认同感方面,媒介需要从道德、文化角度继续呼吁公众对此问题的关注,并能对吸烟非主流人群、被动吸烟非主流人群给予定期持续的报道,从而建立起一个倡导无烟生活方式的公共环境,从舆论方面对烟草的蔓延进行制约。

当前烟草引发的健康问题与社会问题在我国越来越受到人们的重视,健康素养是一个基于媒介素养与健康传播的交叉课题,通过本次研究,可以为以后的学术研究工作奠定基础。

(本文原载《当代传播》杂志 2010 年第 2 期,作者:袁军、杨乐)

对农广播的变革和发展

1930年，中华平民教育促进总会在河北定县开办了一家专门面向当地农民的广播电台——定县实验电台。但在2003年前，我国农村广播经历了初创、发展、繁盛、衰落、再发展的漫长过程，尽管许多电台开有长度不等的农村广播节目，但始终没有专门的对农广播频率。

2003年，我国第一家省级对农广播频率在陕西开播，其后具备条件的各省区相继开办多个对农频率，我国对农村广播开始进入提速发展新阶段。在建设社会主义新农村背景下，对农村广播也从"对农"转向"为农"，其节目内容和形式更加凸显服务性。

专业化对农广播频率的出现和对农广播的提速发展，是党和政府、广电管理机构及媒介市场竞争几个方面合力的结果。

第一，党和政府对"三农"的重视是对农广播发展的政策基础。

2005年，中共十六届五中全会提出建设社会主义新农村。同年11月，中共中央办公厅、国务院办公厅下发《关于进一步加强农村文化建设的意见》，为进一步加强农村广播影视事业建设确定目标。2007年，党的十七大提出建设覆盖全社会的公共文化服务体系；2008年，中共十七届三中全会进一步提出关于推动农村改革发展的战略部署。党和政府对"三农"问题及农村公共文化服务体系建设的高度重视，给全国农村广播的发展带来了新的机遇。

第二，广播电视"村村通"工程成为对农广播发展的技术基础。

1998年，国家广播电视总局开始推行"村村通"工程，按照当时的统计，中国共有72.3万个行政村，535.8万个自然村，其中11.7万个行政村和56.3万个自然村属于广播电视覆盖的盲区，约1.48亿农民听不到广播、看不到电视。

经过多年努力,中国广播人口覆盖率已经获得很大提高,目前"村村通"工程已完成 11.7 万个已通电行政村"盲村"和 10 万个 50 户以上已通电自然村"盲村"建设。

广播电视"村村通"工程的实施,有效扩大了农村广播电视覆盖,解决了一些地区农民群众听广播、看电视难的问题,也为广播电台开办面向农民的广播节目和专业频率提供了技术基础。

第三,市场竞争加剧和受众细分是对农广播发展的业务基础。

我国 13 亿人口,有 8 亿在农村,全国有 3.6 亿户家庭,2/3 在农村。专业对农广播频率的开播,既是广播媒体实践公共服务的需要,又是广播媒体争夺媒介市场、拓展竞争空间的选择。经过 30 多年的发展,"无竞争空间"所剩无几,农村市场是其中之一。

从另一方面来看,20 世纪 80 年代末期以来频率专业化已经成为广播电台媒介竞争的重要手段,以农村听众为目标对象,以服务"三农"为办台宗旨的对农频率,不但可以为农民致富奔小康提供全方位服务,而且能为电台提供良好经济收益。陕西电台有 9 个频率,农村广播 2007 年广告创收 2313 万元,占总收入的 14.4%;安徽农村广播开播后按照总台分党组下达三年经营创收 1500 万元的目标任务,实际完成了近 2800 万元,超过目标任务 80% 以上。①

我国各级广播电台历来注重服务功能的发挥,但过去侧重宣传党的对农政策和农业科技信息等,现在则内容更加多元化、形式化注重互动性、服务方式灵活化。

一、提供多元信息资讯,做农村百事通

调查表明,农户需要的信息种类按重要程度依次为:实用技术、农业政策、新品种、教育培训、人才招聘、市圳言息、气象信息、法律、文艺娱乐。② 由此可

---

① 张立旺、黄美娟:《办好农村广播,宣传服务"三农"——安徽农村广播开播四周年运营谈》,《中国广播》2009 年第 7 期。

② 庞井君:《农村广播:新起点新机遇新目标》,《中国广播》2009 年第 2 期。

见,农村受众接触媒介的主要目的是获取信息,而且偏好实用性内容。目前许多对农广播频率都将农业科技、供求信息、法律咨询、医疗健康等服务信息作为重要的节目内容,在一定程度上讲与受众期待相符。

除实用性信息外,对农广播信息服务还应当包括对政策的及时传递和解读。这样不但可以消除农村听众对政策理解的偏差和不到位,化解疑惑,而且可以维护政策权威性和导向性。

在新闻节目设置方面,对农广播新闻节目也应当区别于一般新闻节目,需要以播报国内外特别是省内"三农"新闻为主,兼播少量重要时政要闻和"三农"方面的短评、述评,这样使新闻栏目既有大量的农业信息、国内外重要的时政要闻,又有一定理论含量,在给农民听众传递信息的同时,也在一定程度上提高他们的理论水平。

二、突出农民主体性,打造话语平台

改革开放以来,农民处于被媒介边缘化的地位,对农广播作为面向特定人群的专业频率,在很大程度上突出了农民主体性:一方面,农民成为对农频率报道的对象,电台围绕他们生产生活的各种需求组织报道、制作节目;另一方面,对农频率成为农民的话语平台,转变其媒体"失语"的状态。

陕西农村广播开办"农民说新闻"这一更有效发挥农民主体性的典型节目。该节目分资讯版和参与版两个版本,前者由农民通讯员为听众报道发生在农村、身边的新鲜事、有趣事;后者是先播发农民通讯员自采的稿件,然后开通热线,由听众就稿件中反映的话题进行讨论,发表观点。

三、提供娱乐休闲,构建心灵家园

农村听众自身审美习惯相对保守,但他们又有了解城市文化的浓厚兴趣。实践证明,最能够吸引农村受众的,是那种既带有浓郁地方特色,保持自身乡土文化风格，又带有外来文化特别是城市文化特点的节目。在农民喜闻乐见的地方戏曲、小说、评书、歌曲等节目中引入时尚元素，可以吸引听众的喜爱和参与。

黑龙江乡村广播"乡村俱乐部"定位于"农民朋友自娱自乐的大舞台"，该节目内容以东北地方特色戏曲为主。节目还推出"农村文艺之星"选秀活动，农民听众通过热线电话参与节目、展示才艺，节目组还选出优秀选手组成"乡村艺术团"深入黑龙江各地进行演出，并通过比赛不断吸引新鲜血液进入艺术团，为农民进行表演，既丰富了农民的文化生活，又形成了电台与听众的有效互动。

在谈话节目方面，陕西农村广播"今夜心语"节目是全国开办最早的"三农"谈话节目，该节目采用时下流行的晚间直播节目的形式，类似传统的城市情感热线，是情感宣泄的平台，也是农民畅所欲言的话语平台。

听众可以通过该节目表达多样性的观点和看法，形成讨论，如农村残疾人优惠政策、土地承包、婚姻家庭等与农民生活相关的问题，更加贴近农民的生活。

四、普及法律知识，提高维权意识

经过 20 多年普法，农民的法律素质取得整体性突破，但也表现出"意识先行，基础薄弱"的不足，即法律维权意识较强，法律知识薄弱。针对这一问题，当前对农广播频率的节目构成中法律节目占有较大的比重，这些法律节目多数以法律咨询为主，或者邀请当地有名律师做客直播间，与主持人进行案例剖析；或者开通热线电话，直接为农民释疑解惑。引导广大听众学法、守法、用法，提高广大农民朋友的法制意识和维权观念。如安徽农村广播的"法制时空"、吉林乡村广播的"法在身边"、陕西农村广播的"900 维权在线"、江西农村频率的"律师帮帮团"等。

尽管 2003 年以来我国农村广播获得较大发展，但目前全国范围内省级对农广播频率 13 套，市级频率仅有 12 套，不足全国广播频率的 1%。这种频率分配的畸形是城乡二元结构在广播业的典型体现,今后一些条件具备的省区应当陆续开办富有地方特色的专业频率。此外,尽管对农广播频率的节目设置和传播的功能发挥比以往有较大进步,但在新闻舆论监督、突发事件应急、自然灾害避险、社会情绪疏导等方面还有拓展的空间。改革开放后,原来清一色以种植为生的农民分化为不同的阶层,对农广播节目制作人员也应当适应听众的分化制作具有针对性的节目,更好地服务听众、服务"三农"。

（本文原载《中国记者》杂志 2010 年第 4 期,作者:袁军、王宇）

农村计划生育信息传播和控制模式探析

——以山东省 A 县的计划生育健康传播实践为例

中国的计划生育包含丰富的健康知识,"计划生育是保证妇女生殖健康的一种最基本的手段,没有计划的生育本身就意味着妇女生理上风险增大"。① 优生优育有利于育龄妇女和婴儿的身体健康,关爱女孩有利于为妇女的日常生活提供心理支持,培养女孩积极健康向上的生活观、价值观,有利于整个社会男女关系融洽健康发展。1999 年国家计生委和中宣部共同发起"婚育新风进万家活动",从微观和宏观层面向中国民众展示和传递了计划生育包含的健康内容,婚育新风进万家突出生殖健康观念,向人们传播着在整个生命过程中与生殖有关的一切活动,包括生理、心理及社会诸方面均应处在健康、完好状态的观念,推动新型婚育观念在人民群众间的普及,借助各种大众传媒以及计生工作人员的入户说教,育龄群众在整个孕育阶段中可以了解有关性、生育方面的健康知识,可以知晓获得安全怀孕和生育的知识和措施,从而享受安全卫生的性生活,具有健康和谐的性心理。

预防艾滋病、避免性传播疾病成为各级计生部门重要的工作,艾滋病、性疾病与人们不洁的性行为有密切的联系,计划生育对预防此类疾病知识的宣传,既是从生殖健康的角度关爱育龄人群的生育安全,也是从预防传染性疾病的领域向广大人群传递预防性疾病传播的健康知识。计划生育的内涵绝对不仅仅是提倡少生、控制人口增长,同时也包含着丰富的健康知识的传播与普

---

① 王志理、陈月莲等:《倡导健康传播 创建婚育文明》,第二届中国健康传播大会十佳论文,2007 年。

及。婚育文化是健康传播的重要内容,健康传播是婚育文化实现社会功能的手段和途径。[①]"中国未来人口发展与生育政策研究"课题组的研究证实,计划生育对女性具有多方面的正面影响。第一,实行计划生育可使育龄夫妇少生孩子,实行避孕节育使妇女避免多生多育,实行节育可以拉长生育间隔,减少由于过密生育所带来的营养不足,从而降低婴儿死亡率,减少高胎次生育、高龄生育对孕妇和婴儿带来的死亡风险;第二,一些避孕药具有一定的防病治病能力,有助于维护妇女的身心健康,在计划生育服务的同时开展的妇科病查治工作,维护了妇女的合法权益,促进了妇女的生殖健康水平。国家计生部门和一部分医疗机构也推出了男性生殖健康关爱活动,向人们传播男性生殖健康知识。

"生男生女一样好""计划生育丈夫有责""关爱女孩"等理念传递着男女平等、不同性别和谐相处等健康知识,推动了中国妇女事业的发展,有利于综合治理出生人口性别比偏高问题,能够促进人口与经济、社会、资源、环境协调发展,为和谐社会建设、社会主义新农村建设发挥了积极作用。

一、媒介生态与计生系统的传播平台

山东省 A 县面积 1702 平方公里,人口 117.8 万,经济以农业为主,是山东省经济弱县。该县有一座电视台,但自办节目非常少。该县城镇地区有线电视和电话基本普及,居民基本能够用上宽带,但上网并未普及;农村地区各家绝大多数拥有电视机,但多数农村没有有线电视,可以收看的无线电视频道数量也很少,电视节目质量不高、信号不好,虽然绝大多数农村家庭通了电话,但基本无法上网,不少妇女不识字;该县一些医疗机构创办的健康知识小册子没有刊号,如 A 县瑞康医院出品的《瑞康生活》小册子,其定位为"专业的家庭医生,身边的健康顾问"。

作为一个经济欠发达地区,A 县的大众媒介相对不发达,计生系统的传播

---

① 李凡奇:《健康传播与婚育文化建设》,第二届中国健康传播大会十佳论文,2007 年。

平台相对原始、落后,主要有电视、宣传栏、宣传板、墙体、宣传单页等。从调查问卷结果看,目前 A 县计生局主要依靠电视进行计划生育宣传,其次为宣传栏。① 在 1995 年前县计生局计划生育宣传的第一媒体为宣传栏。我们调查中发现,除利用大众传播媒介外,唱戏是当地群众喜闻乐见的计划生育传播方式之一,即由专业演员或群众演员将计划生育相关内容编排成文艺节目,在公共场所搭台演出,起到计划生育信息传播的作用。

二、民众素质与生育文化观念

本文中的民众,指接受计划生育宣传影响的普通居民。A 县农村传统观念浓厚,男人在家里"一言堂",妇女主要听从男人的意见。一些农村家庭,仍然有家里来了客人妇女不上桌的风俗。按照里斯曼将受众分为传统导向型、内在导向型、外在导向型三种性格类型的分类方法,A 县受众大多属于内在导向型性格,他们受家庭价值观影响较深,父母的教导长久地影响着一个人的成长,其内心的价值取向体系受父母耳提面命式的教导深刻影响,受家族价值取向影响较深。目前,伴随大量中青年农民工去城市打工,民众的观念渐渐外向型化,但内向型性格仍占主导。

目前农村的宗法、家族制在经济落后的 A 县地区依然浓厚,一个家庭如果没有男孩子会被家族认为没本事,因此,已婚夫妇都想生儿子。当地的生育观念已经成为整个群体的认同,成为普遍的意识形态,无论男人还是妇女都偏爱男孩,没有兄弟的女孩会受到村里人的欺负,一些仅有女儿的人家被称为"没有人的人家"或"绝户",夫妇俩创造的财产都要归于别人(同一近血缘的家族人或者外姓人家——女儿家所获得)。因此,已婚妇女强烈认同家里应该有男孩子来撑家,否则会受人白眼、被人欺负。

我们在访谈中听说的这样一个例子很具有代表性:某村有两户人家,A 户

---

① 该县计生局从 1984 年开始利用广播进行计划生育宣传,相关节目为《婚育优生》;从 1994 年开始利用电视进行计划生育宣传,相关节目为《人口园地》;该县没有专门的计划生育报刊。

三个女儿、B户三个儿子,一天A户的一个女儿在玩闹的过程中把B户的一个儿子惹哭了,没想到两家家长各自埋怨对方。B户的家长对儿子说,以后别和A户的女儿玩,他们是没人的人家,绝户。A户夫妇听后一赌气跑到外地又生了个孩子,还扔下话:"人要挣口气,钱是人挣的,只要有人就不怕没钱,罚就罚吧!"

加强计划生育工作中对"妇女生育解放"的宣传,提高妇女在计划生育工作中的主动性与决策性。不少妇女不识字,因此在说服技巧上应该采用图像、口语传播、文艺演出等信息传播方式。大力宣传性别比例失衡对于个人、家庭、社会所产生的负面影响,让基层民众意识到性别比失衡给将来孩子的婚姻、工作带来的严重后果,让民众从利害关系上知晓计划生育工作中男女平等、男女平衡的重要性。

通过大力传播文明、健康的婚育新风,营造有利于女孩生活的环境,促进新型婚育观念的形成,促进妇女事业发展和男女平等,将关爱女孩行动进一步深化。重点宣传男女平等、生男生女顺其自然、生男生女一样好的新型生育观念,引导群众逐步转变"重男轻女"、"传宗接代"的旧生育观念;积极倡导男女平等,反对歧视妇女和女孩的社会偏见。

三、计划生育信息传播和控制模式

信息传播过程是多要素相互影响、相互制约的具有结构性、序列性的动态过程。一般借助传播模式来使抽象的、复杂的传播过程图表化、程式化,方便识别。模式指对客观事物的内外部机制的直观而简洁的描述。将A县域计划生育信息传播过程具体化为视觉的、图式的程式,可以帮助研究者直观、快捷地认识传播过程存在的结构,依据相关传播理论发现传播过程中存在的问题,有针对性地提出改进意见。

山东省A县计划生育宣传工作调查研究中的信息传播过程模式从微观与宏观两个角度来考察A县域计划生育信息传播活动,在厘清传播活动内部结构与机制的同时,积极联系外部文化、经济、政治环境的影响与制约,将传播活动与大的社会环境联系起来、融合起来,多角度、多层次认识当地计划生育信息传播过程的复杂性、动态性(见图1)。

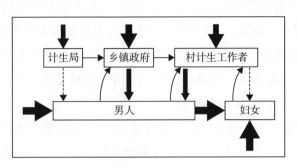

图1 计划生育信息传播过程示意图

注:箭头的粗细表示影响程度的深浅,越粗表示影响越深。线的虚实表示影响的间接与直接,实线为直接影响,虚线为间接影响。带弯曲度的实线箭头表示"逆向合理"信息传播。

从该模式中可以看出,由于知识水平的低下,妇女在计划生育信息传播过程中接收计划生育信息、计划生育新观念的平等权、自主权基本被剥夺,男人在计划生育信息传播过程中实施信息霸权。当地家里的男人是计划生育信息传播的重点,妇女即使受到计划生育宣传工作者的教育,接收到计划生育相关信息,但家里男人对信息的解读左右着妇女对计划生育信息的接受与理解,甚至家里男人直接决定妇女的生育行为。妇女受当地社会生育文化的影响远远大于计划生育信息传播的影响。因此,妇女游离于计划生育信息传播的边缘,没有决定权,其解读信息的方式已经被异化了。

无论是计划生育工作者还是普通民众,受社会生育文化观念影响严重,有的计划生育工作者自身就超生,带头多要孩子以确保家里有男孩,对计划生育信息传播过程带来扭曲性压力,使得信息传播过程出现逆向"合理"对抗的信息传播。所谓合理,指计划生育工作者带头违反计划生育政策,基层民众以此为理由和心理动力来向上传播自身违反计划生育工作的"合理性",信息传播过程出现"合理化逆向信息流动"。在"逆向合理信息"传播过程中,妇女的信息传播能力强于男人,妇女凭借"有理"敢于情绪性对抗计划生育系统的信息传播,并借助家长里短使得"逆向合理信息"得到快速的传播。

在 A 县域计划生育信息传播过程中,信息的流动基本是单向的、线性的,带有强制性、行政性的计划生育信息从乡镇、村基层计划生育工作者射向基层民众,民众承受着强迫性信息带来的心理压力,加上媒介素养知识的有限性,自身文化知识水平的缺陷,很多男人的信息压力与心理不平衡在外面找不到出口,往往在家里把心理压力宣泄给妇女,借此获取心理平衡,由此对抗外界的信息强迫。夫妻双方可能因此吵架,夫妻矛盾也可能由此产生升级,直接影响到和谐家庭的建设、邻里关系的和睦。

A 县域计划生育信息传播是一种强迫性、力量型的单向线性传播,该传播系统基本是封闭的信息单向流动,最下端的民众承受信息的压力,由信息刺激产生的信息却无法有效地由底层往上传播,哪怕是单纯的情绪宣泄。信息的心理压力造成民众的信息对抗,很多民众偷生,即便被罚得倾家荡产也要生个男孩。底层民众家里没有男孩所承受的心理压力、思想压力找不到恰当的渠道表达、宣泄,一味地去承受、忍耐,无法承受时,激烈的行为也就出现,一些夫妇愿意付出高昂的经济代价去生一个男孩来实现心理、情感的巨额收益。而由于多生被罚款造成一部分人贫困以及由此带来的一系列社会问题将会造成党和政府与民众的心理距离。因此建立双向、多向的传播渠道对提高计划生育宣传效果至关重要,让民众有效地宣泄情绪、让民众有效地表达,其实很多时候民众的委屈表达出来,对立的观念与思想也就伴随心理压力的释放而消失了。

A 县域计生系统应当用一大块力量加强对妇女的计划生育信息传播活动,根据当地妇女受众的特点,制定适当的传播策略,加强对妇女计划生育信息传播活动的互动性,帮助妇女维护自身合法的生育权,营造提高妇女地位、保障妇女权益的舆论环境。借助妇女的力量实现计划生育信息对男人的再次传播,逐渐改变计划生育信息传播过程中男女不平等的传播过程结构,使得妇女与男人在接收、反馈计划生育信息的过程中具有平等性、均等性,从而有利于计划生育信息传播结构的平衡与稳定,使传播过程更科学、更合理(见图 2)。

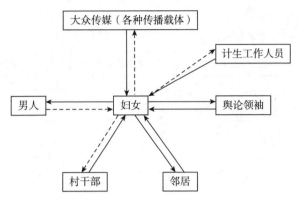

图 2　以妇女为核心的计划生育信息传播双向模式示意图

注:舆论领袖指 A 县计生系统塑造的基层计划生育典型人物。

四、计划生育新观念传播模式

新观念的普及不能简单等同于新技术的扩散过程,技术的扩散过程远远没有新观念、新思想被人们接受那么困难,技术的作用往往是外显的、物化的,观念、思想的存在与普及过程与政治、经济、文化密切相关,文化的环境直接影响到新观念、新思想的生存土壤的营养成分,计划生育新观念的传播与接受也是一个漫长的过程。美国传播学者罗杰斯通过总结新技术的普及过程而得出"创新扩散信息模式",笔者参考罗杰斯创新扩散模式,结合 A 县计划生育新观念的信息传播过程,得出当地计划生育新观念扩散的信息模式(见图 3)。

在信息爆炸的知识时代,A 县大多数基层民众并没有足够的条件来获取满足生育需要的相关信息,接收计划生育信息的手段与能力比较欠缺。基层民众的媒介素养水平亟待提高,如何获取计划生育信息、怎样解读计划生育信息、如何恰当使用计划生育信息成为当地民众计划生育观念乃至思想文化观念转变的瓶颈。广大基层农村的媒介生态亟须改善与重组,以使媒介生态合理化、时宜化,把基层能够利用的计划生育传播手段有机组合起来,尽可能丰富传播渠道,使传播渠道携带的信息量负荷最大化。

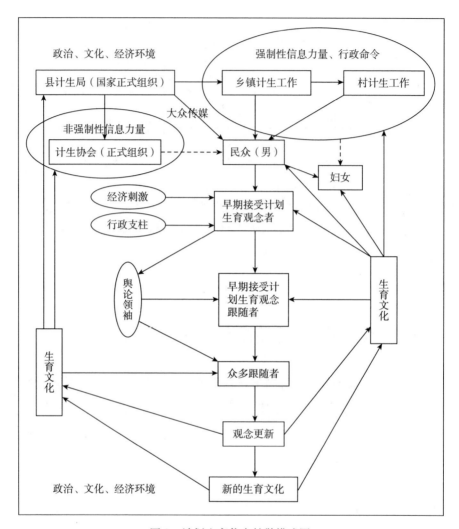

图 3　计划生育信息扩散模式图

注:舆论领袖指 A 县计生系统塑造的基层计划生育典型人物。

　　计划生育信息的传播效果不仅仅是一个传播问题,还与传播策略有关,同时与当地经济、文化发展状况密切相关。人口流动的快速性,大量农民工进城务工,了解城市生活方式与生活水平,建构起农民对类城市生活的精神想象,将对计划生育观念、生育方式认同均产生积极影响。生活水平的提高、社会保障措施的完备能够刺激、鼓励基层民众自觉、自愿地执行计划生育政策。因此,计划生育宣传不应该局限于单纯的计划生育信息传播,同时还要着眼于社会文化的革新、经济的发展,为基层民众提供尽可能丰富的致富信息,以及更多的进城务工、进城生活的机会,借助外面的信息环境冲击,重构基层民众生活的社会信息环境。由此,如何通过提高农民的媒介素养,将减少计划生育信息传播中双方的信息区隔,成为实现农村计划生育信息化、繁荣农村婚育文化、重构农村健康传播媒介生态不容回避的课题。相应地,如何对农民进行媒介素养教育也成为当前对农信息传播研究的重要课题。

(本文原载《现代传播》杂志 2010 年第 4 期,作者:袁军、解庆锋)

供给侧视角下的公共数字
文化共享数据应用研究

一、问题的提出

党的十九大在描述新时代中国特色社会主义文化建设时明确指出,"坚持社会主义核心价值体系","发展社会主义先进文化","坚定文化自信"①。进入新时代中国特色社会主义,公民文明素质和社会文明程度明显提高,文化产品更加丰富,公共文化服务体系基本建成。

来自发达国家的文化发展经验也告诉我们公共文化发展需要更多具备公共文化素养的公众来加入共建共享,才能真正实现文化自觉与文化的全面勃兴。随着经济与技术红利的释放,越来越多的地区普及了数字电视和宽带通信,"村村通"和"文化下乡"等惠民工程也在持续建设。然而,文化服务均等化不是简单的硬件搭建,而是需要切实考虑用户文化需求的文化供给与传播,从而确保公共文化的基本性、便利性、公益性与均等性。

因此,我们需要在了解公共数字文化供给与传播现状的基础上,从中国特殊的城乡、东西二元关系的现实语境出发,从供给侧角度来探讨公共数字文化数据应用的空间与方法,以期对新时代的公共数字文化建设提供指导意义。

---

① 新华社:《一文速览十九大报告》,见 http://news.xinhuanet.com/politics/19cpcnc/2017-10/18/c_1121822489.htm。

二、公共数字文化建设成就与不足

(一) 公共数字文化建设现状与成就

公共文化服务一直以来是政府文化部门施政的重要领域。党的十七届六中全会吹响了深化文化体制改革的号角;党的十八大提出建设社会主义文化强国战略任务;国务院办公厅在 2015 年下发的《关于加快构建现代公共文化服务体系的意见》明确提出"提升公共文化设施建设、管理和服务水平","探索整合基层公共文化服务资源的方式和途径,实现共建共享"①。2017 年 3 月 1 日起《中华人民共和国公共文化服务保障法》正式施行,人民群众的基本文化权益实现了有法可依,公共文化服务开始向标准化、均等化、专业化的方向演进。

随着全国文化信息资源共享工程、数字图书馆推广工程、公共电子阅览室建设计划及文化部三大公共文化惠民工程的实施,我国公共文化发展取得了长足进步。

其中,全国文化信息资源共享工程于 2002 年 4 月,由文化部、财政部共同发起实施。它利用现代信息通信技术,将优秀文化进行数字化加工整合,通过互联网、手机等新型传播载体,依托国家中心、省级分中心、基层中心组成的网络,依靠各级图书馆、文化站、文化室等公共文化基础设施,结合全国农村党员干部现代远程教育工作、农村中小学现代远程教育工程、广播电视村村通工程等,实现先进数字文化在全国范围内的共建共享。经由十多年发展,我国文化共享工程已进入"全面共享"的新阶段,数字文化共享工程在新的建设阶段正在努力实现工作重点从侧重工程设施建设向侧重管理服务转变,建设方式从铺摊建点的规模化建设向专业化和品牌化转变,发展模式从单一化向社会化转变。

截至 2016 年 10 月,平台已经覆盖全国各省,形成了"1 个国家平台+ 33 个省级平台"的业务格局,能提供 PB 级公共数字文化"云服务"。经文化部、

---

① 中国政府网:《中共中央办公厅、国务院办公厅印发〈关于加快构建现代公共文化服务体系的意见〉》,http://www.gov.cn/xinwen/2015-01/14/content_2804250.htm。

财政部验收通过的国家公共文化服务体系示范区 61 个、项目 103 个。① 这些示范区、示范项目的建设成果显著,不仅进一步发挥了典型示范和带动作用,充分调动地方人民政府的积极性,巩固公共文化服务体系建设成果,而且为更好研究解决公共文化服务体系建设的突出矛盾和问题提供了案例参考,对于推动公共文化服务体系建设可持续发展具有重要意义。

农村公共文化服务能力也大大增强。一是农村广播电视村村通、户户通工程,广播电视覆盖率已达 98%。二是乡镇综合文化站工程,在"十二五"期间已建成 4 万多个乡镇综合文化站。三是农村电影放映工程,保证农民每个月能免费看一场电影。四是农家书屋工程,全国有 60 多万个农家书屋。五是农村数字文化工程,通过互联网将文化信息送到村一级。②

(二)公共数字文化建设问题与不足

1. 数据共享不足

在文化惠民工程的帮助下,广大图书馆、文化馆等馆藏资源逐渐形成了数字化,形成了海量化公共文化"云服务"并通过元数据的方式进行编目以方便查询。但丰富不等于精彩,海量化不等于体验好。从目前公共数字文化建设现状来看,数字图书馆之间及数字图书馆与数字博物馆、文化馆之间的依存度和关联性不高,图书馆与其他信息机构分别自立门户,建立本系统的数字化服务平台和渠道的现象比较普遍。部分省级分中心网站与其他重要网站(如省市图书馆网站、当地政府网站等)互链互通不足,导致存在信息孤岛和资源共享程度低,不易被主流搜索引擎发现,并且与公共搜索引擎传输不畅,使用不便。由于缺乏统一的技术平台及多元的信息传递机制、传播管道,以及云计算、大数据等技术应用的滞后性,大量数据被封闭在信息孤井中,未能进入流通领域充分发挥其数据价值。

2. 地区间差异显著

文化部党组书记、部长雒树刚在 2017 年文化部举行的首场新闻发布会上

---

① 李宏:《公共数字文化体系建设与服务》,《图书馆研究与工作》2017 年第 1 期。

② 《十八大以来我国文化改革发展的辉煌成就》,http://mt.sohu.com/20151010/n422856924.shtml。

指出了当前公共文化服务体系建设距离中央提出的现代公共文化服务体系还有很大差距。雒部长认为差距主要表现为东、中、西部的不平衡和城乡之间的不平衡。以"送图书和电影下乡"为例,现在农村地区留守老人和孩子在内容方面几乎没有办法达成共识。较新的院线电影因为太贵不可能成为下乡电影的选择,于是城市中心主义视角下的电影下乡常忽视了农民在文化欣赏上的进步。正如赵月枝、吕新雨等担心的"送货下乡是否真正考虑到了农民的需求和农民的主体性?""不要将送货下乡变成了城市中心主义的治理者居高临下的福利主义思想"。①

根据中国互联网信息中心(CNNIC)2017年1月22日发布的第39次《中国互联网络发展状况统计报告》显示,中国的农村网民规模已达2.01亿,占全部网民的27.4%。② 最近几年风风火火的乡村春晚、农民网络春晚、广场舞等活动正是一种积极的、自发的文化培育。随着4G技术的成熟,以"快手"为代表的网络视频直播成了网民新的狂欢形式。在一系列公共文化实践中,农民自发突破了城乡二元文化关系,建构了文化主体,在网络上满足了身份认同的投射心理,分享了情感体验下的狂欢盛宴。

公共文化服务政府主导的方向毋庸置疑,但是如何主导值得我们深思。政府需要从高高在上的文化"给予者"转变成为老百姓服务的"端菜者",进而变成让百姓"点菜"的文化产品服务商,政府来"端菜"、百姓来"点菜"不是一种荣誉,而是作为文化供给主体一份沉甸甸的责任。只有转变了服务态度,才能在数据助力下提升服务效能。

三、供给侧视角下的公共数字文化数据应用模式

公共数字文化的数据应用指的是在创新性资源供给模式指导下,对公共

---

① 沙垚、赵月枝:《重构中国传播学——传播政治经济学者赵月枝教授访谈》,《新闻大学》2015年第1期。

② 第39次《中国互联网络发展状况统计报告》,http://www.cnnic.cn/hlwzyj/hlwxzbg/hl-wtjbg/201701/P020120123364672657408.pdf。

数字文化从生产到供给再到共享过程中的数据进行采集、分析、利用、开发、开放以提升公共数字文化服务效能的全部过程。公共文化共建共享的核心是文化资源的数字化聚合与共享。公共数字文化在供给过程中需要不同技术来实现,在技术实现过程中的各大环节会产生大量数据。厘清公共数字文化从生产到供给再到共享过程中元数据互操作方式及公共数字文化聚合平台的功能设计、技术与数据应用模式对我们创新公共数字文化资源共享模式有着重要理论价值和实践意义。本文在探讨了数据应用的现有技术和未来想象之后,从文化供给侧改革的思路出发,尝试思考数据驱动下的公共数字文化供给与传播模式,希望在充分了解用户需求和中国东西部地区、城乡差距的前提下实现供给产品与内容的"适销对路",为公共数字文化共建共享提供一种可行的建设性方案。

下面,我们将从三个方面来探讨公共数字文化共享数据应用模式。

(一) 面向公众的数据应用模式

随着公共文化从共享到共建概念的演进,"公众"的内涵也在拓宽,"公众"既指称作为公共文化服务对象(参观、消费)的公众,也指称作为公共文化服务主体(参与、共建)的公众。因此我们必须要考虑到这两个层次的公众的需要和贡献。因为当用户的文化体验好了之后,必然会产生持续参观和分享的源动力;用户行为数据本身、用户分享的内容等又会进一步刺激公众加入公共数字文化,这样公共数字文化的良性循环就可以形成。

如图1显示,面向公众的数据应用模式指的是通过大数据推荐等技术来提升平台和场馆的公共文化服务水平,从而吸引公众,刺激公众反馈,加强与平台、场馆与公众的互动,提升用户体验,当用户的文化体验好了之后,必然会产生持续性参观和分享的源动力;用户行为数据本身、用户分享的内容等又会进一步刺激公众加入公共数字文化直至形成互动良好的公共数字文化公众共商、共建、共享的有机循环。

随着大数据技术的发展,文化场馆可以依托公共数字文化服务平台,利用数据挖掘、优化算法等策略来提升群体及个性化推荐的效果。

公共数字文化服务全国平台是面向全国用户的统一文化服务平台,各地

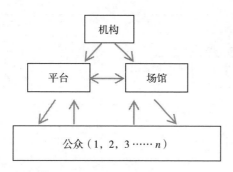

图1　面向公众的数据应用模式

用户都将接入该平台获取文化资源。平台除了针对个人用户进行个性化推荐外,还需要针对处在同一地区的用户群体进行推荐,使得用户能够及时发现自己感兴趣的文化资源,促进平台和文化资源的推广。与此同时,在示范展示区域中,身处同一展厅或使用同一体验设备的用户群也需要方便地找到自己感兴趣的资源,因此平台需要提供具备基于群体兴趣的推荐服务,使得文化内容准确地送达用户群。

基于群体兴趣的公共数字文化资源推荐技术,通过将兴趣偏好相似的用户划分为一个群体,然后分析群体成员公共的兴趣偏好,最后筛选出符合公共兴趣偏好的物品或文化资源给该群体中的所有用户。群体推荐算法需要综合考虑一个群体内所有用户的喜好,为群体用户提供一个推荐列表,致力于消耗较少的计算量和网络流量获得群体用户较为满意的公共数字文化资源推荐效果。

基于用户模型合并(Aggregating Profiles,AP)的群体推荐算法是用来解决群体推荐问题的有效方案。用户模型合并算法首先需要对不同的用户按兴趣进行聚类划分,然后再分析提取聚类后群体用户的兴趣偏好,用以合并生成一个虚拟用户。随后再使用个性化推荐算法来为该虚拟用户进行个性化推荐,此时的虚拟用户可以用来代表该群体的所有用户成员。

服务于应用场景的群体推荐系统主要由以下 5 个模块构成,系统结构见图2。

该系统首先通过用户数据显示收集模块让旅行团用户填写个人兴趣选

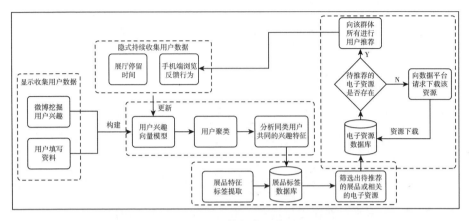

图 2　群体推荐系统

项,根据该数据构造初始的用户兴趣向量。由于通过一次显示收集所获取的数据量有限,该用户兴趣向量模型对于用户兴趣特征的刻画可能不会非常全面与准确,所以在用户后续的浏览过程中我们还会使用用户数据隐式收集模块不断地隐式收集他们的参展行为数据以及客户端的浏览行为数据,然后将这些数据转换为用户对展品的"间接评分",根据这些"间接评分"数据我们可以不断地更新用户兴趣向量,即更新和修正对用户兴趣的认识。

根据上述两个模块构建的用户兴趣向量,用户聚类模块会将兴趣偏好相似的用户聚为一类,然后为该类群体构建一个虚拟用户,该虚拟用户的"兴趣"可以反映出该类群体中大部分用户的兴趣特征。

推荐模块可以为每个虚拟用户推荐满足其兴趣偏好的展品以及相关的文化资源。资源管理模块用于管理用户数据以及相关电子文化资源,并且根据用户请求向该用户传送相关电子文化资源。

由于用户数据隐式收集模块在用户参展过程中可以持续地收集用户的行为数据,所以推荐系统可以不断地分析出用户最新的兴趣偏好并产生相应的推荐结果,即提供"适应性推荐",这样的推荐结果可以更为贴近用户的兴趣。

(二)面向政府的数据应用模式

如前文所述,公共数字文化的理想闭环模型是用户在收获了较好的文化体验后,会产生持续参观和分享的源动力,用户行为数据本身、用户分享的内容等又会进一步刺激公众加入公共数字文化,这样就可以形成公共数字文化的良性循环。

但是公众的主动共建共享乃至一次普通的线下参观可能都并非易事,需要公共数字文化管理和服务机构在一定的机制助力下进行协调和整合。

全球公共文化实践都具有明显的政府主导性质,因此,政府的顶层设计和制度建设对于公共数字文化的共建共享具有高屋建瓴的重要意义。面向政府的数据应用模式指的是政府部门在公共数字文化从数据化采集到分析到建设再到共建共享的过程中对经费、安全、机制和资源的协调。

公共数字文化服务的首要问题是要解决好机制的问题。肖希明、李琪①认为机制指的就是某种方法或措施的制度化,亦即通过建立某种制度而使事物能够正常运行并发挥预期功能的规则体系。公共数字文化服务的合作机制,就是指公共文化机构在相关合作协议或管理机构的协调下开展合作,通过制定相关政策与规章制度,建立制度化的合作模式,以保障合作持久顺利运行的规则体系。我们认为,要想切实提高公共数字文化服务水平,首先需要解决好下述三个方面的机制问题。

1. 协调机制

公共文化的具体服务机构隶属于不同的部门,如文化馆归文化部公共文化司管辖,美术馆归文化部艺术司管辖,但博物馆则隶属于国家文物局。文化部三大公共文化工程中的文化共享工程和公共电子阅览室建设是依托公共发展中心为主体单位进行建设,而数字图书馆工程则是依托国家图书馆为主体单位进行建设。行政主管部门的差异需要我们在公共文化的实施过程中保持畅通、高效、跨行政的协调机制。在克服为政不力的"懒政"作风的同时,我们也要考虑东、中、西部地区的历史积淀与现实差距,在进行宏观协调的时候适当考虑差异化。协调机制不是一句空话,而是需要各级各地机构从态度到资金,从硬件到人才等各个方面落实抓起,以切实提升公共文化服务水平为己任。

---

① 肖希明、李琪:《公共数字文化服务合作机制研究》,《图书与情报》2016 年第 4 期。

2. 激励机制

激励机制是利用各种制度化的方法来挖掘合作组织的潜在资源从而实现价值最大化的一种体系。公共文化服务迫切需要"一揽子"的激励机制来调动公共文化服务机构和用户的积极性与参与度。从外部环境来看,随着物质的进步,农民在精神文化层面的需求越来越高,也越来越多元化。在政府主导的公共文化供给不能有效匹配用户需求的条件下,基于互联网的商业力量就有了更多的发力空间,从内部条件来看,缺乏有效的激励机制不仅众多第三方或个人的公共文化资源(传统的、数字化的)难以进入到公共文化共享平台,就是公共文化服务机构本身也会流于形式,只是简单地将设备部署到场馆内,很难形成有效的持续互动。

3. 标准规范机制

标准规范机制指的是通过建立统一的制度,要求参与合作的机构按照合作系统的标准与规范来组织资源、提供服务。具体到公共文化服务层面,简单说就是公共数字文化的资源整合要实现标准化,即各公共文化服务机构需要按照统一的标准来组织、加工、存储、交换数字资源。

(三) 面向公共数字文化管理和服务机构的应用模式

公共数字文化的实施主体以及服务主体是各级各类公共数字文化管理和服务机构,数据采集和分析等数据应用的重头戏都依赖于机构。因此,探讨面向公共数字文化管理和服务机构的应用模式对于公共文化服务真正"落地",并且"生根""开花"具有重要意义。

我们可以从三个方面来理解面向公共数字文化管理和服务机构的应用模式。

1. 我们需要结合数字文化资源分类标准,研究针对不同目标群体、不同资源类型的数字资源开放方案,争取更多的资源供给和数据共享,并探讨资源供给方与使用方共同获益之道。一方面,根据"公共数字文化资源开放方案",面向文化馆等各类数字资源开发通用访问接口,并向第三方文化服务公司和公众开放,在项目的文化资源共享平台上实现文化资源和数据的分发、利用,解决资源提供者的共享平台接入等问题。另一方面,基于 Handle 技术、P2P

技术等网络资源发现、检索、定位技术,为文化资源生成唯一标识符,设计文化资源检索定位系统架构,使文化资源可快速接入互联网,使其易于检索,实现文化资源有效整合。

2. 当我们采集够一定数量的数据(含平台运行数据、用户行为数据等各种结构化和非结构化的数据)之后,基于数据分析的共享服务就开始彰显其价值。相比于传统意义上科层式公共文化供给就演进成了基于数据应用的个性化推荐,从而大大地提升了用户的线下和线上的参展体验。随着公共文化开放程度的加深,我们相信借助于两微一端(微博、微信公众号、移动客户端)以及大量的良性互动的体验设备在场馆里部署,我们公共文化的推荐精确度和推荐效果也会更好。同时,越来越多的用户会自觉加入公共文化的分享中来,国外运行得比较好的美国克利夫兰艺术博物馆以及我们的苏州文化馆公共文化示范点的建设都是这类经验有力的践行者。用户本身的行为数据和他们分享的数据(User-Generated Content, UGC)又会丰富大数据的数据样本,使得机器的深度学习(Deep learning)能力进一步增强,从而提升人工智能水平,为提升公共文化服务效能奠定良好基础。

3. 公共数字文化管理和服务机构必须具备一定的评估数据的能力。互联网时代给我们带来海量信息的同时,技术本身也衍生了"信息茧房"的效应。机构需要学会对资源建设评估数据、资源访问评估数据、专题访问评估数据、需求反馈与调查手段等进行有效监督和评估,并将结果纳入对公共文化服务实施机构的绩效考核当中。

目前,我国公共文化服务领域的数据采集依旧处在主要利用数码相机、扫描仪等电子设备进行数据采集,尚未推行将所有与场馆相关的数据进行采集的大数据采集方式。而对于采集来的数据,各机构也仅仅是起到存档以及查询的作用,并没有对获得的大量数据进行有方法、有目的性的分析。由此可见,在我国公共文化服务领域,大数据技术的具体应用空间巨大。

大数据技术可以从杂乱的海量数据中分析出用户的习惯和喜好,进而匹配出用户更希望获得的产品和服务,因此对产品和服务的针对性调整及优化有重要作用。而大数据技术应用于公共文化服务领域,即是公共文化服务机构需要利用大数据采集手段获得大量数据,对这些数据进行适当分析,从而了解知识服务过程发生了什么、用户想要什么服务,同时也要利用相关的交互关系进行分析和预测可能发生的信息行为,确立"以复杂的大数据为对象,以深度分析和数据挖掘为要求"的知识服务高标准。以便建立新型的知识服务模式和营销方式,有效应对用户流失等风险,更好地为用户提供公共文化服务,新型公共数字文化全国共享服务体系架构具体显示如下:

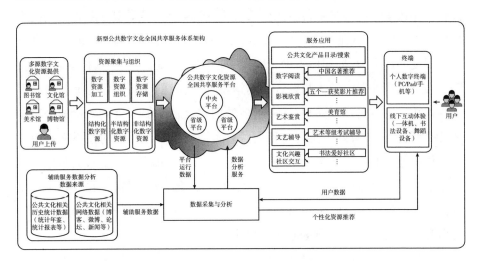

图3　新型公共数字文化全国共享服务体系架构图

四、结语

进入 21 世纪以来,通过映射、集成、协议等元数据互操作的方法,我们实现了语法层面互操作,但在语义层面的互操作还有待提高;我们已经初步实现了公共文化的基本性、便利性、公益性与均等性等指标,但在网络时代非常重要的"用户黏性"等指标方面,我们需要提升的空间还很大,公共数字文化服务还需要向纵深推进。

展望未来,公共数字文化发展重服务,而现代服务的核心是用户体验。因此公共数字文化的供给与传播不能只是居高临下的文化给予,而需要深入了解用户需求之后进行相对应的基于数据应用的公共文化产品设计。只有加快转变政府职能、一心一意做好服务,才是公共文化项目得到群众认可、获得持续发展的"生存之道";只有切实提升了用户在公共文化产品中的体验,并且充分发掘广大用户公共文化的参与热情,才能实现公共文化的大传播、大繁荣。

(本文原载《浙江传媒学院学报》2017 年第 12 期,作者:袁军、李炜炜)

新媒体环境下公共数字文化资源
供给的现状与创新路径

现代社会信息技术、数据技术、网络技术持续发展，VR、AR 等新兴媒体形式层出不穷，公共文化服务在新技术、新媒体形式下不仅内容更加丰富、形式更加多样，而且更加智能化、个性化。在当前信息技术持续发展、媒介技术不断更新换代的媒体环境下，我国的公共数字文化服务水平不断提升，公共文化机构的服务能力不断拓展，公共数字文化资源在满足民众日益增长的文化需求、构建社会主义核心价值观中发挥的作用也越来越显著和重要。

一、新媒体环境下公共数字文化资源供给的新变化

当前社会数字化、网络化、信息化进程不断推进，高效、快捷的数字信息传播环境已经形成。媒体环境的发展和变化使得公共数字文化资源供给出现了新方式，公共文化资源的整合能力增强，同时公共文化资源的配置效率也得到了提高。

（一）公共数字文化资源供给出现新方式

新媒体信息技术的发展为公共文化资源的生产与发展开辟了广阔空间，也使得公共文化资源出现新的供给方式。互联网、移动通信网、新一代广播电视网等成为当前公共数字文化资源传播的主要载体，各类公共文化服务客户端如雨后春笋般涌现。各地公共文化服务机构也纷纷建设分布式、开放互联、

智能调度、互动服务的公共文化服务互联网网站群和相关资源库,并以后台资源库为支撑,开发移动客户端,运用微博、微信公众号,拓展信息传输渠道与服务渠道,使得公共文化资源的获取更加便捷。

(二) 公共数字文化资源整合能力不断增强

云计算、智能分析、数字图书馆跨库检索等先进信息技术提升了公共文化资源整合能力,为加快文化信息资源整合、加强公益性文化信息基础设施建设、建立整合性知识服务平台提供了条件。利用现代化计算机网络技术、内容管理技术、图像处理技术、大数据信息分析技术等手段,将信息资源精华以及贴近大众生活的社会文化信息资源,进行数字化加工处理与整合,实现文化信息资源的信息采集、存储、管理、利用的全流程自动化管理,实现公共文化信息资源整合、数据库整合、系统整合、协议标准整合①,完善公共文化信息服务体系,并通过新媒体实现优秀文化信息在全国范围内的共建共享。

(三) 公共数字文化资源配置效率不断提高

随着媒介技术的发展,公共文化内容资源实现了通过网络进行采集、组织和传输,资源配置效率不断提高。特别是"云计算"和大数据分析技术广泛进入社会应用层面,更有助于打通各种品种的、部门的、地域的公共文化资源利用壁垒,可以极大地提高资源利用效率。② 新的信息传播环境提高了公共文化流通效能,实现了公共文化供给渠道专业化。

二、目前我国公共数字文化资源供给的现状

目前我国公共数字文化资源供给主要以统筹城乡发展、推动基本公共文

---

① 王长全、艾雰:《云计算环境下的数字图书馆信息资源整合与服务模式创新》,《图书馆工作与研究》2011 年第 1 期。
② 巫志南:《公共文化资源供给体系基本问题研究》,《国家公共文化服务体系制度设计研究材料汇编》2011 年第 2 期。

化服务均等化为目标,面向基层、面向农村,实现重心下移、资源下移,让公众能够通过基层服务点使用文化信息资源及享受数字图书馆、数字博物馆、数字美术馆的资源服务。随着"全国文化信息资源共享工程"(以下简称"文化共享工程")、"数字图书馆推广工程""公共电子阅览室建设计划"及一些地方性公共数字文化资源整合项目的开展,我国公共数字文化资源共享初见成效。

(一) 公共数字文化资源供给概况

目前,我国公共数字资源供给在量上初步形成内容丰富、海量储备的局面,具备了服务基层的文化共享资源保障能力。截至2015年年底,"文化共享工程"数字资源总量累计达到532TB,数字图书馆推广工程向全国各级公共图书馆共享数字资源总量超过140TB。中央财政专项经费支持地方建设,地方特色资源建设量达到459TB,累计立项724个。[①] 通过实施"文化信息资源基层配送计划""文化共享工程资源宝"向基层配送优质资源超过15.68TB。在公共数字文化资源共享方面也初见成效,其中以公共文化共享工程最为突出。公共文化共享工程的实践成果以公益性文化服务门户网站形式展现给公众,其新版网站——"国家数字文化网"于2012年正式启动。公众可以通过互联网,随时随地访问国家数字文化网,直接享受资源内容服务。文化共享工程已经取得的成就证明,运用现代信息技术全面提升公共文化资源供给能力,对我国的公共文化服务体系的建设与发展有极大的推动和促进作用。

(二) 新媒体环境下公共数字文化资源供给存在的主要问题

公共数字文化资源供给在新媒体环境下不仅呈现出供给方式更加便捷、整合能力不断增强、资源配置效率不断提高三大变化,同时在资源供给的数量与质量上都取得了良好的成果。但是受限于传统公共文化服务理念和管理体制,新的媒介环境中的具体实践中仍然存在不少问题,具体来说包

---

① 李宏:《公共数字文化体系建设与服务》,《图书馆研究与工作》2017年第1期。

括以下几个方面：

1.资源供给与服务脱节，平台机构开放度不足

资源的丰富性及获取的便捷性是公共数字文化资源优势之所在，在新媒体环境下，用户更青睐一体化、一站式的服务平台，各类资源平台相互独立的现状仍旧无法帮助用户跨越信息壁垒，获取其所需的信息，信息价值无法充分发挥。目前，在基层公共数字文化服务的技术集成尚未完全成熟，使得公共文化资源供给与公共文化服务出现脱节，供给与服务平台尚未实现协同及海量资源定位与个性化推送，而且准确度有待提高、数字内容的安全性不足、服务平台的互动反馈机制尚需完善等问题，文化资源数字化的优势在公共文化服务中没有得到充分的体现。相互独立的数字平台构建模式忽视了用户多样化的信息需求和使用方式，对具体用户而言，其更需要的是一站式服务中心，而不是在不同系统平台间的反复跳转。而且孤立的数字平台与数字化的本质及发展趋势相违背，就某种意义而言，仍旧只是对数字信息服务模式的延续。因此，要实现数字文化资源的充分共享，发挥资源最大价值，就必须在平台对接的基础上，实现数字文化资源的充分整合，促进各类型数字文化资源的共享利用。

2.供给主体单一，资源整合机制有待完善

公共数字文化资源供给应当以信息化技术为基础，以满足群众基本文化需求为导向。在新媒体发展浪潮下群众对公共文化的需求日趋多元，用户进行内容生产的技术条件和文化氛围已经初具规模，但公共文化资源的供给主体仍停留在以官方机构为主的状态，拥有庞大基数和丰富文化资源的个体用户占比仍然较低。建设主体单一，社会力量参与较少，未能形成跨部门、跨机构的高效合作机制，公共数字文化服务的发展亟待更加丰富多元的主体参与其中，资源供给模式也有待创新。

现有的公共数字文化服务机制下重复建设、低效使用的问题较为突出。公共文化单位与市场之间没有形成行之有效的服务机制和融洽的供给链条，导致公共文化服务机构数字化建设存在闭门造车的现象。例如：部分地区数字图书馆、共享工程支中心、党员干部现代远程教育等数字资源库中的相类资源重复购置，不仅浪费了财力，对这些资源的必要管理和维护又造成大量人

力、物力资源的附加支出,两者相叠加,空耗弥多。① 发展公共数字文化服务非一味扩大规模、增加馆藏,这反而会导致大量重复购置的问题出现。各地公共文化服务机构为寻求差异化发展近年来着力于"地方文献"收集,尽管这项工作对于地方文化发展来说十分重要,但并非基本公共数字文化服务的核心和内容,也不是公共文化服务标准化、均等化的题中应有之义。与其他公共文化服务发达的国家相比,我国在服务组织模式、资源整合、部门协作、公众信息获取技能培养、服务监督与评估等方面都有待完善。

3. 资源供给区块状分布,尚未进行体系整合

目前,国家实施的重大文化工程实施的主管部门不尽相同,部门化、地方化还较严重,在实施过程中,基本上是各自为政。尤其是目前一些文化工程,例如全国文化信息资源共享工程、国家数字图书馆推广工程、党员干部远程教育、中小学远程教育都把数字资源建设作为工程实施的重点,各自都在建立自己的数字资源。虽然各自的资源建设重点不同,但由于没有统筹规划,有许多数字资源仍然是重复的,打开各级各自的网站和镜像站,相同或者似曾相识的数字资源随处可见。② 这些重大工程服务对象基本上是农村最基本的群众,在服务平台、服务方式、服务手段、服务内容、终端设置等方面也有许多相同之处,但其资源、设备没有有效共享,需要加大统筹和协调力度,加强共建共享,避免重复浪费。

虽然近年来国内各省的相关文化部门对此进行了比较系统的整理和建设,有的则尚未形成体系,有的已自成体系,但至今,各省优秀的文化资源仍然显现区块状存在,零碎性地散落在各省、各地区之间,尚未真正实现共享,无法形成完整的、系统性的对外文化输出体系,如广东省已建有比较完整的"岭南文化"体系,福建省也建有比较系统的"闽文化"体系,但两个同属于 21 世纪海上丝绸之路的省份在文化方面尚未建立起深入的共享机制。而且两省都是华侨大省,有诸多相通之处,但在华侨文化建设方面却尚未合力,共建华侨文化核心价值体系。全国其他省份的各个文化区同样存在着这种区块状孤立状态,这不仅极大地影响了国内文化共享的广度和深度,更重要的是无法形成具

---

① 卓连营、冯佳:《相邻系统公共文化信息资源的整合策略》,《国家图书馆学刊》2012 年第 3 期。

② 吴建国:《文化信息资源共享工程资源整合之我见》,《图书与情报》2008 年第 1 期。

有中华文化核心竞争力的文化输出体系,使中国文化难以走出去。所以,我们亟须中华文化顶层设计,统筹全国各个文化区规划和建设,形成具有凝聚力强、影响力大、竞争力强的对外文化输出体系。

三、新媒体环境下公共数字文化资源供给创新路径

公共数字文化资源在加强国家文化建设,丰富社会文化生活,满足人民文化需求等方面起着无可替代的作用。而目前,由于我国公共数字文化资源整合不够完善,致使文化资源分配不均,加上自媒体新平台逐渐兴起,受众对平台的服务、内容和使用的便捷程度等都有了更高的要求,受众需求与资源供给没有达成一致,公共数字文化资源原有价值便没有得到最佳实现。鉴于此,在现有发展基础上适应新变化,解决平台开放度不足、资源供给主体单一、资源供给区块状分布等新问题,才能使公共数字文化资源得到最大限度的使用。

(一)聚合资源合理规划,强化内容建设

做好特色资源建设规划,打造精品,形成体系,发挥整体优势,如国家层面规划建设的抗战文化数据库、少数民族文化数据库或丝绸之路文化数据库等。再如广东省分中心将本省的资源总体规划确定为岭南非物质文化篇、岭南物质文化篇、岭南历史名人篇、岭南历史文化篇、岭南红色文化篇等。同时,要加强资源选题论证。资源选题既要以群众文化需求为导向构建公众参与的反馈评价机制,以馆藏特色、地方特色或文化特色为突破口,以"人无我有,人有我多,人多我优"为目标。此外,还要合理规划资源类型。资源的表现形式有文本、图片、动画、音频、视频等,各省级分中心要加大基于手机、数字电视、网络电视等新媒体服务的资源建设,大力发展老百姓喜闻乐见的特色资源数据库。最后,图书馆、博物馆、档案馆等文化机构应在政府部门统一规划指导下,积极参与构建国家公共文化数字支撑平台。推进系统内资源合作建设,如江苏省率先制定三大工程统一的《江苏省公共数字文化系统建设标准》,成立"江苏省公共数字文化建设发展中心"总协调机构。推进跨系统资源合作建设,如

2012 年成立的首都图书馆联盟和武汉地区图书馆联盟,2013 年成立的"中三角"赣湘鄂皖四省公共图书馆联盟,都是一种很好的初步尝试,今后可逐步实现从读者服务方面的合作到资源购买和建设的深度合作。

(二) 鼓励供给主体多元化

政府、公益性文化事业单位、非营利性文化服务机构、经营性文化产业单位是公共数字文化资源的四大供给主体。除此之外,新媒体环境下广大人民群众作为文化之源既是公共数字文化的服务对象,同时也是公共文化生产的参与者。因此,针对供给主体单一的问题,最直接有效的途径便是创新供给主体,优化资源聚合机制,实现供给主体多元化。保护国家文化是政府机构的重要职能之一,政府要充分发挥顶层主导作用,根据用户需求的变化和项目规模的扩大,进行政策的调整和保障资金的持续性支持。同时,要引入文化市场机制,让文化市场在公共数字文化资源供给中起主要作用,加快推进公共数字文化资源市场化进程。还要注重发展文化体制改革过程中转企改制的主力文化艺术机构,用好这批机构所拥有的公共文化资源和供给能力,这既是服务国家文化体制改革大局的内在要求,也是公共文化服务体系建设的必然选择。①非营利性文化服务机构、经营性文化产业单位是政府公共文化服务的合作者,是公共文化服务资源供给的参与力量。最后,广大人民群众是文化之源,发挥用户的主观能动性,鼓励他们参与供给,尤其在当代通俗文化(如绘本、动漫等)的推广方面具有积极意义。重视公益性文化事业单位在公共数字文化资源供给中的基础作用,提高非营利性文化服务机构、经营性文化产业单位的供给能力,发挥广大人民群众的文化创造力,从而构建一个完整的多元供给体系,并维护公共文化资源供给体系的稳定运行。

(三) 统一资源标准,打通共享壁垒

公共文化数字共享平台应积极利用数字化、信息化技术(如 Handle 技术、P2P 技术、唯一标识符)实现公共数字文化资源的网络化采集和组织,解决公

---

① 陈威:《公共文化服务体系研究》,深圳报业集团出版社 2006 年版,第 53—55 页。

共数字文化资源通过公共文化机构横向流动以及自下而上汇聚再网络化共享的创新资源供给服务模式,从而解决公共文化供给渠道不畅的问题。目前,我国的一些整合项目已经进行了标准化的建设。例如,国家数字文化网的资源共享共建的标准规范也已被明确提出,并进入实际应用阶段。数字图书馆推广工程也联合建设元数据仓储,联合建设唯一标识符,制订元数据仓储著录规则和唯一标识符注册标准。① 另外,由于不同资源载体功能各异,因此公共数字文化资源在进入共享平台时需要考虑到设备的兼容性、信息检索的便捷性、数据传输速度以及数据保存等问题。

另一方面,由于公共数字文化资源数量巨大、内容庞杂,数字共享平台的建设不仅需要一个完整的标准体系,规范基础元数据录入,还应重视资源在共享过程各个环节如组织、交换、传递、存储等方面操作的标准化。最终实现图书馆、博物馆、美术馆等机构数字文化资源的统一平台检索,便于用户查找和利用所需的数字文化资源。此外,平台是否能够提供快速检索和高级检索,是否能够提供资源预览,是否支持布尔逻辑检索、字段检索、限制检索等,也是共享平台建设需要充分考虑的因素。

四、结语

实现公共数字文化资源供给创新是提升我国公共数字文化服务能力,实践公共文化服务理念,发展健全覆盖城乡的公共文化服务体系的核心要求。因此,基于当前媒介环境中公共数字文化资源供给现状和呈现的新变化,从资源规划、内容建设、鼓励供给主体多元化、统一标准等方面入手实现资源供给创新,具有相当的实践基础和现实意义。

(本文原载《人文天下》2017 年第 12 期,作者:袁军、龚捷)

---

① 巫志南:《公共文化资源供给体系基本问题研究》,《国家公共文化服务体系制度设计研究材料汇编》2011 年第 2 期。

融合视角下的媒介素养
演进研究:从 1G 到 5G

从新闻研究到大众传播研究的转向被认为是 20 世纪新闻传播学领域最重要的一次转向。进入 21 世纪,随着 5G 的出现和媒介融合的加速,传播与通信从当初的分野成就了传播学这一学科开始到如今通信、传播与互联网的融合转向,既是传播学学科成熟的标志,也是研究理性的回归。

媒介素养一直以来被理解成人与媒介的信息互动过程中的一种能力,通常由新闻传播学者或教育学者来研究和实施。纵观媒介发展史,电信技术也是媒介素养演进的重要动力。随着人机互动、物物互联的 5G 时代的到来,虚拟与现实的界限将被进一步淡化,人与社会和媒介的关系愈加紧密,以社会化媒体为代表的媒介正从信息传递的角色逐渐演变成人际传播的重要变量。因此我们有必要在融合的大视角下,沿着技术演进的轨迹,系统梳理媒介素养从 1G 到 5G 的演进脉络,以丰富全程、全息、全员、全效的全媒体时代的媒介素养研究与培养的内涵。

一、媒介素养综述

(一)媒介素养

媒介素养(media literacy)这一概念可追溯到 20 世纪 30 年代的英国。当时学者们认为需要提升受众的文化素养来区分电影中的流行与庸俗。在文化研究学派重镇的英国,精英们一开始对于大众媒介所营造的"平民"文化不屑一顾,当时的媒介素养指的是将精英文化凌驾于大众文化之上的一种"免疫"(im-munity)的优越感,此时的媒介素养常指称为文化素养。但之后大众传媒的发展远超出了人们的预期与控制,受众在媒介接触过程中对媒介的批判能力和抵制媒介控制的能力被认为是媒介素养培养的核心。因此,这一阶段的媒介素养研究主要集中在如何甄别媒介中的虚假信息以及对媒介的负面效应的批判上。

进入到第三代移动通信时代之后,媒介素养外延不断拓展,网络传播以更加开放的姿态、成熟的模式、精良的内容俘获了大量受众的芳心,从而开启了媒介素养另一种研究范式:双向互动的网络模式改变了传受关系,受众开始变成传者,开启了从娱乐到政治等多个领域的赋权(empowering)与参与(partici-pating)模式。媒介使用权的下移给媒介素养研究带来了新内涵,数字思考力、网络信息使用与批判等能力成为媒介素养的新内容。媒介素养培养范式先后经历了"免疫—甄别—批判—赋权"①的演进过程。

(二) 融合视角

现代通信业和传播学的发展都受益于美国数学家克劳德·香农(Claude Shannon)。这位信息论的创始人对信息的概念加以简化,用"比特"作为衡量信息的单位,并提出了"信息熵"的重要概念,开启了当时的通信业、密码业以及后世的信息产业的华章。随着我们逐渐逼近香农定理的极限,网络上行和下行的速率持续提升,信噪比不断提高,融合了人际传播和大众传播双重优势的电信传播模型更加契合罗杰斯说的"创新的扩散"假设,充分考虑了个体在使用媒介中的互动过程和参与体验,取得了较好的传播效果。

美国从 1996 年《电信法》颁布伊始就开始了网络融合实践。法律的保障和美国通信行业协会(FCC)的自律使得电信运营商和广电运营商得以双向进入。英国政府于 1997 年提出政策性的决定,逐步取消对公众电信运营商经营广播电视业务的限制。日本也在管理体制上实现了电信与广电监管的融合。进入 21 世纪后,我国媒体融合也在加速,传统媒体也从内容提供商(CP)向综

---

① 袁军:《媒介素养教育的世界视野与中国模式》,《国际新闻界》2010 年第 5 期。

合性信息服务商(ISP)转变。2019 年 6 月 6 日,工业和信息化部正式发放的四张 5G 商用牌照不仅授予了三大电信运营商,也授予了广播电视运营商。电信运营商与广电运营商的界限进一步模糊,随着国内网络融合、融媒体建设的制度性掣肘进一步消除,相信融合推进速度还会进一步加快。在 5G 技术规模化商用之际,移动通信网与广播电视网的双向融合向纵深拓展,社交媒体、物联网、智慧城市等成了电信业务的增值服务内容,融合的范畴更为宽广。既然媒介素养的底层技术发生了嬗变,诞生于大众传播时期的媒介素养研究必然需要更新;对于媒介素养的研究,需要将其置于通信与传播的融合框架之下,才可以认识其深刻内涵。

二、移动通信网络发展历程

1978 年美国贝尔实验室成功研制出了全球第一个移动蜂窝电话系统并于 1982 年正式商用,标志着第一代(1G)移动通信系统正式出现①。由于设计以模拟技术为基础且采用了频分多址(FDMA)的调制方式,1G 移动通信只能传输语音,不仅不能提供数据业务,甚至无法支持漫游服务,而且通话保密性差。随着数字通信技术逐渐发展并替代模拟技术,在 20 世纪 90 年代,以时分多址(TDMA)技术为核心技术的第二代移动通信技术(2G)横空出世。尽管传输速率依然很低,而且网络不稳定,但是相比于 1G 通信,2G 通信带来的体验是前所未有的,不仅语音通话质量高,短信(text message)所带来的"狂欢"也无以复加;同时,具有全球影响力和领导力的网络制式更是让全球移动漫游成为可能。由于 2G 无法承载高数据速率的移动多媒体业务,面对新频谱、新标准、更快数据传输的需求,以码分多址(CDMA)技术为代表的第三代移动通信技术(3G)应运而生。国际电信联盟(ITU)于 2000 年 5 月确定 WCDMA、CDMA2000、TD-SCDMA 三大主流无线接口标准。在 3G 通信标准中,CDMA 是一种广为普及且声名显赫的标准,三大通信技术都碰触到了 CDMA 的底层专利技术,从而造就

---

① 彭小平:《第一代到第五代移动通信的演进》,《中国新通信》2007 年第 9 期。

了 3G 时代的最大赢家——CDMA 专利拥有者高通公司。CDMA 作为一种扩频多址数字式通信技术,多路信号只占用一条信道,因而极大地提高了带宽使用率,传输速率也大大提升。从 3G 时代开始,通信速率的提升也直接导致了实时图片传播的普及,而智能手机的出现则为 3G 插上了翱翔的翅膀。但是遗憾的是,高速率数据传输,尤其是高清视频传输在 3G 通信中依然无法实现。因此,还在 3G 研发和应用的进程中,第四代移动通信技术(4G)已经开始酝酿,科学家们继续着对高速率和高质量数据传输的追求。相比 3G 时代较为统一的技术标准和占据优势的市场份额,4G 通信标准的称谓稍显复杂。国际电信联盟将 4G 称之为 IMT-Advanced 技术,也有的将其称之为 B3G、BeyondIMT-2000,技术标准有 LTE、LTE-Advanced(含 TD-LTE-Advanced 和 FDD-LTE-Advanced)、WirelessMAN-Advanced、WiMAX 等。尽管术语复杂,但是 4G 一般指的是基于正交频分复用多收发天线(OFDM-MIMO)技术和空分多址(SDMA)技术的通信过程,其传输容量更大、速率更快。从 4G 时代开始网民也正式从文字语音传播时代进化到了视频传播时代。值得一提的是,中国主导制定的 TD-LTE-Advanced 于 2012 年正式成为 IMT-Advanced 国际标准,从而实现了"1G 空白、2G 跟随、3G 突破、4G 并跑"的承诺,向通信强国迈进。

从第一代到第四代通信技术,我们一直在对技术和标准进行更新、升级和加工,因而在通信技术的代际更迭中,"演进"是被提及最多的单词。但是,在 4G 向 5G 的过渡中,是继续演进(evolution)还是开创革命(revolution)在学界和业界则有争议。

客观了解 5G 技术本身以及其衍生影响才是理性态度。5G 网络已成功在 28 千兆赫(GHz)波段下达到了 1Gbps 的传输速率,相比之下,当前第四代长期演进(4G LTE)服务的传输速率仅为 75Mbps。5G 传输速率可以比 4G 快达 100 倍,轻松看 3D 或 4K 电影。除了更快的网速,高可靠、低时延、低能耗、大连接是 5G 网络更形象的注解。人与人之间进行信息交流一般可以接受 140 毫秒的时延,但 5G 对于时延的最低要求则是 1 毫秒或者更低,这样就使得自动驾驶、工业互联网、智慧医疗、智慧家居等变成可能。北京邮电大学网络与交换技术国家重点实验室主任张平教授将 5G 潜在的业务、服务及应用总结如图 1 所示。

229

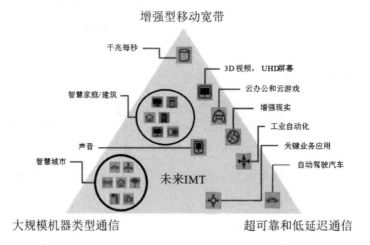

UHD：超高清

IMT：国际移动通信

图 1　5G 潜在的业务、服务及应用示意图①

媒介环境学派认为,媒介技术构建的环境机制,可以改变或重组人类社会的交往模式、工作模式与教育模式。② 5G 的通信技术加上日趋成熟的大数据及物联网技术,将会使人与人的通信转向人与人、人与物、物与物的实时泛在连接,刷新了自古登堡印刷术问世以来的时间观与空间观,永远"在线""在场",如此革命性的技术突破显然不仅会对通信行业的上中下游带来改变,它形塑的应该是整个经济业态与社会关系。

三、融合视角下的媒介素养内涵嬗变

从通信、网络与新闻传播融合的大视角来看媒介素养,我们发现,1G 到

---

① 张平:《B5G:泛在融合信息网络》,《中兴通讯技术》2019 年第 2 期。
② ［加］马歇尔·麦克卢汉、斯蒂芬妮·麦克卢汉、戴维·斯坦斯著,何道宽译:《麦克卢汉如是说:理解我》,中国人民大学出版社 2006 年版,第 136 页。

4G 时代的媒介素养基本上是围绕着"物质世界信息化"来展开的,人们用数字化和信息化的方式来编码物质世界。受众从被媒介这个"魔弹"一击即中的机械对象演变成了技术赋权下书写各种能指符号的主体。而 5G 时代的媒介素养则重点转向了"信息世界物质化";人工智能在沉寂了三十年后重新成为显学。蕴含了人、机、物的 5G 使得当代媒介素养不仅界定困难,教育实践起来也更复杂。因此,从融合的视角来梳理、审视媒介素养,将为当下媒介素养实践提供理论指引。

(一) 1G、2G 时代的媒介素养:培养(formation)

1G 和 2G 时代的通信以语音为主,几乎没有数据交换,因此可以被理解成文本语音传播时代。"地球村(Globalvillage)"还是麦克卢汉笔下天马行空的想象。媒介素养在这一时期是一种渐进式的启蒙培养(formation)。这种媒介素养培养有点类似新中国刚成立时的"扫盲"运动。尽管广播、电视和电话依然是大众传播和人际传播的重要介质,但人们开始热衷于进网络聊天室,兴奋地与别人分享网名,在"赛博"空间中尽情释放自我。

(二) 3G 时代的媒介素养:涵养(cultivation)

3G 时代的语音通信开始向融合图片、视频的多媒体传播演进,图片传播的大幕拉开。以今天的眼光来看,3G 时代的图片像素既不是高清,也谈不上生动。但在当时,图片符号经由手机传播带来的冲击力是无以复加的。3G 时代智能手机的出现催生了增值服务,增值服务又促进了受众个性化传播,受众个性的释放则赋予了符号更丰富的意指,受众传者化的倾向愈发明显。这一时期的媒介素养教育不仅需要教会受众作为接受者如何使用媒介,更需要涵化(cultivate)受众作为传播者把关和多级传播的能力。

(三) 4G 时代的媒介素养:素养(literacy)

得益于传输速率与通信技术的进步,4G 时代拥有了文字、图片、视频一体化的多模态传播效果。数据量激增的负面效果使人们迷失在信息的海洋里,受困于"信息茧房"。在知识、信息乃至媒介技术本身都快速迭代的时代,我

231

们赖以生存的社会和人际关系都日益媒介化。媒介和技术一起,消解了物理空间的区隔,填充了受众除了睡眠之外的所有时间,导致了"媒介化社会"的形成。媒介化伴随着泛在化、碎片化、娱乐化,对受众的媒介素养提出了很高要求。在4G时代,我们不仅需要学习,更需要在提升媒介素养(literacy)的前提下进行各种学习,培养网络理性,避免"网络谣言"和"后真相事件"。令人欣慰的是,由于多年的网络涵化,4G时代网民的网络理性、媒介管理和甄别能力加强,媒介素养的提升呈现出"自发"态势。

(四)5G时代的媒介素养:修养(culture)

如果说4G时代的受众媒介素养尚属"自发"的行为,5G时代的受众媒介素养则会显现出"自为"的态势。因为5G技术将是像电力技术一样的通用技术,而且由于5G采用"微基站"模式,"泛在"感会更强,永远"在线""在场"的无缝连接使得我们迅速进入了以用户为主的公共传播时代。在"人人都是麦克风""物物可作麦克风"的全媒体时代,媒介素养将是一种内化于心、外化于行的教养和修养(culture),用户通过"参与"媒介来实现理性公民的目标。

四、5G时代媒介素养教育模式

(一)"三位一体"模式

5G时代的媒介素养蕴含技术素养、符号素养与情感素养于一体。工业互联网、大数据、物联网与低延时的5G技术一起催生了革命性的聚合效应,受众的用户体验突破了瓶颈,更多的情感需求被数据发掘出来,人们对于语言、符号、机器的使用、理解和共生的能力都被纳入媒介素养的研究领域。

1. 技术素养

技术革新一直是通信演进的重要力量,媒介技术也一直是媒介环境学派研究的焦点,学者们广泛认可传播技术对社会的再建构。传播技术改变的不仅是人类传递信息的方式,也必然带来更深层面的变革。技术媒介素养作为当代人的基本素养,就好比读写能力(literacy)一样,成为必修课,正如联合国教科文组织在 2013 年发布的"媒体和信息素养(media and information Literacy)"评估框架中所提到的那样,"每一个居民都需要和理解媒体和信息供应者的规则,以发挥他们在社会中的功能,了解更多来自虚拟世界的机会和威胁,学会管理资源"①。

在 PC 时代,人类实现了数字化,通过 PC 机连接上互联网之后可以实现传播;在 3G 时代,人类实现了网络化,但在传播大容量视频的时候人们主要依赖 Wi-Fi;在 5G 时代,人类将实现智能化,借助人工智能的认知工具,跨越多屏不同媒介形式的整合传播生态得以建构,全息媒体变得可能,受众可以从微观与宏观、真实与虚拟、单模和多模等多个技术维度来强化传播效果。

2. 符号素养

"符号"是符号学的基本概念,被认为是最小的意义单位。纵观电信传播的融合历史,超越语言范畴的符号始终是人们互动的基础,符号素养因此也构成了媒介素养的重要一环。互联网的聚合效应促进了个性的释放,个性的释放又给予多模态符号更广阔的表现空间。传播符号日益呈现出"立体、分众、多元"的趋势。从符号生成的角度来看,数字媒介素养将演进成基于计算思维的一种信息素养(information literacy based on computational thinking)。媒介符号素养将和穿衣吃饭一样关乎教养,成为基本素质,成为现代文明交往中的一种基本礼仪。在 5G 传播模型中,5G 技术可以与不同需求耦合产生更丰富的使用场景,大量的"语言—非语言(verbal-nonverbal)"多模态符号组合借助全效媒体生产了更佳的用户体验。

3. 情感素养

现代传播重视双向交流,无处不在的即时通信工具和社交网络进一步刺激了个体的情感需求。根据彭兰的研究,我国的媒介素养研究"主要是关注

① 陶嫒:《联合国教科文组织发布全球媒体和信息素养评估报告》,《世界教育信息》2014年第 3 期。

传统媒体或网络 1.0 时代的媒介素养,较少涉及社会化媒体对媒介素养提出的新挑战"①。随着 5G 时代的到来,受众传者化和公共传播的概念日益凸显,传统人际关系衍生成了"人—媒介—人"的三角关系,在这其中,个人的心理定位和社会角色等都在被重构。全员受众通过全程媒体实时获取信息并宣泄情感来实现情感诉求。

但是遗憾的是,网络并非万能灵药。"抖音""快手"等网络群体狂欢没有掩盖个体的数字化孤独和人际交往的情感性危机,也不能掩盖人本观念淡薄、情感素养亟须增强的事实。个体情感素养的高低会直接影响其在媒介上的表现,所以许多发达国家都给了媒介情感素养高度重视,将其列入教育序列。

在以往经验中,我们通常直接借鉴发达国家的媒介素养教育模式,本土化动力不足,实施可行力差;更令人紧迫的是,在我们的媒介素养教育实践刚有起色之际,新的传播方式和传播手段又扑面而来。我们需要坚持立足于中国本土语境,将"技术、符号与情感"有机联系在一起的"三位一体"融合模式,具体如图 2 所示。

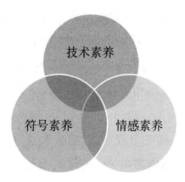

图 2　媒介素养的"三位一体"融合模式

在媒介素养教育的"三位一体"融合模式中,提高受众的技术素养是前提,学习符号的正确理性使用是手段,但是提升情感素养才是目的。三种素养尽管重点不同,但殊途同归,我们希望看到的是人们对于媒介公共领域的尊重和呵护,使用媒介的过程中充盈着理性精神。大量针对 K12(6—17 岁)年龄

---

① 彭兰:《社会化媒体时代的三种媒介素养及其关系》,《上海师范大学学报(哲学社会科学版)》2013 年第 3 期。

段儿童的媒介素养教育主要侧重于引导儿童如何使用数字媒介来助力移动学习。技术赋权的意义固然重大,但是对用户情感诉求的深刻关注,提升对媒介的使用能力、甄别能力和批判能力更应该是媒介素养教育的初心所在。

(二) 分级教育模式

沿着"三位一体"融合模式继续思考,就是制定媒介素养教育的实践策略。考虑到我国国情以及教育的循序性,媒介素养教育在具体实施过程中需要坚持分级模式,具体如图3所示。分级模式有两层意思:一是媒介素养教育的内容需循序渐进;二是提升媒介素养的对象需分层分级。

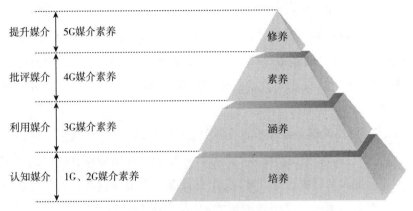

图 3   媒介素养教育演进图

1.1G、2G 时代的媒介素养教育

引导用户认知媒介,理解媒介的基本原理,学会抵制媒介的负面影响,初步实现对媒介的"免疫力"。值得一提的是,1G 版本并未过时,只是现在需要提升媒介素养的用户日益低龄化。我们需要加强学前儿童的媒介素养研究和教育模式研究。与其视媒介为"洪水猛兽",倒不如研发"疫苗",多方协作构建科学的媒介素养教育体系,培养网民对媒介的理性态度。

2.3G 时代的媒介素养教育

在理解的基础上锻炼对媒介的利用能力,尤其需要提升基于泛在媒介和移动媒介的学习和工作能力。由于缺乏针对性的课程,当代大学生在媒介行为管理和媒介创新素养等方面表现不佳。但我们相信,随着线上线下一体化教育(O2O)、慕课(MOOCs)、教育云(Education Cloud)等实践,我们的媒介利用能力还将深化。

3.4G 时代的媒介素养教育

学会客观分析媒介,对泛在媒体内容理性批评,更加从容应对媒介的负面功能。随着社会化媒体向纵深发展,传播的性质已经从广播变成了窄播,分众用户直接接触高信度信源变得可能,用户既要生产内容,又要甄别内容;既要学习适应媒介,又要学习批评媒介,避免"娱乐至死"和"信息茧房"的发生。

4.5G 时代的媒介素养教育

在物联网时代和大数据时代,大到人际关系链,小到生活习惯,数据将建构我们每一个主体。使用数据的受众在 5G 时代的主体性地位非常重要。5G时代的媒介应该更加数据化、可视化、智能化,人、社会和媒介之间的界限会进一步模糊,提升媒介也就是自我提升,人在媒介中"美人之美"、人与媒介"美美与共"的和谐场景可期。个体在使用媒介技术传播符号的同时,亦收获了情感回报。

从 1G 到 5G 的媒介素养教育是从传播内容分析走向传播主体的情感分析,我们需要对标发达国家的媒介素养教育经验尽快出台符合我们国情的媒介素养评价量表和分级教育方案,媒介主管部门需要会同教育部门尽快将其融入我国现有的国民教育序列框架之中,使之成为提升我们信息能力,缩小"数字鸿沟"的有力利器。

(三)融合模式

1. 全球模式与在地经验的融合

根据中国互联网络信息中心发布的报告,截至 2018 年 6 月,我国网民规模达 8.02 亿,互联网普及率为 57.7%;我国手机网民规模达 7.88 亿,网民通过手机接入互联网的比例高达 98.3%。[①]。移动网络基础设施的迅速发展催生了大量的非原生网民,移动互联网话语权群体逐渐形成了弹幕文化、次元文

---

① 第 42 次《中国互联网络发展状况统计报告》,见 http://www.cnnic.net.cn/hlwfzyj/hlwxzbg/hlwtjbg/201808/t20180820_70488.htm,2018 年 8 月 20 日。

化等亚文化类型,网络词语层出不穷,网络舆论来势汹汹,成为社会舆论的助推器。"喉舌"模式与回应社会舆论满足受众需求的模式一起组成了混合传播模式,构建了中国特殊的媒介价值取向。

特殊的媒介价值观规定了我们的媒介素养教育必须将全球模式与在地经验进行融合。我们的媒介素养教育不能机械模仿北美模式坚持强调媒介实用主义,也不能简单学习欧洲模式过分重视媒介赋权批判精神。中国媒介素养教育必须尊重现实,既借鉴全球模式,亦考虑在地经验。在媒介素养的分级教育模式中,首先需要提升媒介素养的当属直接发布内容,也是广大用户最重要的信源——媒体从业者(1.0 对象)。在信息获取渠道日益多元化的"地球村"里,如何有效地遏制谣言,媒体信源的权威发布非常关键。媒介素养教育的 2.0 对象是各级意见领袖。在数字化时代,人们使用微博、微信等媒介寻找归属,宣泄情感。在这当中,从娱乐明星到知名学者的各级意见领袖对广大网民的影响颇为重要。这些对其粉丝有重要影响力的、"类媒体"的意见领袖的微博和微信既是私器,亦是公器,其使用者亟须提升媒介素养。3.0 对象是优先和较常使用媒介的各类窗口工作人员,如新闻发言人、电子政务发布者等。相比于宽泛的媒体报道,这些人的言行更关乎老百姓的直接利益,因而更容易引发选择性解码和对抗性解码。4.0 对象则是所有人。随着传受关系日益模糊,人人都是网络上重要节点,小蝴蝶引发的热带雨林大效应的案例并非罕见,可以说,人人时时需要有素养,网络处处需要有修养。

2. 自上而下与自下而上的融合

传播学的发展理论强调大众媒介对国家的贡献,人们希望媒介能够加速实现后发信息国家的民主化和现代化。对于今天的中国媒介,社会转型是不可忽视的背景。社会阶层结构的变迁使我国受众需求日益多元化,并且消费时代的受众对媒介的心理期待升值。在社会转型的语境下,媒体如何做到在满足受众多元化需求的同时正确引导社会观念、塑造良好社会氛围变得十分重要。

长期以来,我们都在设想用户需要什么样的媒介素养教育,不能及时更新和不接地气的教育内容与形式常常导致传播效果欠佳,对于媒介技术的表面化应用更不能有效回应用户的情感诉求。鉴于此,我们既需要考虑国家与社

会的实际情况,也需要尊重用户的情感诉求,媒介素养教育必须翻转传统的
"自上而下"的模式,要引入在基于5G、大数据和人工智能的"自下而上"的数
据驱动模式,强化情感语义研究技术,对用户生产的非结构化数据进行实时关
注和回应,提升媒介受众的情感素养。只有这样才可以最大化地发挥媒介在
社会发展中的积极作用,保持社会稳定,实现全面建成小康社会的宏大目标。

五、结语

电信技术的革新丰富了媒介符号的表达,随着主体性的发展,人在媒介使
用过程中的情感诉求也愈发重要。媒介素养的理论研究和实践探索是一个不
断求索的动态过程。我们对媒介的理解以及媒介化社会的发展程度深刻影响
我们的媒介素养教育研究与实践。只有沿着循序渐进的原则,融合通信学和
传播学等学科内涵,尊重教育规律,实行媒介素养教育的分级推进,才可以真
正提高我们在全程、全息、全员、全效的全媒体时代的媒介素养。

(本文原载《现代传播》2019 年第 9 期)

媒 介 史 论

媒介素养教育概说

一、媒介素养教育的缘起和发展

（一）媒介素养教育概念的提出

一般认为,媒介素养教育最早由英国学者和丹麦教育工作者于 20 世纪 30 年代提出。1933 年,英国文化研究学者 F.R.利维斯和丹尼斯·汤普森出版了文化批评论著《文化与环境:培养批判的意识》(*Culture and Environment: The Training of Critical Awareness*),首次倡导媒介素养教育。同一时期,丹麦的一些教育工作者开始倡导并尝试在中小学开设媒介素养教育课程或讲座,以培养学生对正在普及的电影、广播等视听媒介的欣赏和判断素养。

媒介素养教育的提出,有其社会根源。自大众传媒特别是视听媒介出现后,以大众媒介为载体的大众文化对青少年的影响一直是学界和社会关注的热门话题。20 世纪二三十年代,随着电影工业的发展特别是有声电影的出现,众多青少年沉溺其中。据统计,1922 年,美国每周进入电影院的人数达 4000 万,20 世纪 20 年代末,达 9000 万,1929 年看电影的观众中有约 4000 万青少年,其中约 1700 万是 14 岁以下的儿童。[1] 而电影中有约四分之三的主题是关于爱情、性和犯罪的。这一现象引起人们的广泛关注,并导致了一场旷

---

[1]　Sheron A.Lowery & Melvin L.De Fleur:《传播研究的里程碑》,王嵩音译,(台北)远流出版事业股份有限公司 1993 年版,第 49 页;转引自卜卫:《大众媒介对儿童的影响》,新华出版社 2002 年版,第 2 页。

日持久的关于大众文化的论争,争论焦点在于电影对青少年究竟产生多大影响,产生什么影响。从 1929 年开始,一批美国的社会学家、心理学家和教育学家在佩恩基金会的资助下,展开了一系列关于电影对儿童影响的研究。学者们采用了问卷调查、内容分析等实证方法,其研究结果《电影和儿童研究摘要》于 1933 年发表,其中包括《电影和儿童的社会态度》《电影和道德标准》《电影内容分析》《电影与青少年犯罪》等 13 项专题。这就是传播学史上著名的"佩恩研究"。"佩恩研究"拉开了传播学效果研究的序幕,也开启了传播学密切关注大众传媒、大众文化、青少年成长之间互动关系研究的传统。

媒介素养教育的最早提出,不是在率先关注媒介效果和媒介对青少年影响的美国,而是在具有深厚传统文化底蕴的英国。如果说,美国学者的"佩恩研究"是站在传者的立场,从大众传播效果,特别是从负面效应的角度探究媒介对青少年的影响,揭示其作用的内在机理的话,那么,英国学者提出媒介素养教育,则是从维护传统文化的角度,关注大众文化对传统精英文化的冲击,对传统文化的前景深感忧虑,从而致力于提高受众的"免疫力",以抵御媒介的负面影响。

利维斯是英国一位有影响的文学批评家,英国早期文化保守主义代表人物。以他为代表的《细绎》(*Scruting*)集团①十分关注 20 世纪以来科技发展带来的大众文化兴起和流行的现象。《细绎》杂志刊载了许多对"大众文化"的批判文章并出版相关著作,利维斯和汤普森的《文化与环境:培养批判的意识》就是代表性著作之一。此外,利维斯夫人(Q.D.Leavis)所著的《小说与阅读大众》(*Fiction and the Reading Public*,1932)一书,专门研究了广告与通俗小说问题。利维斯的《细绎》集团极力倡导文化精英主义,对大众文化持批判和鄙视的态度。这批学者影响广泛,其所代表的这股思潮后来被称为"利维斯主义"。利维斯的历史观和文化观都是保守的。他对近代工业革命以来的文化发展持悲观态度,认为文化衰落的根源在于工业化。在他看来,一种有机和谐的社会秩序仅仅存在于 17 世纪之前,它遭受到工业革命的破坏。利维斯认

---

① *Scruting* 是一本由英国文学批评家利维斯主办的英国文学批评杂志。汉译为《细绎》,又译为《审思》。

为,现代社会的危机并不是像马克思主义所诊断的那样,存在于经济方面,而主要存在于精神和文化方面。作为文学批评家,作为一位精英文化尤其是英国文学的坚定捍卫者,利维斯对大众文化的流行进行了猛烈的批判,他认为这种文化是一种"标准化的和向低水平看齐的文化",将对人类的文化遗产造成危害,因此必须"训练公民区分与抵制"①。利维斯主张,为了拯救现代社会,必须恢复古老的有机社会的价值观念,而这需要借助伟大的文学艺术作品的力量。站在这一立场,利维斯和汤普森在《文化与环境:培养批判的意识》一书中,首次就学校引入媒介素养教育问题做了阐述并提出了系统的教学建议。他们从保护主义立场出发,反对传媒中的流行文化价值观念,批评大众文化缺乏"道德的严肃性"和"审美价值",将误导社会成员的精神追求,尤其对青少年的成长产生负面影响;倡导以系统化的课程和训练,培养青少年的媒介批判意识,以抗拒大众媒介中"低水平的满足"(Satisfaction at the Lowest Level)②。

媒介素养教育概念的提出,启发了人们对信息时代社会成员基本素养构成的重新认识,开辟了传播学与教育学研究的新领域。从此,媒介素养教育理论研究及实践运动,成为广受各界关注的重要课题。

(二) 媒介素养教育运动的开展

20 世纪二三十年代以来,大众传媒以前所未有的速度迅猛发展。

1920 年 11 月 2 日,世界上第一个广播电台在美国诞生。

1936 年 11 月 2 日,世界上第一个电视台在英国开播。

20 世纪 60 年代初,电视节目开始由通信卫星传遍全球。1980 年代,卫星技术从传送电视节目信号发展到直播电视节目。随着卫星电视和有线电视的发展,世界电视传播进入星网结合覆盖的新时代。

20 世纪 60 年代末,互联网问世。20 世纪 90 年代中期之后,互联网在全球飞速发展,成为继报纸、广播、电视之后新兴的"第四媒体"。

大众媒介令人眼花缭乱的迅猛发展,对人类社会的生产和交往方式产生

① Leavis F. R., Thompson D., *Culture and Environment: The Training of Critical Awareness*, Greenwood Press, 1977, pp.3-5.

② Craggs C.E., *Media Education in the Primaiy School*, Routledge, 1992, p.10.

了革命性的影响。每一种新媒介的产生都开创了人类交往和社会生活的新方式,有力地印证了麦克卢汉的著名论断:媒介即讯息。人类因此进入了信息时代。有人从媒介发展的角度,将第二次世界大战后的社会信息化进程分为"初级信息化"和"高度信息化"两个阶段。"初级信息化"阶段是从 20 世纪 50 年代到 20 世纪 80 年代中期,报刊、广播、电视等大众传播媒介高度普及,电话、录音、录像、摄影、传真等个人媒介也都达到相当高的普及程度;"高度信息化"阶段指 20 世纪 80 年代末至今,大众传播媒介进一步发达,广播电视进入数字化和卫星跨国传播时代;微型电脑普及到家庭,并迅速成为个人进行综合信息处理的媒介;以计算机、互联网和数字多媒体技术为基础,不同传播媒介之间出现汇流与整合的新态势。① 可以说,媒介以强大的力量渗透于社会系统的每一个角落,无论是政治、经济、文化等宏观社会领域,还是人们的日常生活;媒介连缀、编织了整个社会系统,勾画了生活的主线和域限,人们须臾不可离开。

然而,媒介是一柄双刃剑,它在给人类社会发展带来巨大福祉的同时,其负面效应和影响也不容忽视。于是,以培养公众对大众传播媒介负面影响的反省能力和抵御能力为核心的媒介素养教育自 20 世纪 30 年代被提出后,随着大众传媒特别是广播电视等视听传媒的迅猛发展,在欧美等发达国家逐步展开,形成了政府积极引导,教育界和民间组织广泛参与的格局,逐渐发展成为一场公民素养教育的社会运动。国际组织特别是联合国教科文组织积极倡导媒介素养教育,将其视为社会公共领域的重要事业,并制订了终生媒介素养教育计划,开展国际间的合作。一些国家和地区的媒介素养课程已经走进中小学的课堂,被纳入正规的课程教育体系,并不断得到重视和强化。综观半个多世纪以来世界各国的媒介素养教育,主要有以下几个特点。

1. 经过不断的摸索、发展和完善,媒介素养教育逐步普及,形成一场方兴未艾、遍及世界各大洲的社会运动

综观世界各国和地区媒介素养教育发展过程,大体可分为三个阶段:第一阶段从 20 世纪 30 年代到 20 世纪 60 年代,媒介素养教育概念由英国学者率

① 郭庆光:《传播学教程》,中国人民大学出版社 1999 年版,第 39 页。

先提出,后逐步推广到其他欧美发达国家,引起社会学、传播学、文化学、教育学等领域学者的广泛关注和研究,一些国家开始倡导和尝试在大、中、小学中开设媒介素养教育相关课程或讲座。第二阶段从 20 世纪 70 年代到 20 世纪 80 年代,许多国家和地区在青少年中开始普及媒介素养教育,由于各国政府和联合国教科文组织的介入,学校的媒介素养教育开始形成规模,英国、澳大利亚、法国、加拿大、芬兰、挪威、瑞典、瑞士等大众传播发达国家将媒介素养教育正式纳入正规的教育体系,并不断得到重视和强化。第三阶段是 20 世纪 90 年代至今,随着计算机的普及、网络的兴起,以及数字多媒体技术的广泛应用,大众媒介在社会中的地位和作用日益凸显,媒介素养教育不仅在发达国家进一步规范化,而且开始向许多发展中国家扩散,成为一种颇具信息时代特征的世界性现象。

欧洲是媒介素养教育的策源地,从理论研究到教育实践均具有代表性。

英国一直走在世界媒介素养教育的前列。20 世纪 60 年代,英国开始将媒介素养教育正式纳入各级学校的课程体系,实施从小学到高中的正式学制课程,并设置了完整的评价系统。1986 年,英国教育科学部与英国电影学院联合成立了"全国初级媒介素养教育工作小组委员会"(National Working Party for Primary Media Education)。1988 年该委员会明确指出,媒介素养教育对教学的传统目的和关注的问题是至关重要的。到 1997 年,英国已有将近三分之二的学校开设了进阶式媒介素养教育课程,有超过三分之一的中学毕业生参加媒介研究学科的中等教育证书考试。以英格兰区域普通证书教育为例,其电视研究课程包括以下内容:解构影像;介绍电视的媒介特点,并与其他媒介进行比较;了解视觉传播的特质,观察、解释影像的内涵意义与外延意义;检视广告及电视语言的内涵意义与外延意义;对电视节目的认知与译码;介绍观看电视的批判性与分析性的方法;介绍电视的表现形式,包括其传统成规与技术手段;检视各类型节目的传统成规、技术以及社会政治背景,分析特别节目的内涵;实务操作,包括模拟制作新闻节目,练习访问技巧,使用机器设备,以及通过团队合作制作电视节目等。① 目前,英国的许多大学设有媒介教育

---

① 吴翠珍:《英美电视素养教育》,《媒介研究》2004 年第 3 期。

的教师培训项目。

德国是世界上最早开始新闻学教育和研究的国家,早在 17 世纪末,德国的一些大学生就以报业作为研究对象撰写毕业论文,开创了新闻学研究的历史。由于德国在二战期间有过纳粹独裁者控制媒介的惨痛教训,德国的媒介素养教育内容通常是在政治、社会常识和社会研究等课程中讲授,并且是师范院校、成人教育机构、宗教团体和社区工作者的经常性的讲演和宣传内容。一家大学的研究机构曾对部分中学的媒介素养教育普及情况进行调查,在接受调查的 199 名教师中,有 91% 曾在课堂上讲授过有关大众传媒的知识,其中定期涉及这类题目的人达 72%。并且,这些教师从事媒介教育的目的,不仅是为了发展学生的交流技能,更重要的是帮助学生树立公民意识,引导学生以积极的态度参与社会的决策过程。[1]

法国的媒介素养教育开始于由电影协会、学校俱乐部和青年活动团体实施的一种课外活动。20 世纪 60 年代中期,里昂的总体语言研究所与里昂天主教大学合作率先提出了一套媒介素养教育方案,这套方案被法国 200 多所小学和中学列为重要的教学参考资料,并为欧洲、拉丁美洲和非洲地区的一些国家借鉴和采用。1979 年,法国政府的几个相关部门联合推出了一项名为"主动的电视青年观众"(Young Active Television Viewers)的全国性教育活动,目的在于培养青少年积极主动的电视收视习惯,收到了好的效果。[2]

北美洲的加拿大是一个媒介素养教育非常普及的国家。20 世纪 60 年代,加拿大在"荧屏教育"的名义下开始了大规模的媒介素养教育,其初衷在于抵制美国电视媒介的影响,以保护加拿大自身的多元文化。1978 年,在加拿大媒介素养教育运动中具有重要影响的行业组织"媒介素养教育协会"(the Association for Media Literacy)成立,20 世纪 80 年代末,该组织已有 1000 多名会员。在"媒介素养教育协会"的极力推动下,占加拿大人口三分之一的安大略省率先将媒介素养教育纳入正规课程体系。1986 年,安大略省教育部和教

---

① 宋小卫:《学会解读大众传播——国外媒介素养教育概述》,《当代传播》2000 年第 2、3 期。

② 宋小卫:《学会解读大众传播——国外媒介素养教育概述》,《当代传播》2000 年第 2、3 期。

师联合会推出了《媒介素养教育索引》(以下简称《索引》)。《索引》主要为媒介素养教师设计,介绍了电视、电影、广播、流行音乐和摇滚、摄影、印刷品以及跨媒介研究的观点和课堂活动。《索引》在许多英语国家流行,并被翻译成法语、意大利语、日语和西班牙语。《索引》概括的媒介素养教育分为八个方面的内容,代表了加拿大对媒介素养教育的基本认识,广为各国征引:(1)媒介内容是经过仔细加工的;(2)媒介建构了现实;(3)受众以自己的经验范围为基础诠释媒体内容的意义;(4)媒体生产是一种商业行为,媒体暗含商业意义;(5)媒体包含意识形态和价值观信息;(6)媒体暗含着社会和政治意义;(7)每一种媒体都有其独特的语法和编码方式;(8)每一种媒体都有其独特的艺术形式,受众应该学会欣赏不同媒体令人愉快的形式和效果。[1] 截止到1987年,加拿大已有50多所大专院校提供90多个媒介素养教育项目,其中包括单个短期课程和完备的4年制学位课程。加拿大幅员辽阔,各省拥有教育自主权,但在重视媒介素养教育方面是一致的,到20世纪90年代初期,全国大多数省份都成立了媒介素养教育协会。1999年9月,媒介素养教育正式成为全加拿大英语语言文学课程的一部分,这标志着媒介素养教育获得了加拿大官方认可,成为中小学生必修的一门课程。[2]

美国早在20世纪二三十年代即开始关注有声电影对青少年的负面影响,但其媒介素养教育却起步较晚。美国的媒介素养教育以行为科学为理论基础,最初的关注焦点是电视对公众行为、道德的影响,偏重于儿童的研究。20世纪60年代末,美国出现"视觉素养运动",出台了若干个儿童观看电视的课程计划,但并未普遍推广。1976年,由福特基金会、国家科学基金会等赞助的"电视与儿童"会议提出了设置媒介素养教育课程的建议。随后,美国教育署和国会图书馆举办全国"电视、书本与教室"研讨会,再次强调媒介素养教育课程的重要性和所有公民均应拥有涵养文字、电子、计算机、电传等素养的机会;美国教育部拨款委托西南教育发展实验室、纽约公共电视台、远西教育研

① [加]约翰·庞杰特、于亚卓:《第二次浪潮:加拿大中学的媒介素养教育》,《媒介研究》2004年第3期。

② [加]约翰·庞杰特、于亚卓:《第二次浪潮:加拿大中学的媒介素养教育》,《媒介研究》2004年第3期。

究发展实验中心和波士顿大学公共传播学院等 4 个机构,分别针对儿童(幼儿园—4 年级)、初中(5—8 年级)、高中(9—12 年级)以及成人等四个不同年龄段,启动"批判性电视观看技巧"课程和教材项目。① 20 世纪 80 年代初,美国经济的不景气,使就业和市场需求开始主导学校课程内容,由于得不到经费支持,包括媒介素养教育在内的许多处于边缘地位的探索性教育项目一度终止。20 世纪 90 年代后,毒品、艾滋病、青少年早发性行为、校园暴力等社会问题日益凸显,其中大众传媒特别是电视的负面影响难辞其咎,这使得以培养公众评判、分析和解读媒介讯息为核心的媒介素养教育再度引起社会的高度重视。1994 年 4 月经克林顿总统签发的《目标 2000:教育美国法案》(*the Goals 2000:Educate America Act*),将媒介素养教育内容纳入学校课程标准。各州纷纷通过有关媒介素养教育的立法,将媒介素养教育视为同媒介暴力、毒品、烟草和酒精做斗争的锐利武器,推行媒介素养教育,以抵制、防范和减少媒介的负面影响。截止到 20 世纪 90 年代末,美国约有 5000 所中学开设新闻传播课程,选修学生每年约 7.5 万名。初高中的校报、杂志、年鉴有 4.5 万种,有 100 万学生为这些报刊工作。学生们还通过教学和课余俱乐部活动学习《广播电视节目制作原理》。② 一项调查显示,目前,全美有 61 所高等院校开设了媒介素养教育课程,其中,约三分之一的院校开设专门的媒介素养教育课程(包括以"媒介素养"命名的课程),其他则将媒介素养的原则和理论融入相关课程,如大众传播概论类课程之中。此外,一些学校还开设了媒介素养教育的学士、硕士甚至博士学位课程。③ 一些全国性的颇具影响的媒介素养教育组织,如"媒介素养教育方略""媒介素养教育中心""全国电子传媒协会""媒介素养公民行动"等,定期召开会议,倡导和推广媒介素养教育。近年来,美国每年召开"全国媒体教育大会——素养与自由"会议,为来自世界各地的代表探讨传媒素养、媒介与教育等共同关注的问题提供平台。

大洋洲的澳大利亚被认为是最重视媒介素养教育的国家之一,全国几乎

---

① 吴翠珍:《英美电视素养教育》,《媒介研究》2004 年第 3 期。
② 童兵:《中西新闻比较论纲》,新华出版社 1999 年版,第 267 页。
③ [美]阿尔特·斯沃布莱特等:《美国高等院校媒介素养教育》,《媒介研究》2004 年第 3 期。

所有的州都将媒介素养教育内容纳入学校课程计划。澳大利亚的媒介素养教育起始于20世纪70年代的多元文化兴盛时期,主要动机在于抵制以美国为代表的流行文化对本土文化的影响。媒介素养教育得到政府和学校的高度重视,成立组织,设立基金,启动项目,出版教材,培训师资,形成了比较完整的教育体系。

在亚洲,日本是较早开展媒介素养教育的国家。20世纪60年代,日本开始有学校推行"屏幕教育",主要内容是电影电视评析,以引导青少年辨析媒介性质和内容,培养正确的媒介意识。20世纪70年代,"儿童与公民电视论坛"等民间团体通过筹办会议、组织专题研究等形式大力倡导媒介素养教育,并将加拿大安大略省的《媒介素养教育索引》译成日文,用以指导本国的媒介素养教育。2001年1月,日本东京大学正式启动媒介素养教育计划,成立了一个由学者、教师、大学生和媒体从业人员组成的MELL项目(Media Expression,Learning and Literacy),整合媒体和教育界的力量,共同推进媒介素养教育,形成了媒介机构、政府、学校、研究机构良性互动的媒介素养教育网络系统。自2007年夏季开始,该项目更名为MELL Platz,"通过推动各种研究计划、举办公开研讨会、发行电子简报等方式,为与媒介素养有关的人、与媒介素养相关的信息提供一个聚合、交互的'广场'"①。"日本民间广播联盟"所属的商业电视台提供专业支持和经费资助,委派专业人员到中小学协助师生开展媒介素养教育。2001年,日本文部省在中小学设立"综合教育"科目,媒介素养教育是其中的重要内容。此外,日本的小学和中学,大多配有专门的新闻传播辅导员,大部分中小学有自己的"学校新闻",即校报、校刊,地方和全国每年进行学校新闻评比,通过这些活动,使青少年受到媒介传播的启蒙教育。② 目前,日本启动了媒介素养教育教师培训项目,并出版了若干媒介素养教育手册和著作。

韩国从20世纪70年代开始倡导媒介素养教育。20世纪70年代,韩国的电视已经普及,电视文化在全国流行,到20世纪70年代末全国已拥有电视

① 陈韬文等:《媒介素养的国际发展与本土经验》,载《中国传播学评论·媒介素养专辑》,复旦大学出版社2008年版,第15页。
② 童兵:《中西新闻比较论纲》,新华出版社1999年版,第267页。

机 600 万台,三分之二的人口可以每天晚上收看电视。① 各商业电视台围绕
电视剧收视率的激烈竞争,对大众日常生活和文化产生了重大影响,从而引发
了媒介对青少年教育是否有害的社会性大讨论。社会相关人士尤其是教育工
作者采取保守主义态度,认为电视对处于成长期的青少年产生了负面影响,从
美国引进的劣质节目破坏了传统文化,主流文化的传播使非主流文化失去了
个性;电视是反教育、反修养、反知识的媒介,"要消灭电视";面对内容低劣的
节目日益泛滥的客观形势,为改善媒介环境,使电视成为有益的文化教育媒
体,对青少年、青少年教育工作者和年轻父母进行媒介素养教育必不可少。同
时,各大学的相关专业开始从过去只关注培养媒介领域的专业人才,转而认识
到进行媒介素养教育的必要性,以改变人们对电视消极、负面的态度,能够积
极、有效地使用媒介。20 世纪 80 年代以后,由于韩国政治局势和媒介环境的
变化,人们开始以更加冷静的态度审视大众媒介,媒介素养教育被提上议事日
程。在这种历史背景下,韩国最初的媒介素养教育成为一种"以积极批判的
态度,对受众进行的大众传媒教育",其出发点是对媒介内容的批判,以培养
受众具有正确理解媒介的能力,具有批判眼光,在民主社会中,能够积极行使
和体现自己的权利。进入 20 世纪 90 年代后,各种相关市民团体相继成立,监
督和批判报纸、广播、电视、电影等媒介,以一般市民,尤其是青少年和教师为
对象的媒介素养教育活动蓬勃开展起来。② 与此同时,韩国政府积极在各级
学校普及电视和计算机,架设通信网络,加强对教师和青少年的信息化教育。
韩国《中小学信息通讯技术教育课程开发指南》指出:应用信息技术处理资料
和信息,并以此为基础创造新知识和增强解决问题的能力,已经成为与每一个
人的生存和发展密切相关的,也是基本的条件。这种能力必须通过学校教育
去培育。重要的不是单纯地培养学生操作信息技术的能力,而是培养能够在
各种情况下利用信息技术去解决相应问题的能力。③

---

① 刘继南、张树庭、何辉:《传媒与教育——对话与思考》,教育科学出版社 2003 年版,第
12 页。

② 刘继南、张树庭、何辉:《传媒与教育——对话与思考》,教育科学出版社 2003 年版,第
15 页。

③ 刘微:《韩国:信息素养创造性地应用在生活中》,《中国教育报》2002 年 12 月 12 日。

在中国香港地区,自 1997 年特区政府成立后,为迎接工业型社会向知识型社会转型的挑战,开始推行教育制度改革,提升学生运用信息科技能力和传媒素养是改革的重要内容。一些来自大学、中学、小学、青年机构、宗教团体、社会志愿组织、传媒机构、政府教育部门的社会组织,自发结成传媒教育网络,推广媒介素养教育。其中,香港突破机构、香港传媒教育协会、明光社等是这一网络体系的核心。2001—2002 年,香港突破机构获 600 万港元的政府优质教育基金(Quality Education Fund)拨款,实施为期两年的"传媒及信息意识教育计划"(Media and Information Literacy Education Program),培养青少年对传媒的觉醒能力、批判思考能力和创意表达能力。"传媒及信息意识教育计划"的主要对象是学生和教师,也包括部分家长和青年工作者,共有四项目标:(1)为高小、初中学生及教师在学校、家庭和互联网上提供持续的传媒教育训练;(2)为传媒及信息意识教育设计一个完整的课程体系;(3)在传媒教育中引用现实处境实例进行学习,以帮助参加者学以致用;(4)建立一个共享资源网络,联系世界各地教育工作者互相交流和支持。与此同时,香港传媒教育协会与香港教育城合作,启动了"传媒评论年"计划。香港传媒教育协会的一项调查显示,截至 2002 年,全港有超过 180 所学校和团体推行传媒教育。①

中国台湾地区的传媒素养教育起始于 20 世纪 90 年代媒介大发展时期。1987 年台湾"解严"之后,台湾社会日渐开放。从 1988 年报禁解除到 2002 年,台湾的报纸由 31 份增长至 474 份,杂志由约 3000 份发展到 8140 份;家庭拥有电视机的比率达到 100%;有线电视入户率达 80%;上网人口高达 41%;宽频普及率为世界第二。② 与此同时,媒介的巨大社会功能日益凸显,其负面影响令人担忧,民众对媒体的指责、批评之声高涨,如众声喧嚣、吵闹、真相模糊;强化对立与冲突、偏好冲动新闻;社会新闻比重过高;缺乏深度与内涵;太注重负面、八卦报道;倾向有闻必录,查证不足;太强调本土,缺乏国际视野;缺乏文化、教育和社区新闻;推波助澜一些扭曲的社会现象,等等。公众对媒体

① 李月莲、莫蔚姿:《迈向知识社会的香港传媒教育》,载《媒介素养》,中国传媒大学出版社 2005 年版,第 11 页。
② 林子斌:《多元文化教育的新课题——媒体素养》,载《媒介素养》,中国传媒大学出版社 2005 年版,第 23 页。

充满负面印象,对媒体不信任者达37%。① 首先倡导媒介素养教育的是"富邦文教基金会""电视文化研究委员会""媒体识读推广中心"等民间非营利团体和组织。它们举办研讨会,培养中小学媒体素养教育方面的教师,并深入社区,以家长为对象,举办小型研习班。2000年,"媒体识读推广中心"还编辑出版《媒体识读教育》月刊,成立网站,提供媒体识读的背景知识。"富邦文教基金会"编撰出版《媒体素养公民教育》教师手册,供中小学教师教学参考。2002年10月,台湾地区"教育部"公布《媒体素养教育政策白皮书》(以下简称《白皮书》)。《白皮书》是台湾政府部门鉴于大众传媒对学校教育和社会教育的巨大影响,以及对传统教育体制的挑战,在社会各界的极力推动下而出台的。正如《白皮书》篇首所指出的:"教育学界大多数人都注意到'学校'这个体制,如何改变了一百多年来国人的教育过程和教育内涵,尤其是学校如何取代家庭,成为主要的教育场所。但是较少人知道,电视兴起以及大众传播媒介发达的过去这四十年,媒体已经成为国内青少年和儿童的第二个教育课程,甚至直逼'学校',有取而代之成为第一个教育体制的可能。媒体在教育上,不但进一步边缘化了家庭的教育角色,也逐步瓦解、威胁与动摇了学校的权威地位。"②《白皮书》分为"媒体素养教育的重要性""媒体素养教育的愿景""媒体素养教育的政策"等三个部分,对台湾媒体发展的历史和现状、媒介的负面社会效应、媒体的公民传播权、媒体素养教育与社会未来发展、媒介素养教育目标和实施策略、媒体素养教育的政策保障和组织运作等进行了全面、深入的阐述。《白皮书》认为,媒介素养教育是一种终身教育,其目标是建立"健康的媒体社区";个人通过媒介素养教育可以获得"释放"和"赋权",以及运用媒体来沟通表达和改善社会的能力;媒介素养教育必须从小学、中学、高职、专科、大学和成人教育等不同层面切入;鼓励学校开设媒介素养相关选修课和通识课程,并注重师资培育和辅助体系的建立;形成学校教育与社会教育互补、教育与媒体互动,全民参与的良性格局。2004年,根据《白皮书》计划,台湾成立了"媒介素养教育委员会",负责研究和审查媒介素养教育规划和政策,督导和

---

① 中国台湾地区:《媒体素养教育政策白皮书》。
② 中国台湾地区:《媒体素养教育政策白皮书》。

评估有关活动,推动媒介素养教育运动的开展。

2.在不同的历史时期,随着认识的深化和媒介生态环境的变化,形成了不同的媒介素养教育范式和实施模式

就理论认识层面而言,以大众传播与文化研究的发展演变为基础,欧美国家在不同历史时期形成了媒介素养教育的三种范式。

一是免疫范式。20世纪三四十年代,在"利维斯主义"和欧洲各国传播批判学派的影响下,大众媒介被视为破坏传统高雅文化,滋生低俗文化的"文化病毒";基于对大众媒介及其传播的大众文化的批判立场,这一时期的媒介素养教育被理解为传统文化的保护,在对"作为社会疾病的大众传媒"进行全面批判的基础上,鼓励公众"甄别和抵制"大众文化的欺骗性、虚伪性和麻痹作用,"提防大众媒介的迷药",免疫范式应运而生。正如学者马斯特曼(Len Masterman)所说,这种媒介教育事实上是一种排斥媒介的教育①。

二是分析范式。20世纪五六十年代,这一时期是英国文化研究的发轫时期,文化研究学派的开拓者们一反"利维斯主义"的精英立场,"文化"不再被视为拥有特权、高不可及的"经典",而被视为"整体的生活方式"。正如文化研究学派代表人物威廉斯所指出的:"对于文化这个概念,困难之处在于我们必须不断扩展它的意义,直至它与我们的日常生活几乎成为同义的。"②既然文化意味着整个生活方式,大众文化是人类生活的有机组成部分,那么,一味地排斥大众文化,不加选择地批判作为大众文化主要载体的大众媒介,就显得不合时宜甚至毫无意义。在这种背景下,媒介素养教育理念发生变化,由"全面批判"转变为主张人们要"判断和欣赏大众媒介",强调理解媒介,将媒介作为文化现象来分析。由此,以适度开放而非简单排斥为基调的分析范式开始兴起。

三是破译范式。20世纪七八十年代以来,随着结构主义符号学和文化霸权理论的兴起,学界提出了媒介素养教育的新范式——破译范式。破译范式认

---

① Masterman L., Foreword: Media Education Revolution, *Teaching the Media*: *International Perspectives*, Lawrence Erlbaum Associates, Publishers, 1998, p.viii.转引自蔡骐:《论大众文化与媒介教育的范式变迁》,《现代传播》2002年第1期。

② 雷蒙·威廉斯著:《文化与社会》,纽约,1978年版,第256页;转引自罗钢、刘象愚:《文化研究读本》,中国社会科学出版社2000年版,第7页。

为,大众媒介有其特殊的生产、制作和流通规则,媒介内容是通过符号建构出来的,并不是客观事实本身;大众媒介具有创造"媒介环境"的功能,这种"媒介环境"是虚拟而不是现实的,是被媒介选择过、解释过的现实,"媒介环境"有别于"现实环境",而在媒介化的社会中,人们往往习惯于在"媒介环境"中生活,甚至已习惯于将"媒介环境"视为"现实环境",这种状况极易造成媒介对公众的误导;"媒介真实"不等于"客观真实","媒介真实"背后有社会、有政府、有权利,有作为反映这种真实的媒体本身的局限,而受众理解这种"媒介真实"的过程中,掺杂了社会影响并受自身的种种限定。因此,媒介素养教育就是要培养公众对媒介"建构现实"功能的"破译"能力和觉醒能力,打破对媒介的神秘幻想,要于媒介的表现中自觉加以辨别,自主获取知识,使之为我所用,而非被其奴役。

至于媒介素养教育的具体方式,各国结合本国国情进行了多种尝试和探索。根据英国学者莱恩·马斯特曼的概括,主要有四种模式:(1)媒介研究作为一门独立的科目;(2)媒介研究作为某 ·科目中的一个部分;(3)把媒介教育融入所有科目中;(4)媒介研究作为一个整合的、跨学科的课题。①

3. 形成众多社会主体、社会组织广泛参与,社会化、国际化的教育格局

以政府引导为基础,各种非政府的学术组织和社会团体广泛参与、积极倡导,是各国媒介素养教育运动的一个显著特点。如英国的"全国初级传媒素养教育工作小组委员会",加拿大的"媒介素养教育协会",美国洛杉矶的"媒介素养教育中心"、旧金山的"媒介素养教育方略"、麦迪逊的"全国电子传媒协会"和阿什维尔的"媒介素养公民行动",新西兰的"全国媒介教育协会",日本的"儿童与公民电视论坛",等等,这些协会、社团和组织对推动各国媒介素养教育运动的开展起到了关键作用。

一些国际性的媒介素养教育组织的相继成立,标志着媒介素养教育成为一个国际社会共同关注的重要话题,促进了媒介素养教育的国际化。近年来非常活跃的"国际教育媒介理事会"(International Council for Educational Media)就是一个积极推进媒介素养教育的国际性非政府组织。该组织的代

---

① Masterman L., A Rationale for Media Education, *Media Literacy in the Information Age*, pp. 47-48.转引自蔡骐:《论媒介认知能力的建构与发展》,《国际新闻界》2001 年第 5 期。

表来自阿尔及利亚、尼日利亚、奥地利、比利时、法国、德国、丹麦、芬兰、西班牙、意大利、英国、日本、科威特、美国、加拿大、墨西哥等30多个国家。由欧洲共同体委员会和欧洲理事会赞助成立的"视听传媒教育欧洲协会"(The European Association for Audiovisual Media Education),是欧洲各国媒介素养教育组织的交流与协调机构,该组织多次召开大会,讨论媒介素养教育计划。此外,"国际天主教广播电视和音像协会"(International Catholic Association for Radio,Television and Audio-Visuals)也多次与"国际天主教电影和音像组织"(International Catholic Organization for Cinema and Audio-Visuals)合作举办国际会议,倡导、研究媒介素养教育,实施各种培训项目。

联合国教科文组织(UNESCO)自20世纪60年代后介入媒介素养教育,几乎每10年就举办一次传媒教育的国际会议,成为媒介素养教育的大力倡导者和积极支持者。1978年,联合国教科文组织出台了"媒介素养教育方案",该方案指出,在当代资本主义社会,大众传媒的消极影响不可避免,这种社会环境中的大众传媒,有可能成为操纵公众舆论的重要工具,因此,媒介素养教育的目标,不仅要教会青年人如何应对各种大众媒介,而且要鼓励学生为建立具有真正民主精神的高质量的大众传播体制而努力。

1982年,联合国教科文组织在国际媒介教育研讨会上发表《关于媒介教育的格伦沃尔德宣言》(*grunwald delaration on medla education*),提出:政府和教育系统都应当促进公民对"传播现象"的批判性理解,并应促进公民参与到媒介运作中。

1982年、1984年、1986年和1992年,联合国教科文组织相继出版了《将大众媒介用于公共教育国际研讨会的最后报告》《媒介教育》《了解媒介教育与传播研究》《全球传媒教育的新趋势》等4种读物,并在1989年发表的《世界交流报告》中,设专节对媒介素养教育的国际趋势和亚洲、太平洋地区、欧洲、拉丁美洲的媒介素养教育状况做了介绍,并提供了25种媒介素养教育的论著索引。①

---

① 参见宋小卫:《学会解读大众传播——国外媒介素养教育概述》,《当代传播》2000年第2、3期。

2007 年,联合国教科文组织发布《巴黎议程》(*Paris Agenda*),又称《关于媒介教育的 12 项建议》(*12 Recommendations for Media Education*),为 1982 年格伦沃尔德宣言中的四条指导纲领制订了具体措施:

纲领一:在各级教育中推行全面的媒介教育项目

(1)引入一个全面的媒介教育概念

(2)强化媒介教育、文化多样性和尊重人权之间的联系

(3)界定媒介教育基本技能和评估体系

纲领二:进行教师培训和提高社会各界人士的媒介教育意识

(4)将媒介教育纳入教师基础培训之中

(5)探索适当的教育方法,并不断优化之

(6)调动教育系统内的所有力量参与到媒介教育中来

(7)调动社会各界力量参与到媒介教育中来

(8)将媒介教育纳入终身教育框架

纲领三:构建媒介教育研究与传播网络

(9)在高等教育中发展媒介教育与相关研究

(10)创建美术交流网络

纲领四:加强国际间合作

(11)组织和开展各种国际间交流活动

(12)提高政治决策者的媒介教育意识并调动他们的积极性

2008 年 1 月,联合国在西班牙马德里召开的文明联盟论坛(Alliance of Civilizations Annual Forum),首次将媒介素养教育议题列入会议专场。马德里论坛之后成立的媒介素养教育交流中心(Media Literacy Education Clearing-house),是一个由联合国资助成立的媒介素养教育门户网站 http://www.aoc-medialiteracy.org,免费提供英语、西班牙语、阿拉伯语、法语、德语、俄语和其他语言的相关研究论文。2009 年,文明联盟与联合国教科文组织合作,在 Grupo Comunicar 和 European Commission(欧洲委员会)两家机构的支持下,出版了《全球媒介教育政策概览:前景、方案与挑战》(*Mapping Media Education Policies in the World: Visions, Porgrammes and Challenges*),呼吁要在跨文化、全球的视野下界定媒介素养教育。

（三） 我国大陆的媒介素养教育

1. 早期媒介素养教育思想的萌芽

如上所述，以培养公众的评判意识，抵御媒介负面影响为核心的媒介素养教育起源于 20 世纪 30 年代的英国和丹麦。我国学术界普遍认为，媒介素养教育属于舶来品，我国对西方媒介素养教育理论与实践的关注起始于 20 世纪 90 年代中期。

然而，据现有资料考证，早在西方学者系统提出媒介素养教育概念的 20 世纪 30 年代前后，我国的新闻学者和教育工作者就对新闻教育的普及和大众化，以及在中小学开设新闻学课程进行过阐述。

我国专门性的新闻学教育与研究起始于 1918 年 10 月成立的北京大学新闻学研究会。以 1920 年 9 月上海圣约翰大学创办报学系（后称新闻系）为标志，我国开始了专业化正规新闻学教育的历史。

至于面向非专业人员的新闻学教育，即公众的新闻素养的养成问题，据现有资料，我国较早的论述文字出自著名报业活动家、新闻教育家邵飘萍 1924 年出版的《新闻学总论》。邵飘萍富于远见地对学校开设新闻课程和国民的新闻教育做了论述。他指出："新闻与人生之关系既如此密切，新闻知识应列为国民普遍知识之一"[1]；新闻学作为一种"处世穷理之学"，"不独为新闻记者所应具"，"即多数国民，最好亦能使之相当了解"，"以余之希望，新闻学一科，应作为中学以上之普通课程，且望各大学之皆有添设。"[2]显然，邵飘萍在这里强调的是新闻学知识的普及问题，因为新闻学具有"处世穷理"的功能。

1929 年，著名新闻史学家戈公振指出："新闻学是无条件的一种国民修养，倘若让每一个公民都能知道报纸是出于什么需要来的，报纸有何力量，报纸受何种努力的影响，那么国人才可以对报纸有理解和正当的态度，才可以成为舆论一分子。"[3]

---

① 转引自张志安：《未成年人媒体素养教育行动策略研究》，见 http://www.learning.sohu. com，2004 年 12 月 13 日。

② 胡太春：《中国近代新闻思想史》，山西人民出版社 1987 年版，第 301 页。

③ 胡太春：《中国近代新闻思想史》，山西人民出版社 1987 年版，第 301 页。

1930年，复旦大学新闻系首任系主任谢六逸曾指出："新闻教育分为普通学校和专门学校两种。大学创办新闻系，除了培养经营编辑人才之外，同时要为普通学校培养新闻教育人才。"①

1931年，复旦大学新闻系黄天鹏教授对如何在中学开设新闻学通识课程提出见解："在东方，新闻记者的教育已为一般人所承认，在中等教育也已有加进新闻学一门为必修的课程的动议。最低应给予中学生以'新闻纸是什么'的观念。"②至于如何培养学生的这种"观念"，应着重从三个方面入手："一引起学生对于作文更有嗜好心，而养成其写作的力量；二增加学生的观察力；三使学生认识新闻纸是指导公众的公共机关，对新闻纸的发达，及关于社会的影响，也有相当的学识。总之，在中等教育里面，教员不必存了要养成一个新闻记者的观念，只要使学生对新闻纸有一个正当的认识，或引起相当的兴趣就够了。"③

关于普及新闻学教育的目的，黄天鹏指出："新闻学谁都有研究的必要"，因为"我们对新闻学有相当的了解，对新闻社有若干的常识，则对新闻纸的记事，自有较深的认识。新闻纸的评论，也有更明确的判断。在社会上为报纸的监督者，在自己增加了是非的判别力。"这样，面对"无论何种的新闻纸，都有敏锐的判别眼力，不致为有作用的新闻纸所同化"；同时，"能尽读者的责任，有监督记者的力量，督责新闻社向上"④。中学教师潘觉还撰文阐述了新闻学的专门教育与普及教育的区别："前者的目的，是在养成新闻的专门人才。后者的目标，是在培植能阅读报纸，写作和鉴别新闻的普通国民。这两种工作，在新闻教育的范畴内，是同样重要的。"拥有大量具备"新闻学素养"的国民是报业发展的基本条件，"我国的新闻事业，方可因新闻教育的普及而获得长足

① 胡太春：《中国近代新闻思想史》，山西人民出版社1987年版，第301页。
② 黄天鹏：《怎样做一个新闻记者》，上海联合书店1931年版；转引自李秀云：《中国媒介素养教育思想萌芽的阐发》，《新闻记者》2005年第1期。
③ 黄天鹏：《怎样做一个新闻记者》，上海联合书店1931年版；转引自李秀云：《中国媒介素养教育思想萌芽的阐发》，《新闻记者》2005年第1期。
④ 黄天鹏：《怎样做一个新闻记者》，上海联合书店1931年版；转引自李秀云：《中国媒介素养教育思想萌芽的阐发》，《新闻记者》2005年第1期。

的发展"①。

关于普及新闻教育的方法和途径,新闻学者和教育工作者也提出了一系列见解。

黄天鹏认为,新闻学知识教育在中学可以按照作文课的教授方法进行:"(a)要多读,多闻,多见。(b)所读所闻所见的,要引起来写的心。(c)自己所写的东西,不但要供给读者,而且要有左右读者的力量。(d)作品不独要得到教员的好评,而更须着公众的共同赞赏。(e)由新闻作品,而增加其对别的文章的评判力。(f)有评判思想价值的能力。(g)对于记闻的搜集与制作,要发挥独创的心力。(h)有相当的印刷知识。"②

中学教师潘觉对如何普及新闻教育的途径提出了见解:首先,"师范学校中添列新闻课程"。只有教师具备相关知识,"才可在教授公民课程的时候,或在课外作业中去指导学生读报和办理学校新闻"。其次,"普通中学及职业学校中添授新闻学科"。第三,由于"报纸是传布商业知识的刊物,举凡世界经济的大势和本国各地商场的情形,商人们都可从报纸上获得正确的消息","商人团体应于补习学校中添授经济新闻读法科目"。第四,"利用无线电播音灌输新闻学知识"。第五,"民众教育馆设法指导民众读报","使一般的民众都能知道报纸是如何发生? 如何成立? 有什么条件才能存在? 报纸的界限是什么? 读的方法如何?"③

新闻学者惜莹提出了通过"读报运动"普及新闻学知识的主张:"在最近的将来,盼望新闻教育机关和报界有一种读报运动的联合举行。这种读报运动的目的,首先的自然是企图读报人数的增加,而最重要的还是养成看报人有鉴别报纸好坏的能力。因为看报人有了鉴别报纸的能力以后,报纸的销路当然要和报纸改进与否而成为正比例。"④教师涂红霞就如何在小学指导学生读

---

① 潘觉:《怎样普及新闻教育》,《报学季刊》第1卷第3期,1935年3月29日;转引自李秀云:《中国媒介素养教育思想萌芽的阐发》,《新闻记者》2005年第1期。

② 黄天鹏:《怎样做一个新闻记者》,上海联合书店1931年版;转引自李秀云:《中国媒介素养教育思想萌芽的阐发》,《新闻记者》2005年第1期。

③ 潘觉:《怎样普及新闻教育》,《报学季刊》第1卷第3期,1935年3月29日;转引自李秀云:《中国媒介素养教育思想萌芽的阐发》,《新闻记者》2005年第1期。

④ 惜莹:《新闻教育问题》,《报学季刊》第1卷第3期。

报提出见解:第一,这一科应该添在高级小学生课程中,即小学五六年级。第二,担任这一科的教师,应该先把当天所到的报纸,预阅一遍,把重要的新闻用有颜色的墨水圈起来,提醒儿童读报时的注意点。第三,儿童读报的时候,教师应当详细讲解。第四,儿童阅读以后,应当切实了解新闻的要点。第五,这一科应当每日都上。照此方法操作,"可以造成许多留心时事欢喜阅报的人才,积极的可以使儿童明了国家的大事"①。

小学教师曹锡胤有感于中国的教育"以成人为本位",报纸文字艰深难懂的实际,认为"儿童报纸的产生,更为重要",希望按照"以儿童为本位的教育宗旨","从速创办儿童日报"②。

综上所述,早在20世纪二三十年代,即西方学者最初提出媒介素养概念前后,我国的新闻学者和教育工作者就提出了一系列普及新闻学教育的主张(这里我们姑且称之为"普及新闻学教育")。这些主张,虽然没有冠以"媒介素养教育"的概念,但却对媒介素养教育的内涵以及实施途径与方法进行了一定程度的阐述。"普及新闻学教育"与当今的"媒介素养教育",既有联系又有区别。

二者的联系:

都是面向普通"国民""公民""大众"的媒介知识普及教育,其目的在于使学生和普通公众对媒介、媒介内容和运行机制有一个科学的认识,与以培养记者为目标的专业化、职业化新闻传播教育有别。

都是以青少年学生为重点教育对象,以在中、小学课程体系中融入相关内容为主要实施途径。

二者的区别:

"普及新闻学教育"重在推广新闻学知识,让公众特别是青少年对新闻纸有所了解,"有一个正当的认识","引起相当的兴趣",这样,民众可以通过报纸获取"有价值的新闻"和"正确的消息",从而对国家、国际大事有"较深的认

① 涂红霞:《小学应添入"读报"科》,《新闻学集》,天津大公报西安分馆1931年版,第148—149页;转引自李秀云:《中国媒介素养教育思想萌芽的阐发》,《新闻记者》2005年第1期。
② 曹锡胤:《对小学设读报科的商榷》,《新闻学集》,天津大公报西安分馆1931年版,第151页;转引自李秀云:《中国媒介素养教育思想萌芽的阐发》,《新闻记者》2005年第1期。

识"和"更明确的判断";对于新闻事业,也会因"新闻教育的普及而获着长足的发展"。而"媒介素养教育"则以树立媒介批判意识为核心,着重培养公众对媒介负面影响的抵御能力,以及建设性地使用媒介资源完善自我、参与社会发展的能力,做信息时代媒介的"主人"而不是"奴隶"。

"普及新闻学教育"以新闻学特别是报学为基础,其动因在于培养具有"新闻学素养"的"读报人",以推进报纸的普及和新闻事业的发展。"媒介素养教育"则以现代文化批判和传播学为理论基石,是出于影视媒介兴起对传统精英文化的冲击,以及"屏幕识读""浅化"人们思维的深深忧虑而发出的社会呐喊。

"普及新闻学教育"的提出是基于报纸媒介的兴起,所面对的媒介环境比较单一,以培养公众的"阅读能力"为目标。"媒介素养教育"起源于广播影视等视听媒介的兴起和逐步普及,在20世纪下半叶网络等新型传媒日新月异、媒介的社会地位日益凸显、媒介素养已成为公众的基本素养、媒介素养教育被视为公民终身教育重要组成部分的复杂媒介生态环境中空前发展,其内涵之丰富、外延涉及面之广,远非"普及新闻学教育"所能比拟。

2. 新时期的媒介素养教育

我国大陆对媒介素养和媒介素养教育问题自觉的关注和探讨,开始于20世纪90年代。自那时起,媒介素养教育逐渐成为学术界普遍关注的一个热门话题。媒介素养教育问题的凸显,源自我国社会和传媒生态发展的现实背景,具体包括以下几个方面:

(1)20世纪90年代是我国传媒业的快速发展期,报纸、广播、电视等大众传媒和新兴的网络媒体以强大的力量渗透于社会系统的每一个角落,成为民众最重要的信息来源,成为大众生活须臾不可分离的有机构成部分。面对汹涌的信息浪潮,身处各种传媒的重围之中,公众对传媒的认识,对传媒的选择和接触,对传媒传播内容的甄别和判断,对传媒信息资源的科学运用,等等,将直接关乎公众的社会生活质量,特别是关乎青少年世界观、人生观和价值观的形成。

(2)随着社会主义市场经济体制的逐步建立,我国的传播环境和媒介运行机制发生了巨大而深刻的变化,媒介产业迅速发展,媒介市场竞争日趋激烈,商业化的侵蚀给媒介带来的负面效应日益严重。处于社会转型期的大众媒介,商品性、消费性、娱乐性凸显,内容低俗化、有偿新闻、虚假报道屡见不鲜,而批评的声音却零散和微弱。加强社会公众,特别是青少年理性辨别媒介、抵御媒介负面影响的能力,已成当务之急。

(3)公民媒介素养状况堪忧。长期处于计划经济媒介体制下的我国受众,早已习惯于将媒介报道视为"指导性文件",对媒介产业化经营导致的商业化倾向缺乏起码的警觉,对媒体建构社会现实的功能缺乏理性的认识。可以说,我国受众是媒介信息很好的接受者,但不是很好的分析者、辨别者和评判者。

1994年1月1日,《新闻出版报》发表了《我国的"媒介扫盲"尚未起步》,作者署名夏商周。这是新时期较早关注媒介素养教育问题的文章。

1997年第1期的《现代传播》,刊登了中国社会科学院卜卫的《论媒介教育的意义、内容和方法》一文。文章从20世纪30年代英国学者F.R.利维斯和丹尼斯·桑普森合作出版《文化与环境》,率先提出"文化素养"概念的简要分析入手,概要式地介绍和研究了西方媒介素养教育的发展历程,媒介素养教育的内涵、意义、内容、方法和实施途径。

卜卫的这篇文章是我国大陆学术界第一次从学理的角度,对媒介素养教育问题进行系统介绍和论述的成果,在我国大陆媒介素养教育研究领域,具有开拓和启蒙的意义。

继卜卫文章之后,来自新闻传播学界、教育学界的许多学者陆续发表了一批研究媒介素养和媒介素养教育的论文,在翻译、引介国外研究成果的基础上,针对媒介素养教育的一系列相关问题进行了研究和探讨,媒介素养教育逐渐成为学术界的热门话题。

1996年,以中国社科院卜卫为带头人的课题组的"大众传播对青少年的影响"课题获准国家社科基金立项。2002年1月,项目成果以《大众媒介对儿童的影响》为名由新华出版社出版。该书从如何保护儿童不受媒介的消极影响的角度,专设"媒介教育"一节,对青少年的媒介素养教育进行了阐述。由于媒介素养教育的重点是青少年,该课题的研究成果,特别是一系列实证调查研究,对媒介素养教育研究的全面展开,提供了比较丰富的资源和观点积累,具有重要的参考意义。

2000 年 6 月,笔者在拙著《新闻媒介通论》中,设有"新闻媒介教育"一章,以"公众的新闻媒介教育"为题,就媒介素养教育的起源、定义、目的、内容和途径等问题进行了探讨,并指出:我国的新闻信息传播产业已成为改革开放以来发展最为迅速的领域,而我国的媒介素养教育仍未起步,"建立符合我国国情的媒介教育体系,对国民素质的提高,乃至整个社会的发展都具有重要的意义"①。

2001 年 1 月出版的刘晓红、卜卫的《大众传播心理研究》,从研究大众传播对人的影响过程和结果以及媒介内容及其影响因素的视角,比较系统地分析了大众媒介负面效应及其产生的内在机理,在一定程度上为探讨媒介素养教育的实施动因提供了理论依据。

2002 年,在教育部高等学校新闻学学科教学指导委员会和中国新闻教育学会联合召开的年会上,中国人民大学郑保卫教授就媒介素养教育问题作了专题发言,呼吁新闻教育界共同关注和推动面向社会公众的媒介素养教育。

有学者认为,2001—2003 年间,媒介素养研究的重点和特点是:对国外媒介素养教育成果的借鉴开始全面深入;对中国媒介素养教育的重要性、必要性、可行性、急迫性等意义的认识开始明确、深刻;对媒介素养教育结合不同领域和对象的功能探讨开始多元扩散,对适合中国本土的媒介素养教育的内涵、方法、模式等的研究开始自觉起步。②

2004 年,中国媒介素养教育研究成果激增,成为具有转折意义的一年,当年被称为"媒介素养教育年"。

2004 年 10 月 8 日,首届中国媒介素养教育国际研讨会在中国传媒大学召开。研讨会以"信息社会中的媒介素养教育"为主题,来自加拿大、英国以及中国大陆、中国台湾地区、中国香港地区等地的学者就如何建立适合中国国情的媒介素养教育理论,加强国际国内媒介素养教育专家学者的交流与沟通,推动中国媒介素养教育的发展等进行了广泛的探讨。这是我国大陆第一次国

---

① 袁军:《新闻媒介通论》,北京广播学院出版社 2000 年版,第 231 页。
② 汤书昆、孙文彬:《中国媒介素养教育研究述评》,《浙江传媒学院学报》2009 年第 2 期。

际性的媒介素养教育研讨会。

2004 年 12 月 12 日,由共青团中央、全国少工委、中央文明办、全国妇联、教育部、国家广电总局、新闻出版总署和中国社科院联合举办的"中国青少年社会教育论坛——2004·媒体与未成年人发展"在上海举行。论坛的主旨是:深入研究现代媒体的发展对未成年人的思想道德素质、科学文化素质、心理素质带来的多方面深刻影响,推动全社会对媒体与未成年人发展课题的关注和研究,发挥媒体在促进未成年人发展中的优势和积极作用,引导未成年人更好地对待和运用媒体,以及促进团队组织和青少年宫等校外教育机构阵地运用媒体更好地服务未成年人,营造未成年人健康成长的良好社会环境。围绕"媒体与未成年人发展"的主题,就媒体对青少年的影响、青少年的媒体使用权、媒体反映儿童心声、服务儿童成长等问题进行了广泛研讨。论坛还发布了"2004·媒体与未成年人发展论坛"宣言——《共同营造未成年人健康成长的媒体环境》。论坛特别关注了未成年人媒介素养教育课题,发表了《未成年人媒体素养教育行动策略研究》。这次论坛是迄今为止规模和影响最大的有关青少年媒介素养教育问题的全国性论坛。

国家人文社科重点研究基地——中国传媒大学广播电视研究中心主办的《媒介研究》2004 年第 3 期出版了《信息时代的传媒素养》专辑。2005 年 1 月,中国传媒大学蔡帼芬、张开、刘笑盈主编的《媒介素养》一书由中国传媒大学出版社出版。上海交通大学谢金文撰写的"我国第一本针对大学生进行传媒素养教育的著作"——《新闻·传媒·传媒素养》由上海社会科学院出版社出版。

2004 年,"媒体素养教育理论与实践"被列入教育部哲学社会科学研究重大课题攻关项目,复旦大学新闻学院获准立项。该项目设有"中外媒介素养教育历史与现状""媒介素养教育与中国社会转型和青少年社会化"等子项目;还推出了包括编写媒介素养教育教材、面向中小学和普通公众开设媒介素养教育课程、进行中小学媒介素养教育师资培训、开办青少年媒介素养教育夏令营等在内的"公众媒介素养教育推广计划"。

2003 年,复旦大学新闻学院成立"复旦大学媒体素养小组",筹建"复旦大学媒介素养教育研究中心"。2003 年,北京广播学院设立"传媒教育"硕士点,并于当年开始招收硕士研究生。2005 年 2 月,中国传媒大学成立"媒介素养教育研究中心"。

2004 年 10 月 1 日,由复旦大学媒介素养小组创办的"媒介素养研究"网站(http://www.medialiteracy.org.cn)正式开通。该网站致力于促进媒介素养教育学术交流和研究,设有"媒介素养理论研究""媒介素养调查报告""媒介素养传播实践""媒介素养研究动态""媒介素养知识普及""媒介素养资料书籍"等栏目。这是我国大陆第一个媒介素养专业网站。

2005—2006 年,我国内地媒介素养教育研究进入深入发展时期,多家专业杂志开设了"媒介素养"专栏。以媒介素养教育为主题的学术论文数量增长尤为明显。据统计,2004 年和 2005 年两年共发表主题论文 259 篇,而 2006 年与 2007 年则分别达到了 231 篇和 352 篇,截止到 2008 年 11 月 10 日已有 341 篇论文。[1]

2008 年,学者姬德强对中国知网(CNKI)1996—2007 年的研究文献进行搜索(主题词为"媒介素养"的"精确"搜索),发现这 10 年当中,相关研究成果呈现迅速递增趋势(见表 1、表 2)。

表 1 "主题"搜索结果[2]

时间(年)	1996	1997	1998	1999	2000	2001	2002	2003	2004	2005	2006	2007	总数
发文数(篇)	0	1	1	1	2	2	5	16	45	88	156	248	570
比例(%)	0	0.1	0.1	0.1	1.2	0.3	0.8	2.8	7.8	15.4	27.3	43.5	100

表 2 "篇名"搜索结果[3]

年份	1996	1997	1998	1999	2000	2001	2002	2003	2004	2005	2006	2007	总数
发文数(篇)	0	1	1	1	5	1	2	10	30	55	86	148	340
比例(%)	0	0.3	0.3	0.3	1.5	0.3	0.6	2.9	8.8	16.2	25.3	43.5	100

---

① 汤书昆、孙文彬:《中国媒介素养教育研究述评》,《浙江传媒学院学报》2009 年第 2 期。

② 姬德强:《解析中国预警下媒介素养研究的话语模式》,载《媒介公共服务:理论与实践》,中国传媒大学出版社 2009 年版,第 239、240 页。

③ 姬德强:《解析中国预警下媒介素养研究的话语模式》,载《媒介公共服务:理论与实践》,中国传媒大学出版社 2009 年版,第 239、240 页。

随后,姬德强采用 Mind Manager(Pro 7)软件对上述检索结果进行关键词和主题句整理,得到媒介素养在中国的一个研究谱系图(如图1)。

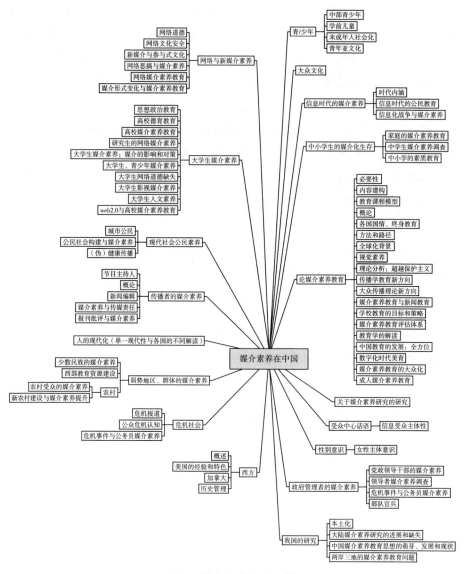

图 1　媒介素养在中国①

　　① 姬德强:《解析中国预警下媒介素养研究的话语模式》,载《媒介公共服务:理论与实践》,中国传媒大学出版社 2009 年版,第 249 页。

2007年以后,随着中国媒介环境的变化,媒介素养研究逐步深入,研究者们的思考趋于清醒和深刻,对国外媒介素养教育理念与实践的思考趋于冷静和具有批判性,对中国媒介素养教育的实证研究增加,尤其是对各地大学生媒介素养的调查数量明显增加。此外,研究者们还开始注意对政府官员等群体媒介素养的研究。新媒体的兴盛与发展也成为媒介素养教育的重要参照因素。

在媒介素养教育实践方面,一些业界人士和相关机构开始利用报纸、网络等媒体,开设课程传播和讲授媒介素养相关知识。中国社科院卜卫在中青网(http://www.cycnet.com.cn)"青少年园地"开设了"媒介课堂"栏目,通过青少年经常接触的网络媒体向他们普及传媒知识。2000年6月,联合国儿童基金会、团中央中青网和中国社会科学院新闻与传播研究所媒介与青少年发展研究中心共同发起成立了"中国儿童表达"。"中国儿童表达"是以中青网为基地形成的一个全国性儿童表达组织。全国6岁至18岁的儿童可通过互联网、电子邮件、信函、传真等方式报道和评论新闻,讲述自己的故事,发表自己的看法和观点。

"中国儿童表达"十分注重发现并创造弱势群体儿童表达的机会。2000年6月至9月期间,"中国儿童表达"与北京师范大学教育系合作,赴中国西北部和其他地区采访贫困地区儿童,搜集他们的声音,并督促媒体报道他们的声音。①

2002年,上海市老干部局、老龄委、科学技术协会、老年基金会等机构与老年网站(http://www.oldkids.com.cn)联合,启动了针对中老年人的信息素养教育和普及工程,帮助中老年人学习信息技术,提高信息和媒介素养。

2004年12月,《深圳青少年报》的"小学周刊""中学周刊"推出"媒介课堂""走进媒介素养"专栏,以学生喜闻乐见的形式,引导中小学生用批判的意识和眼光对待媒介信息,判断信息的真假与好坏,规避媒介可能造成的伤害,确立正确的媒介消费观念。2004年9月,上海交通大学媒体与技术学院开设

---

① 卜卫:《儿童参与的理念和经验》,见 http://ec.cycnet.com/jdgz/canyuluntaan/second/buwei.htm。

了针对全校非新闻传播类专业学生的"传媒素养"课程。

2008 年,中国传媒大学发展战略研究中心媒介素养教育研究室与北京黑芝麻胡同小学合作,开设"媒介素养教育实验课",旨在促进学生对媒介的功能运作、信息传递和现实建构的理解,培养学生在互动媒体时代具有创造媒介产品的能力。2008 年 9 月至 2009 年 1 月,第一阶段媒介素养教育实验课面向黑芝麻胡同小学五年级学生开设,为期 15 周,每周 1 课时。五年级的 5 个班中,4 个作为实验班,1 个作为对比班,该班暂不上此阶段的实验课。课程向家长全程开放,学校鼓励家长走进教室和孩子一起学习媒介素养。①

总之,综观我国大陆媒介素养教育,无论理论研究还是实践推广,可以说,均处于起步阶段。具体表现在几个方面:(1)对国外文献的介绍和引用之外,开始对其进行反思,具有一定的批判性;(2)缺乏对转型期我国媒介环境特殊性以及由此导致的媒介素养研究与实践推广紧迫性的深入研究;(3)虽然有相当数量的研究论文已经探讨如何推动媒介教育素养的本土化,但仍未提出符合我国国情的媒介素养教育模式;(4)媒介素养教育实践相对滞后,亟待发展。

二、媒介素养教育的定义

探讨媒介素养教育的定义和内涵,重点和难点是对"媒介素养"概念本质含义的理解。同时随着媒介的发展,媒介素养教育也应与时俱进,不断拓展其内涵与外延。因为"传媒教育的宗旨是指导年轻人跟传媒打交道,每当传播科技改变或传媒体制发生变化,传媒教育的取向及内容都要相应地调整"②。

(一)媒介素养教育的定义

媒介素养教育主张 20 世纪 30 年代由英国学者最先提出,经过几十年的

---

① 俞水:《小学教学的一种尝试:媒介素养教育的本土实验》,《中国教育报》2009 年 7 月 26 日。

② 李月莲:《"YouTube 现象"带来的社会颠覆与传媒教育》,《传媒透视》2007 年 3 月。

发展,对于其核心概念——"媒介素养"的称谓、定义以及内涵描述等,至今见仁见智,尚未统一。

如前所述,英国学者20世纪30年代提出的是"文化素养"概念,目的是维护传统价值观念和精英文化,反对以电影等大众传媒为载体的流行文化。可以说,"媒介素养"概念的"前身"是"文化素养"。随着传播科技的发展和新媒体的不断涌现,"媒介素养"概念的称谓不断变化;同时,"媒介素养"因新媒体而衍生新的内容,其内涵也随之大大丰富。例如,伴随20世纪50年代世界主要国家电视的逐步普及,人类进入"读图时代","电视素养"(television literacy)"图像素养"(visual literacy)"屏幕教育"(screen education)"视觉素养"(visual literacy)"视觉传播"(visual communication)"视觉意识"(visual awareness)等成为"媒介素养"的核心内容,解读图像文本,区分图像的"反映现实"与"建构现实"功能,树立批判意识,是"媒介素养"的构成主体;随着媒介的进一步发展,特别是计算机的普及和网络的兴起,标志着信息时代的来临,人们又提出"计算机素养""信息素养"和"网络素养","媒介素养"内涵得以进一步拓展,不仅包括辨析与批判信息的能力,还包括有效地创造和传播信息的能力。总之,媒介素养概念经过几十年的发展,已成为一个多角度、多层面,内涵丰富的概念,正如美国著名学者霍布斯(Renee Hobbs)所比喻的:"它是一个有着一千个名字的孩子:批判性阅读(critical viewing)、视觉认知能力(visual literacy)、媒介教育(media education)、媒介素养(media literacy)、媒介研究(media studies),以及更多。"①目前,在欧洲、澳大利亚、新西兰等国以及联合国教科文组织的出版物中,"媒介素养"概念一般称之为"media education"(媒介教育),而在美国、加拿大和中国台湾地区则称为"media literacy"(媒介素养)。

至于什么是媒介素养? 其本质含义是什么? 可以说是众说纷纭,没有一致结论。

1989年,英国教育科学部在著名的考可斯报告中对媒介素养作出了定

---

① Hobbs R.,Pedagogical Issues in the U.S.Media Education,*Communication*,Year book,1994,No.17,p.453.

义：“媒介教育的目的是培养更积极、更有批判性的媒介使用者，他们将要求媒介产品的更大范围和多样化并为此作出贡献。”

加拿大安大略教育部（Ontario Ministry of Education）对媒介素养定义：媒介素养旨在培养学生对媒体本质、媒体惯用的技巧和手段以及这些技巧和手段所产生的效应的认知和判断力。确切地说，媒介素养是一种教育，目的是为了增强学生理解和欣赏媒介内容的能力，让学生了解媒介信息的传输过程和制作过程，从而认清媒体是构架现实而不是单纯的再现现实的特性。由于网络媒体的飞速发展，媒介素养教育最终还要培养学生自己动手制作媒介作品的能力。①

1992年美国媒介素养研究中心提出的媒介素养定义是：媒介素养是指人们面对媒介所传播的各种信息的选择能力（ability to choose）、理解能力（ability to understand）、质疑能力（ability to question）、评估能力（ability to evaluate）、创造和制作能力（ability to create and produce）以及思辨的反应能力（ability to respond thoughtfully）。②

1999年，联合国教科文组织在维也纳举行的会议中，来自全球33个国家的代表针对媒介素养教育明确拟定以下声明：“媒介教育是这个世界上每个国家所有居民的权利，自由表达的权利，对信息的权利，它有助于建立和维持民主……”

美国媒介素养教育专家 James Potter 在《媒介素养》（*Media Literacy*）一书中指出：“媒介素养是一种观察方法，即当我们置身于媒介中时，为了解读我们所遇到的信息时主动采用的一种方法，我们通过知识结构来构建我们的方法。而要构建知识结构则需要工具和原始资料，工具是我们的技巧，原始资料则是来自于媒介和现实世界的信息。主动采用指我们不但知晓信息，而且还会不断与信息互动交流。”③

---

① Media Literacy Online Project by College of Education, University of Oregon. 转引自麻争旗、孟毓焕：《国际新闻传播中的跨文化媒介素养》，载《媒介素养》，中国传媒大学出版社2005年版，第23页。

② 蔡帼芬、徐琴媛、刘笑盈主编：《全球化视野中的国际传播》，五洲传播出版社2003年版，第374页。

③ Potter J., *Media Literacy*, Sage Publication, 1995, p.4.

英国媒介素养教育专家大卫·帕金翰（David Buckingham）认为："媒介素养指使用和解读媒介信息所需要的知识、技巧和能力。"①

中国香港学者更多地从"解读"和"解毒"传媒的角度理解媒介素养的含义，认为媒介素养是"对传媒的醒觉能力、对传媒的批判思考能力和创意表达能力"②，"对传媒信息的好坏有鉴赏力，能解读信息背后的意识形态，了解传媒在日常生活中扮演的角色"。③

中国台湾政治大学传播学院媒体素养研究室提出的媒介素养定义为："媒体素养指大众能解读媒体、思辨媒体、欣赏媒体，进而利用媒体来发声，重新建立社区的媒体文化品位，并了解公民的传播权利和责任。"④

对于中国大陆来说，"媒介素养"属地道的舶来品，因此，对媒介素养本质含义的理解基本上以对国外定义的引用、解释为基础。例如：

"媒介素养就是指人们正确地判断和估价媒介信息的意义和作用，有效地创造和传播信息的素养。"⑤

"媒介素养是指人们对各种媒介信息的解读和批判能力以及使用媒介信息为个人生活、社会发展所用的能力。所谓媒介素养教育，就是指导学生正确理解、建设性地享用大众传播资源的教育，通过这些教育，培养学生具有健康的媒介批评能力，使其能够充分利用媒介资源完善自我，参与社会发展。"⑥

媒介素养是指掌握"基础的媒介知识以及如何使用媒介"、能够"判断媒介讯息的意义和价值"、具有"创造和传播信息的知识和技巧"、知道"如何有效利用大众传媒发展自己"⑦。

---

① Buckingham D., *Media Education - Literacy Learning Literacy Movement and Comtemporary Culture*, Polity Press in association with Blackwell Publishing Ltd., 2003, p.36.

② 李月莲、莫蔚姿：《迈向知识社会的香港传媒教育》，载《媒介素养》，中国传媒大学出版社2005年版，第11页。

③ http://www.hkcs.org/edcb/media/media.htm。

④ 杨光辉：《走进传媒——如何开展媒介教育》，载《媒介素养》，中国传媒大学出版社2005年版，第64页。

⑤ 张冠文、于健：《浅论媒介素养教育》，《中国职业技术教育》2003年第29期。

⑥ 张志安、沈国麟：《媒介素养：亟待重视的全民教育课题——对中国大陆媒介素养研究的回顾和简评》，《新闻记者》2004年第5期。

⑦ 卜卫：《论媒介教育的意义、内容和方法》，《现代传播》1997年第1期。

从上述国内外种种定义不难看出,尽管对媒介素养本质含义的认识有不同的表述,但有一个大致的共同点,即认为媒介素养是一种"能力",是"信息化时代"背景下,作为"地球村""村民"所必须具备的一种基本"素质"。人类在进入"信息化时代"的同时,也进入了"媒介化时代",媒介已成为空气的一部分,正以异常强大的力量,渗透于社会系统的每一个角落。在这一前所未有的新的环境中,不具备对媒介信息的接受、处理、辨别能力以及有效地利用媒介传播信息的能力,人们将无法适应社会,甚至无法获取基本的生存资源。

笔者认为,概括地说,这种基本的"能力""素质",包括"认知媒介""参与媒介""使用媒介"三个层面。

"认知媒介"指的是对媒介性质、功能以及媒介与社会政治、经济、文化等诸多因素互动关系的正确评价。具体包括了解社会政治法律制度、经济制度和思想文化制度与传播制度的关系;认识媒介传播作为制度化传播的基本特征和内在规律;了解外部制度对媒介机构及其活动的控制和影响,以及媒介机构内部运行机制对信息的生产、加工和传播活动的制约;理解媒介"反映现实"和"建构现实"的功能,理智地辨别"媒介环境"和"现实环境"等。"认知媒介"是认识论层面的"素养",是媒介素养的前提和基础。

"参与媒介"是指参与媒介信息传播,成为媒介讯息积极、主动的"获取者""解读者",以及媒介信息负面影响的自觉"抵御者",成为信息时代清醒的"媒介公民"。这是媒介素养概念提出的最初动机,也是媒介素养的重点和核心。

"使用媒介"是指运用媒介,有效地创造和传播信息的能力。不仅包括操作媒介传播信息的技能,而且包括善用媒介进行公共监督,优化传媒环境和社会环境,促进社会民主发展。

基于上述认识,笔者尝试对"媒介素养"作如下定义:媒介素养是指社会公众认知媒介、参与媒介、使用媒介的能力。

在此基础上,"媒介素养教育"定义可以表述为:媒介素养教育是以社会公众为对象,以培养和提高认知媒介、参与媒介、使用媒介能力为目的的素质教育。

目前,关于媒介素养和媒介素养教育的称谓,概括起来,主要有"媒介教育""媒介认知能力""媒介信息教育""媒介批评""电视素养""网络素养"等。笔者认为,为了进一步地准确理解媒介素养教育的本质含义,规范使用概念和术语,有必要将媒介素养教育与相关概念进行比较和辨析。

1. 关于"媒介素养教育"与"媒介教育"

一般来说,在我国新闻传播学界,媒介教育指的是新闻媒介教育,即与新闻媒介有关的教育活动的总称。从广义上理解,新闻媒介教育这个概念包括三个基本含义:一是以传统学校教育模式为新闻媒介培养专门人才的教育活动,即通常所指的新闻教育;二是以新闻媒介为主要媒体手段所进行的教育活动,主要包括新闻媒介履行社会教育功能,以及以新闻媒介为载体和手段的远程教育;三是公众的新闻媒介教育,即以公众为对象,以培养公众的新闻媒介素养为目的的教育活动。① 然而,就实际应用来看,媒介教育往往指的是面向新闻传播专业学生或媒介在职人员的专业化学校教育,又称为新闻教育或新闻传播教育。

显然,"媒介教育"与"媒介素养教育"是两种不同的教育理念和模式,在实施主体、教育对象、培养目标以及教育类型等方面存在差异。前者以专业学校、主要是高等院校为实施主体,面向媒介从业人员或后备人员,目标是培养职业的新闻信息传播者,教育类型是专业教育或职业教育;后者由社会相关部门和机构实施,面向社会公众,以培养和提高公众对媒介的认知、参与、使用能力为目标,是信息化时代公民的一种终身素质教育。

因此,近来不少学者在探讨媒介素养教育问题时所表述的"媒介从业人员的媒介素养教育"、"传者素养和受者素养"、"在中国,新闻传播教育被认为是媒介素养教育"、"媒介素养教育包括对媒介从业人员的教育和非媒介从业人员的教育两个方面的内容",以及"传播学教育本身需要从职业教育到素质教育立场的转向",等等,实际上是混淆了"媒介素养教育"和"媒介教育"的区别,导致概念使用的混乱。

诚然,对于媒介素养教育,国外和海外有不同的称谓,如"media education"(媒介教育)、"media literacy"(媒介素养)等,我国大陆媒介素养教育研究处于起步阶段,在借鉴国外成果、概念时存在不同的理解和译名的差异在所难

---

① 袁军著:《新闻媒介通论》,北京广播学院出版社 2000 年版,第 215 页。

免。但是,鉴于"媒介教育"概念在我国大陆学术界有约定俗成的指称对象,从学术研究的规范性来看,笔者认为,宜采用"媒介素养教育"为妥。

2. 关于"媒介素养"与"电视素养""网络素养"

与"电视素养"(television literacy)、"网络素养"(network literacy)相似的概念还有"visual literacy"(图像素养)、"screen education"(屏幕教育)、"visual literacy"(视觉素养)、"visual communication"(视觉传播)、"visual awareness"(视觉意识)等。这些概念,有一个共同点,即都是强调某一具体的媒介形态特别是影视媒介的素养问题。

如前所述,媒介素养概念的最初提出源于电影兴起对传统精英文化的冲击;随着传播科技的发展,新兴媒介不断涌现,媒介素养概念的外延随之拓展;但是,由于自身独特的传播优势和巨大的社会影响力,影视媒介特别是电视媒介始终是媒介素养教育关注的核心和重点。然而,"媒介"是一个复合概念,传播媒介的发展永无止境;"媒介素养教育"毫无疑问应关注包括影视媒介、网络媒介在内的所有媒介形态的素养问题。

3. 关于"媒介素养教育"与"媒介批评"

"媒介批评是以传播学为基础,按照一定的社会和阶级的利益和理想,根据一定的批评标准,对大众传播媒介及其产品——大众文化的是非、善恶、美丑等问题所作的价值判断和理论鉴别。"[1]

"媒介素养教育"与"媒介批评"有着密切的联系。两者的起因有相似之处,即都是源于对媒介发展导致的社会负面影响的忧虑以及应对举措,此其一。其二,两者的理论渊源基本吻合,如"媒介批评"理论中对大众文化的批判、对媒介负面影响深层次根源的研究和揭示等,实际上构成了实施媒介素养教育必要性和重要性的理论依据。

但是,"媒介素养教育"与"媒介批评"的对象、内容、目标等存在很大差异。"媒介批评"是监督媒介,即信息传播者及其产品,目的是加强媒介和传播者的自律,从"源头"上减少或消除媒介的负面效应;"媒介素养教育"则是针对媒介信息接收者即受众,以提高受众对媒介负面影响的"免疫力"和"抵

---

[1]　雷跃捷:《新闻理论》,北京广播学院出版社 1997 年版,第 266—267 页。

抗力"为目标,从"效果"上遏制或减少媒介的负面影响。

4.关于"媒介素养教育"与"信息技术教育"

了解各种媒介独特的传播技术和传播手段,提高运用信息技术的能力,是媒介素养教育的重要内容和目标。在印刷技术时代,人们衡量一个文化人的标准就是看他是否能识文断句,英语中"素养"一词"literate"指的就是具有看书识字的能力;而在当今数字技术时代,信息传播方式乃至人类的生存方式发生了深刻的变革,它彻底改变了媒介产品制作者和消费者之间的关系,传者和受者之间的界限变得模糊起来,在了解和掌握一定信息技术的基础上,制作、编辑、传播信息特别是视听文本信息成为人们需要掌握的重要技能。因此,"信息技术教育"是"媒介素养教育"的重要内容。

(二) 21 世纪的媒介素养教育

随着互联网的普及及移动通信科技的发达,21 世纪的大众传媒是一个多媒体世界,也是屏幕(电脑屏幕、手机屏幕和游戏机屏幕)主导的世界,它提供了一个参与式的互动传媒环境,而且是环球化的,由上而下的传媒媒体时代已经过去。① 这就给媒介素养教育提出了新的课题与挑战。

联合国教科文组织 2007 年的《巴黎宣言》指出:"要将媒介教育纳入学校教程,首先需要明确界定媒介教育都包括什么。时至今日,问题的关键不再是区分作为教学工具的媒体和作为研究对象的载体。信息传播技术的发展推动了经济和社会的巨大改变,我们需要在经历巨变的经济和社会背景下来考察媒介教育。"②

同年 12 月,欧洲共同体委员会(Commission of the European Communities)发布《数字环境下的媒介素养:欧洲的路径》(*A European Approach to Media Literacy in the Digital Environment*)认为媒介素养涵盖如下三个领域:(1)互联网内容;(2)商业传播;(3)影音作品。

美国"21 世纪能力策略联盟"(The Partnership for 21st Centuri Skills)早在

① 李月莲、陈家华:《荧幕世代:传媒、青少年与健康》,《传媒透视》2009 年第 6 期。
② UNESCO,Paris Agenda 2007.

2003 年 7 月就发表报告《为 21 世纪而学习》(*Learning for the 21st Century*),将媒介素养纳入 21 世纪必备的能力之一。2007 年,该联盟针对美国学校教育的意见作了 800 个样本的调查,在随后发表的报告中,提出"21 世纪学习架构",将"媒介素养"能力拓宽为"信息、媒介与科技能力"(如图 2)。

该联盟的相关阐述认为,21 世纪人们生活在充斥着技术与媒介的环境之中,这种环境具有如下特征:(1)信息丰富;(2)技术手段变革迅速;(3)前所未有的合作与奉新精神。为了能在 21 世纪有效生存,公民必须具备一系列的与信息、媒介与科技相关的实用技能和批判性思维:①

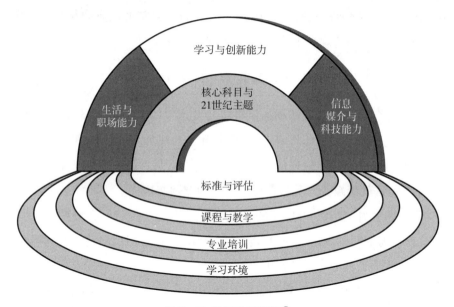

图 2　21 世纪学习架构②

1. 信息素养

(1)获得与评价信息的能力

①迅速获得有效信息。

---

① Partnership for the 21st Centuri Skills,P21 Framework Definitions,http://www.21 stcenturyskills.org.

② Partnership for the 21st Century Skills,Framework for 21st Century Learning,http://www.21 stcenturyskills.org.

②批判地、全面地评价信息。

(2)使用与管理信息的能力

①针对某项议题或具体问题正确地使用信息,并创造性地使用信息表达意愿。

②广泛收集、管理信息。

③对获取和使用信息过程中涉及的道德/法律问题有基本了解。

2. 媒介素养

(1)分析媒介

①理解媒介信息是如何被建构,以及为何被建构,具体原因为何。

②了解不同个体对相同媒介信息的不同阐释,价值观和立场是如何作用其中的,以及媒介是如何影响个体的信仰和行为的。

③对获取和使用媒介过程中涉及的道德/法律问题有基本了解。

(2)生产媒介内容

①正确理解和使用媒介表达意愿,了解媒介特性和惯用程式。

②在多元、跨文化的环境中,理解不同的表达和解释方式,并准确运用。

3. ICT(信息、传播与技术)素养

(1)有效使用信息传播技术

①使用技术工具研究、组织、评价和传播信息。

②在知识经济年代,正确使用数字技术设备(如电脑、掌上电脑、媒体播放器、GPS 等)、传播设备/网络设备以及社交网络,成功地获取、管理、参与、评估和创造信息。

③对获取和使用信息技术过程中涉及的道德/法律问题有基本了解。

(2)传媒素养应具备的特色

香港学者李月莲提出:"随着 YouTube 和博客崛兴,以及互联网迈向 Wed 2.0 世代,整个传媒景观改变了",因而,"在新的范式下,传媒教育应推行'反思参与模式'(reflexive participation model),训练具备反思能力的传媒使用者(reflexive media user),当他们游走在媒体创作与媒体享用之间,能达到'反思自主'(reflexive autonomy)的目标,即不会随波逐流,能建立独特的风格和具备独立的观点。'反思'在这包含了批判思维、角色了解和对社会文化环境的判断。'参与'是指积极加入创作的行列。"这个模式之下的传媒素养具备以下特色①：

①反思式醒觉力(reflexive awareness)：传媒用户能了解媒体的影响力；能反思自己有没有不良的创作动机，例如有没有"恶搞"；能思考分享制作成果的后果，例如是否会破坏别人形象。

②辨识能力(discriminative judgment)：无论表达或接收传媒讯息的时候，都能辨认传媒讯息背后的价值观，能分辨内容真伪，鉴别品位。创作可以搞笑好玩，但如果弄虚作假或品位低俗，就破坏了分享平台的纯朴性。

③创意学习(creative learning)：认识传媒运作，熟悉媒体制作技巧，懂得从制作及分享讯息中寻求乐趣，并从中获取知识。

④社会监察能力(social monitoring)：具备良好的地球公民意识，对社会及周围事物有敏锐触角及监察力，监察以社会正义、公众利益和促进民主为依归，了解传媒的角色，不被人利用。

⑤合宜参与(decent participation)：保持共享平台的自由及开放，包容不同意见，关注社群福利；在参与制作及分享的过程中，懂得遵守法律和道德操守。尊重版权，避免侵犯隐私、诽谤及滥发宣传。不鼓吹暴力及不宣扬不良风气。

2009年5月，香港多家机构联合举办"媒体素养论坛：通识、考评、媒体"，提出：在新媒体环境中，媒体文本与媒体科技密不可分。媒体素养(media literacy)这门知识十分符合通识科的考评要求，精简地涵盖个人在处理各类议题时(包括课堂活动或独立专题探究)需要具备的能力(见表3)：

表3　媒体素养与通识教育②

媒体素养的主要范畴	相关议题探究过程	相关通识考评目标
取用资讯(Access) 例如：掌握网上搜寻技巧，善用工具协助资料收集，认识科目入门点，拟定探究/搜寻方向，等等	议题探究阶段(Ⅰ)：掌握事实，理解现象，澄清概念	需要掌握对科目的主要词汇有基本认识，在探究议题时通过掌握资料作概念性的观察，收集处理数据等等

① 李月莲：《"YouTube现象"带来的社会颠覆与传媒教育》，《传媒透视》2007年第3期。
② 陈智达：《媒体素养论坛：通识、考评、媒体》，《传媒透视》2009年第6期。

媒体素养的主要范畴	相关议题探究过程	相关通识考评目标
理解信息(Understand) 例如:解读媒体资讯,比较各种媒体表述,多角度分析解构媒体事件,或使用资料管理工具,等等	议题探究阶段(Ⅱ): 明白有关的分歧和冲突	学生需要在研习当代议题时应用相关的知识与概念,辨明事实资料中所阐明和隐含的观点,从不同角度来诠释资料,评论不同的观点,分析数据和作出结论,等等
表达意念(Creote) 例如:回应时事,检查传媒,发布消息,制作专题报告	议题探究阶段(Ⅲ): 进行反思,作出评价、判断,探求出路,付诸实践	学生需要清楚和准确地以简明,合乎逻辑和系统的方式来表达意念

三、媒介素养教育的内容

如前所述,媒介素养教育的目标在于培养公民"认知媒介""参与媒介""使用媒介"的能力,成为信息时代清醒、合格的"媒介公民",避免沦为大众媒介或讯息的奴隶。

联合国教科文组织于 1982 年提出:"我们必须培养年轻一代具备生活在这个充满具有影响力的影像、文字和声音的世界的能力。"在 2007 年的《巴黎宣言》中,联合国教科文组织进一步界定:一个全面的媒介教育概念应该包括三个主要目标:[①]

(1)人人都有接触各种媒介的机会,这些媒介可能是人们理解社会和参与民主生活的工具;

(2)培养公民对媒介信息(不管是新闻还是娱乐信息)的批判性思维,从而加强个人的自主能力和积极使用媒介的能力;

(3)鼓励个体参与各种媒介制作、利用媒介标的意愿和参与媒介互动。

美国学者伊丽莎白·托曼(Elizabeth Thoman)1999 年在《媒介教育技能与策略》(*Skills and Strategies for Media Education*)一文中,将媒介教育分为三

---

① UNESCO.Paris Agenda 2007.

个阶段①:

第一阶段:知道如何选择和分配花费在媒介的时间。

第二阶段:发展批判思考的分析能力,以检视媒介传递的讯息,并了解讯息是如何建立的。

第三阶段:从社会、政治以及经济各方面进行分析,进而根据既有经验判断如何由媒介获得所需讯息,同时知道媒介如何推动全球的消费经济。

台湾学者吴翠珍提出,媒介教育的目标主要培养两种能力:释放(liberating)和赋权(empowerment)。释放是指个人在心智上能够看透媒体所建构的迷障,不被媒体所左右,更能进行社会参与使用媒体表达对公共事务的关心,促进公民民主素养。赋权则指个人有自主能力去分辨、选择、评估媒体及其内容,进而通过理性的思考与对话,去影响、督促媒体改善内容,乃至培养公民产制创意的、良性的、教育的信息,共同建构社会品位(community standard),从而提高社会的文化品质。②

美国媒介素养研究中心(Center for Media Literacy)将媒介素养的习得分为五个阶段,每个阶段的具体技能表现为:获取、分析、评价、创造和参与(如图3)③。

(1)"获取"能力,指人们能够收集相关的和有用的信息,并能正确理解这些信息。具体包括:

①充分认识和理解传播语言、符号和技巧。

②培养广泛获取信息的能力。

③选择达成目标所需要的相应信息。

(2)"分析"能力,指人们能够分析信息形态以及信息的结构和排序方式,能够从艺术、文学、社会、政治和经济等角度来分析信息产生的背景。具体包括:

①运用现有的知识和经验来预测结果。

① 吴翠珍、关尚仁:《媒体、公民、素养——媒体公民教育训练》,富邦文教基金会。

② 吴翠珍:《媒体教育不是什么?》,《人本杂志》2002年10月号;转引自潘玲娟:《媒介素养与媒体教育》,《复兴岗学报》2004年第81期。

③ Center for Media Literacy,Literacy for the 21st Century:An overview and Orientation Guide to Media Literacy Education,2008,http://www.medialit.org.

②运用目的、受众、观点、尺寸、类型、角色、情节、主题、氛围、场景、情境等影视语言阐释信息。

③运用对比、事实/观点、因果分析、列表排序等方法分析信息。

（3）"评价"能力，指人们能够将信息与自身经验联系起来，并对信息的准确性、质量和相关性作出判断。具体包括：

①乐于解读不同类型的媒介产品。

②从媒介产品的内容和形式着手进行评价。

③基于自身的伦理、宗教或民主原则评价信息质量。

④通过口头、书面或电子形式对各种媒介信息作出回应。

（4）"创造"能力，指人们能"书写"思想，有效使用语言、声音以及图像来表达意图，并能使用不同传播技术来创造、编辑和发布信息。具体包括：

①运用头脑风暴、策划、撰写和修改等过程。

②熟练掌握语法规则，有效使用书面和口头语言。

③为不同目标成功创造或选择不同的形象。

④利用各种传播技术。

（5）"参与"能力，具体包括：

①与其他人互动与合作的能力。

②在媒介传者与受者两种身份中自由转换。

③采用混音、混搭、维基、游戏等方式，利用他人的成果来创造新作品。

④负责任地参与媒介互动，不违背伦理道德，坚守莎士比亚的名言："相信少数人，不害任何人，爱所有人。"

目标决定内容，内容是达到目标的手段。几十年来，许多国家和地区根据自身媒介素养教育的目标理念和媒介生态状况，发展了比较系统的媒介素养教育内容模式。

英国电影协会的媒介素养教育课程设计体现了培养学生的传媒理解能力和媒介参与能力的教育目标定位。其基础课程主要包括六个方面①：

---

① ［英］大卫·帕金翰、宋小卫：《英国的媒介教育：超越保护主义》，《媒介研究》2004年第3期。

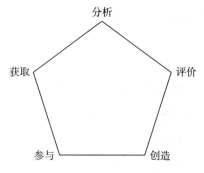

图 3　媒介素养阶段性技能

资料来源：Center for Media Literacy，Literacy for the 21st Century：An overview and Orientation Guide to Media Literacy Education，2008，http：//www.medialit.org。

（1）媒介机构——谁在传播，为什么传播，谁生产文本。具体包括：

谁在生产过程中发挥作用；媒介组织；经济学与意识形态；意图和结果。

（2）媒介的类型——什么类型的文本。具体包括：

不同的媒体（电视、收音机、电影，等等）；文本的形式（纪录片，广告，等等）；类型（科幻小说，肥皂剧，等等）；其他的文本类型；不同的信息分类与受众解读的关系。

（3）媒介技术——媒介的产品是如何生产的。具体包括：

这种生产可以采用何种技术；如何使用这种技术；这些技术在媒介生产过程中和产品最后产出阶段有何不同。

（4）媒介语言——我们是如何理解媒介信息的含义的。具体包括：

媒介是如何生成意义的；规范和惯例；叙述的结构。

（5）媒介的受众——谁接收信息，他们怎样理解媒介信息。具体包括：

受众是如何被分类、构造、供给和接触的；受众是如何寻求、选择、消费和反映文本的。

（6）媒介表达——媒介如何再现自己的主题。具体包括：

文本与实际场所、人们、事件和思想的关系；成见与其后果。

美国根据不同的年龄段，制订了从儿童到成人的不同的媒介素养教育内容①。

————————

① 　吴翠珍：《英美电视素养教育》，《媒介研究》2004 年第 3 期。

（1）儿童阶段（幼儿园至小学）

了解并辨识广告的心理影响；区辨事实与虚构；辨识与理解不同或相对观点的呈现；理解电视节目的形态与内涵，如戏剧、纪录片、公共事务讨论、新闻等；了解电视与印刷媒介之间的关系；区分节目的元素（如配乐、特效、化妆、布景、道具等）；对自己的电视观看行为有所了解并给予评估。

（2）初中阶段（六年级至八年级）

电视与我们的生活；电视戏剧的组成元素；电视摄影技术；比较不同的电视节目形态；电视的劝服意图；如何分析电视新闻；节目的播出与"黄金时段"；了解自己对节目的喜好所在；如何事先过滤电视节目的好坏；如何成为一个具有批判能力的观众。

（3）高中阶段（九年级至十二年级）

评估和管理个人的电视观看行为；能对电视节目的内容有所质疑；能辨识电视信息的劝服意图；能意识到电视对人类生活的各种可能影响；能善用电视观看加强家庭的沟通。

（4）成人阶段

了解美国电视工业结构，包括电视制作技术、节目的创意过程、电视事业的经济观点、联邦传播法规，以及电视的社会影响；了解劝服性节目和宣导短片的劝服本质，审视其可信度；分析黄金时段节目的结构因素，观察其所呈现的社会行为、价值观念（如角色刻板印象等），电视所再现的大众文化形貌；探索电视新闻消息来源与社会控制的关系，以及社会因素如何影响新闻的选择和信息的组合，并了解纪录片与其他新闻性节目对社会个人的冲击。

台湾学者吴翠珍根据台湾媒介生态和公众媒介素养状况，在借鉴发达国家媒介素养教育经验的基础上，提出了台湾媒介素养（主要是电视素养）教育课程架构和具体内容①。这一课程架构设计着眼于培养受训者了解电视媒介生态和组织如何操纵意见市场以及形塑文化的互动关系，洞察电视信息的劝服本质，分辨电视节目内容中的"媒介真实"与"社会真实"。主要包括

---

① 吴翠珍：《英美电视素养教育》，《媒介研究》2004 年第 3 期。

四个部分。

（1）观看行为之管理

观看电视之目的——个人喜好的电视节目类型以及观看目的；电视对日常生活之影响——观看电视对生活作息、休闲生活、学校课业、身体健康，以及家庭成员关系之影响；评估电视节目——评估电视节目制作品质及观看价值；安排观看时间——安排观看电视时数、时段、节目类型；理性的阅听人——理性评估电视媒介价值体系及对其个人的影响；阅听人对电视之近用——阅听人的意见反映、现场参与对电视节目与电台的影响。

（2）节目真实性之区辨

电视媒介特质——电视媒介与非电视媒介特质之差异，电视事业之目的与优先性；节目之价值体系——不同形态电视节目之内容与形式，电视节目隐含之内涵意义、外延意义及意识形态；电视制作技术——编剧、导演、演员、主持人、摄影机、后期制作技术对电视节目呈现真实之影响。

（3）劝服性论证与信息

电视劝服性之特质——叙事性与劝服性信息目的之不同，电视劝服之特质；电视商品广告之劝服技术——电视广告中人物、文字、配音、场景、赠品、对话内容、价值呈现、摄影机技术对商品印象之影响，有效电视商品广告之特质；电视节目政治性劝服技术——电视演说、辩论、访问等劝服技术之特质，有效电视政党广告之特质。

（4）媒介生态与组织

电视霸权——电视霸权之现况、成因与影响；媒介帝国主义——媒介帝国主义之现况与媒介帝国主义之成因与影响；文化与电视——社会文化与电视节目间之价值冲突与相互影响；电视事业之组织运作与影响——电视公司之组织结构、经济状况、节目管理，电视公司之间相互竞争影响；政治、经济因素——广告商、收视率对电视节目的影响，政治与经济对媒介言论立场的影响。

从上述国家和地区媒介素养教育内容设计可以看出，媒介素养教育内容实际上包括两个方面：一是媒介以及媒介信息传播的内在规律；二是社会公众与媒介的关系。具体来说，可以概括为以下几个方面。

（1）媒介与社会。主要包括：

①传播生态环境构成——影响媒介传播的社会因素；不同传播制度对媒介传播的制约和控制；政治和意识形态对媒介传播的控制；经济势力和利益群体对媒介传播的控制；文化传统和道德习俗对媒介传播的控制；等等。

②国际传播生态环境——媒介帝国主义；跨国传播与传播霸权，跨国传播与文化多元化发展；世界信息传播不平衡、不均等的传播秩序；等等。

③媒介的社会功能——报道新闻、传播信息；形成、引导、反映舆论；社会教育；文化娱乐；等等。

媒介的社会负面影响——媒介负面影响产生的根源及其具体表现；等等。

（2）媒介形态特征。主要包括：

①媒介形态与传播——报纸、杂志、广播、电视、互联网等媒介形态各自的传播特点；传播科技与媒介发展的互动关系；媒介发展对人类传播方式和结构的影响；不同传播符号、传播手段对再现世界的影响；不同媒介的文本建构原则、意义生成方式和解读方式；等等。

②媒介组织与传播——媒介体制与运行机制对媒介传播的影响；公共媒介与商业媒介的区别；媒介的组织架构与传播；等等。

（3）媒介信息特征。主要包括：

①"媒介环境"与"现实环境"的形成机理——媒介"反映现实"与"建构现实"功能；媒介的"把关"过程及其对文本产制的影响；"议程设置"与信息传播和舆论引导；等等。

②媒介"建构现实"的具体表现及辨识——媒介中的"刻板印象"；媒介内容中年龄、性别、种族、职业、阶级、性倾向等方面"刻板印象"的形成机理、具体表现和辨识；比较媒介内容中的情境、人物、事件等与社会真实之间的关系；解读"媒介建构"背后所隐含的价值观念和意识形态；等等。

（4）公众与媒介。主要包括：

①认知层面——树立对媒介信息特别是负面信息的批判意识和醒觉意识；了解媒体公民权的意义；公众的知情权、肖像权、隐私权的保护；等等。

②操作层面——媒介选择和信息选择训练；科学使用媒介训练；媒介内容评估、辨识和批判训练；运用媒介传播信息训练等。

四、媒介素养教育的途径和方法

媒介素养教育的实施是一项庞大的系统工程。1982 年,联合国教科文组织《关于媒介教育的格伦沃尔德宣言》明确指出:只有当家长、教师、媒介从业人员和政治决策者都意识到自己有职责培养听众、观众和读者的媒介批判和媒介安全意识,媒介教育才能最有效。教育系统和媒介系统越积极参与其中,媒介教育就越有成绩。

2006 年,联合国教科文组织发表报告《媒介素养:教师、学生、家长和媒体专业人士完全手册》(*Media literacy:A Kit for Teachers, Students, Parents and Professionals*)。进一步提出了下列问题:谁来提供媒介素养教育? 除了学校之外,家庭在媒介素养教育中起到什么样的作用? 媒体专业人士能否以及如何参与其中? 该完全手册具体内容包括:媒介素养教育课程模块设置建议、教师手册、学生手册、家长手册、媒体专业人士职业道德手册、互联网素养手册等。完全手册除了提出一套针对中学教师资格培训的媒介教育课程之外,还向教育体系外的成人——包括家长、媒介专业人士或决策人员——普及媒介素养教育的模块化方法和关键概念(如产品、语言、再现、公众)。该完全手册的最终目的是要整合那些参与了儿童和青少年社会化过程的多方力量,为营造一个庞大和系统的媒介素养教育体系打下扎实基础。

从英国、加拿大、美国、德国、澳大利亚等国家的情况来看,构建以多主体、多途径为核心的制度化、社会化媒介素养教育系统,是实施媒介素养教育的有效途径和方法。

(一) 政府

首先,政府成为媒介素养教育的积极倡导者,通过立法和行政手段,确保媒介素养教育的合法性。如美国教育署一直是媒介素养教育的积极倡导者;各州也纷纷出台相关立法,将媒介素养教育视为同媒介暴力等负面影响做斗争的锐利武器。加拿大安大略省教育部颁布的《媒介素养教育索引》,对推动媒介素养教育的普及产生了重要的影响。中国台湾地区于 2002 年 10 月公布了《媒体素养教育政策白皮书》，对实施媒介素养教育做了全面、深入的阐述和部署，有力地推动了媒介素养教育运动的开展。

其次，政府采取措施，履行媒介素养教育的组织、协调职能。台湾地区《媒体素养教育白皮书》将媒介素养教育视为"社会教育的重要课题""全体公民的责任"，明确规定将媒介素养教育与台湾实施的一系列公民素质教育工程，如"终身学习列车""e时代人才培育""文化创意产业发展""数位化台湾""新故乡社区营造"等紧密结合，互为补充。1979年法国政府相关部门联合启动了一项全国性的教育活动——"主动的电视青年观众"，目的是培养青少年良好的电视收视习惯，取得了很好的效果。此外，20世纪60年代加拿大的"荧屏教育"、美国的"视觉素养运动"、日本的"屏幕教育"，以及中国香港地区的"传媒信息意识教育计划"等，都是在政府的直接推动和资助下展开的。2002年12月，美国总统布什在白宫签署一项关于在因特网上建立一个新的儿童网站域名的法案，以保护儿童在上网时免受色情或暴力等内容的侵扰。布什在签字仪式上说，每一个在此域名下的网站都将成为儿童的"安全区域"，政府必须为每个儿童提供一个增长知识但人格免受侵扰的机会，使父母能够放心地看到他们的孩子在安全地学习知识。①

（二）学校

媒介素养教育的重点是青少年，因此，各级学校和教育部门是媒介素养教育实施主体的核心。波茨曼将大众传媒与正规教育争取青少年的现象称为"'第二课堂'与'第一课堂'之争"②。两个课堂的教育影响出现相互冲突、抵消的现象，已经引起各国教育界和其他社会各界的普遍关注。将媒介素养教育正式纳入学校特别是中小学教育体系，是世界各国和地区实施媒介素养教育的普遍做法。早在20世纪60年代，媒介素养教育就开始成为英国各级学校课程中的重要内容。到20世纪七八十年代，澳大利亚、法国、加拿大、芬兰、挪威、瑞典、瑞士等大众传播发达国家的正规学校教育中，均开设了媒介素养

---

① 《布什签署法案创建儿童网站域名》，中国法院网，2002年12月5日，见 https://www.chinacourt.org/article/detail/2002/12/id/24566.shtml。

② Postman N., *Amusing Ourselves to Death*, New York: Basic Book, 1985.

教育相关课程。美国政府 20 世纪 90 年代中期颁布的《目标 2000：教育美国法案》，将媒介素养教育内容纳入学校课程体系。

（三）专门组织

专门组织，如媒介素养教育协会、委员会、学会、研究机构等，充分发挥协调、交流和咨询职能，成为推动媒介素养教育的重要力量，这是世界各国和地区媒介素养教育实践的一大特点。许多国家和地区对媒介素养教育的关注和实施，都是源自民间组织和团体的自发行为。这样的组织和团体，有的由大学、中学、小学、宗教团体、社会志愿组织、传媒机构自主设立，有的是政府出面并给予财政和政策支持成立，它们形成联系广泛的网络系统，开展培训，举办讲座，发动运动，在社会化的媒介素养教育中发挥着重要的呼吁、倡导、组织、协调功能。

专门组织中，最为积极的是以加拿大安大略省为主的 AML①，通过它的推动，安大略省成为加拿大第一个正式规定各级学课程必须包含媒体素养教育的省份。1989 年安大略省教育部（Ministry of Education）发表新的课程标准，强调媒体素养教育的重要性。1995 年又发表课程教学目标，明确了一至九年级语文艺术课程的媒体素养教育目标。1998 年安大略省的教育部又宣布新课程标准而将媒体素养教育融入完整的十二年国民教育中。安大略省在媒体素养教育上能领先加拿大其他省份的主要原因，就是前面所提及的 AML 所扮演的角色，该组织到 1980 年，成员即超过 1000 人，不仅在加拿大举办活动，到 1987 年为止，该组织还在澳洲、欧洲、日本、拉丁美洲及北美等地举办过研习活动，可以说是推动加拿大媒体教育的最重要的专门组织。该机构分别于 1990 年与 1992 年举办两次国际媒体教育研讨会，分别吸引了超过 500 人次参加。并在 2000 年与 CAMEO 等组织共同举办"Summit 2000：Children，Youth and the Media，Beyond the Millennium"的国际会议，吸引了来自全球 54 个国家约 1500 人参与。②

根据俄勒冈大学教育高级技能研究中心（Center for Advanced Technology in Education，University of Oregon）1994 年发起的媒介素养在线项目（Media

---

① Associaation for Media Literacy，加拿大媒介素养协会。
② 朱则刚：《加拿大媒体素养教育探讨》，《图书资讯学看》第 3 卷第 1 期。

Literacy Online Project）不完全统计,在澳大利亚、新西兰、加拿大、欧洲、日本、美国的媒介素养教育机构就有几十家(见表4)。

表4　媒介素养在线项目资源,国际媒介素养教育机构

澳大利亚、新西兰	加拿大
·澳大利亚儿童电视基金（Australian Children's Televison Foundation） ·澳大利亚媒介教师协会（Australian Teachers of Media） ·澳大利亚 CineMedia（CineMedia - Australia） ·新西兰媒介教育者协会（National Association of Media Educators,NZ） ·澳大利亚青年媒体项目（Young Media Australia）	·加拿大土著电视网（Aboriginal Peoples Television Network） ·媒介素养协会(安大略省分会)（Association for Media Litercy,Ontario） ·媒介素养协会(新斯科舍分会)（Association for Media Literacy,Nova Scotia） ·加拿大教育媒介与技术协会（Association for Media&Technology in Education in Canada） ·加拿大记者言论自由协会（Canadian Journalist-Free Expression） ·加拿大广播公司儿童频道（CBC4Kids） ·多伦多基督教传播项目（Jesuit Communication Project） ·曼尼托巴媒介素养协会（Manitoba Association for Media Literacy） ·媒介安全意识网络（Media Awareness Network） ·媒介研究网站（Mediastudies.com） ·安大略媒体素养项目（Ontario Media Literacy） ·太平洋电影资料馆教育项目（Pacific Cinematheque,Educational programs） ·电视博物馆（Museum of Television）
欧洲	国际
·英国电影学院①教育处（British Film Institute Education Section,UK） ·法国教育媒体资源研究中心（Centre de Resources en Education auk Medias,FR） ·欧洲媒体素养章程（European Charter for Media Literacy）	·儿童、青年与媒介国际交流中心（Int'l Clearing-house Children,Youth and Media） ·国际流行音乐研究协会（Int'l Assic,for the Study of Popular Music） ·联合国儿童基金会"魔力新闻"项目（Magic News,UNICIF）

---

①　英国电影学院:于1933年在英国政府和学院会员的赞助下成立,目前的经费由教育部列入预算。BFI是英国最早进行媒体教育的机构,早期以屏幕(screen)的电影教育为主,提供电影爱好者研究电影的入口网站,并建有全国电影数据库图书馆,定期做电影评选,教导一般民众如何看电影、解读电影。目前网站中提供BFI的活动记录与研究、审查报告,同时也针对各年龄层于正式与非正式教育中,提供更广泛的电影和电视学习经验与教育。

欧洲	国际
·媒介素养教育网站（Media Ed-The UK Media Education Website,UK） ·英国威尔士媒介教育大学（Media Education University of Wales,UK） ·英国媒介教育（Media Education,UK） ·威尔士媒介教育（Media Education Wales,UK） ·媒介智识:帮助孩子明智使用媒介（Media Smart:Helping Children Watch Wisely,UK） ·媒介理论网站汇总（Media Theory Site,UK） ·俄罗斯电影与媒介教育协会（Russian Association for Film&Media Education）	

日本	美国
·日本多媒体教育学院（National Institute of multimedia Education）	·Limi 电视（Limi TV） ·听!（listen Up!） ·儿童网络（KIDSNET） ·宝贝第一（Kids First） ·媒介教育基金会（Media Education Foundation） ·媒介教育实验室（Media Education Lab） ·媒介民主日（Media Democracy Day） ·KQED 媒介教育计划（Media Education Project,KQED） ·媒介知天下（Media Know All） ·媒介史项目（Media History Project） ·媒介素养交流中心（Media Literacy Clearing-house） ·媒介素养在线（Medialiteracy.com） ·媒介守望（Media Watch） ·媒介工作室（Media Workshop） ·广电传播博物馆（Museum of Broadcast Communications） ·广播电视博物馆（Museum of Television & Radio） ·新墨西哥媒介素养计划（New Mexico Media Literacy Project） ·新闻博物馆（Newseum） ·西南媒介素养研究中心（Northwest Media Litcracy Center） ·链接（Plugged In） ·Look Sharp 项目（Project Look Sharp）

日本	美国
	·落基山脉媒介守望组织(Rocky Mountain Media Watch) ·西南非主流媒体计划(Southwest Alternate Media Project) ·青少年健康与媒介(Teen Health and the Media) ·电视新闻档案馆(Television News Archive) ·理解媒介:媒介素养网络项目(Understand Media:Media Literacy on the Web) ·世界报刊协会(World Association of Newspapers) ·女性脸蛋:(About Face) ·社区媒介联盟(Alliance for Community Media) ·美国电影学会(American Film Institute) ·阿巴尔萨伯媒介艺术与文化研究中心(Appalshop Media Arts & Cultural Center) ·美国教育通讯技术协会(Association for Educational Communicatios and Technology) ·媒介教育行动联盟(Action Coalition for Media Education) ·非洲电影研究中心(Black Film Center/Archive) 媒介素养研究中心(Center for Media Literacy Los Angeles) ·媒介与公共事务研究中心(Center for Media and Puhlic Affairs) ·电视媒介效果研究中心(Center for Research on the Effects of Television) ·儿童媒介计划(Children's Media Project) ·媒介素养公民行动(Citizens for Media Literacy) ·关于战争内容报道的媒介素养项目(Critical Media Literacy in Times of War) ·我们这个时代的电视(Electronic Snow:TV In our Time) ·联邦通讯委员会(Federal Communications Commission) ·新闻报道中的公平与精确(Fairness & Accuracy In Reporting) ·美国公共电视In the Mix(In The Mix) ·Just Think基金会(Just Think Foundation)

资料来源:Media Literaacy online Project,http://interact.uoregon.edu/medialit/mlr/home/。

在亚洲,日本东京大学情报学会的 MELL 项目连续多年主办亚洲地区媒介素养研讨会,其中 2005 年 2 月的 MELL 计划年度研讨会(MELL Project Symposium 2005:Concerto of the MELL),集中了来自中国、日本、韩国和中国台湾地区的代表,针对各自国家或地区近年来在推动媒介素养教育中所遭遇的困难展开对话。该项目开展了一系列的子项目,包括日本商业广告业者协会(National Association of Commercial Broadcasters)的媒介素养项目、书籍建设与媒体素养计划(Book Building and Media Literacy Project)、亚洲印象网络(Asia Image Network)、戏剧《新闻新闻:电视在说什么?》("NEWS NEWS:What are they Saying on TV?")、媒介表达研究论坛(Media Expression Research Conferences),等等,重点开展媒体表达、学习与媒介素养实践的研究。

(四) 大众媒介

媒介素养教育针对大众媒介,同时,大众媒介也是媒介素养教育推广的主要渠道。大众媒介应成为媒介素养教育的积极推动者,通过出版专门书籍、杂志,开办网站,制作特别节目等,唤起公众意识,满足公众需要,使媒介素养教育成为全社会共同关注的议题。比如,美国 1996 年已有百万儿童接触互联网,所以当年即出版了若干本帮助父母指导孩子上网的书籍,如《危险地带:对因特网,父母应该知道什么》,也出版了像 *Info Active* 之类的指导性杂志,定期提供和分析有关儿童的网上信息。[1] 在互联网上,有许多公益性的网站为网民提供媒介素养教育的丰富资源,如"媒介素养教育中心"(the Center for Media Literacy,CML)、"儿童与媒介节目"(Children and the Media Program)、"网上的媒介教育资源"(Media Education Resources on the Internet)、"媒介素养"(Media Literacy)、"媒介素养网上工程"(Media Literacy On-line Project)、"媒介看门狗"(Media Watchdog),等等。

(五) 社区和家庭

媒介的迅猛发展和普及,使得媒体成为青少年和儿童的"第二课堂";可

---

① 转引自卜卫:《论媒介教育的意义、内容和方法》,《现代传播》1997 年第 1 期。

以说,在教育方面,媒体极大地动摇了学校的权威地位。因此,社区和家庭是实施媒介素养的重要力量。社区和家庭作为公众特别是青少年社会化过程中的一级交往组织,在媒介素养教育方面有着特殊的优势和作用。社区通过广泛宣传、说服教育和组织活动等方式使媒介素养教育进家庭;家庭则依靠亲情间的紧密互动,在不同代际间形成媒介知识、经验和技能的培养与交换。深入社区,以家长为对象,开办社区学校、家长学校,形成学校教育与社会教育良性互动格局,是各国实施媒介素养教育行之有效且普遍采用的途径和方法。

家庭对于媒介素养教育的促进作用,还表现在家长对媒介的辨识和批判。家长自身具备的这种媒介素养,甚至可以促成政府以立法形式保障儿童免受媒介不良信息的干扰。美国最高法院1978年判决的美国联邦通讯委员会诉太平洋基金一案(FCC v.Pacifica Foundation),是对至今为止的美国广播电视业处理"与性和排泄有关的、公然的、冒犯性的下流内容"产生影响的判例之一。而这个判例,则源于一位父亲认为自己未成年儿子受到了某一个广播节目中的"下流内容"的冒犯,而向美国联邦通讯委员会所提出的投诉。

1973年,纽约一个电台主持人卡其林在其广播节目上大谈"美国广播电视中不能使用的七个脏字",并调侃性地用这些脏话造了很多句子。一个正在驾驶中的父亲听到这个节目非常愤怒,觉得这些话严重冒犯了当时同坐一辆车的未成年儿子。于是他向 FCC 进行投诉,FCC 对该电台提出警告,而该电台则宣称他们的言论自由受到美国宪法第一修正案的保护。这件事情越闹越大,最后官司打到了最高法院。1978年,最高法院以5比4的微弱优势作出裁决:为了保护未成年儿童,FCC 有权对早6点到晚10点广播电视节目中的"下流内容"进行限制。虽然这是和宪法第一修正案背道而驰的,但是法庭裁决说:"广电节目在美国人的生活中具有一种独特的渗透性,那些公然的、冒犯性的下流内容不仅仅在公共场合而且在私人家庭中触及公民,而在私人场所,个人不被骚扰的权利应该大于那些侵入者的言论自由权。"①

直到今天,美国广播电视节目中的"beep"、人体敏感部位的马赛克,以及

---

① 刘瑜:《民主的细节》,上海三联书店 2009 年版,第 216—217 页。

一些色情节目和广告只有在有线电视或者深夜时段才能播出的相关规定,都与该判例有关。①

　　在中国大陆,2007 年 3 月,某电视台播放的 108 集武侠动画片《虹猫蓝兔七侠传》中有成人化台词,传达暴力至上的理念,多次出现暴力、血腥画面,引发了国内对净化动画片内容的讨论,而这次讨论,就是始于一位家长的担忧。该家长担心该剧宣扬的上述内容可能对儿童造成不良影响,从而在网络上发布相关帖子。

　　（本文原载袁军:《媒介素养教育论》,中国传媒大学出版社 2008 年版）

---

　　①　刘瑜:《民主的细节》,上海三联书店 2009 年版,第 216—217 页。

我国媒介素养教育的模式和途径

我国媒介素养教育的研究和倡导是在大众媒介迅速发展和普及、国家现代化建设推动社会转型、全球信息革命带来新的不平衡这三重语境下进行的，由此决定了我国媒介素养教育的理念、内容、模式和途径。此前若干年，学界主要通过概念引入和解析的方法，在观念启蒙层面迈出了重要一步。启蒙的成效是显著的，一个重要的标志即是人们对媒介素养及其教育的重要性达成了普遍共识。当前的任务，是要实现中国媒介素养教育的新跨越，即由观念启蒙走向教育模式的建立与完善。

探讨中国的媒介素养教育的模式和途径，存在四条主线：一是对公众媒介素养状况的了解与把握；二是教育理念和原则的确立与倡导；三是教育内容的设置与整合；四是教育主体及与之相关的教育途径的确立。了解与把握公众媒介素养状况在于明确教育实施目标，确立与倡导媒介素养教育理念在于使媒介素养教育的重要性、紧迫性以及基本原则为社会公众所知晓；设置与整合教育内容在于确保教育的针对性并符合国情；教育主体与教育途径的确立在于保障媒介素养教育的实施。围绕这四条主线开展研究并付诸实践，即可逐步建立行之有效的中国媒介素养教育模式。

一、我国公民的媒介素养状况

了解公民媒介素养状况，是探索媒介素养教育模式和途径的基础。如前所述，我国的媒介素养教育尚处于起步阶段，理论探讨时间不长；作为一种外来的教育观念,如何结合中国自身的特点,实现媒介素养教育的本土化尚无深入系统的思考;媒介素养教育推广还没有纳入学校课程体系,零星的实践活动表现为个别学校尝试开设相关讲座和课程;网络和报纸媒介针对特定对象发表一些相关文章,进一步的媒介推广尚处于酝酿之中。然而,一些相关或专门的调查为我们了解公民媒介素养状况,提供了十分有益的参考。

例如,2000年共青团上海市委与复旦大学新闻学院合作的"传媒力量与当代青年——2000上海青年与发展报告";中国社会科学院发展研究中心、媒体传播与青少年发展研究中心发布的"2000年青少年与互联网报告""2002年五大城市青少年与互联网调查报告";2001年杭州市学生联合会对杭州市区中学生接触和利用网络状况的调查;2003年陕西师范大学新闻与传播学院进行的西安大学生媒体素养现状调查;2003年12月至2004年1月,中国传媒大学对北京市10—45岁年龄段居民媒介素养状况进行的调查;2004年共青团上海市委、上海市少工委、上海社会科学院青少年研究所联合展开的"上海市未成年人对媒体需求的调查";2004年末至2005年初西北大学作的"西安市民媒介使用状况调查";2005年3月上海外国语大学进行的"上海大学生媒介素养现状调查";2006年7—9月西南民族大学在内蒙古、新疆、宁夏、广西、西藏、云南、贵州、青海、四川、甘肃、湖北11个省、自治区农村所作的"少数民族农民媒介素养现状调查";2006年10月到2007年5月复旦大学新闻学院在北京、上海、广州和西安4个城市随机抽样问卷调查形成的"中国公众媒介素养状况调查";中央教育科学研究所对全国高校发放问卷进行的"当前我国大学生媒介素养调查研究";2007年上海大学倪琳博士对上海8所学校三至五年级的小学生及老师、家长进行的"小学媒介素养调查及课程实施"调查;2007年武汉大学在江苏、广东、湖北、湖南、四川、陕西6地作的"中国农民媒介认知研究";2007年1—8月武汉大学在全国6个城市进行的"大学生媒介认知调查";2008年河海大学对江苏六所高校学生进行的"南京市大学生媒介素养状况调查";2008年浙江工业大学对杭州4所学校所作的"杭州地区大学生媒介素养现状研究";2009年3月少年报社和复旦大学新闻学院联合开展的上海市少年儿童媒介使用及课外阅读状况调查;浙江传媒学院对杭州12所高校进行的"浙江大学生的媒介接触与使用现状考察";等等。

通过以上列举的调研可以看出:目前国内媒介素养的实证研究主要集中在对青少年媒介素养,尤其是大学生媒介素养的研究方面。对政府官员和农民群体的研究属于 2008 年以来的新增领域。目前可以看到的仅有南京大学对南京 700 名处级干部所作的调查,武汉大学对北京、上海、广州、武汉、西安、成都 6 个城市部分局级干部的调查,以及笔者负责的研究小组对天津、重庆、太原等地局级和处级官员的调查等。对农民媒介素养的调查则数量更少。

本节结合以上调研的相关数据,主要从大学生、政府官员和农民三个群体的调查入手,从媒介接触、媒介认知和媒介评价等方面,分析其媒介素养特点,为探寻具有中国特色的媒介素养理论和教育模式提供现实参考。

(一) 大学生媒介素养状况[①]

大学生是中国社会的一个特殊群体。武汉大学罗以澄教授指出,他们的特殊性体现在三个方面:第一,他们是优化中国社会阶层结构的生力军。正在发展之中的我国社会中上阶层,主要从在校大学生之中产生。第二,他们是大多数传统大众传媒将来的、潜在的目标受众。第三,他们是新兴网络媒体的核心受众。[②]

1. 接触行为

2007 年 2—5 月武汉大学在北京、上海、广州、武汉、成都、西安 6 个城市所作的调查[③]显示:大学生是报纸、广播、杂志、电视(传统电视、网络电视)和互联网这 6 类大众传媒的重要消费群体;大学生每天接触网络的时间最长,其次是网络电视,其他依次为杂志、传统电视、报纸、广播。

---

① 关于大学生的调查数据主要来自以下报告:张男星、王炳明:《当前我国大学生媒介素养调查研究报告》,《大学·研究与评价》2008 年第 9 期;吕尚彬、方苏、胡新桥:《大学生媒介认知调查分析》,《当代传播》2009 年第 5 期;方苏:《当代大学生媒介需求调查》,《当代传播》2009 年第 2 期;刘佳:《上海大学生媒介素养现状调查报告》,《新闻记者》2006 年第 3 期;高山冰:《江苏大学生媒介素养现状调查及分析》,《青年记者》2008 年第 2 期。

② 罗以澄、黄雅堃:《大学生媒介素养研究与对策》,《当代传播》2009 年第 5 期。

③ 课题组在 6 个城市各选择 1 所高校,每校选择 3 个专业,每个专业抽取本科生 20 名、研究生 10 名,调查以统一发放问卷的形式于 2007 年 1—8 月进行,调查共发放问卷 1080 份,回收有效问卷 997 份,有效回收率 92.3%,误差接近 3%。

表1　大学生接触各类媒体的时间

媒介类别	基本不接触	少于30分钟	31—60分钟	1—2小时	2—3小时	3小时以上	平均时长（分钟）*
报纸	17.9%	61.0%	17.6%	3.1%	0.4%	0.0%	20.46
广播	52.3%	33.2%	10.3%	2.5%	1.7%	0.0%	14.42
传统电视	39.1%	34.7%	16.0%	6.1%	1.9%	2.2%	25.37
网络电视	22.4%	34.8%	22.2%	13.9%	3.5%	3.3%	39.9
杂志	19.6%	50.1%	22.6%	5.5%	1.5%	0.7%	26.36
网络	1.8%	15.0%	20.8%	25.5%	16.0%	21.0%	102.66

*平均时长赋值："基本不接触"=0分钟；"少于30分钟"=15分钟；"31—60分钟"=45分钟；"1—2小时"=90分钟；"2—3小时"=150分钟；"3小时以上"=210分钟

　　进一步的调查分析显示,在报纸中,大学生接触最多的是都市类报纸,其次是晚报类报纸;大学生经常收看中央电视台的比例为44.6%;大学生中经常登录"综合门户网站"的占被调查人数的62.7%,远多于新闻网站的18.9%。由此可见,大学生上网不只是为了获取新闻资讯,而是为了满足获取信息、娱乐休闲、发表意见等多种需求。其中大学生网上从事最为频繁的活动是创作并发布帖子,其次是创建或更新个人博客,然后依次是享受娱乐休闲(如玩游戏、看电影)、浏览论坛博客或跟帖、聊天、收发电子邮件等。由此可见,大学生多数借助网络发表个人观点和进行休闲娱乐活动。

表2　大学生上网从事各项活动的频率均值

	几乎每天	经常	有时	很少	从不	接触频率均值
获取新闻资讯	47.2%	26.5%	18.7%	7.3%	0.3%	1.870
进行人际交流	38.3%	35.9%	19.2%	6.2%	0.3%	1.944
浏览论坛、博客或跟帖	23.4%	26.9%	30.8%	16.0%	2.9%	2.480
享受娱乐休闲	17.2%	35.0%	31.5%	14.6%	1.7%	2.488
创建或更新个人博客	7.1%	17.5%	25.6%	24.7%	25.0%	3.429
个人创作并发表帖子	4.8%	12.4%	25.1%	37.6%	20.2%	3.651

　　中央教育科学研究所 2008 年对全国高校进行的问卷调查①显示:电脑是目前大学生接触最多的媒介,其次是电视、报刊和广播。对大学生媒介使用时间的调查显示:多数学生的媒介使用时间在 0.5 — 3 小时之间,比例为74.8%;3—6 小时之间的为 17.0%;6 小时以上的为 4.7%。在报纸接触上,每天坚持看报的仅占 8.6% ,选择 2—3 天看一次的为 40.7%,一周以上看一次的为 42.0%,另外还有 8.7%的学生从未看过报纸。

　　2005 年上海外国语大学对上海大学生所作的调查②显示,如果对各媒介的平均消费频率指数(0 — 5 分)进行比较,由高到低依次为:网络、报纸、电视、广播;而对平均每天消费时间排序,则依次为:网络、电视、报纸、广播。这说明大学生对网络的消费程度最高,平均每天上网达 2.4 小时;对广播的消费程度最低,平均每天收听不足 50 分钟。

表3　上海大学生每天用于媒体消费的时间

	平均消费频率指数	标准方差	平均消费时间（小时/天）	标准方差
网络	3.88	0.97	2.40	2.30
报纸	3.14	1.29	0.84	0.71
电视	2.83	1.32	1.22	1.33
广播	2.37	1.42	0.79	0.93

　　2006 年 11—12 月,南京师范大学对江苏大学生的媒介素养现状调查③显示:江苏大学生每天花在报纸杂志上的时间为 42 分钟、广播 30 分钟、电视95 分钟、互联网 131 分钟。四种媒介中,受大学生喜欢程度最高的是互联网(56.2%),最低的是广播(8.2%)。

　　从以上调查结果我们可以发现:大学生每天接触网络的时间最长,而报纸

---

　　① 张男星、王炳明:《当前我国大学生媒介素养调查研究报告》,《大学·研究与评价》2008年第 9 期。该调查发放问卷 1300 份,回收有效问卷 1023 份。

　　② 课题组在上海 6 所高校发放问卷 300 份,回收有效问卷 289 份,有效问卷回收率为96.3%。

　　③ 该调查采用统一问卷、随机抽样的方式,对江苏 4 所大学的 700 多名学生进行了调查,得到有效样本 671 个,有效率为 93.1%。

和广播等过去大学生依赖的媒体现在的接触时间相对减少。虽然电视和报纸仍然属于大学生经常接触的媒介,但网络的影响力不容忽视。如何引导大学生合理而有效地使用网络媒体,值得我们关注。

2. 接触动机

人们的媒介接触都有一定的目的性。不同群体受众接触媒介的目的和动机各有不同,不同目的和利益的驱使使受众与媒介组合,并形成受众与媒介之间不同性质的依赖关系,而后者又直接影响到受众对媒介信息的接受程度和接受效果。受众接触媒介的动机和目的成为考察受众媒介素养,衡量受众能否建设性地、有效地利用媒介资源以促进自我发展的重要因素之一。

上海外国语大学的调查显示:在媒介消费动机方面,近一半的大学生选择了"了解信息"作为其最主要的消费动机和心理需求;35%左右的人选择了"休闲娱乐";而选择"学习知识""打发时间""与人交流"的人都在8%以下。但在选择"最喜爱的媒介类型"时,选择休闲娱乐型媒介(包括影音娱乐、时尚、体育、网络游戏)达60.8%的比例,而选择以新闻和财经为代表的信息型媒介则只占31%,另有6.6%的人选择文教。

南京师范大学对江苏大学生的调查显示,在媒介接触动机方面,69%左右的大学生选择了"信息、资料来源"作为其最主要的接触目的,51%左右的大学生选择了"娱乐",33%左右的大学生则选择了"学习",选择"消磨时间"的只有18%。

武汉大学对6个城市大学生的调查显示:大学生通过大众传媒了解的信息中,列前五名的分别为国内新闻(27.8%)、本地新闻(17.1%)、国际新闻(13.2%)、体育新闻(10.2%)和热点报道(6.7%)。在调查设定的19类新闻信息中,他们选择通过大众传媒了解的后五名分别为服务信息(0.2%)、就业指导(0.3%)、法治新闻(0.4%)、教育新闻(0.8%)、科技新闻(1.4%)等。这说明大学生对信息的需求有着很强的现实性、国际性、娱乐性特点,对指导性、实用性信息则不太重视。

3. 媒介认知

对大众媒介的认知,是大学生媒介素养的核心层面。媒介,尤其是大众媒介的信息传播营造了一个"拟态环境",其影响具有广泛性和社会性。传媒对

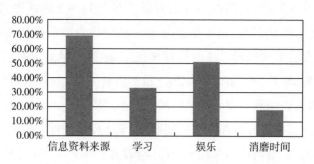

图1　江苏大学生媒介接触动机

青年的影响最突出表现在,它是影响青年社会化的一个重要因素。大众传媒与家庭、学校、同辈群体和公共意见一起,被认为是影响个人社会化的五个最重要的因素。大众传媒不仅可以控制社会舆论、引导受众态度,它的影响力还可以渗透到一般的社会心理以及个体思维和行动之中,这一点对于正处于社会化重要阶段的青年来说尤其重要。

武汉大学的调查发现,大学生群体较为准确地把握了新闻媒介的作用和功能。他们认为媒介的主要作用为"传播信息、检测环境"(44.0%)、"引导舆论、协调社会"(24.2%)、"传承文明、传播科学"(12.1%)、"提供娱乐、缓解压力"(7.8%)、"传达党的方针政策"(3.7%)、"宣传典型、推进工作"(3.1%)、"普及法律、教育人民"(2.3%)、"刊登广告、发展经济"(2.1%)、"动员大众、投身改革"(0.7%)。

对于新闻媒介在社会生活中扮演的角色,大学生们认为主要是"传播新闻信息的工具"(43.6%)和"社会公共舆论机关"(29.7%)。他们的这些认识与新闻传播的基本规律是相符的。

在调查当前的媒体信息是否能够满足其需要时,一方面大多数学生认为"大众传媒的新闻报道能满足社会信息需要"(选择满足需求、基本满足需求和超过需要的总和达61.9%),也"能满足大学生信息需要"(选择满足需求、基本满足需求和超过需要的总和达73.7%),另一方面则认为媒体存在"新闻视角老套""新闻信息量不足"等问题。

对于当前媒介业存在的问题,大学生们也有一定的认识。调查显示:15.2%的受调查者认为"新闻视角老套",13.3%的认为"国内新闻信息量不足",11.5%的认为"重大新闻事件信息量不足",11.4%的认为"国际新闻信息量不足"等。由此可见,新闻信息量不足已经成为当前媒体在满足大学生需求方面存在的最大问题。在他们看来,最不满意的报道居前三名的分别是国内新闻(15.9%)、国际新闻(14.7%)和本地新闻(12%),他们对经济新闻、流行时尚、名人访谈等类型的报道的满意度相对较高。

针对目前媒体内容方面存在的问题,大学生反感居前三位的分别是:虚假信息多(32.4%)、低俗内容多(15.1%)、会议新闻多(14.8%),其他还包括放弃媒体的社会责任、宣传内容过多、广告等商业因素侵蚀严重、该报的问题不报、不该报的问题大肆炒作、报道视角的歧视、新闻侵权严重等。

针对媒体的人文关怀问题,超过半数的受访者(59.8%)认为"目前新闻媒介对普通民众的关注程度不够",他们认为媒体对弱势群体的报道存在的最主要的问题是"报道视角歧视"(22.1%)、"报道数量少"(19%)、"报道缺乏深度(18.8%)"和"报道意图不纯正,有炒作之嫌"(14.4%)等。

在涉及媒体公信力问题时,大学生认为我国新闻传媒的整体可信度不高。在回答"从总体来看,您认为我国新闻传媒对客观世界的反映在多大程度上可信"的问题时,41.9%的受调查者选择"大部分可信",35%的选择"一半左右可信",20.3%的选择"一小部分可信",选择"全部可信"和"完全不可信"的分别为1%和1.7%。在回答"当某一重大事件发生时,我国媒体上报道的内容与境外媒体报道的相互矛盾,在这种情况下",52%的受访者选择"两者都怀疑",10.2%的选择"两者都相信"。由此可见,当代大学生总体而言比较理性,对"媒介现实"与"客观现实"是否属同一世界心存怀疑,能够对新闻媒体报道的信息进行理性的分析和判别,为进一步引导他们理性地、自觉地区别"两个环境",正确地利用媒介信息指导自己的行动提供了前提。

中央教育科学研究所的调查显示,尽管大学生对媒介有一定的认知,但他们对媒介信息的判读能力不足,在问到"能否分辨新闻报道和观点言论"时,"能够分辨"的占61.09%,"不清楚"的占23.95%,"不能分辨"的占14.96%,即有将近一半的大学生并不能够准确区分报道和观点;在问到"是否发现以新闻形式出现的广告"时,只有17.03%的大学生回答"经常发现",回答"偶尔发现"和"从未发现"的分别占59.04%和23.66%;在回答"能否分辨广告中的不实信息"时,仅有 42.82% 的大学生回答"能够分辨",回答"不能"的高达 23.07%。这说明,由于大学生媒介信息判读能力相对较低,容易受到误导,产生不理智的行为。

从以上对大学生媒介素养的调查研究中,我们可以发现:

第一,大学生对媒介的认知与新闻传播的规律基本一致,但也存在判读能力参差不齐的问题;遇到虚假信息,相当数量的大学生并不能对其进行准确分辨,容易被媒体误导。

第二,大学生的媒介接触行为与媒介认知之间存在一定的矛盾。如上海市的调查显示:大学生以了解信息为最主要的消费动机,但在实际消费中却更倾向于休闲娱乐。同样,在互联网的使用方面也体现出类似特点,尽管网络已成为大学生消费时间最多的媒介,但他们对网络信息的认可度并不是很高。当有重大事件发生时,他们仍然倾向于选择传统主流媒体。

第三,网络媒体在大学生媒介消费中扮演的角色日益重要,需要进行恰当引导。

第四,大学生的媒介素养发展多属于自发状态,具有较大的盲目性,迫切需要系统的媒介素养教育。中央教育科学研究所对"大学生在校学习媒介素养相关知识"的调查显示:仅有 8.02% 的大学生"经常学习","从未学习"的占 29.91%,"偶尔学习"的为 62.07%。也就是说,90% 以上的学生"偶尔"或"从未学习"过媒介素养的课程。如果排除经常学习的学生中可能存在所学专业与媒介素养相关较大的状况,我国大多数大学都没有把媒介素养教育纳入通识性课程供学生选修或者必修,这在一定程度上导致了我国大学生媒介素养不高。① 值得注意的是,97.75% 的大学生认为有必要开展媒介素养教育。其中 36.17% 的认为"应单独设置课程,纳入正规课程",31.87% 的认为"不需要单独设置,融入某些人文课程即可",还有 29.72% 的认为"应开展主题讲座、在线课程等非正规课程"。

----

① 张男星、王炳明:《当前我国大学生媒介素养调查研究报告》,《大学·研究与评价》2008 年第 9 期。

（二）政府官员媒介素养状况[①]

《中共中央关于加强党的执政能力建设的决定》指出，要"坚持党管媒体的原则，增强引导舆论的本领，掌握舆论工作的主动权"，"重视对社会热点的引导，积极开展舆论监督，完善新闻发布制度和重大突发事件新闻报道快速反应机制"，"高度重视互联网等新型传媒对社会舆论的影响"，"努力探索新方式新方法，加强和改进思想政治工作"。在实际工作中，政府官员媒介素养水准，关系到政府形象、关系到政府如何制定传媒发展战略，也从一个侧面反映出政府的执政能力。政府官员媒介素养的提升是提高执政能力的迫切要求，是推进民主政治的客观需要，是优化政府形象的必备条件，是适应传媒发展的必然选择。

2009 年 3 月 1 日，国家副主席习近平在中央党校春季学期开学典礼上提出领导干部要具备六种能力，其中第六种能力就是同媒体打交道的能力，他提出领导干部要"尊重新闻舆论的传播规律，正确引导社会舆论，要与媒体保持密切联系，自觉接受舆论监督"。2010 年 1 月 4 日，中央政治局常委李长春在全国宣传部长会议上提出要"适应时代发展要求，努力提高与媒体打交道的能力，切实做到善待媒体、善用媒体、善管媒体，充分发挥媒体凝聚力量、推动工作的积极作用"。2010 年 1 月底，中组部部长李源潮也指出："希望组织部门把舆论引导作为日常工作的重要部分，加强宣传策划、舆情研判，主动回应社会关切，提高善待善用媒体能力，形成组工宣传的良好舆论态势。"2010 年 3 月，中宣部部长刘云山在面向宣传部长和文明办主任的培训中再次提出"善待媒体、善用媒体、善管媒体，正确对待舆论监督，提高同新闻媒体打交道的能力"。要实现对新闻媒体的"善待、善用、善管"，无疑需要具有一定的媒介认知、判断和使用能力，这也就是媒介素养的基本要求。

可以说，政府官员媒介素养的现状和提升途径，必须得到足够的关注与重视。

---

①　关于政府官员媒介素养的数据来源为：吕尚彬、方苏、张昌旭：《中国局级干部媒介认知研究的主要发现与结果分析》，《现代传播》2010 年第 4 期；袁军、王宇、陈柏君：《政府官员的媒介素养现状及提高途径》，《现代传播》2009 年第 5 期；袁军等对重庆市局级和处级干部所进行的媒介素养调查。

1. 接触行为

2007 年 2—5 月,武汉大学对北京、上海、广州、武汉、西安、成都 6 个城市部分局级干部的媒介素养调查显示:局级干部接触媒介的频率和时间长度依次为:电视、报纸、网络和广播。

表4　6城市局级干部大众传播媒介接触情况

媒介	从不看/听上	每周少于1天	每周1—2天	每周3—4天	每周5—6天	天天看/听/上
报纸	1.9%	10.4%	19.5%	15.7%	11.4%	41.2%
电视	4.2%	12.0%	16.4%	14.7%	11.8%	42.8%
广播	19.7%	23.7%	16.7%	12.0%	9.2%	18.8%
网站	2.9%	6.7%	14.5%	16.7%	19.2%	40.1%

笔者负责的中国传媒大学研究小组 2009 年 6 月对重庆市部分局级和处级官员的调查显示:受访者主要通过报纸、广播、电视、网络、手机 5 种途径了解新闻,其中电视使用比例最高(98.2%),以下依次为报纸(90.9%)、网络(87.3%)、手机(61.8%)、广播(49.1%)。另外,绝大部分官员对自己了解新闻的途径进行了排序,结果显示,传统媒体中的电视和报纸仍然是官员了解新闻的第一和第二渠道,其次为新媒体网络、手机和传统媒体广播。

表5　重庆市政府官员媒介消费时间

时间	报纸	广播	电视	网络	手机	杂志
15 分钟以下	31.5%	90.3%	3.7%	19.6%	79.5%	50.0%
16—30 分钟	44.4%	6.5%	33.3%	23.5%	11.4%	26.3%
31—45 分钟	13.0%	3.2%	24.1%	21.6%	6.8%	13.2%
46—60 分钟	11.1%	0.0%	18.5%	17.6%	0.0%	10.5%
1—1.5 小时	0.0%	0.0%	14.8%	11.8%	0.0%	0.0%
1.5—2 小时	0.0%	0.0%	5.6%	5.9%	2.3%	0.0%

2. 接触动机

南京大学对南京市 550 名处级干部的调查显示:政府官员接触报纸的主要动机是了解新闻和工作需要;了解新闻和消遣娱乐构成其收看电视的主要

动机;使用互联网的主要动机是学习新知识和了解新闻;阅读杂志的主要目的是学习新知识和消遣娱乐。接触广播与电视的动机相似,主要用以了解新闻和消遣娱乐。当接触媒介的主要动机是了解新闻和工作需要时,报纸是最理想的媒体;而电视则在以消遣娱乐为接触动机的媒介使用中扮演最主要的角色;在学习新知识和获得社交话题的驱使下,选择率最高的是互联网。

表6　南京市政府官员媒介使用动机

	报纸	电视	互联网	杂志	广播
了解新闻	97.09%	88.00%	66.45%	13.45%	53.09%
学习新知识	50.18%	45.45%	65.82%	56.00%	16.91%
消遣娱乐	28.55%	72.00%	41.09%	43.64%	32.18%
工作需要	64.91%	30.91%	60.00%	39.09%	11.64%
获得社会话题	18.18%	17.27%	20.36%	10.36%	12.00%
其他	0.91%	1.09%	2.36%	4.36%	6.73%

中国传媒大学对重庆市部分局级和处级官员的调查显示:了解新闻(85.5%)和工作需要(50.9%)是官员接触报纸的主要动机;接触广播的主要动机是了解新闻(45.5%);了解新闻(74.5%)、工作需要(40%)、消遣娱乐(45.5%)构成了接触电视的主要动机;了解新闻(61.8%)、工作需要(61.8%)、学习知识(50.9%)构成了接触网络的主要动机。官员倾向于将报纸作为了解新闻和工作需要的理想途径,学习知识时主要通过网络,电视则是娱乐消遣的首选。

表7　重庆市政府官员媒介使用动机

媒介	了解新闻	工作需要	消遣娱乐	学习知识	其他
报纸	85.5%	50.9%	9.1%	34.5%	0.0%
广播	45.5%	20.0%	10.9%	9.1%	1.8%
电视	74.5%	40.0%	45.5%	27.3%	0.0%
网络	61.8%	61.8%	25.5%	50.9%	1.8%

3. 媒介认知和使用

公务人员对媒介的认知和使用,主要集中在他们对媒介的性质和社会角色的认知,对媒介功能和作用的看法,以及日常工作中与媒体打交道的频度和能力。政府公务人员是特殊的媒介受众,他们既是媒介信息的接收者,又是媒介的使用者。一方面,他们需要通过媒介获得各种信息,另一方面又需要利用媒介发布信息。媒体在舆论引导、舆论监督等方面与政府工作休戚相关。媒体与政府工作的关系已经成为现代社会文明的重要内容。

武汉大学的调查显示,政府官员们认为新闻媒介的主要作用为"传播信息、监测环境"(43.0%)、"引导舆论、协调社会"(26.4%)、"传达党的方针政策"(14.3%)、"传承文明、传播科学"(5.5%)、"提供娱乐、缓解压力"(4.1%)、"宣传典型、推进工作"(3.5%)、"普及法律、教育人民"(1.8%)、"刊登广告、发展经济"(0.6%)、"动员大众、投身改革"(0.6%)。这说明,在这些司局级干部的意识中,新闻媒介的作用首先是"传播信息、监测环境"和"引导舆论、协调社会"。相应地,他们认为新闻媒介在社会生活中扮演的角色排在前三位的分别是"传播新闻信息的工具"(41.1%)、"社会公共舆论机关"(27.1%)和"整合社会的工具"(8.2%)。

表8　新闻媒介的主要作用

传播信息、监测环境	43.0%
引导舆论、协调社会	26.4%
传达党的方针政策	14.3%
传承文明、传播科学	5.5%
提供娱乐、缓解压力	4.1%
宣传典型、推进工作	3.5%
普及法律、教育人民	1.8%
刊登广告、发展经济	0.6%
动员大众、投身改革	0.6%

中国传媒大学对天津、重庆、太原部分局级和处级官员所作的调查显示出类似的结果:90%的受访者对"媒介的社会责任和角色",有"一些认识","有很清楚的了解"和"完全不清楚"的分别为8.39%和1.7%;在问到是否认同"新闻媒体是政府和公众间的桥梁"的说法时,将近94%的受访者表示"认同","不认同"的只占不到6%;在问到是否认为"新闻媒体是党和政府的喉

舌"时,83.3%的受访者表示"同意"和"比较同意";在关于回答"媒体可以在危机事件中发挥积极作用"的选项时,65%的受访者选择了"同意",31.7%的人选择"比较同意",两项合计高达96.7%。在"新闻媒体可以促进和谐社会建设""新闻媒体有助于塑造政府或部门形象""政府与新闻媒体今后需要更多地沟通和了解"这几个问题上,调查的结果高度统一,超过90%的受访者对以上问题表示"同意"和"比较同意"。当受访者被问到"媒介对自己的工作是否有帮助"时,43.3%的受访者表示有帮助,50%的受访者表示有一些帮助,表示没有帮助和没有影响的比例仅为5%和1.7%。

政府官员对媒体性质和定位的认识,对于他们处理与媒体关系和利用媒体具有直接影响。受访者中半数以上的公务人员认为媒体是政府的朋友,选择"非敌非友"的比例为23.3%,选择"亦敌亦友"和"不好说"的比例大体相当;在问到对某些地方流行的"防火防盗防记者"的看法时,表示"同意"和"比较同意"的受访者占28.3%,表示"不清楚"的有20%,略多于50%的受访者并不认同这一看法;关于"政府官员有权拒绝媒体或记者的采访"的问题,选择"不同意"的比例为43.3%,选择"同意"和"比较同意"的比例达46.7%;在回答"您是否赞成记者在进行新闻采访前先经过本单位宣传部门的同意?"或"不经过本单位宣传部门的认可,我不接受任何采访"的问题时,有35.5%受访者表示很有必要,赞成,有60%的受访者表示不一定,要看情况而定,只有5%的受访者表示没有必要,不赞成。

由此可见,尽管政府官员对媒体的性质与功能有一定的了解,多数被访者认可媒体是政府的喉舌和政府与公众间的桥梁,也认可媒体对于促进社会和谐、塑造政府和部门形象有着积极的作用,但在实际工作中,仍有相当数量的人不能完全处理好与媒体间的关系,以至在面对媒体时表现被动。

通过以上调查我们可以发现:

第一,大多数政府官员对于新闻媒介功能角色的认知基本准确和科学。

第二,政府官员对媒介的认知与行动存在一定程度的脱节。大部分官员认识到媒体对政府工作的重要性,但参与媒体的主动性和广泛性还较欠缺。

第三,政府官员对新媒体的适应性不强。调查显示,虽然大多数官员都将上网作为重要的媒介消费活动,但极少官员能适时地使用论坛、MSN、博客等,网络使用处于初级阶段,没有形成多元化的充分利用。

第四,政府官员缺乏系统的媒介素养培训。中国传媒大学对天津、重庆、太原的调查显示:仅有不到10%的官员经常接触如何应对媒体的培训或阅读过相关作品;政府官员对于如何处理危机事件及在危机事件中面对媒体的策略还不是很了解,他们希望能够获得这方面的培训和教育,68.3%的受访者"对政府工作人员进行危机媒体策略教育"表示"很有必要,赞成",认为"没有必要,不赞成"的仅占5%①。

(三)农民媒介素养状况②

中国社会日益扩大的贫富差距和城乡两极分化,导致农民社会阶层的底层化和弱势化,反映到传播领域,则体现为农民社会阶层的传媒资源占有和传播接近权实现上的弱势地位日益凸显。③ 本部分以武汉大学2007年2—7月在江苏省常州市武进区、广东省东莞市属镇、湖北省枣阳市、湖南省浏阳市、四川省资阳市雁江区、陕西省白水县6个县级行政区所作的调查为数据来源,探析农民的媒介素养状况。

1. 媒介接触行为

农民日常生活信息来源倚重电视媒介以及村民会议传播,他们接触大众传媒的频度和时间形成了"电视第一、报纸第二、网络第三、广播第四"的模式。武汉大学的调查显示:农民休闲活动中位于前5位的分别是看电视(46.9%)、打麻将(18.5%)、上集市(13.3%)、上网(5.3%)和读报纸(3.6%)。就电视媒体的接触时间和频率看,天天看的有53.3%,每周5—6天看的有20.3%,每周3—4天看的有17.5%,每周1—2天看的有4.9%,从不看电视的有3.7%,不看电视的人中,将近一半的人认为"电视内容与己无关"(45.4%)。

---

① 袁军、王宇、陈柏君:《政府官员的媒介素养现状及提高途径》,《现代传播》2009年第5期。
② 关于农民媒介素养的数据来源为吕尚彬、傅海:《中国农民媒介认知研究的主要发现与结果分析》,《武汉大学学报》2008年第3期。
③ 罗以澄:《中国农民大众传媒认知研究》,《武汉大学学报》2008年第5期。

媒介与传播

表 9　农民大众传播媒介接触情况

媒介	从不看/听上	每周 1—2 天	每周 3—4 天	每 5—6 天	天天看/听上
报纸	43.0%	28.6%	14.0%	5.0%	9.5%
电视	3.7%	4.9%	17.5%	20.3%	53.5%
广播	65.2%	20.8%	6.6%	3.2%	4.1%
网站	63.9%	15.9%	7.8%	3.9%	8.5%

　　一些农民"从来不看报"的原因分别是:"村里没有报纸"占 39%;"没时间看"占 21.2%;"报纸上的内容在电视、广播上都能看到或听到"占 16.6%;"报纸内容与己无关"占 5.2%;"不识字,看不懂"占 4.9%;"报纸内容不真实"占 4.5%;"买报纸要花钱"占 4.1%;"其他"(根据注明情况,包括不好看、不喜欢看、没那习惯、学习工作太忙、没兴趣等)占 4%。

　　2. 接触动机

　　调查发现,电视是农民"了解党和国家的方针、政策、法规"(59.2%)、"了解国内外大事"(63.3%)、"了解农业技术知识"(56%)的首选媒体。

　　3. 媒介认知

　　农民受众大体上能较为准确地把握媒介作为信息传播工具的作用。他们理解的媒介功能主要有:"传播新闻信息"占 50.5%;"引导公共舆论"占 15.1%;"传播科学技术知识"占 9.4%;"传达党的方针政策"占 9.7%;"动员大众投身改革"占 9%;"监督国家机关运行及工作人员工作"占 4.3%;"宣传典型推进工作"占 4%;"刊登广告信息"占 2.5%;"普及法律教育人民"占 2%;"提供娱乐"占 1.6%。

　　调查同时发现尽管农民重视媒介传播新闻信息与引导公共舆论的功能,但他们认为传媒"与自己距离太远"和"虚假新闻增多",并不太喜欢大众传媒。当问到发生重大突发性新闻会选择哪些媒体获取信息时,受调查者首选电视的占 77.2%,首选互联网的占 9%,首选广播的占 3.7%,首选新闻周刊的占 2.2%,首选报纸的占 2%,无首选的占 5.9%。

　　有专家认为,要解决农民社会阶层的利益表达话语权的缺失和传播弱势地位问题,构建"以农民为本"的新农村传播体系,就必须研究和考察农民阶

310

层的媒介认知,进而研究他们的媒介评价和期待。调查显示,农民希望大力发展的媒介首先是电视,其次是网络、广播、报纸、杂志。他们对方便自己获取信息的媒介的排名与此相同。

以上调查显示:当前农民的媒介素养还相对较低,与城市公民相比,无论是对媒介的接触、认知,还是运用媒介特别是互联网等新媒体传播信息实现自身发展等,都存在显著差距。

(四) 小结

通过以上对几个调查结果的分析,我们可以对我国公民的媒介素养状况形成以下几点认识:

一是公民媒介素养总体状况不容乐观。这主要体现在公民对媒介性质和功能的认识,对媒介信息的评判素质,对媒介负面影响的警觉意识,以及善用媒介实现自身和社会发展的能力等,与我国媒介生态发展的客观要求有相当差距。

二是公民的媒介素养大多属于自发养成,尚未达到理性的自觉层面,面向各个群体的媒介素养教育普遍缺失。调查数据分析显示,无论是大学生还是各级政府官员,都迫切希望接受专门性的媒介素养教育。这种专门性的媒介素养教育,一方面,应着眼于提升公民"认知媒介""参与媒介"的基本能力,理解媒介"建构现实"的功能,理智地辨别"媒介环境"和"现实环境",成为信息时代清醒的"媒介公民";另一方面,当今媒介生态正历经巨大变化,数字技术广泛应用,新媒体、"自媒体"不断涌现,"传者"和"受者"的界限趋于模糊,在这一背景下,培养公民"使用媒介"、有效地创造和传播信息的能力,成为新的媒介生态环境中合格的、具有社会责任感的"公民记者""媒介公民",已成为媒介素养教育日益凸显的重要使命。

三是公民的媒介素养呈现整体不平衡状态。武汉大学对局级干部和农民的调查显示出二者在媒介消费方面的巨大差异:局级官员从来不看报纸、不听广播、不上网的人分别为 1.9%、19.7% 和 2.9%,而农民从来不看报纸、不听广播、不上网的人分别达到 47%、65.2% 和 63.9%。这样的巨大差异,既反映出社会群体间存在的"知沟",也会导致这一"知沟"进一步加深。由于经济和科技发展的差异,我国城乡之间,不同区域、不同社会群体之间存在显著的"信息鸿沟"。这种信息化发展程度极不平衡的局面,决定了我国广大农村和边远地区公众认知媒介信息、获取媒介信息、评判媒介信息和运用媒介实现自身发展能力的滞后,也决定了我国媒介素养教育推广的复杂性和艰巨性。

二、媒介素养教育体系建立的原则和理念

借鉴国外媒介素养教育经验,结合中国国情,我们认为,探索科学、合理的媒介素养教育体系,建立中国媒介素养教育模式,应遵循以下几个原则和理念。

(一) 防御模式与建设性模式(或"保护主义"与"非保护主义")相结合

综观国外媒介素养教育发展历程,存在着多元的教育目标取向。然而,通过媒介素养教育,培养公民成为媒介信息积极、主动的"获取者""解读者",以及媒介信息负面影响的自觉"抵御者",成为信息时代清醒的"媒介公民",是媒介素养概念提出的最初动机,也是媒介素养教育的重点和核心;在此基础上,提高公民运用媒介、有效地创造和传播信息的能力(包括操作媒介传播信息的技能,善用媒介进行公共监督,优化传媒环境和社会环境,促进社会民主发展的能力等),是媒介素养教育另一个重要目标。可以说,"防御"与"建设",或"保护"与"非保护",是媒介素养教育的两大目标。

从本书《媒介素养教育概说》一文中谈及的国外媒介素养教育的三种范式,即"免疫范式""分析范式"和"破译范式",以及笔者提出的媒介素养涵盖"认知媒介""参与媒介""使用媒介"三种能力,也可以明显看出,关于媒介素养教育存在"防御型教育"和"建设型教育"两种基本观念。前者以德国的法兰克福学派和英国早期文化保守主义学者等为代表,强调对不良媒介信息的批判、抵制和抗击;后者以英国文化研究学派和美国的相关学者为代表,主张积极地、建设性地使用大众媒介。我们认为,"防御"和"建设"二者是辩证、共

存的关系。以何者为重,要视不同国家的具体时代语境而定。

就我国而言,要通过媒介素养教育,一方面使公众自觉抵制媒体不良信息,最大限度地减弱媒介的负面影响;另一方面使公众自主利用媒介,创造自身平等占有信息资源的机会,提升对信息资源的支配能力。

从我国国情来看,我们主张建立基于保护和防御,同时又结合自身实际适度进取型的媒介素养教育模式。保护和防御是所有国家媒介素养教育早期的指导理念,对我国来说更难以逾越。从国内来看,不同区域、不同阶层之间公众的媒介素养差异已成为客观现实,而在国际格局中同发达国家的信息鸿沟也已显现,这就决定了媒介素养教育的理念和原则应以保护性策略为基础。与此同时,我国综合国力不断提升、国际地位迅速崛起的宏观时代背景,也要求我们超越一般意义的保护主义模式,根据自身的经济、技术和教育条件,形成积极、主动的媒介素养教育模式。作为有中国特色的社会主义国家,党和政府能够集中优势资源办大事,这也为开创建设型的媒介素养教育模式提供了重要保障。

(二) 西方经验与中国实际相结合

关起门来搞媒介素养教育是不可能的,一味采取拿来主义显然也行不通。西方经验与中国实际相结合,这一原则适用于整个媒介素养教育模式的建构,但在教育内容体系的构建方面表现得尤为重要。

西方国家在大半个世纪的摸索中,积累了比较科学、合理的媒介素养教育经验,而内容体系建构则是其中最重要的组成部分。自 20 世纪 20 年代 佩恩基金会发起"电影对青少年成长的影响"项目以来,欧美国家在如何针对媒介内容开发媒介素养教育内容方面积累了大量可资借鉴的经验。著名的"涵化研究""使用与满足研究""知沟研究"和"军医署长报告"等项目,都致力于阐明媒介的暴力、色情、虚假、片面、专制内容以及异化的价值观对公众的影响机制,并试图寻找解决之道。其中,很多研究成果被应用到媒介素养教育的内容之中,成为教材编撰和课堂教育的基础。

我国在社会转型和媒介产业化的过程中,也面临着与欧美国家相同或近似的许多媒介问题,如内容低俗化、报道权力寻租等。在商业利益驱动下,我国一些媒介内容低俗化程度严重。翻开报纸的社会新闻或娱乐新闻版面,常常看到诸如《情侣公车上摸大腿》《女子为报复女房东找人将其轮奸》《16 岁美少女加入少年犯罪团伙持刀砍人》等低俗的,充满腥、色、膻的内容。这些低俗的媒介信息,对于公众,特别是鉴别能力尚不健全的青少年可能造成的恶劣影响,已经越来越受到人们的重视。在西方,这一问题作为私营媒介体制的伴随物,已经成为严重困扰社会且无法疗治的"顽疾"。通过媒介素养教育,督促青少年对媒介信息,特别是负面信息保持清醒头脑,从而构筑抵御媒介负面效应的防线,这始终是西方媒介素养教育的核心内容和目标。同样的媒介问题,意味着媒介素养教育理念、内容和模式的可参照性。从这一层面看,借鉴西方成功经验势在必行。

全球化浪潮带来的信息鸿沟,也是我们必须放眼世界开发媒介素养教育内容的重要原因。接收和吸纳来自发达国家在政治、经济和文化等不同领域的前沿信息,是缩小信息鸿沟的必由之路。与此相应,媒介素养教育一方面要增强中国公众对前沿、有用信息的使用能力,一方面要提高其辨别、拒绝和批判不良信息的能力。而这两方面,都建立在对西方媒介传播内容及相关传播方式正确认知的基础上。发达国家媒介素养教育的内容体系,正是在对此进行全面、系统研究的过程中形成的。因此,借鉴其内容体系,使之成为应对西方媒介信息、缩小信息鸿沟的有力武器,也是我们必须采取的现实策略。

然而,对西方经验的"拿来主义"必须遵循一个方法论前提,那就是同中国实际的紧密结合。对西方媒介素养教育经验的科学总结和批判继承,是摆在我们面前的重要任务之一,我国社会的总体发展状况和传媒产业的生态环境,在很多方面不同于西方国家,简单照搬、套用必然付出代价。

(三) 树立全民素质教育的媒介素养教育理念

人类在进入"信息化时代"的同时,也进入了"媒介化时代",媒介对社会环境的影响无处不在,媒介的社会地位空前提高。

我们之所以将身处的时代称为信息时代,是与大众传播媒介的变革及其对社会发展图景的改造密不可分的。在过去一二百年间,印刷技术的进步和电子模拟技术的出现,促生了大众传播媒介,这无疑是人类社会最重大、最深刻的变革之一。如今,数字技术的突飞猛进,将媒介的影响推向了一个新的高度。一如既往,技术的范式将改造传媒的范式,而传媒的范式则最终作用于人类生活的范式。

媒介正以前所未有的力量深刻地影响着人类的生活。麦克卢汉曾经提出"媒介即信息"的假设。在他看来,人类有了某种特定形态的媒介,才可能从事与之相应的传播和社会活动。换言之,正是媒介形态的演进——它在新技术的主导下不断得以实现——而非特定的信息,构成了媒介的历史价值。当前,新技术不但直接创造了互联网络等全新的媒介形态,而且与既有技术相融合,迅速改进了报刊、广播、电视等传统媒介的传播方式。媒介以更强大的力量渗透于社会系统的每一个角落,无论是政治、经济、文化等宏观社会领域,还是人们的日常生活,乃至世界观、人生观、伦理观等价值构成。从越来越广泛、也越来越深刻的意义上看,媒介编织了整个社会系统,人们须臾不可离开媒介;媒介即信息,而信息即新时代的生活。

然而,毫无疑问,媒介是柄双刃剑。它创造了举世共睹的福祉,也带来诸多的困境和困境之下的焦虑。媒介使世界变成"地球村",然而村内的疏离、隔阂和冲突遍在,人与人并非像乡邻一样可以亲密地携手同行,现实与理想并非像童话一样仅一步之遥;媒介无限延伸了社会学家米德所说的"客我",人们把灵魂和身体都交给媒介,而"主我"则渐行渐远;媒介对商业利益的追逐,打造了一个充满诱惑的文化工业,内容的平庸、低俗和偏执使大众文化日趋庸俗化,精英文化则于消解中光芒黯淡;媒介系统发展的不平衡,带来了全球范围内的信息鸿沟,文化霸权、媒介殖民应运而生,甚至在一国之内媒介也成为社会阶层分割的重要力量。

改革开放30多年来,我国信息传媒迅猛发展。统计数据显示,2008年我国共有1943种报纸、9549家杂志社;地市级以上广播电台257座,电视台277座,付费电视140套、付费广播39套;全国互联网用户2.98亿人,普及率达22.6%,超过全球平均水平;普通百姓家庭拥有的电子音像设备,如录像机、CD机、VCD机、DVD机等总数近两亿台。我国已成为一个媒介大国,

随着市场经济和媒介产业的发展,处于社会转型期的我国大众媒介,受到商品经济、外来文化等各种因素的影响,商品性、消费性、娱乐性凸显。内容低

俗、有偿新闻、虚假报道等方面的问题屡见不鲜。此外，随着互联网和卫星电视的发展，以及出境学习、工作、旅游的增多，受众接触境外媒介的机会也越来越多。这些因素都充分说明，我们不能再像计划经济时代一样，将所有的大众媒介信息均视为先进或积极的内容。因此，培养我国公民的辩证分析、正确判断、合理利用大众媒介信息的能力，开展媒介素养教育显得十分迫切。

在这样的背景下，媒介素养不仅是专业传媒人的需要，而且应成为阅听人和社会公众的基本素养；媒介素养教育不仅是新闻传播专业教育，而且应拓展为面向整个国民的素质教育。1999 年《中华人民共和国国民经济和社会发展"九五"计划和 2010 年远景目标纲要》明确提出，要"改革人才培养模式，由应试教育向全面素质教育转变"。中共中央国务院发布《关于深化教育改革全面推进素质教育的决定》，对全面推进素质教育进行部署。素质教育是以促进学生身心发展为目的，以提高国民的思想道德、科学文化、劳动技术、身心素质为宗旨的基础教育。培养更多的高素质人才，是 21 世纪教育教学改革的旗帜和行动指南。在这一宏观政策环境中，我国应尽快建立媒介素养教育基地，将媒介素养教育纳入终身教育、国民素质教育体系，使媒介素养教育成为信息社会国民素质教育的重要组成部分，形成全民性、大众化的媒介素养教育运动。

三、媒介素养教育的实施

（一）媒介素养教育组织架构的建立与运作

媒介素养教育是一项庞大的社会系统工程。根据西方国家媒介素养教育推广经验，在组织架构方面，应以多主体、多途径为核心建构我国媒介素养教育的制度化和社会化系统。政府管理机构、教育部门、相关社会团体、大众媒介、社区和家庭等不同功能、层级的社会组织，要充分发挥自身资源优势，通过正式教育与非正式教育、课堂教育与日常生活教育等多种途径，全面提升公众的媒介素养。

1.政府管理机构

政府管理机构应为媒介素养教育提供明确的法规和政策导向。

我国的媒介素养教育尚处于起步阶段,基本停留在学界和民间呼吁、倡导层面,政府机构和国家教育主管部门对媒介素养教育的重要性认识不足,既没有相关立法,也没有相关政策出台。

然而,对于媒介传播的负面效应特别是对青少年成长的消极影响,已引起政府的高度重视,并出台了一系列应对政策和举措。例如,《中共中央 国务院关于进一步加强和改进未成年人思想道德建设的若干意见》及国家工商总局、文化部等9部委的《关于进一步深化网吧专项整治工作的意见》,以及教育部的《关于进一步加强高等学校校园网络管理工作的意见》等,均对网络对青少年的负面影响极为关注,并规定了严厉的管理和整治办法。针对影视剧中凶杀、暴力、血腥、恐怖情节可能对青少年产生的消极影响,国家广电总局实施"净化工程",禁止电视台黄金时间播出凶杀暴力剧,并酝酿实施影视剧内容的分级制;加强行业自律,开展从业人员的相关教育,颁布实施"职业道德准则",等等。

上述政策法规,虽然针对的是传播者的传播行为,与媒介素养教育有别;但是,这些政策法规的出台,充分表明政府对媒介负面影响的高度重视,而这正是媒介素养教育推广实施的重要前提。

根据西方经验,结合我国国情,政府对媒介素养教育的立法和政策导向作用,主要有四个途径:一是通过立法,确立媒介素养教育的合法性,为之提供法律和政策保障;二是通过将媒介素养教育纳入公民教育特别是当前正在大力推进的青少年素质教育、学习型社会建设的范畴,使之作为其中的有机组织部分而有所依托;三是通过指导、规定媒介素养教育"进课本、进课堂、进头脑",即要求教育系统在一定时期内渐次引进媒介素养教育;四是成为其他社会教育主体开展媒介素养教育的协调者、激励者和约束者,使媒介素养教育走向公众生活。

2.教育部门

媒介素养教育是以社会公民为教育对象的全民性素质教育,应当贯穿于幼儿教育、中小学教育、职业教育、成人教育、高等教育等各级各类教育,贯穿于学校教育、家庭教育和社会教育等各个方面。而青少年是媒介素养教育的重点,因此,教育部门和各级各类学校应成为媒介素养教育的主阵地。教育者要自觉担负起媒介素养教育研究、实践和创新的使命。国民教育序列的大学、中小学要合理规划媒介素养教育的内容和方法,配备师资、提供平台,使在媒介化环境下成长起来的一代成为能够正确使用媒介的社会主体,成为"信息化时代""媒介化时代"的"清醒公民"。这其中,大学特别是具有传媒教育优势的大学,要出思想、出教材、出人才,为媒介素养教育提供理论指导和专门师资。非国民教育系序列的教育部门,如职工文化教育、社会培训机构等,也要依据自身实际,探讨行之有效的媒介素养教育模式。

3. 专门组织

专门组织,如媒介素养教育协会、学会、研究所等,要充分发挥协调、交流和咨询的职能,成为媒介素养教育共同发展的桥梁和纽带。

从西方国家来看,社会组织和团体的自发呼吁、倡导,成为推广媒介素养教育的重要力量,是媒介素养教育运动的一大特点。这样的专门组织和团体,可以挂靠相应的政府管理机构,也可由大学或民间机构自主设立;可以是媒介素养教育研究组织,也可以是咨询、协调、组织、倡导、培训机构。由于我国民间组织信任度偏低,为确保权威性和有效性,媒介素养教育的推广宜采取挂靠政府或由政府委托的协会、团体组织实施。

然而,截至目前,我国既没有跨区域的媒介素养教育学术研究团体,也没有实施推广机构;媒介素养教育研究处于分散状态,有关人士基本各自为营,学者之间缺乏相互交流的平台;媒介素养教育理念人们所知不多,远未形成推广媒介素养教育的社会氛围。

4. 大众传播媒介

大众传播媒介是媒介素养教育主体的重要组成部分。媒介素养教育针对大众媒介,同时也要依靠大众媒介。大众传播媒介要在三个方面有所作为:一是坚守公共利益和主流价值,通过严格自律弱化、避免自身负面效应的形成与扩散;二是成为媒介素养教育的积极推动者,通过自身的传播行为,唤起公众意识,解读政府政策,报道新进展、新成果,批评不良现象,使媒介素养教育成为全社会共同关注的议题;三是推出媒介素养教育相关的专门栏目,面向社会公众,有针对性地开展媒介素养教育。

一些社会相关机构和学者已开始通过报纸、网络等交流和传播媒介素养教育信息,在倡导媒介素养教育理念、传播相关知识方面,起到了很好的作用。2002年,上海市老干部局、老龄委、科学技术协会、老年基金会等机构与老年网站(oldkids.com.cn)联合,启动了针对中老年人的信息素养教育和普及工程,帮助中老年人学习信息技术、提高信息和媒介素养。2004年10月1日,由复旦大学媒介素养小组创办的我国大陆第一个媒介素养专业网站——"媒介素养研究"(www.medialiteracy.org.cn)正式开通。该网站致力于促进媒介素养教育学术交流和研究,设有"媒介素养理论研究""媒介素养调查报告""媒介素养传播实践""媒介素养研究动态""媒介素养知识普及""媒介素养资料书籍"等栏目。中国社科院卜卫在中青网(www.cycnet.com.cn)"青少年园地"开设了"媒介课堂"栏目,通过青少年经常接触的网络媒体向他们普及传媒知识。2004年12月,《深圳青少年报》的"小学周刊""中学周刊"率先推出了"媒介课堂""走进媒介素养"专栏。以学生喜闻乐见的形式,引导中小学生用批判的意识和眼光看待媒介信息,判断信息的真假与好坏,规避媒介可能造成的伤害,确立正确的媒介消费观念。

然而,在我国,以大众媒介为载体的普及性媒介素养教育还处于起步阶段,主流媒体尚未介入,相关工作任重道远。

5.家庭和社区

我们正处于信息化时代,媒介已成为社会公民日常生活的极其重要的组成部分,接触大众传播媒介已成为现代人度过休闲时光最主要的方式。家庭作为人们度过闲暇时间的主要场所,同样也是大众媒介特别是电视媒介信息传播的主要"终端",是媒介接触的最重要的空间环境。家庭通过集体接触媒介,形成亲情间的紧密互动,实现媒介知识、经验、技能乃至媒介批评意见的交流,达到提高媒介素养的效果。

居民小区作为社区的基本单元,居委会作为社区的基本组织机构,可以与妇联组织、教育部门和中小学校密切合作,把社区教育、家庭教育与社会教育、学校教育紧密结合起来,通过社区活动场所、家长学校、家庭教育指导中心,以及广泛宣传、说服教育和组织活动等方式,开展媒介知识普及,为培养社区公民良好的媒介接触习惯、抵御媒介的负面效应,为创建"健康的媒体社区",发挥独特而重要的作用。

(二) 媒介素养教育内容设计与课程模式

在借鉴西方媒介素养教育经验的基础上,结合我国实际,我们希望提出科学的、符合国情的、针对不同对象的媒介素养教育内容体系。从总体上看,我国的媒介素养教育内容体系应由三个部分组成:

一是从中国媒介发展实际出发,设计具有针对性、本土化的内容。媒介素养教育内容必须适应实施国特定的社会历史语境,以此为基础,各国媒介素养教育理念、方法以及实施模式均存在差异,形成了各具特色、多元并存的格局。就本质而言,我国的媒介体制与西方具有根本的差别,从而形成了不同的媒介生态,照搬西方的内容构成模式显然行不通,媒介素养教育内容的本土化是有效实施媒介素养教育的前提。正如哈洛伦(James D.Halloran)在一篇论述媒介教育的文章中所指出的:"像任何其他种类的教育一样,或者像任何社会建制一样,媒介教育无法在孤立的情况下得到充分的研究,比如离开了更宽广的历史、文化、经济、法律、民族、政治及社会背景,它正是在这些背景中发展起来的并且还在起着作用。"[1]

二是对西方媒介及其信息传播的介绍与批判性认知。在信息全球化的背景下,西方国家打着"信息自由流动"的旗号,凭借雄厚的经济实力和先进的传播手段,对发展中国家进行"单向的""不均衡"的信息传播,形成"媒介帝国主义"和"文化霸权"。就我国而言,西方意识形态和文化通过媒介传播的渗透,对我国的政治、经济和民族传统文化产生了深刻影响。因此,我国媒介素养教育内容的设计不仅要培养社会公众获取、分析和传播信息的能力,而且要强化公众对西方媒介本质的认识,对西方媒介霸权的警惕,对西方媒介信息传播的批判性认知。

三是对媒介"通识"和科学媒介观的建构。主要包括媒介以及媒介信

---

① Halloran J.D., Media Education and Research: In Search of a Sound Base for the Future Developments, *Media Development*, 1995, p.10.转引自蔡骐:《论媒介认知能力的建构与发展》,《国际新闻界》2001 年第 5 期。

息传播的内在规律,以及社会公众与媒介的关系这两方面内容。具体包括:(1)媒介与社会——传播生态环境构成;国际传播生态环境;媒介的社会功能;媒介的社会负面影响等。(2)媒介形态特征——媒介形态与传播;媒介组织与传播等。(3)媒介信息特征——"媒介环境"与"现实环境"的形成机理;媒介"建构现实"的具体表现及辨识等。(4)公众与媒介——认知层面;操作层面等。

基于世界各国媒介素养教育理念和实施方式的差异,各国媒介素养教育课程也呈现多样化格局。英国学者莱恩·马斯特曼将其概括为四种模式:(1)媒介研究作为一门独立的科目;(2)媒介研究作为某一科目中的一个部分;(3)把媒介教育融入所有科目中;(4)媒介研究作为一个整合的、跨学科的课题。[1]

实际上,这四种课程模式可以归结为显性模式和隐性模式两种。显性模式是制订专门的课程计划和培养方案,独立组织实施;隐性模式是将媒介素养教育内容融入其他相关课程中实施。我国幅员辽阔,不同区域间经济、教育和媒介发展极不平衡,信息化程度差距悬殊,存在相当大的信息鸿沟。基于这一背景,我国媒介素养教育课程模式宜采取多元化战略,即显性模式与隐性模式并存。东中部地区以显性模式为主,兼用隐性模式;西部地区宜采用以隐性模式为主,兼用显性模式并逐步向以显性模式为主过渡。

(三) 媒介素养教育师资培养与继续教育

通过专业教育与继续教育相结合的方式,培育媒介素养教育师资。

专业化的师资是媒介素养教育的实施主体,其来源主要是新闻传播院校。我国的新闻传播高等教育基本沿袭美国的教育模式,注重职业化和专业化教育,这为专业化的媒介素养教育师资培育提供了条件。改革开放以来,我国新闻传播高等教育迅速发展,目前已拥有博士、硕士、学士以及博士后研究等完整、齐全的教育和研究层次,有数百个学科专业教育点。新闻传播院校和专业

---

① Masterman L.A Rationale for Media Education.*Media Literacy in the Information Age*,1994, pp.47-48.转引自蔡骐:《论媒介认知能力的建构与发展》,《国际新闻界》2001 年 第 5 期。

点应承担相应职责,为媒介素养教育培养各层次的专门师资。

媒介素养教育是针对社会公众的全民性教育,具有鲜明的多层次性、广泛性的特点。因此,各层次教育工作者的"全员参与"是实施和推广媒介素养教育的必要条件。新闻传播院校在培养专门师资的同时,还应承担进行媒介素养教育继续教育、提升各层次教育工作者特别是中小学教师媒介素养教育专业素质的职责,为形成"全员参与""全员教育"的格局提供师资条件。

(四) 媒介素养教育的实施推广

媒介素养教育的实施推广是一个各个环节、各种因素互补互动构成的系统。参照各国媒介素养教育推广经验,结合我国实际,我们提出如下实施推广建议方案。

1. 成立组织机构

由宣传部门牵头,以教育、新闻、文化等部门为主成立中央和地方"媒介素养教育委员会"。国家"媒介素养教育委员会"负责媒介素养教育规划、政策、法规的制定;地方各级"媒介素养教育委员会"履行组织、协调、推动、评估媒介素养教育工作职能。

2. 推出《全民媒介素养教育行动计划》

定期开展全国性和地方性的公众媒介素养状况调查,作为制定媒介素养教育政策法规的依据。在此基础上,由国家"媒介素养教育委员会"组织制订和适时颁布《全民媒介素养教育行动计划》,确定符合国情的媒介素养教育目标和实施计划,为全面展开媒介素养教育提供指南。

3. 成立推广和研究机构

各级学校和教育机构特别是大、中、小学成立媒介素养教育协会、媒介评议会等社团组织,倡导、研习、推广媒介素养教育。

社区、居民委员会与学校相结合,成立社区媒介素养教育研习学校或培训机构,推广社区、家庭媒介素养教育活动。

大专院校特别是新闻传播院校,以及各级教育学会,成立跨区域、跨机构的媒介素养教育相关研究中心(所),开展相关研究,建立开放式的媒介素养教育研究资源平台,出版专业期刊,作为媒介素养教育学术发展的基地。

举办国内国际媒介素养教育研讨会、论坛,交流、分享学术成果。

4.各环节、各因素良性互动,全面推广媒介素养教育

(1)开设课程

大学新闻传播学类专业开设媒介素养教育专业课程;大学面向非新闻传播专业学生开设媒介素养教育通识课程;规划中小学媒介素养教育课程,先讲座、后选修,最终将媒介素养教育内容正式纳入中小学课程体系。

(2)培养师资

大学或研究机构设立媒介素养教育博士、硕士研究方向,本科在新闻学、传播学、广播电视新闻学、编辑出版学专业下设媒介素养教育专业方向,高等职业教育层次设媒介素养教育专业,培养媒介素养教育专业师资;新闻传播院校、各类教育学院、继续教育机构开办媒介素养教育进修班,提供短时间、非系统的讲座或课程;各级学校师资岗前培训融入媒介素养教育相关内容或课程。

(3)编撰教材

与专业性的新闻传播教育不同,媒介素养教育是一种普及性、大众化教育,编撰针对不同教育对象的普及性教材是推广媒介素养教育的关键。可由中国新闻教育学会协调,以新闻传播院校为主,根据不同的公众对象,有针对性地编撰、出版媒介素养教育教材。

(4)建立实验基地

媒介素养教育的重点是青少年,主阵地是中小学。可以选择若干中小学,特别是开办有新闻传播类专业的高等院校的附属中小学,先行开展媒介素养教育的试点,编撰教材、开设课程、培养师资,积累经验,逐步推广。

(5)进行宣传推广

媒介应充分利用自身优势,积极参与媒介素养教育的宣传和推广。广播电台、电视台、报纸开设媒介素养教育专门节(栏)目,或在已有对象性节(栏)目中开辟相关内容传播渠道;网络媒体建立专门网站或网络专栏;开办面向社会公众的普及性杂志,解读媒介素养教育政策法规,宣传媒介素养教育概念,唤起公众媒介素养意识,报道媒介素养教育进展成果,积极推广媒介素养教育。

媒介组织既是信息传播机构,也是传播教育机构;媒介从业人员既是信息

传播工作者,也是传播教育工作者。媒介承担着神圣的社会责任,要坚守媒介自律,勇于"自我剖析",时刻提示社会受众规避媒介负面效应,做清醒的"媒介公民"。

鉴于"一元体制,二元运作"的模式,开办公共频道或公共电台、电视台,力避商业和市场因素对媒介的腐蚀和侵袭,确保大众媒介作为"公共领域"的纯洁性。同时,可以参照美国、德国等西方发达国家的做法,在现有广播电台、电视台中设立"开放频道"(open channel),允许公众自主参与,个人或团体受众根据排队原则(queuing principle),按申请时间先后顺序播出自己制作的节目①,以保障公众的传播权和媒介接近权,为公众的媒介研习、制作提供传播渠道,提升公众的媒介素养。

为加强宣传和推广力度,借鉴"科学素养教育""普法教育""计划生育教育""艾滋病教育"等推广运动经验,以及"全国科普日""'12·4'全国法制宣传日""普通话宣传推广周""全国助残日""世界艾滋病日""世界无烟日"的设立等,可以设立"媒介素养教育日"或"全民媒介素养教育宣传推广周",以便进行定期、集中的宣传,使媒介素养教育成为深入人心的全民性社会教育运动。

(6)建立评价体系

媒介素养教育政策的执行、教育成效的保证,都有赖于专业化的评估、评价机制予以保障。由"媒介素养教育委员会"委托相关媒介素养教育研究机构,建立科学、系统、可操作性强的全民媒介素养基本能力指标和行动指标体系。以此为基础,定期进行全国性或地域性的媒介素养状况调查,为政府的媒介素养教育决策提供依据。

定期调查、评估媒介素养教育规划实施状况,进行媒介素养教育效果评价。

督促、检查各级学校媒介素养教育相关专业或课程的设置,评价其实施效果。

(本文原载袁军:《媒介素养教育论》,中国传媒大学出版社 2008 年版)

---

① 郭庆光:《传播学教程》,中国人民大学出版社 1999 年版,第 140 页。

新 兴 媒 介[①]

在人类传播发展的历史进程中,新兴媒介的出现往往成为某一传播阶段或传播时代到来的标志。新兴媒介的产生与传播科技的发展直接关联。传播技术的发展不断产生新的媒介,新媒介的出现必然引起受众接收信息渠道的改变和接收信息时间的重新划分,也必然会对原有媒介带来冲击和挑战,引起媒介系统基本格局的变化,促使新旧媒介在竞争的基础上达到新的平衡。

一、传播科技与新闻媒介

纵观当今世界新闻传播领域,新闻媒介之间的竞争,在很大程度上体现在科学技术的竞争。几乎每一项有关的重大科技成果的发明和创造,新闻媒介都能敏锐、迅速地作出反应,加以吸纳,更新技术设备,促进自身传播手段的现代化。可以这样认为,科学技术决定了新闻媒介的传播手段和基本运作方式,当然也决定了新闻媒介的传播特点。同时,科学技术的发展前景也预示着新闻媒介的未来。

新闻媒介的发展史直接地体现了人类科学技术的演变轨迹。人类社会生产力和物质技术条件的每一次具有深刻意义的变革,都会对新闻媒介的整体水平和状态产生决定性的影响。人类传播经历了亲身传播、口头语言传播、文

① 本文是笔者 20 年前所写,反映了新兴媒介在世纪之交的面貌,以及对当时社会的影响和改变。现在将 20 年前的作品一字未动地选入文选,原汁原味地呈现在读者面前,意在截取历史片段,客观反映媒介变迁。

字书写传播、印刷传播、大众传播、网络传播等发展阶段,每一发展阶段无不与当时物质技术的发展直接相联系。印刷术和造纸术的发明,是人类传播进入印刷时代的基础,导致了近代印刷报纸的产生。18 世纪后期到 19 世纪中期的工业革命,使人类社会的生产力发生了奇迹般的变化。工业革命带来的造纸、印刷、通信、交通等领域的前所未有的巨大变革,以及全社会科学文化水平的提高,直接导致了"大众化报纸"时代的来临,从而为资本主义报业的现代化奠定了基础。无线电技术的发明以及以此为基础的广播电视媒介的产生,极大地拓展了新闻传播的速度和广度,对新闻媒介的发展产生了极其深刻的影响,人类新闻传播活动从印刷媒介进入了电子媒介的新时代。

新闻媒介总是循着这样一个基本方向向前发展,即传播者能够以更快的速度、更高的质量来保证新闻信息传播取得更好的效果;受众在选择新闻信息方面能够拥有更多的自立性、多样性,能够更便捷地接受新闻信息。这是人类对新闻信息传播所追求的永恒主题,而科学技术的发明创造,又是逐步实现这一追求的基本前提。新的重大科学技术成果一旦为新闻媒介所吸纳,往往对新闻传播的基本方式产生极大影响,从而推进新闻传播向更高层次发展。

近几十年来,随着现代电子科技的飞速发展,新闻媒介的科技含量日益加重,科学技术对新闻媒介发展所起的作用日益显赫。出色的新闻实务、雄厚的经济实力、先进的技术手段已成为当代新闻媒介的三大支柱。科技含量的高低在相当程度上决定了新闻媒介发展的整体水平。谁拥有用先进的科学技术武装起来的新闻媒介,谁就能赢得新闻信息传播的主动权。世界各国,尤其是发达国家不惜一切代价采用先进科技成果,改进新闻信息传播手段,以求在国际传播舞台上占据一席之地,为本国的发展创造一个良好的政治、经济、文化外部环境,以进一步加强和扩大对世界其他国家的影响和控制。以高科技为依托的新闻媒介大战正在世界范围内激烈展开。

在众多高科技武装起来的信息传播手段中,数字音频广播、有线电视、高清晰度电视、直播卫星电视等对原有广播电视传输和接收方式产生了重大影响,十分引人注目。

（一）数字音频广播

数字音频广播,英文缩写 DAB,是继调幅、调频之后的第三代广播。这种广播方式具有高质量的音质,可与激光唱片(CD)、数字录音磁带(DAT)相媲美;具有多种抗干扰能力,能保证在恶劣条件下和高速移动时(如汽车收音)的收听质量;所用的频带非常窄,一个信道可以容纳多路(如 16 路)立体声节目;可以提供附加信息,如节目识别、音乐标题、控制信息、交通信息、电子报纸和杂志、导游、寻呼业务等;要求发射功率小,通过有线电视网和卫星直播即可覆盖千家万户。由于上述传播优势,数字音频广播受到世界各国的密切关注。1995 年秋,数字音频广播在英国、瑞典正式投入运行。世界上许多国家开通了先导网。

1996 年 12 月 15 日,我国的广东佛山开始试播数字音频广播,标志着我国的广播事业迈向了一个新的里程碑。佛山的先导网可同时播出中央、广东、广州、深圳、佛山的六套高质量的立体声节目,可覆盖珠江三角洲的2000 万人口。目前数字音频广播在世界范围尚处于试验阶段,民用接收机尚未形成市场规模,价格昂贵。但是,数字音频广播将以其独特的传播优势,在未来的广播领域起着举足轻重的作用。许多发达国家花巨资大力推进数字音频广播,一些广播电台从录音、制作到节目播出已实现电脑化、数字化、自动化。

（二）有线电视

也称"电缆电视",是一种通过电缆或光缆组成的传输分配系统,把节目信号直接传送给用户的电视传输方式。有线电视由共用天线系统发展、演变而来,20 世纪 70 年代中期借助卫星技术的发展,成为一种相对独立的电视传输方式。使用共用天线远距离接收电视信号的方式,1948 年底在美国最先出现。当时主要是为了解决山区、边远地区居民难于接收电视信号,以及高楼林立的城市,由于高层建筑物导致电视信号反射造成重影,影响收看质量的问题而建立的。最初仅限于乡村,后逐渐向城市发展。60 年代,形成了电缆电视网,传送的节目中开始出现自编节目。1962 年统计,美国全国共有 800 个电缆电视网,5 万用户。70 年代中期,美国无线电公司发射了第一颗同步通信卫星,从而开始了电缆电视通过卫星传送节目的新时代。这是电缆电视发展历程中一个重要的转折点,通信卫星大大扩展了电视节目的覆盖范围,增加了节目套数。美国最先通过卫星传送电视节目的电缆电视台是"家庭影院"(HBO,1975 年 9 月 30 日开始通过卫星传送节目)和"超级电视台"(TBS,1976 年 11 月开始通过卫星传送节目)。以这两家电视台为开端,美国的电缆电视进入了蓬勃发展时期。1988 年,用户达 3000 万以上的电缆电视台有 44 家,其中有 8 家超过 4000 万用户。这里面有:娱乐和体育节目广播公司(ESPN,4780 万)、有线电视新闻广播公司(CNN,4687 万)、超级电视(TBS,4572 万)、美国电缆电视台(DSA,4520 万)、音乐电视台(MTV,4270 万)等。到 1993 年,美国电缆电视用户已达 3752 万,占全国家庭的 61.8%,大多数用户可接收 50 套以上电缆电视节目,少数用户达到 150 多个频道。

加拿大的电缆电视借助转播美国的电视节目,在 20 世纪 70 年代迅速发展。到 1988 年,电缆电视用户已达到全国家庭的 78.6%,是世界上电缆电视普及率最高的国家之一。80 年代,西欧各国的电缆电视也开始发展起来。其中普及率最高的是比利时,1990 年达到 93%。西欧国家中开办较早、影响较大的电缆电视台有:英国的"空中电视台""超级电视台",德国、瑞士、奥地利合办的"三星电视台",法国的"新频道电视台"等。

我国在 20 世纪 60 年代初期开始研究有线电视系统,并于 1964 年建成了第一个应用系统。70 年代后期,有线电视技术趋于成熟,并能生产全套设备,开始在全国推广。80 年代以来,我国的有线电视发展迅猛,各地有线电视台如雨后春笋,纷纷问世。随着卫星技术的发展,我国的有线电视也开始了卫星——有线电视网相结合,逐步与国际通用方式接轨。

有线电视具有无线电视无法比拟的传播优势,首先,不受外来电波或高层建筑所造成的阴影和重影的干扰,信号稳定,图像清晰;其次,节目容量大,一根电缆能传输几十套电视节目,一根光缆能传输数百套节目;最后,能构成传者与受者的双向传输系统,可用于图文传真、可视电话、电视购物等,并可与电子计算机网络系统相连,开发多种功能。正因为上述优势,有线电视倍受世界各国重视,发展前景十分广阔。

（三）高清晰度电视

高清晰度电视是一种新的平面电视制式,英文缩写为 HDTV,其图像具有较高的分解力,显得格外细腻鲜艳,真实感强,能使观众产生与观察自然景物相同的影像清晰度的感觉。日本是世界上最早研究与开发高清晰度电视系统的国家。从 1968 年起,日本广播协会在日本多家大公司的积极支持下开始了研究工作。1981 年,日本广播协会首次展示高清晰度电视。日本采用 MUSE 制式,幅形比为 16∶9,扫描行数为 1125 行。1985 年日本制作的全套高清晰度实验设备,在日本筑波万国博览会上展示,世界为之一震。1986 年 12 月,日本使用本国 BS-2a 卫星首次进行高清晰度电视实验广播。1989 年 6 月 3 日,日本成为世界上第一个每天播出高清晰度电视节目的国家。日本广播协会在其卫星直播的第二套节目中,每天播出 1 小时 HDTV 节目,标志着高清晰度电视开始步入实用阶段。1990 年,高清晰度电视的各种设备和家用高清晰度电视接收机,开始陆续投放日本市场。1991 年 11 月 25 日,日本利用新发射的 BS-3B 卫星,每天播出 8 小时高清晰度电视节目。

美国对高清晰度电视的研究起始于 50 年代,但当时只限于军事领域,而且没有引起足够重视,故进展不快。直到 1981 年,日本在美国展出了高清晰度电视系统,才引起美国的关注。1990 年,美国的研制工作取得初步成果。美国采用了先进的数字技术(日本是模拟技术),并强调与现有的 NTSC 制式兼容。

欧洲自 1986 年起加紧了对高清晰度电视系统的研制。1991 年,欧洲高清晰度电视联营集团"电视-1250"成立。联营集团的成员包括荷兰的飞利浦公司、德国的西门子公司、英国广播公司、英国卫星广播公司、意大利广播电视公司、法国的汤姆逊公司、英国电信公司等。当年在海牙举行的欧洲科技"尤里卡"计划第九次部长会议确认,HD-MAC 制为欧洲高清晰度电视的唯一标准制式。HD-MAC 扫描行数为 1250 行,场频 50 赫兹。欧洲各主要国家正通力协作,联合对高清晰度电视进行攻关。

在高清晰度电视研究领域,日本、美国、欧洲各自投入大量人力物力,加紧研制,以求抢占国际市场,竞争十分激烈。日本在总体上暂居领先地位;美国采用先进的数字技术,有后来居上之势;欧洲在制式上已较成熟,但各国间协调困难,研制工作不够顺利。日本虽然已正式播出高清晰度电视节目,但高清晰度电视机价格十分昂贵,加之与原有电视系统不能兼营,因此,市场推广仍颇感困难。1999 年 10 月 1 日中华人民共和国成立 50 周年国庆,我国成功地进行了高清晰度电视的试验转播,同年 12 月 20 日澳门回归,又进行了第二次试验播出。

高清晰度电视的出现是电视技术上的一次重大突破,是电视发展史上的一次飞跃。人们普遍认为,"高清晰度电视是 21 世纪的电视"。

(四)直播卫星电视

利用通信卫星传送电视节目信号始于 20 世纪 60 年代初。80 年代中期,卫星技术从传送电视信号发展到直接播出。按照国际确定的技术标准,用 90 厘米以内的抛物面天线能够接收到信号的,称为"直播卫星",英文缩写为 DBS。与通信卫星不同,直播卫星传送的电视节目不必经地面卫星站中转,可由家庭用小型抛物面天线直接接收。它既具有一般电视台的直接性,又有卫星传播的超远距离特性。

在直播卫星技术方面,日本又抢先一步。日本广播协会从 20 世纪 60 年代起便开始了研制工作。1984 年 1 月 23 日,日本发射了世界上第一颗实用电视直播卫星 BS-2a,5 月 12 日开始试播。1987 年 5 月,日本广播协会开始运用这颗卫星进行试验性广播。1986 年,日本又发射了另一颗直播卫星 BS-2b。12 月,日本广播协会开始用它播出第二频道节目。1987 年 7 月 4 日,日本广播协会开始播出一套全天 24 小时连续播出的直播卫星电视节目。日本广播协会也因此成为世界上第一个播出整套卫星直播电视节目的机构。1989 年 6 月 3 日,日本广播协会的卫星直播电视由试验期转为正式播出,两个频道的节目均采用全天 24 小时播出。到 1994 年,日本国内直播卫星地面个体接收站已达 500 多万个,使用 50 厘米直径抛物面天线就可以直接收看到满意的卫星电视图像加高质量的电视伴音,已有 8 颗卫星覆盖日本全境。

欧洲国家直播卫星电视计划开始于 1980 年。从 1987 年到 1989 年,联邦德国、英国、法国和北欧国家先后发射了 5 颗电视广播卫星。其中,英国的

"马可波罗 1 号"可同时传送 3 套节目,德、法两国的卫星均可同时传送 5 套直播电视节目,卢森堡的"阿斯特拉"卫星可传送 16 套节目。1992 年初,欧洲上空通过卫星播出的电视节目已有 67 套,用户共计 2900 多万(包括电缆电视用户和直接接收者)。

美国的卫星电视接收主要通过有线电视。在以卫星和电缆电视相结合方式进行电视覆盖方面,美国最为先进和发达。1975 年,美国无线电公司(RCA)发射了第一颗用于传送电视信号的通信卫星(CS)。目前,美国已有 65 颗卫星向有线电视网传送电视节目信号。美国的卫星电视个体接收也较发达,目前,已有 400 万户家庭装有家用卫星天线。他们只需安装 46—61 厘米的小型抛物面天线和室内直播卫星接收机,就可以直接接收直播卫星电视节目。由于采用了数字压缩技术,直播卫星提供的频道大大增加。直径 5—10 英尺的 C 波段卫星天线可以接收近 250 个频道的电视节目,因为美国现有 23 颗卫星使用这个频道。随着美国政治和经济的国际化,美国的直播卫星电视正大举向国外扩张。

除日本外,亚太地区其他国家的卫星电视也呈迅速发展之势。到 1994 年,亚太地区已有 6 个国家和地区拥有卫星电视系统,即日本、印度尼西亚、澳大利亚、印度、中国、香港地区,泰国、马来西亚、韩国等国也开始积极筹划建立自己的卫星系统。

直播卫星电视的出现和迅速发展,极大地改变了电视的传输方式。通过微波和无线发射台传送电视信号,局限于视距范围传播;通信卫星传送电视信号,虽然可实现远距离范围传播,但必须有专用的、一定规模的卫星地面接收站中转才能为观众接收。直播卫星既可实现远距离信号的传输,又可省去地面接收站中转而直接到达用户家庭,因此,直播卫星使电视信号可以十分便利地实现远距离的跨国传播。

由于直播卫星技术带来的电视跨国传播已引起国际社会的极大关注。当今,卫星电视发达的国家往往具有相当的经济和政治实力,而那些没有充足资金、技术、设备和能力制作本国所需电视节目的发展中国家,在卫星电视的竞争中便处于劣势。许多发达国家充分认识到了卫星电视巨大的影响力,为了更有效地宣传本国的价值观和政治经济准则,这些国家开始把原来用于国际无线电广播的拨款转移到卫星电视上来。大量涌入的境外卫星电视给许多国家,尤其是给发展中国家的电视业造成了巨大冲击。所有这些,都是对世界电视领域固有准则的一场巨大挑战,使本来就极不平衡的世界新闻信息传播局势变得更为严峻。为了抵制境外电视的大规模渗透,许多发展中国家相继颁布法令,禁止或有条件地准许接收境外卫星电视节目,但这类法令的彻底实施颇为困难,能否长期有效地执行也很值得怀疑。

总之,直播卫星电视从兴起至今只有十几年时间,时间不长却引起了各国的普遍重视。直播卫星电视就其一般意义而言,它有力地促进了社会的沟通和各种信息的交流,是形成世界经济一体化的重要力量。但是,就其特殊意义而言,卫星电视成了发达国家向发展中国家进行文化政治观念和经济运行机制渗透的有力工具,他们在所谓"信息自由流动"的旗帜之下,利用强大的经济、科技和媒介实力,向发展中国家进行潜移默化的渗透。因此,如何有效地抵御境外卫星电视的"入侵",保持政治、经济、文化、社会等方面自主性和独立性,是摆在广大发展中国家面前的一个十分紧迫而又棘手的重大课题。

二、"第四媒体"——因特网

(一) 因特网的起源与发展

因特网(Internet,曾译作"国际互联网"或"互联网络",港台及海外译为"网际网路"。1997年7月18日,全国科学技术名词审定委员会确定此译名)起源于1969年美国国防部为避免核战争导致通信瘫痪而建立起来的ARPA网,开始用4台计算机互联实验,到1977年网络节点达57个,连接各类计算机100多台。起初,这个网络的使用者被严格限制为有关从事国防科研的科学家,后来使用范围逐步拓展并越出美国国界,成为一个当今世界最大、应用最广泛的全球性计算机信息资源网,即因特网(Internet)。

20世纪90年代中期,因特网在全球迅猛发展。据统计,截至1999年6月底,全世界使用因特网的人数已超过1.9亿,若以全球60亿人口计,目前全球网络人口比例为3.17%。① 80年代中期以后,我国开始与因特网发生联系。1987年9月,在北京计算机应用技术研究所内正式建成我国第一个Internet电子邮件节点,通过拨号连通了Internet电子邮件系统,并于1987年9月20日22点55分,在北京通过因特网向全世界发出了第一封电子邮件:"越过长城,通向世界"(Over the Great Wall,we can reach each corner on the world)。1994年4月20日,我国实现了和因特网的TCP/IP连接,开通了因特网的全功能服务,并于1994年5月21日完成了我国最高域名CN主服务器设置,这标志着我国正式成为因特网大家庭中的一员。从此,因特网在中国以前所未有的速度迅猛发展,截至1999年12月31日,中国的上网用户数已达890万。

如今,因特网的触角已伸向世界的各个角落,对人类的信息传播方式产生了极其深刻的影响。有学者这样形容因特网今天的规模和作用:有人的地方就有因特网;有因特网,就可以使任何人在任何时间、任何地点与其他任何人进行多种形态的信息交流。②

(二) 因特网的功能和传播特点

因特网的兴起与迅猛发展,对传统大众传媒构成了强劲的冲击,被称为继报纸、广播、电视之后新兴的"第四媒体"。因特网的强大威力来自它的功能和传播特点。

因特网主要有5种信息服务功能,即电子邮件(E-mail)、远程登录(Telnet)、文件传送(FTP)、网络浏览(WWW)、网络新闻(Usenet News)等。

电子邮件功能——通过因特网将信息传送给特定用户或一群用户的通信方式。其特点是时效快,费用低。在因特网上传送的信息中,电子邮件一直居首位。

远程登录功能——因特网用户若与远在千里之外的另一台计算机连通,便可使用这台计算机上提供的各种信息服务,如查询公共联机检索目录、电子图书馆目录、商业数据库等。

文件传送功能——因特网上的用户可将一台计算机上的文件传送给另一

① 刘继南:《大众传播与国际关系》,北京广播学院出版社1999年版,第109、110页。
② 刘继南:《大众传播与国际关系》,北京广播学院出版社1999年版,第109、110页。

台计算机。

网络浏览功能——早期因特网需要人们输入准确的命令才能运行,操作程序复杂。近年来开发了一些功能完善、界面友好的信息查询浏览工具,其中以万维网(Wold Wide Web,又称3W网)最引人注目。有了万维网,用户只需提出查询要求即可,查询什么地方以及如何查询都由万维网自动完成。

网络新闻功能——可以视为一个面向全球的电子公告板,用于发布公告、新闻和各种文章。通过它交换的信息是按新闻组来分类的,每个用户都可阅读,并且读后都可以发表自己的观点、看法或增加新的内容,即用户可以同世界上任何地点的人就共同感兴趣的问题进行交流和讨论。

因特网传播信息具有以下特点:

1.超时空传播。因特网不受时间和空间的限制,世界上任何一个角落,任何人都可以在他认为适当的时候,通过因特网接收或传播信息。可以说,因特网构筑了一个跨地域、跨国界、跨文化,全球一体的传播空间。

2.信息极其丰富。因特网是一个由无数局域网联结起来的世界性的巨大信息资料库。通过无数网络节点,诸如政府信息机构、公众图书馆、各种报纸杂志广播电视和信息服务公司等所有的信息团体以及个人信息源,都可以成为因特网任何一个用户选择的内容。

3.个人化的信息传播。一方面,作为一种非线性的传播方式,因特网克服了传统媒介在时间、内容等方面对其使用者的强制性,用户可以自由地根据自己的需要和爱好选择和传递信息。可以说,因特网实现了真正意义上的"窄播"。另一方面,因特网改变了传统的信息传播途径和渠道,使"一人一媒介"成为可能。深入千家万户的因特网终端,使每一个社会成员都可能成为信息发布者,可以自由地发布新闻传播信息,新闻信息传播将不再是由新闻从业人员操纵的职业行为。正如美国《哥伦比亚新闻评论》所报道的:"受众无须通过新闻工作者的中介就可以直接获得新闻和信息"。为公众提供新闻的"不一定作为传媒实体存在",而"信息库的使用者将能看到一切通常的新闻过程",新闻的收集和编辑过程也将"相统一"。①

---

① 朱光烈:《我们将化为泡沫》,《北京广播学院报》1994年第2期。

因特网用户抢在新闻媒介之先报道重大新闻的实例已不少见。日本阪神大地震,举世瞩目,全球的新闻传播媒介都作出了快速反应。而由于灾区与外界的公共交通、通信线路中断,各新闻机构主要依靠日本官方的信息来发布有关消息,消息的准确性、时效性都受到影响。这时,另一条新闻信息传播渠道在积极、有效地运转,及时弥补了新闻媒介的不足。地震发生仅数小时后,震区内就有人通过计算机网络向外发布新闻信息。"借助于在 150 多个国家内拥有大约 3200 万家个人用户的全球最大计算机网络'交互网络',日本网络用户向他们在海外的亲朋好友或者关注此事的陌生人通报自己平安的消息以及地震造成的损害。"①

4. 交互式的信息传播。报纸、广播、电视等属大众传播媒介,而大众传播的最大特点就在于它从根本上说是一种单向传播,信息反馈具有迟缓性、模糊性,受众的选择受到极大限制。因特网的双向传播、交互沟通、反馈及时,使每个用户可以根据个体的需要选择信息、索取信息甚至传播信息,用户不再是被动的信息接收者,而是可以在接收信息的同时,发布电子邮件表达自己对某一事件的看法,在"电子公告板"上陈述个人的观点。因特网使信息传播者和接收者的角色分配变得十分模糊。

5. 自由传播。这是因特网的技术手段决定的。根据计算机网络互联的 TCP/IP 协议,在网络提供的许多路线中,计算机能够通过其中任一可用路线而不是通过某一固定路线来发送信息。而且,TCP/IP 协议的生命力十分顽强,当它发现一些节点被破坏后,便自动绕过这些节点,通过其他路径把网络重新联结起来。因此,在网上不存在可以对传送的信息进行监控、审查和封锁的中心阻塞点,传统大众传播中常见的"信息把关""信息过滤"成为实际上的不可能。正因如此,因特网被形容为一个巨大的"信息传播自由市场",一旦接入因特网,各种有利有害信息便会蜂拥而至,无法阻挡。

6. 多媒体功能。因特网整合了报纸、广播、电视三大媒介的特长,具有声音、画面和文字传播的一体性,给人以全方位的多维的信息服务。

---

① 见《现代传播》1995 年第 4 期。

三、新旧媒介的关系

（一）因特网挑战传统媒介

毫无疑问,因特网已成为报纸、广播、电视原有三大媒介的强有力的竞争对手。事实上,因特网的兴起和发展,已经引起了相对稳定的传统媒介市场的重新划分,对传统新闻媒介构成了挑战。越来越多重大新闻的首报媒介不是以时效见长的广播和电视,而是因特网。

1998 年 9 月 12 日下午 2 点 20 分,美国总统克林顿性丑闻案中独立检察官斯塔尔的调查报告首先通过因特网公之于众。这成为有史以来人们第一次不是通过报纸、广播、电视,而是首先通过因特网得知一件重大新闻事件的详情。

1999 年 3 月 25 日,新浪网在国内媒介中第一家报道北约战机对科索沃首次空袭消息。5 月 8 日清晨 5 点 50 分,中国驻南联盟使馆遭到以美国为首的北约的导弹袭击。6 点 24 分,新浪网又以标题快讯形式在国内媒介中最早报道这一重大新闻。

在因特网浪潮的冲击下,一些杂志停出印刷版,如美国著名的电子出版业刊物《视窗杂志》于 1999 年 8 月终止印刷版。该杂志在其网站致读者的信中表示,它目前已拥有每月 600 万的页面浏览数,而且还在继续增加。在美国,甚至有些日报社都停止发行印刷版,而仅在网上出版报纸。美国的一项调查表明,自从因特网出现以来,电视收视率全面下降了 30%。而美国 NPD 国际市场调查公司所用的网络调查更是表明:六成网络用户通过万维网阅读网络出版物,40%经常阅读网络报纸。[①] 面对因特网的挑战,报纸、广播、电视等传统媒介纷纷"触网",与因特网相结合,建立自己的网站,形成以网络为传播手段的新媒体。1987 年,美国的《圣何赛信使报》率先将本报内容送上了尚处于

---

① 见《现代传播》1999 年第 1 期。

初级阶段的因特网,成为世界上第一家基于因特网的电子报纸。到 90 年代中期,万维网及浏览器的推出,引起网络用户骤增,刺激了报刊上网的热情,报刊开办网络版进入高潮;同时,由于网上广播"流"技术的不断发展,广播电台、电视台也竞相在因特网上建立网站,播报新闻信息。1995 年 1 月 12 日,我国出现第一个上网的杂志《神州学人》;1995 年 10 月 20 日,《中国贸易报·电子版》开播,成为国内第一家正式在因特网上发行的电子日报。与此同时,以中央电视台、中国国际广播电台为代表的电子媒介也纷纷建立网络。

目前,世界上著名的新闻媒介都在因特网上建立了自己的网站。传统媒介上网,具有真实权威、信誉度高的独特优势,因此,新闻媒介网站在网络传播领域中发挥着重要作用。同时,新闻媒介开始广泛运用网络这一先进的传输手段,进一步扩大信息来源,传送稿件,不断提高传播水平。

(二) 新旧媒介共存共荣

面对因特网迅猛发展的势头,关于传统媒介是"生存还是毁灭"的问题成为人们关注的热点。

有关这方面的最著名的论断当数杰·尼尔森(Jakob Nielsen)在《传统媒体的终结》里说的:"未来的五到十年间,大多数现行的媒体样式将寿终正寝。它们将被以综合为特征的网络媒体所取代。"[①]在我国,早在 1994 年,就有学者惊呼:信息高速公路的建设将使传统的传播媒介和传播工作者"化为泡沫"[②]。自那以后,"狼来了"的网络冲击波在学界弥漫,人们对传统媒介的发展前景忧心忡忡。

上述观点,实不敢苟同。

翻开传播媒介的发展史,不难看出,传播媒介的发展明显地遵循这样一个过程,即:"平衡—冲击—调整—新的平衡",如此循环往复,不断发展。

报纸的出现,打破了以书籍为媒介的信息传播活动的平衡状态,引起旧有传播体系的巨大振荡。新兴的报纸遭到许多依恋固有传播方式的人的讥讽。

---

① 见《现代传播》2000 年第 3 期。
② 见《北京广播学院学报》1994 年第 2 期。

卢梭说:"一本周期性出版的书是怎么回事呢? 那就是一本既无价值又无益处的昙花一现的著作。文人们以轻率的态度诵读这些东西,仅仅是给未受教育的女人们和为虚荣心所驱使的蠢人们听的。"狄德罗在《百科全书》中这样指责报纸:"所有这些报刊文章,对于无知者犹如食粮,对于只愿谈论而不愿读书的人犹如锦囊;而对于劳动者,则犹如灾祸和令人生厌的东西。它们从来没有为有才华的人说过半句好话,也从来没有阻止过蹩脚的作家发表作品。"伏尔泰则认为:报纸是"一些鸡毛蒜皮的琐事的记叙"。① 这与当今人们视报纸为"历史的教科书""生活的百科全书"相差甚远。

20 世纪初,广播出现了,人类新闻传播进入了电子时代,报纸的地位受到威胁。报纸以老大自居,对广播这一"后来者"施加各种压力,企图扼杀其于襁褓之中。"在所有国家,报业雇主团体都曾经试图禁止,或者至少迟滞'广播新闻'的发展。……直到 1938 年,报业一直对广播施加压力。"②

相比之下,电视的问世对传播领域所造成的冲击更为强大和持久。时至今日,如何面对电视的冲击,仍然是一些国家的广播、报纸,尤其是广播面临的一个难题。在电视刚兴起时,许多评论家曾毫不客气地为广播唱了挽歌。美国当时有人预言:"不出十年,广播这种新闻媒介会自动消亡,被电视所代替。"美国《时代周刊》说:"电视最终将使广播像古代骑兵一样为人们所淘汰。"《新闻周刊》也指出:"广播的黄金时代已成为历史。"

然而,事实究竟如何呢? 报纸并未在人们的嘲讽声消失,而是摆脱了产生之初内容浮浅简单,形式呆板单一,读者少,销路不畅的被动状况,成为一种内容丰富、种类繁多,对社会具有巨大影响力的新闻媒介。广播也没有屈从于报纸的压力,而是以自身独特的传播优势,在新闻传媒界牢牢地扎稳了脚跟。电视的出现,也并未将广播、报纸赶下历史舞台。报纸、广播充分挖掘自身潜力,赢得了自己的生存空间。报纸以新闻报道的深度取胜,广播则从"广播"转向"窄播",向系列化、专业化、小型化方向发展。从整体来看,报纸、广播、电视

① [法]彼·阿尔贝、弗·泰鲁:《世界新闻简史》,许崇山等译,中国新闻出版社 1985 年版,第 13、94 页。

② [法]彼·阿尔贝、弗·泰鲁:《世界新闻简史》,许崇山等译,中国新闻出版社 1985 年版,第 13、94 页。

优势互补,取长补短,在激烈的竞争中达到了新的平衡。许多统计表明,三大媒介在几十年来均得到了长足发展。这里仅以在电视的冲击中最不让人看好的广播为例来说明三大媒介互补共存,共同发展的情况。电视开始逐步普及的 1948 年,美国拥有 2612 家广播电台,1987 年增至 9000 家,1993 年达到 11000 多家。1948 年美国广播广告收入为 5.62 亿美元,1987 年达到 70 亿美元。80 年代以来,当电视和杂志广告收入处于不稳定之际,美国的广播广告收入却迅速增长,已超过杂志广告收入(55.3 亿美元)。

某一新兴媒介的问世,常常导致一些人对旧有媒介的"全盘否定",这不足为怪。然而,事实并非如此。传播媒介的发展是一个叠加累积的过程;新媒介与旧媒介之间的关系并不是简单的"交替"和"取代",而是取长补短,共同发展。这是媒介发展的内在规律。对因特网发展的认识也应遵循这一规律。

新旧媒介共存共荣的根本原因在于每一传播媒介都有其特定的优劣势,包揽所有传播特点,满足人们一切需要的"全能"媒介是不存在的。某一媒介的传播优势是其自身生存和发展的理由和根据,其传播劣势又是其他媒介生存和发展的空间和余地。

如前所述,因特网的传播优势是十分明显的,如超时空传播、信息极其丰富、个人化、多媒体形态、自由和交互等,这些优势,是因特网对传统媒介构成威胁和挑战的基础条件。然而,我们必须清醒地认识到,因特网的传播劣势和局限性也不容忽视。例如因特网自由与交互的传播特点,给网络管理带来极大困难,导致一系列的社会问题,如网络安全和计算机犯罪、意识形态和文化渗透、虚假信息传播、色情泛滥、知识产权遭到侵犯等;因特网通带窄、传输速度低,使其传输的音像信息质量远不如广播电视,并造成网上"堵车",极大地制约了信息传播的时效性和接待访问的能力,等等。因特网的这些传播劣势,实际上也就是传统媒介的传播优势。因特网与传统媒介优劣势交叉互补,共同构筑相互依存、互为条件的媒体生存新格局。

总之,因特网并不是一种囊括各类传统新闻媒体的表现形态和特点的"全能"型媒体。正因为如此,不存在因特网完全取代传统媒介的可能性。作为一种拥有一系列传播优势的新兴媒介,因特网的兴起和发展,必然对传统媒介带来冲击。但冲击过后,传统媒介会充分挖掘和发挥自身现有或潜在的传播优势,并积极主动地利用新兴媒介的传播手段,重新调整自己的定位和发展空间。这样,新旧媒介最终会形成一种新的平衡,在新的媒介格局中共存共荣。

（本文原载袁军:《新闻媒介通论》,北京广播学院出版社 2000 年版）

媒 介 批 评

媒介批评,简言之,即对大众传播媒介系统的批评。

作为大众传播学的一个重要分支,严格意义上的媒介批评理论在西方盛行已达三十多年之久。西方许多大报都开设有"媒体"或"媒介批评"的专栏,许多国家还设立了"新闻评议会(press council)"之类的媒介批评组织或"媒介监察人(ombus man)"制度,它们像"哨兵"一样监督着大众传播媒介及其媒介产品的优劣,规划着传播媒介的宏观走向。

媒介批评理论是大众传播学的一个分支学科。在国外,媒介批评的理论渊源,来自传播学的另一支学派——传播批判学派。或者说,媒介批评是运用传播批判学派的理论对大众文化所作的批评分析。传播批判学派运用哲学思辨的理性思维,高擎西方马克思主义的批判旗帜,对西方资本主义制度下的媒介制度、运作方式等作深刻的剖析和揭露,其理论的建树和在实践中的影响,已"似聚纳百川的海水,蓬勃壮阔"①。以至于有批评家认为:"批评大众媒介就是对人类的探索,这在孕育人类命运的用意上,比登陆月球重要。"②当前媒介批评也成为我国大陆新闻传播学界越来越重视的一个话题。它的凸显,来自几个方面的原因。

一是大众传播学从 20 世纪 80 年代初舶来中国大陆,经过近 20 年的介绍、研究,俨然已成为一门"显学",无论传播学界,还是新闻实践部门,都自觉或不自觉地运用传播学说中的一些观点、方法来研究新闻传播现象,从事新闻

---

① 雷跃捷:《新闻理论》,北京广播学院出版社 1997 年版,第 279 页。
② 黄新生:《媒介批评——理论与方法》,五南图书出版公司 1990 年第二版,第 3 页。

传播活动。从80年代中期开始兴盛起来的"媒介调查""受众调查""广告市场调查"等就是一个显例。

二是改革开放以后,我国大陆新闻传播事业发展迅猛,特别是邓小平同志南方谈话发表,中国共产党第十四次全国代表大会提出了建立社会主义市场经济体制,在这种经济、政治和文化背景下,大众传播业更是以前所未有的发展势头追赶西方发达国家的大众传播业,大潮汹涌、泥沙俱下,一个为传播界和受众乃至整个社会所忧虑的现象——媒介与媒介产品——大众文化受商业化侵蚀的趋势也开始露出了端倪。

三是近些年来,国外和港台的一些媒介批评理论,包括大众文化批评被陆续地译介到我国大陆学界,并引起了一些学者和传媒界的高度重视和极大兴趣。

上述三种情况,给媒介批评的研究和开展,带来了深刻的影响。

传播学理论的引进,并开始在我国大陆生根开花,这为媒介批评提供了理论依据和实施操作的具体方法。

大众传播业的迅猛发展,除了带来容易为人们所感受到的信息流通空前活跃及媒介发展一派繁荣的具象之外,更重要的是所生产的媒介产品——大众文化,代表着一定时代和一定社会的思潮和文化走向,在深刻地影响甚至是改变着传统社会的思想、政治、经济、文化、道德、价值,面对这一现象,传播学界不能不给予媒介批评以更多的关注。

海外媒介批评理论,特别是传播学研究中的批判学派的理论之介绍引进,给我国大陆关注和研究媒介批评问题,提供了最为直接的参照体系和思想养料。①

在这种宏观背景下产生出来的我国大陆的媒介批评研究,正在向三个方向和路径发展。

其一,作为学术研究的媒介批评理论,已引起新闻传播学领域、文化学领域的关注。研究工作者或就此话题开展专题研讨,如1996年第二期《现代传播》的《学报沙龙》,以"媒介批评"为主题开展了专题研讨。其中对于媒介的权力以及批评的取向、特性、范畴、角度的探索,引起了一定的反响。或撰写发

---

① 参见雷跃捷:《新闻理论》,北京广播学院出版社1997年版,第十章"媒介批评"。

表论文、或在新闻传播理论著作中设专章探讨,更令人欣慰的是,以媒介批评为研究对象的新闻传播学博士论文亦于最近问世。

其二,作为新闻传播实践界开展的媒介批评实践,正在蓬勃深入地开展。其特点是媒介批评意识普遍觉醒,电视媒介批评先行。具体表现为:一是新闻专业刊物上研究和批评新闻媒介的文章逐渐增多。例如,由《中华新闻报》《新闻出版报》《新闻战线》《现代传播》《电视研究》等新闻类报刊上评价媒体的文章越来越多,而且还出现了专门评价新闻媒体的固定性栏目,如《新闻战线》的《点到为止》、《新闻出版报》的《新闻点评》以及《报刊评介》《中国广播电视学刊》的《视听评析》、《中国报刊日报》上的《说长论短》等专栏、专版。二是电视批评相对集中和系统。从专业杂志开展的对电视节目的批评,到《解密中国电视》《电视影响评析》等电视批评的专著的出版,标志着从专家到媒介从业人员和受众的批评意识的普遍觉醒和增强。

其三,新闻传播教育界,亦开始关注媒介批评问题,并考虑将媒介批评作为选修课甚至是新闻学专业本科学生主修的主干课程开设。和媒介批评相关的教科书亦开始出版,如武汉大学的《新闻评析原理和实务》等。

综上所述,本章拟在前人研究的基础上,就"媒介批评"这一问题作专题论述。

一、媒介批评的定义、对象和功能

(一) 媒介批评的定义、对象

由于"媒介批评"这个词语是个舶来品,加上国内可见的英文原著和港台论著都未明确其定义,所以,对于什么是媒介批评,我国大陆的学者见仁见智,甚至在究竟使用"媒介批评"的名称上也存在争议。现举数例:

"顾名思义,媒介批评就是对大众传播媒介的批评,是对媒介产品以及媒介自身作用的理性思考。"[1]

---

[1] 吴迪:《媒介批评、特性与职责》,《北京广播学院学报》1995 年第 5 期。

"媒介批评是以传播学为基础,按照一定社会和阶级的利益和理想,根据一定的批评标准,对大众传播媒介及其产品——大众文化的是非、善恶、美丑等问题所作的价值判断和理论鉴别。"①

"传媒评论以新闻传媒及其报道为对象,以新闻传媒与社会关系为背景,因而它区别于以往微观、局部的新闻报道评析,与仅限于传播行为与效果分析的传播学也不等同。它的意义在于,为媒介设置一个'反光镜',随时审视新闻传媒的行为与报道。并且,从新闻与相关产业,与社会经济文化的互动关系中,评析新闻业的走向、合理的发展速度与结构比例。新闻传媒评论,同时还关注从业者的素质与道德行为。"②

从以上三例关于媒介批评的定义来看,国内的研究工作者对何谓媒介批评,认识是不一致的。

中国台湾地区从事媒介批评理论研究的黄新生教授,提出了媒介批评的3个基本取向,对于我们明确媒介批评的定义具有参考价值。

第一个取向,是以评判(evaluation)作为求知的方法。很显然,评判涉及价值判断。(关于这一点,从语言学层面也可以得到论证)

大众传播媒介不是一套"客观的"或中性的事实,而是社会成员主动的创造,其中隐含着信念和目的。因此,在批评大众媒介时,不能诉诸非人性的方法,相反,应该不忌讳价值的判断,而是分析和阐明大众媒介所创造的价值与人们生活的关系,为人们提供指导和解释生活的意义。

第二个取向,是以解释(interpretation)作为求真的方法。大众媒介产品像其他的艺术和文化产品一样,是意识形态的产品,这就是说,媒介之文化产品表达或传播某种社会意识形态和特定的价值观念,并从某种特定的角度肯定某种价值体系或否定某种价值体系。但是,在大众媒介的文化产品的表层,往往经过了精美的"包装",使得这种特定的意识形态往往掩埋不彰,不易察觉。这就有赖于批评家的解释而加以揭示与剖析,指出其背后的意义和内在的含义。这种解释活动的目的,在于使一般的受众从"意义的消费者",转变成为

---

① 雷跃捷:《新闻理论》,北京广播学院出版社 1997 年版,第 266—267 页。
② 《新闻出版报》1997 年 1 月 17 日第 3 版。

"意义的生产者"。换种说法,就是对媒介所传达的意义不予全盘的接纳,而尝试着去解释或再创造原作者所提供的意义。

第三个取向是以批判(criticize)作为求善的方法。本质上,媒介机构是工业与商业的组织,以工厂装配线的方式生产文化产品,目的是扩大利润。在装配生产线上,个人的创造力和自由要受到约束、控制或压制。而这种集体制造的方式,可以迎合或操纵受众,不但抹杀了个性,而且强化了物性。从这个角度出发,批评家应具有批判的精神,也就是以否定性的思考及意识的启蒙、现状的改变,透视媒介中的物化关系,激起受众独立判断能力,以避免沦为商品化媒介下的牺牲品。这种批判性的批评,其目的,是促使受众去思考、感受和回应,并拓展个人的心智,完善个人的人格。

基于以上对各种媒介批评定义和范畴的分析,本文认为还是第二例比较科学、规范,但应该作必要的修改。

媒介批评是大众传播活动过程中的一个重要环节,它按照一定社会和阶级的利益和理想,根据一定的批评标准,对大众传播媒介及其产品——大众文化的是非、善恶、美丑等问题所作的价值判断和理论鉴别。

我们把媒介批评看作是大众传播活动过程中的一个重要环节,那就是说媒介批评是一种传播行为,它在大众传播活动的整个过程中属于反馈或前反馈的那一个环节。

媒介批评有广义和狭义之分。广义的媒介批评是对一切与媒介有关的问题的分析和评判。它起码涉及三个层面的内容。

一是大众传播媒介的文化层面。主要是指大众传播媒介与社会、与人类、与科学技术的关系;比如传播媒介与人类社会发展的关系、大众传播与社会控制、科学技术的进步对传媒的作用和影响、大众传播的社会功能,等等。

二是本体层面。这是大众传播学研究的基本范畴。也是媒介批评的基本范畴。这方面包括传者和受众研究、传播工具研究、传播的内容研究、传播的效果研究,等等。

三是现象层面。这是指大众传媒生产的产品,传播给受众的各种信息——新闻节目、天气预报、经济信息、文艺节目、商品广告、流行歌曲和时装表演,等等。

狭义的媒介批评,是我们在通常意义上所理解的媒介批评,即指对大众传播媒介生产的产品,如新闻报道、文艺节目、通俗音乐、商品广告等的批评。

对媒介产品的批评,这方面具体是指经由大众传播媒介采制,加工的作品。如报纸的新闻、评论、副刊上刊载的文章、广告、广播电视的各种节目及互联网的新闻、广告、文艺等信息。

可见狭义的媒介批评,内容也是非常丰富的。仅以对媒介的新闻产品的批评为例,其涉及的对象和内容就十分广泛。我们以1999年开展的第九届中国新闻奖的评选办法中,将评选对象列为20个评选项目为例,这就是对新闻媒介产品类型的细化。

报纸、通讯社:

消息

言论(包括社论、评论员文章、述评、短评、编者按、编后、署名评论)

通信(包括特写、调查报告)

系列报道和连续报道

报纸版面(指要闻版)

新闻摄影、新闻漫画、报纸副刊

广播电台:

消息(包括文字报道、录音新闻)

评论(包括文字评论、录音评论、述评性节目)

新闻性专题节目(包括文字、录音专题)

系列报道和连续报道

新闻性节目编排(包括主持人和板块式节目编排的选段)

新闻现场直播

电视台:

消息、评论(包括口播和声像评论、述评性节目)

新闻性专题节目:系列报道和连续报道

新闻性节目编排(包括主持人和板块式节目编排的选段)

新闻现场直播

（二）媒介批评的功能

媒介批评的功能是由媒介批评所决定的。从广义和狭义的媒介批评所指涉的对象来看，媒介批评具有以下主要的功能：

1. 监测大众传播媒介的运行发展

如果说大众传播媒介具有监测社会环境，向导舆论、教化生民的功能，那么媒介批评恰恰就是对大众传播媒介起到监测、匡正的作用。从宏观的媒介批评运作与社会发展的互动作用，媒介对社会的影响，发现并指出媒介系统存在的偏差，揭示大众传播媒介的发展趋势等。媒介批评的这种功能的实现，主要是运用哲学的批评方法，从1930年到1950年，发生在美国的"大众文化辩论"就是一个显例。

2. 评析媒介系统的优劣

这是中观意义上的媒介批评的功能，抑或说是本体层面上的媒介批评的功能。这一层面的媒介批评的一个重要功能就是评析媒介系统的优劣，即评判媒介系统价值的大小，传播行为的正误，传播质量、效果、风格的优劣，传播人素质的高低等。通过评点优劣，媒介批评一方面可以引导受众进一步认识大众传播媒介及其产品，使之更好地使用大众传播媒介；另一方面可以对传播者的行为和风格予以科学的评价，从而指导其实践。

3. 对媒介产品（大众文化）作价值评判和理论鉴别

这是微观意义上的媒介批评的功能。或者说是现象层面上的媒介批评的功能。这一层面上的媒介批评功能，主要是对媒介的产品，如新闻报道、文艺节目、通俗音乐、商品广告等作出价值评判和鉴别，其目的是扬善抑恶、褒美揭丑，帮助受众提高对大众文化的鉴别、欣赏、批判能力，推动大众文化朝着健康的方向发展。

二、媒介批评的内容和方法

（一）媒介批评的内容

媒介批评的内容包含在媒介批评的对象之中。大众传媒所涉及的三个层面——文化层面、本体层面和现象层面,既是媒介批评的对象,也是媒介批评要关涉的内容。媒介批评的内容实际上是对这三个层面的分解和细化。

首先我们分析媒介批评第一个层面上的内容,即文化层面的内容。这一层面的媒介批评属于宏观意义的批评。其关注的问题主要是:传播制度与社会政治、经济制度的关系;人类传播史批评;大众传播与大众文化的关系;大众传播与科学技术(西欧批判学派和当前"信息时代"问题的讨论就是最显著的范例);大众传播媒介和意识形态问题;跨国传播过程中的控制与反控制、渗透与反渗透、扩张与反扩张问题;不同制度下的大众传播之比较分析;国际传播新秩序问题,等等。

媒介批评第二个层面上的内容,即本体层面的内容。这一层面是大众传播学研究的基本范畴,也是媒介批评的主要对象,它属于中观意义的批评。其批评研究的问题主要是:大众传播的传播者研究、大众传播的受众研究、大众传播的内容研究、大众传播工具的研究、大众传播的效果研究、大众传播的社会功能和作用研究,等等。

媒介批评第三个层面上的内容,即现象层面的内容。主要是指大众传播生产的文化产品、传递给我们的各种信息。这一层面的媒介批评属于微观意义的批评。其主要的内容是:对大众文化的意义和作用的批评。具体包括:对新闻节目的评价与分析;对文艺节目的批评和介绍;对通俗流行歌曲、时装表演、商品广告作品的批评与研究;对消闲书刊、报纸杂志、通俗读物、电视录像、CD、VCD 内容的鉴别与批评,等等。

(二) 媒介批评的方法

由于媒介批评的对象广泛,内容庞杂,因此批评的方法也呈多样化。总的来说,媒介批评的方法依批评的对象和内容的不同而有所区别。我们介绍以下几种主要的批评研究方法:

1. 哲学的批评方法

这种批评的方法是以社会人文关怀及哲学反思的精神关注大众传媒,是一定时代的社会思潮和哲学思想在媒介批评、传播研究上的反映。这种批评方法,一般来说,都有一定的哲学思想和世界观作为理论的指导和方法论。

如:马克思主义的辩证唯物主义和历史唯物主义,这既是在社会主义制度下开展媒介批评的指导思想,又是方法。还譬如:欧洲自 20 世纪 40 年代开始兴起的传播批判学派,其对媒介的批判,主要就是运用哲学批评的方法。如二战后西欧思想界出现的西方马克思主义学说、弗洛伊德的精神分析、存在主义、现象学、结构主义、语意学、后结构主义、后现代主义等哲学派别或思潮。哲学的批评方法多用于宏观层面上的媒介批评。

2. 实证的批评方法

这种批评的方法是以调查统计分析和科学实验为主要的手段,开展的媒介批评研究。实证的批评方法深受行为科学和经验主义的影响,主要针对传播的效果分析。传播学中的主流,亦称为传播学的传统学派,主要运用了这种研究方法。并将此作为一种研究方法的"典范"(国内也有译作"范式")而加以推广。美国传播学者吉特林在其代表作《媒体社会学:主控典范》(*Media Sociology:the Dominant Paradigm*,1978)对这种方法作了定义:"传播领域中的主控典范是指二次世界大战以来,与拉扎斯菲尔德的研究有关的方法、概念及结果:亦即针对媒介内容所作的特定的、可测量的、短期的、个人的、态度和行业的'效果'研究。"①实证的批评方法多用于中观层面上的媒介批评。

3. 艺术的批评方法

这种批评方法,是借鉴文艺批评的方法而开展的媒介批评。由于大众媒介的产品——大众文化,主要是以电影、电视剧、书籍、报刊、流行音乐、时装表演、广告作品等形式表现出来,因此,大众在欣赏和消费大众文化的过程中,有着类似于文艺欣赏的经验。而"文艺批评是以文艺欣赏为基础,按照一定社会和阶级的利益和理想,根据一定的批评标准,对艺术作品的是非、善恶、美丑所作的理论上的鉴别和论断"。② 文艺批评的这些任务、方法,在很大程度上被媒介批评借来用于大众文化的批评。例如,文艺批评的标准,一般都是从两个角度出发,或者说从两个方面进行的:一是考察艺术作品对社会生活的作用和影响的好坏,这是社会评价标准,特别是政治的、道德的评价标准;二是考察

---

① 转引自张锦华:《传播批评理论》,黎明文化实业公司 1994 年版,第 4 页。
② 王朝闻主编:《美学概论》,人民出版社 1981 年版,第 325 页。

艺术创作本身的成败、得失,这就是艺术评价标准。而媒介批评在对大众文化开展批评时,也要依据一定的标准。这些标准概括起来,无非是社会的道德、政治标准和表现手法上的艺术标准。具体说:要对媒介产品——电影、电视剧、广告、流行歌曲、畅销书刊等大众文化的具体作品,进行分析批评,以鼓励奖掖思想内容健康,并有利于社会朝文明、健康方向发展的作品,批评和抵制庸俗、腐朽、落后、粗制滥造的文化垃圾,以担负起观察与监督的守望社会的作用。正因为媒介批评要依照社会评价标准担负上述重要的职能,因此我们可以将媒介批评看作是一个园地,一个广场,一个学校。它是传播工作者和媒介批评家们开展批评与自我批评的场所,是广大受众发表意见,交流观感,认识大众传媒的正、负功能,进行自我教育的一个重要途径。另外,媒介批评还需要依照一定的艺术评价标准,对大众文化作品,具体说,就是要对电影、电视剧、广告作品、流行音乐、畅销书籍等的艺术表现形式进行诠释和批评,批评家们应该对大众文化作品的艺术价值作出为一般欣赏者所不易作出的准确判断和准确评价。严肃的批评,应该是前人所谓的"舍易见之粗,而论难识之精"。媒介的艺术批评任务主要在于引导和提高大众的欣赏水平和鉴别能力,并由此反作用于大众文化,提高媒介制作大众文化产品的品位和水平,使之避免因过分商业化而流于被文化精英所抨击的"文化工业品"。

除上述几种主要的媒介批评方法之外,我们还可以依媒介批评的对象和职能,采用定性、定量、定性与定量结合的方法,还有内容分析法、阶级分析法,等等。如果根据不同的学理背景,还可分为:心理分析法、美学分析法、社会学分析法、语言学分析法,等等。由媒介批评所依据的不同学理而形成不同的批评方法,使得媒介批评理论呈现出流派众多,百家争鸣的景象。

三、国外媒介批评理论简介

媒介批评理论是大众传播学的一个分支学科。在国外,媒介批评是指大众传播学的另一支学派——传播批判学派,或者说,是运用传播批判学派的理论对大众媒介所作的批评分析。因此,对国外媒介批评理论的介绍,实质上就是对传播学中的批判学派源起与发展的介绍。

传播批判理论学派(下称批判学派)不是特指某一体系分明的研究派别,而是包含了许多不同的研究流派与主张。21世纪40年代以来有着广泛影响的如德国法兰克福学派的"文化工业"批判、政治经济学派(又称"政治经济传播媒介理论学派")、"思想统治"理论学派、社会科学学派(又称"结构机能主义研究学派")、多伦多学派,除此之外,还有国际传播及新科技影响等领域中的帝国主义批判、女性主义研究、英国的当代文化研究、法国的语意分析及后结构主义批判等,都是以批判作为取向的研究。批判学派的共同特点是反对传播学中的传统学派以行为主义取向的量化传播研究,并企图从社会权力结构的运作,探讨媒介在控制与抗争之间所扮演的角色。他们基本上都与马克思主义理论有所关联,同时也或多或少地援引当代各家学说,如弗洛伊德及拉康的精神分析、存在主义、现象学、结构主义、语意学、后结构主义、后现代主义,等等。

批判学派率先在欧洲兴起,绝非偶然。

第二次世界大战后,当美国向西欧进行渗透和扩张,并推行"马歇尔计划"之际,正是传播学的传统学派理论传至欧洲之时。美国的传播学经欧洲"照搬"和应用后,一是暴露了它的缺陷,二是表明它不尽符合欧洲的实际。英国、德国等主要西欧国家的传播界纷纷对传统理论提出质疑和批判,并寻求建立西欧或本国的传播学体系。他们指出,美国传播学理论比较肤浅,系统性不强,商业色彩浓厚,由于脱离社会多种因素去考察人类传播活动,未能深刻揭示传播现象的本质和规律等等。再者,西欧在二次大战后,马克思主义思潮曾一度兴起,对批判学派的研究产生了很大的影响。

批判研究之所以能在20世纪70年代以来受到学界普遍的重视,自然也有其社会历史及学术背景。就时代背景而言,大众媒介从20世纪50年代至60年代已成为极为庞大的信息传播机构,公众对媒介的依赖愈发密切,政治机构对媒介的运用也愈发敏感,同时在60年代普遍发生于欧美各国的社会抗争、暴动、种族冲突,及劳资纠纷、学生运动、反战示威,甚至政治丑闻(例如"水门事件"),使得媒介在社会动乱年代所扮演的"政治"角色引起许多争议。政治传播学者布鲁勒(Jay Blumler)指出,当时的社会危机也引发了媒介危机,许多社会群体认为媒介扭曲了他们的本质。参与柏克莱大学学生运动的传播学者吉特林(Todd Gitlin)即曾就当时主要的电视及报纸如何歪曲"民主社会学生会"组织的情形写成《全世界正在关注》(*The Whole World Is Watching*)一书(1980年出版)。

在激烈的社会冲突及媒介角色的争议中,传播学者自然难以保持价值和立场中立的实证主义者形象。逐渐有更多的学者怀疑是否仅从短期的行为态度层面验证传播的效果是学者们的画地为牢。从20世纪70年代开始,传播学者重新反省行为主义研究模式,尝试不同的研究路径,有的人将传播效果的观念从短期的态度改变扩及长期的认知塑造层面,有的则企图从宏观的社会结构角度解释传播的功能。除了在实证主义典范之下拓展研究面向,展开所谓的中度效果(moderate effects)研究之外,也有些学者转向已在英法等欧洲国家蔚然成风的传播批判研究,借以不同的理论和方法,探讨当代大众传播与社会之间的关系,由于不同的理论背景和学术方法,因而形成了多种学派。以下简要介绍主要的几个派别。

(一) 法兰克福学派

法兰克福学派指的是德国法兰克福大学社会研究所的成员所持的学术观点。其主要成员有:霍克海默(Max Horkheimer)、阿多诺(Theodor W-Adorno)、马尔库塞(Herbert Marcuse)等人,所主张的"批判的社会理论"(Critical Theory of Society),被称为"批判学派"(Critical Schools)。

法兰克福学派所关切的重大问题是:在资本主义工业社会中,科技文明急速扩张,尊崇"工具理性",致使个体失去批判能力,无法对社会采取否定性思考,从而形成马尔库塞所谓的"单面向社会"(One-Dimensional Society)对个体的主宰操纵。法兰克福学派希望以"批判理论"进行启蒙;以集体的理智的抉择,驾驭工具,改变环境。

法兰克福学派以对"文化工业"的批判而著称于世。在他们看来,大众媒介所生产的大众文化,深受发达资本主义社会中日趋严重的异化现象的影响。正如法兰克福学派中致力于大众文化研究的洛文塔尔所言:"在现代文明的机械化工作进程中个体的衰微带来了大众文化的兴起。"法兰克福学派的成员认为文化工业所产生之大众文化异于早期的"精英文化"。17世纪至19世纪末之精英文化或艺术,既反映社会现实,又批判社会现状,所以是独立自主的。至于大众文化工业,却以标准化与假个体化的方式,破坏了艺术与文化的自主性。这是说,文化工业以组织的形式,结合科技与技术,如工厂装配线一般制造大量标准化产品,其内容与结构大多类同,这些产品不但过滤不合流行的观点,复制现存的社会关系,而且以休闲娱乐麻痹大众意识,满足虚假的需要。面对标准之文化品,受众的反应亦一致,变得消极无助。因此,从本质上讲,大众文化同整个社会的异化统治相一致,构成异化体系的一个组成部分,文化在这里不再标志为一种富有创造性的人的生命的对象化,而仅仅体现为对个性的消灭。大众文化是以机械性节奏,标准化的模式榨干人的生命能量,使人在完全被动的接收中痴呆化。

法兰克福学派批评文化工业的更深刻的意义,在于他们将批判的锋芒直指资产阶级的意识形态。他们觉察到,到晚期资本主义阶段,统治阶级越来越依赖于意识形态的操纵,无产阶级越来越同化于富裕社会的消费观念,异化现象的无孔不入已经导致批判意识的消失,所有的意识形态都服务于既定秩序,使之神圣化、普遍化。文化工业给个人提供了逃避现实的娱乐世界,不必思考和改变现存的社会关系。

法兰克福学派对传播学研究的传统学派持否定和批判的态度,认为这种以量化、实证的方法从事的、以传播效果调查测量为中心的研究,遵循着行政导向和市场导向的原则,是在为现行的制度提供"合理性"和"合法性"的解释。法兰克福学派主要学者之一的阿多诺,与传统学派的开山祖师拉扎斯菲尔德合作研究失败的例子,可以提供很好的说明。拉扎斯菲尔德在1938年邀请阿多诺加入他的"普林斯顿广播研究计划",该研究原以广播市场调查为主,目的是分析广播听众的喜好及满意程度,作为商业广播网有效经营之用。其资金由洛克菲勒基金会赞助。这显然是一个市场取向的研究,而研究者被期待扮演行政角色,是在既定目标下,为委托机构执行市场调查计划的居间工作者,而非批评委托机构的社会角色。因此,阿多诺于1939年即退出该计划,他在事后讨论时指出:"自然在普林斯顿广播研究的架构之下,并没有多少空间可以从事这种'批判性质'的研究。它是来自洛克菲勒基金会,明白地表示它需要的调查是在美国现行的商业广播制度的范围之内。这也就是说,有关这个制度本身和它的文化、社会现行状况,以及它的社会经济基本前提都不需要再加以分析。"①阿多诺对传统学派的量化实证研究只注重研究的技巧,并复制现有体制的物化实践方式颇表不满,他说:"令我特别困惑的是这样的方法论有封闭循环的危险:为了要掌握文化物化的现象,依据现行经验社会学的规则,研究者必须使用已物化的方法,也就是那个所谓的'程式分析师'(Program analyzer),它十分具有威胁力地站在我跟前。每当我面临到'测量文化'的要求时,我就自省到'排除测量心态'才真正是文化。"②

　　法兰克福学派的文化工业批判,代表西方激进的知识分子对大众文化的消极抵制的观点,表现着强烈的"文化精英"取向。然而,他们的批判未能向实践的方向发展,不以资本主义社会制度的根本改变为目标,因此,不仅被人讥为臆想空测,就连他们也怀疑起自己的理论甚而人类自身。阿多诺的一句名言,可以说很形象地表达了他们那种出于救世而归于悲观的共同感受:"除了绝望能拯救我们外就毫无希望了。"③

(二) 当代文化研究学派

　　当代文化研究学派起源于 1964 年在英国伯明翰大学成立的当代文化研究中心(Centre for Comtemporary cultural studies),简称 CCCS。其代表人物有霍尔(Stuart Hall)、霍格特(Richard hogart)、威廉斯(Raymond williams)和汤普逊(E.P Thompson)等。这些知名学者多为文学评论者、文学或史学教授。但他们中的一些人出身寒微,与工人阶级及大众文化有着深刻的联系。如霍格特、威廉斯及与他们并肩战斗的战友,著名的英国社会史的大师汤普逊均有在战后英国的成人教育机构中任教的经验,而 CCCS 的创始人、当代文化研究学派最具代表性的人物霍尔,则是生于牙买加的棕色人种。他们在战后的大学教育的普及及学院体制的改造之中登上了昔日被垄断的人文及社会科学的舞

---

　　① 转引自张锦华:《传播批评理论》,黎明文化实业公司 1994 年版,第 65 页。
　　② 转引自张锦华:《传播批评理论》,黎明文化实业公司 1994 年版,第 65 页。
　　③ 转引自李彬:《政治·经济·文化——一种关于批判学派之理论探究的辨析》,《北京广播学院学报》1994 年第 2 期。

台,改变了英国思想的走向。

这种改变首先在于他们以一种边缘化的、批判性的立场及马克思主义的方法论对于"文化"进行分析,扩展了"文化"的内涵,提供了一种全新的分析策略。这一分析策略凸显了两个取向,为"文化研究"日后的发展奠定了基础。一是它把研究对象从传统的文学经典及高雅文化中解放了出来,注重对大众文化及媒体的研究。他们打破了传统的有关"文化"乃是"文学"经典为代表的精英文化的观念,而文化的研究和探讨也要突破旧有的只关注和进行文学批评的狭小的领域。当代文化研究学派力图贴近当代的日常生活,回应大众文化及媒体的挑战的愿望。因此,把焦点集中于人们在日常生活中接触的文化,探索世俗生活的文化形态及表征成了"当代文化研究"赖以存在的前提和条件。

文化研究学派企图超越精英文化的研究,固然有其理论上发展的原因,但也与当时的社会历史背景紧密扣合。第二次世界大战后,大众文化(尤其是美国模式的流行文化),包括电影、电视、流行音乐、杂志等,在传播科技的发展、资本主义的包装及超级强国的威力之下。大举渗透各国,社会文化生态产生剧烈的变化,大众文化构成民众生活中极重要的空间。相应而产生的消费崇拜趋势、性别角色的刻板化现象、媒介殖民主义现象、社会弱势族群,包括宗教、种族、女权主义等意识形态的冲突,均是传统的精英文化研究所无法解释的,因此成为文化研究学派的首要课题。

二是马克思主义的方法论的运用与发展。文化研究学派中的威廉斯等人均是著名的马克思主义者,与英国的工人运动传统有着千丝万缕的联系。在他们的一系列著作中均凸显其马克思主义的理论及思想背景。威廉斯本人首倡著名的"文化唯物论"(Cultural Materalism),主张"文化"并不仅仅是物质现实的反映,而且是物质现实的不可分的部分。"文化"参与、介入了物质现实的发展与变化,并铸造了物质现实本身。他将语言及指涉活动视为社会物质过程的一个不可缺少的部分。而汤普逊的名作《英国工人阶级的形成》一书,亦强调工人阶级在获得自身的阶级"意识"之前,并未能形成一个阶级。因此,他们的马克思主义立场均带有强调"文化""意识"的西方马克思主义的特征。这使得"文化研究"突破了仅仅局限于孤立的"文本"读解的传统思路,始终与社会、政治、意识形态和历史紧密结合,在注重理论的进展中保持世俗的关怀,使理论与文化实践之间具有不可分的联系。

由于这样的思想资源的运作,使得"文化研究"完全超越了法兰克福学派的"文化工业"的批判模式,超越了对"大众文化"的简单的否定的立场。具体表现在以下两个方面:

首先,"文化研究"对于大众文化的"受众"的研究从根本上改变了对于"大众"的"文化白痴"的传统看法。无论是威廉斯还是霍尔,或者是菲斯克(Pehn Fiske)均强调了作为文化的接受者的"受众"的主动性。霍尔在他的《制码/解码》中运用了语言学的模式对于大众传播进行了分析。他指出:图像文化,如电视的符号虽然也是指代的符号,是一个能指,但它却比语言更易为人所相信,其制码的"自然化"更为容易,文本是受主流意识形态支配的东西。霍尔指出,文本需要通过受众的解码的过程才可能发挥作用。这种解码的过程固然仍受意识形态的支配,但却仍是一个开放性的空间。霍尔提出了三种"解码"的方式:一是"统治/霸权"的方式,也就是解码者完全认同和接受制码的意图;二是某种谈判的方式,在认同中亦有抗拒的因素;三是一种颠覆性的读解,在旧的、预设的意义之中产生全新的意义。这种分析显然已强调了"受众"并非一个铁板一块的被动者,而是能够在文化霸权的争夺中发挥作用的角色,他也有自身的主动性。菲斯克在讨论受众的位置时,用了一个有关"房屋"的比喻。他指出:"居住房东的房屋的我们,可以把房屋变为我们的'空间',住房子的是我们,而不是房东。"①这个"空间"乃是一个"中间"性的空间,"它以'他们'的产品来达成'我们'的目的的一种艺术。"②

菲斯克的分析极大地强调了受众的积极性和能动性。在这里,阿多诺式的消极的受众被重新认识了。

其次,被"文化研究"学派视为文本的资源已不复仅仅是文学经典,而诸如广告、MTV、肥皂剧等都被纳入了研究的视野。威廉斯就坚决反对以"缺少

---

① 转引自张颐武:《文化研究与大众传播》,《现代传播——北京广播学院学报》1996 年第 2 期。

② 转引自张颐武:《文化研究与大众传播》,《现代传播——北京广播学院学报》1996 年第 2 期。

美学价值"作为攻击大众传媒的理由,他认为这种凝固的"高雅"价值观可能成为一种压抑的借口。他还对传媒中的作品加以肯定。并认为媒体对高科技的依赖及其传播广泛的特征并不是一种局限,而反过来成为一种积极的力量。

总之,"当代文化研究"提出了一系列新的理论分析的主张。这些主张都把视点集中于大众文化的再阐释之上。正像特纳所指出的:"流行文化是考察日常生活之结构的空间,进行研究不仅仅有学术上的目的,……同时也有政治上的目的,考察日常生活之权力关系的构成,并借以显示此架构下的利益分配的状况。"①这些研究往往认为法兰克福学派的"文化工业"批判的理论极度地简单化了。它刻板地描绘了大众传播的功能,乃是一种精英主义的、现代主义的文化乡愁,而非对当下文化的明智反应。

"当代文化研究"学派是以对西方主流话语的批判与反思的姿态登上理论批判的舞台的。它一方面以"大众文化"的研究代替了对于"经典"的研究,另一方面则以对于女性、少数民族或第三世界的研究代替了对于西方中心的肯定。经过多年的努力,"当代文化研究"已成为引人注目的学术流派。

四、对建设中国大陆媒介批评理论的展望

正如有人指出:中国的媒介批评实践,可上溯到中国近代报刊的发轫期。但中国大陆正式提出"媒介批评"概念,并试图考虑作为"媒介批评"理论去研究,乃是 20 世纪 90 年代中期的事情。

1995 年第五期《现代传播》发表北京电影学院吴迪撰写的《媒介批评:特性与职责》一文,初步探讨了媒介批评的基本属性。

1996 年的第 4—6 期《电视艺术杂志》连续刊登《媒介批评笔谈》专栏,这也是中国大陆较早使用"媒介批评"概念的标志。

1996 年第二期的《现代传播》专栏《学报沙龙》,以"媒介批评"为主题展开了一次研讨。

---

① 转引张颐武:《文化研究与大众传播》,《现代传播——北京广播学院学报》1996 年第 2 期。

1997 年 4 月,北京广播学院雷跃捷在其《新闻理论》一书的最后一章,较为系统地论述了媒介批评的基本问题,并倡言"建设有中国特色的社会主义媒介批评理论"。雷跃捷在该文中指出:中国大陆的媒介批评不能全盘照抄西方的批判学派理论,中国大陆的媒介批评要有社会主义中国的特色。

雷跃捷在论述怎样建设有中国特色社会主义媒介批评理论,作了一个基本构想,现摘录如下:

(一) 社会主义的媒介批评理论要以马克思主义作为指导思想

马克思主义既是世界观,也是方法论。马克思主义给我们提供了辩证唯物主义和历史唯物主义这一最高层次的科学的批评方法。社会主义的媒介批评理论,就是遵循辩证唯物主义和历史唯物主义的立场、观点和方法,对大众传播媒介和大众文化所作批评的理论概括。它不同于将早期的、尚处于人本主义思想、并受青年黑格尔派影响的马克思的思想当作马克思主义来加以研究阐释的现代西方马克思主义学派,也不同于大多数的传播批判学派将"意识形态对经济基础或社会结构的能动作用"加以夸大,甚至具有颠倒意识和存在、上层建筑与经济基础的关系的唯心主义观点。社会主义的媒介批评,应坚持"经济基础决定上层建筑,上层建筑反作用经济基础"这一基本原理,将大众传播这种社会意识形态置于一定的经济基础的背景下去加以考察与分析,透过不同经济制度下的大众文化的现象,去发现不同制度下的大众媒介的本质。

(二) 社会主义媒介批评应根据不同社会制度下的批评对象,采取不同的批评态度

这是辩证唯物主义和历史唯物主义的立场、观点和方法在开展社会主义媒介批评的具体体现和运用。当前我国大陆的媒介批评,面临着两种不同性质、不同类型的批评对象。一种是社会主义的大众传媒,一种是资本主义的大众传媒,社会主义的媒介批评,不能以简单的方式,不加区分的态度对待它们。例如,在引进和借鉴西方媒介批评理论时,我们应该谨慎地、有分析地看待西方传播学中的批判学派,有分析、有选择地介绍和借鉴批判学派中的不同流

派,其目的,就是要"为我所用"。具体说,批判学派普遍表现的对资本主义的大众传播持激烈批判甚至否定的态度,以及它们对资本主义制度下大众文化作为一种异己的精神力量,对受众起麻痹和虚幻作用的无情揭露和控诉,已经触及了资本主义制度下的大众传播的本质,这是我们应该认真学习并大力加以介绍的。尤其是近些年来,随着改革开放的扩大和深入,我们在引进西方先进科学技术的同时,也引进了西方的文化精神产品,包括大量涌进的西方媒介文化产品。我们对这些大量从海上、从空中飘来或飞来的西方媒介文化鲜有具体的、深刻的、严肃的批评。另外,我们还有相当一部分人对资本主义的媒介可以扮演和充当"第四种权力"的神话坚信不疑,并为之崇拜和向往。在这样的形势面前,多介绍一点西方传播学中的批判学派理论,这无疑为我们提供了一面从理论上认识、揭露和批评资产阶级媒介制度及媒介文化的镜子,同时也为我们提供了一剂凉药,有助于为西方文化的崇拜热度降降温。但是,我们不可将批判学派,如法兰克福学派批判资本主义"文化工业"的方式来对待我们社会主义的大众传播媒介。对社会主义的大众传媒和它们的产品——大众文化也来一个彻底否定。这就迷失了我们社会主义媒介批评的根本宗旨和方向。两种制度下的大众传播所依赖的经济基础不同,因此,其性质、功能、任务和产生的社会效果也就有着本质上的区别。资本主义传播媒介的基本矛盾是传播对象的大众化和传播资源的私人垄断占有,社会主义传播媒介的基本矛盾是人民群众日益增长的文化精神需要和这种需要还暂时未能满足的矛盾。由于各自的基本矛盾不同,因而产生的后果也就不同。资本主义社会私人占有或垄断传播媒介的传播制度,带来了两个问题,一是私人占有大众媒介,必然就会将追求经济利益的最大化这一商品生产的目的用于精神产品的生产和传播,这种大众传播的商业化运作的结果是什么呢? 资产阶级的一些有识之士对电视、电影中的色情、暴力、犯罪情节和镜头泛滥,给青少年带来极大危害的批评业已作了回答。二是私人占有或垄断传播资源,实质上就是占有或垄断宣传舆论工具,形成批判学派所说的资产阶级的"文化霸权"。这无疑在意识形态领域形成了与人民群众的根本对立。社会主义的生产资料公有制度规定了大众传播媒介既是党和政府,又是广大人民群众的信息文化舆论工具的性质。因而不存在大众传媒与大众在根本利益上的对抗的异化现象。因此,在对两种不同的传播媒介开展批评时,要分清各自不同的传媒性质,采取不同的态度和方法。当然,对当前我们的大众传播媒介的批评,也要加大力度。特别是对极少数媒介为了本部门的局部利益、眼前利益,置大众传播的社会责任于不顾,滥播乱放,将新闻当商品作交易,以一些低级、庸俗的东西迎合部分受众的不健康的心理,这种刚刚露出苗头的媒介商业化现象,应成为媒介批评的重点。

（三）社会主义媒介批评应具有建设性的意义

社会主义大众传播媒介的性质,赋予了大众传播为社会主义服务和为人民服务的根本任务。对社会主义大众传播开展批评,就是对这两个根本任务完成情况的检查和监督。对完成得好的进行褒扬,对背离的进行批评,其目的,是鼓励先进、批评错误,以达到建设一个良好的社会主义舆论环境,创造一个健康的大众文化传播氛围。

社会主义媒介批评要有建设性,表现在对待批评对象的层次上,除了要注重宏观意义上的诸如媒介制度研究、媒介的社会功能分析外,还要注意继续保持和加强对中观意义和微观意义上的媒介批评。改革开放十几年来,我们系统地引进了西方传播学理论,而被引进介绍的传播学理论,恰好又是传播学中的传统学派(西方亦称主流学派)。大众传播学中的传统学派,运用实证主义的方法,和科学实验、统计量化的手段来测量和研究大众传播的效果,对我们有着直接的启发和帮助。这方面,我们投入了不少心智和心血,积累了不少的经验,这一层面的媒介批评传统应发扬光大,以保证我们的传播和宣传能取得较好的效果,而不是对传播资源的浪费。微观层次上的媒介批评方面,我们应该承认做得不好、不够。以生产、引进和播出的电视剧和电影为例,进入20世纪90年代以来,仅每年生产的电视剧就有六七千部(集),引进的海外电视剧、电影也为数不少,但对电视和电影的批评,特别是电视批评的现状,观众和学者们都是不满意的,电视剧、电影需要生产、需要引进,以满足受众日益增长的文化需求,但就目前现状来看,更需要对这些电影、电视剧等大众文化作品进行细致的、客观公正的、严肃的分析和批评,以引导受众正确地欣赏或者说消费,同时,也给生产制作者和传播者以监督和指导。

继前人成果之后,中国人民大学博士生王君超在以"媒介批评导论"为题撰写的博士学位论文中,进一步提出了"建立有中国特色的社会主义媒介批评学"。

媒介批评理论作为西方的舶来品,经过引进、移植、改造,必定能在中国大陆的大众传播理论研究和大众传播实践的园地中开花结果,具有社会主义中国特色的媒介批评理论将会成为推动社会主义中国的大众传播实践一个不可忽视的动力!

（本文原载袁军:《新闻媒介通论》,北京广播学院出版社 2000 年版）

中国近代报业的产生和初步发展

　　鸦片战争前,中国是一个闭关锁国的封建帝国。政治上的高度专制,经济上的自给自足,构成其主要社会特征。历代封建王朝奉行"民可使由之,不可使知之"的愚民政策,严重窒息了广大民众心智的开发,毫无新闻言论自由可言。中国是世界上最先有报纸的国家,也是世界上最先有新闻事业的国家。但是,从唐代的"报状"到明清的京报,虽然新闻事业经历千余年,经历了从原始的封建官报到民间的自设报房,由封建王朝内部抄发到公开出售,但其内容与形式均长期僵化不变,处于原始状态。

　　与此同时,西方世界却从中世纪封建与教会黑暗统治的束缚中挣脱出来,出现了资产阶级革命的高潮。人类社会在政治、经济、思想观念上发生了前所未有的大变革。新闻自由成为反封建统治斗争中最振奋人心的口号。尤其是19世纪初西方廉价报纸兴起以后,西方报业进入大众化时期,发展势头迅猛。

　　这种强烈的"反差"必然要以某种方式达到平衡。中国近代化报刊没有在具有久远办报历史的国土上自行产生,而是由外国人"引入",这种似乎不可思议的现象,反映的却是不可抗拒的历史必然。

　　中国近代化报刊的实践,是伴随着西方列强入侵中国的活动而产生的。最早来华从事办报活动的是一批基督教传教士。

　　从1815年出现第一个中文近代报刊到19世纪末,外国人在中国共创办了近200种中文、外文报刊,占我国当时报刊总数的80%以上,基本垄断了我国的报刊业。

　　这一期间,外人在华的办报活动,以1840年鸦片战争爆发为轴线,可以分为两个阶段:

第一阶段，从 1815 年《察世俗每月统计传》（以下简称《察世俗》）的创办到 1839 年，外人来华创办了 6 家中文报刊和 11 家外文报刊，开办者大都为传教士。由于清政府实行严厉的闭关锁国与禁教政策，其办报活动局限于南洋及东南沿海一带。

第二阶段，从 1840 年至 19 世纪末，外国人作为征服者，其办报活动不再像鸦片战争以前那样受到种种限制，办报规模与地域迅速扩展，逐渐形成以香港和上海为中心，遍及从东南沿海到中原腹地的办报网络。

外国人在华的办报活动，对中国报业发展有重大影响，其是非功过值得作出历史的客观评断。

一、中国近代报业的开端

（一）《察世俗》与第一批中文近代报刊

中国第一批近代化报刊是由西方各国派遣来华的基督教传教士创办的。最早被派到中国从事传教办报活动的是英国伦敦布道会传教士马礼逊。伦敦布道会是英国的海外传教组织，成立于 1795 年。该组织对在中国传教有浓厚兴趣，成立后不久，就积极筹划到中国传教，马礼逊被确定为合适人选。

马礼逊是基督教新教派遣到中国传教的第一人。马礼逊（Robert Morrison，1782—1834），英国诺森伯兰人。19 岁入神道学校读书，读书期间，主动要求到"困难最多"的中国传教。去中国前，他做了充分准备，突击学习了一些汉语和自然科学知识。1807 年初，他首先到达美国，得到美政府的帮助。5 月份，他乘坐美国一艘鸦片走私船"三叉戟"号从纽约启程，9 月到达中国澳门，后来到广州。

当时，清政府实行严厉的闭关禁教政策，马礼逊假扮成美国商人隐居在美国商馆。他潜心学习汉语，翻译《圣经》和编纂《华英辞典》。1809 年，他与美国在中国的鸦片贸易公司——东印度公司一位高级职员的女儿结婚并成为这家公司的翻译，得以公开活动。1813 年，伦敦布道会又派出另一位传教士米怜来华协助马礼逊。1814 年,嘉庆皇帝下令:"禁止西人传教,查出论死,入教者发极边。"这样,马礼逊在广州传教已极为困难,他只得派助手米怜到南洋一带散发他自己翻译的两千本《圣经》,获很大成功。米怜回到广州后,向马礼逊建议将在华传教基地设在与广州来往方便的马六甲。获许后,米怜带着中国刻字工人梁发(广东高明县人,1816 年入基督教,后成为中国第一个基督教传教士),于 1815 年 5 月抵马六甲,在那里开办学校和印刷所,并创办了《察世俗每月统记传》。这是历史上第一份中文近代报刊,创刊于 1815 年 8 月 5 日。

《察世俗》为月刊,木版雕印,因读者对象是华人,所以该刊仿照中国人习惯的线装书模样,每期一册,每册 5 至 7 页,最初印 500 册,后增至 2000 册,由米怜编辑并撰稿,大部分在东南亚华人中免费散发,少部分运往广州等地分送。从 1815 年到 1821 年,该刊历时 7 年,共出 7 卷 84 期。

《察世俗》为纯宗教性刊物,以"阐发基督教义为根本要务"。① 因此,刊物中绝大部分篇幅用来直接宣传基督教教义,由马礼逊、米怜等翻译成中文的《新约》《旧约》是其主要材料。该刊侧重对基督教教义基本原理的介绍,讲解《圣经》中的警句,并大量刊载《圣经》故事,以多种形式通俗地宣传基督教义。以对话方式阐述教义的《张远两友相论》分十二回连载,并集成小册子出版,重印多次,直到 21 世纪初,一直是中国基督教徒的必读书。

其次,"灌输知识""砥砺道德",也是其主要内容。主编米怜在阐述其宗旨时说:"至本报宗旨,首在灌输知识,阐扬宗教,砥砺道德,而国家大事之足以唤醒吾人之迷惘,激发吾人之志气者,亦兼收而并蓄也焉。本报虽以阐发基督教义为唯一急务,然其他各端,亦未敢视为缓图而掉以轻心。知识科学之于宗教,本相辅而行,足以促进人类之道德,又安可忽视之哉?"②该刊自第 2 卷起,陆续发表了《论行星》《论侍星》《论彗星》《论地为行星》《论日蚀》《论地周日每年运转一轮》等文,并附有图画,用科学解释了许多天文现象。但是最后往往又说所有这一切都是神赋予的,"若神一少顷取去其全能之手,不承当

---

① [英]米怜:《基督教在华最初十年之回顾》。

② 谷长岭、俞家庆:《中国新闻事业史》,中央广播电视大学出版社 1987 年版,第 17—18 页。

宇宙,则日必不复发光,天必不复下雨,川必不复流下"。因此,"住天地之万人,皆当敬畏神"。① 这样又给科学的道理披上了神的外衣。该刊还介绍了许多国家的概况,并辟有《全地各国纪略》专栏,介绍欧、亚、美、非一些国家,包括京城、人口、人种、政体、物产、语言等诸方面情况。

此外,《察世俗》刊有许多"砥砺道德",进行伦理说教的内容,但这些内容仍具极浓的宗教色彩,没有超出"阐发基督教义"的办刊主旨。

从报刊业务来看,《察世俗》也表现出中国古代报刊所不具备的特征。首先是尊重读者心理。因为长期处于闭关自守状态下的中国人,对于基督教,以及近代化报刊感到非常陌生,甚至疑惧。基于这种读者状态,《察世俗》巧妙地运用中国传统儒学的观点来阐述基督教义。广泛运用《四书》《五经》中的材料为宣传宗教服务。每期封面均印有"子曰:多闻,择其善者而从之"。并大量采用中国传统章回体小说中的形式,连载文章后面常用"欲知后事如何,且看下回分解"。刊物没有采用西方近代报刊版式,而是采用中国古代报刊线装书样式,以适应读者阅读习惯。

其次,写作文体丰富多样。除论说性文章外,该刊物还有小故事、笔记小品、七言诗、对话体和警言集纳等样式。此外,该刊还刊载了一篇被称为中文近代报刊上第一条消息的题为《月食》的短文(载于第1卷第2期)。全文如下:"照查天文,推算今年十一月十六日晚上,该有月食。始蚀于酉时约六刻,复原于亥时约初刻之间。若此晚天色晴朗,呷地诸人俱可见之。"此文短小精悍,可算得上是一条预告性新闻。

1821年,《察世俗》停刊。不久,外国传教士又在南洋、港澳、广州等地出版了一批中文近代报刊:

《特选撮要每月统记传》,月刊,1923年7月创刊于巴达维亚(今印度尼西亚的雅加达)。创办人、主编是英国伦敦布道会传教士麦都思。该刊是《察世俗》的续刊,从内容到形式均仿照《察世俗》。每月1期,1826年停刊,前后共出4卷。

《依泾杂说》,1828年创刊于澳门,中英文合刊,因未发现原件,创办者与

① 《察世俗每月统记传》第2卷第10期。

主编难以考证。

《天下新闻》,1828 年创刊于马六甲,月刊。创办人为伦敦布道会又一位来华的传教士纪德。该刊散张活字印刷,仍为宗教性刊物。

《东西洋考每月统记传》(以下简称《东西洋考》),1833 年 8 月创刊于广州,为我国领土上第一份中文近代报刊。创办人、主编是普鲁士传教士郭士立。

《各国消息》,1838 年 10 月创刊于广州,创办人、主编麦都思。内容主要为国际新闻、航运消息与市场报道。该刊虽为英国传教士所办,但完全不具宗教性质。

继《察世俗》之后出版的这 5 种近代中文报刊中,《东西洋考》最为引人注目。

19 世纪初,外国传教士来华活动受到清政府闭关禁教政策的种种严厉限制,西方入侵中国的进程相对缓慢。30 年代以后,中外关系发生了显著变化。西方世界 1825 年爆发了第一次经济危机,为摆脱困境,西方各国加速殖民地的开拓与商品输出的步伐,他们急切需要打开古老中国的大门,改变清政府闭关锁国政策。外国传教士的活动不仅限制日减,而且活动内容从先前的单纯传教扩展为替各国刺探政治、军事、经济情报,为侵略者的扩张出谋划策。同时,其活动形式亦从个体分散发展为有一定组织的程度。1830 年秋,英美传教士共同组成“基督教联合教会”,还成立了“中国海员教友会”。一些外商也建立了各种商会。尽管清政府屡次发出防范谕令,仍无济于事。在这种历史背景下创刊的《东西洋考》,与《察世俗》相比,在内容与形式上均发生了显著变化。

《东西洋考》创办人郭士立(1803—1851 年),普鲁士传教士,1821 年受荷兰布道会的派遣来东南亚一带传教,活动于爪哇、暹罗等地。1831—1833 年间他多次深入到中国内地探取政治、军事、经济情报。他曾担任英国大鸦片商行查顿洋行的中文翻译,参与走私鸦片活动。在考察中,他认为打开中国大门的主要障碍是中国人的愚昧无知,夜郎自大,敌视外夷。这些为他后来确定《东西洋考》的办刊宗旨奠定了基础。1833 年 6 月 23 日,郭士立写了一份创刊意见书(英文),阐明了《东西洋考》的办刊宗旨:“这个月刊是为维护广州和澳门的外国公众利益而开办的,它的出版意图,就是要使中国人认识我们的工艺、科学和道义,从而清除他们那种高傲和排外的观念。"①这与以阐发基督教义为根本要务的《察世俗》已相距甚远。可以说,力图消除中国人妄自尊大、敌视排外的思想障碍成为《东西洋考》的"根本要务"。

基于这样的办刊宗旨,《东西洋考》在内容、形式、策略等方面均表现出与在此之前传教士所办报刊完全不同的态势。虽然宗教、道德、科学是其内容的三个主要方面,但宗教内容已远远退居其次,取而代之的是明显贯穿西方文化优越、中国文化落后意识的科学知识的宣传。它重视言论,每期必有,但已远远不是阐发基督教义,而是用来回答外人在华活动中所遇到的一些社会现实问题,如贸易对富国强民的重要性、中国人与外人做生意要诚实无欺等等。

《东西洋考》设有新闻专栏,绝大多数为国际新闻,也有中国情况的报道,但有鲜明的维护在华外人利益的倾向性。此外,刊物的后期开始摘录《京报》和刊载行情物价表,这是中文近代报刊摘录《京报》和商业信息的开始。在稿末加上编者按,也是该刊首创的。另外,值得一提的是,在中文近代报刊史上,该刊是首先登载社会新闻的一家报刊。如1837年9月的《东西洋考》上刊登了105岁老翁和22岁姑娘4年前结婚并生一子的报道,就属这类新闻的首例。

1833年12月,该刊所载《新闻纸略论》是中文近代报刊第一篇介绍西方报业情况与新闻自由的专论。

总之,《东西洋考》在性质上已完全脱离宗教刊物范畴,成为替外人打开中国大门摇旗呐喊的舆论工具。报刊业务方面,在先前传教士所办刊物的基础上有重大改进;在新闻报道、言论撰述以及编排技巧诸方面,已在相当程度上具有近代报刊的基本特征。

(二) 外文报刊的出现

这一时期,外国人除创办了上述6种中文近代报刊外,还开办了一批外文报刊。据统计有近20家。

---

① 《中国丛报》1833年8月,第187页。

鸦片战争前,随着外部侵华势力的逐渐增强,来华的传教士、商人、政客日益增多。这些人一方面急切需要了解中国政治、经济、军事、历史等情况;另一方面,对自己本国的发展现状也需及时把握,以便为尽快打开中国大门制定方针策略。为此,这一时期出现了一批外人开办的外文报刊。

这些外文报刊,在规模、数量、出版时间、新闻出版业务等方面均超过同期的中文报刊。

外文报刊首先在葡萄牙的势力范围澳门出现。1822年9月12日,《蜜蜂华报》在澳门创刊,周刊,葡萄牙文。这是在我国出版的第一份外文报纸。

1827年11月,《广州纪录报》创刊于广州,这是在中国出版的第一份英文报纸。

《中国差报与广东钞报》(1831—1833年),创刊于广州,英文。这是美国商人在中国出版的第一份报纸。

《中国丛报》(1832—1851年),创办于广州,英文。

《广州周报》(1835—1844年),创办于广州,英文。

这一批外文报刊中,英文报刊在规模、影响方面超过其他文种的报刊,其开办者主要是英国商人。比较重要的英文报刊要数《广州纪录报》《广州周报》和《中国丛报》。

《广州纪录报》是商业性质的报纸,在当时广州的外文报刊中影响最大。创办者是大名鼎鼎的英国鸦片商马地臣。这家报纸的第1期写道:"人们长期以来已感到对于中国的商业和其他方面消息的需要。人们将会看到,我们将致力于提供丰富而又准确的最新货物价格,有关中国的报道也会占据相当的版面。"反映出该报致力于商贸信息的传播。但其内容决不仅仅局限于此。在报道商贸信息时,反映出该刊鲜明的政治倾向,即为英国的侵华政策、鸦片贸易服务。1839年5月,该刊迁至澳门,鸦片战争后又迁往香港,改名为《香港纪录报》。

《广州周报》也是这一时期较有影响的英文报纸。它以新闻报道面广、言论有见地而著称。1836年10月13日,它出了一张号外,被称为是中国近代报刊的第一张号外。

这一批外文报刊中,出版时间最长、内容最为丰富、影响最大的要数《中国丛报》。该刊是由英国传教士马礼逊倡议,广州美商同孚洋行老板奥立芬提供资金,在美国传教士裨治文的主持下创办的。裨治文在谈到《中国丛报》宗旨时说:最根本的目的是向西方人提供"有关中国及其邻邦最可靠、最有价值的情报"。其内容主要是有关中国政府动态、官员活动、政治制度、语言文字、文化传统、地理环境、军队状态、中外关系、法律条例、宗教信仰、伦理道德等诸多方面的报道,为西方全方位了解中国提供情报,出谋划策。该刊甚至公开叫嚣武力侵华,要英王派遣军舰"直驶中国东海岸,尽可能逼近首都北京",以"迅速地迫使中国政府向我们所提出的公平合理的条件屈从"。1840年英国决定侵华时,《中国丛报》宣称:"时间已到,中国必须屈服或挫败"。其为侵略者摇旗呐喊的面目暴露无遗。

鸦片战争爆发前夕,该刊迁至澳门,后又迁到香港,后再迁返广州,1851年12月在广州停刊。从1832年5月至1851年12月,该刊出版时间近20年。

外文近代报刊的创办者主要为商人,读者对象为在华的外国人,其宗旨主要是为西方殖民者提供有关中国的政治、经济、军事等方面的全方位信息。由于当时国人知晓外文者极少,因此,与同时期的中文报刊相比,其作为西方殖民者舆论工具的面目更加直露,表述侵略意图的方式也更为直接与随意。人们往往可以从中外文报刊对同一现象的反映中,清晰地看出这种差异。如果说,这一时期的中文报刊是挖空心思掩饰自己的侵略者舆论工具的本来面目,而外文报刊则是将这一面目赤裸裸地袒露无遗。

不过,这些外文报刊在广泛报道中国的历史与现状,积极探讨侵华策略的同时,也客观地为当时国人了解外国人意图提供了丰富的材料。林则徐、魏源等先进分子曾组织编译外文报刊资料,成为《四州志》《海国图志》等书的重要材料来源。

二、鸦片战争后外报的扩张

第一次鸦片战争以清政府被迫签订《南京条约》等一系列不平等条约而

结束,香港被割让,广州、福州、宁波、厦门、上海被辟为通商口岸。以后不久,英法又联合发动第二次鸦片战争。这两次鸦片战争的结果是西方列强在中国攫取了众多特权,中国大门从此完全敞开。

鸦片战争后,外国人获得了在中国任意办报的权力,数量急剧增加。战前,外国人所办中外文报刊不过十几种,地点局限于南洋及广州、澳门等地。从19世纪40年代到90年代,外国人先后在中国开办了170余种中、外文报刊,约占同期报刊总数的95%,差不多垄断了中国的报业;出版地点也从外围逐渐深入到中国内地,乃至清朝首都北京,并且逐渐形成了以香港和上海两地为中心的外报网络。

这一时期,传教士的办报活动仍然非常活跃,其所办报刊主要是中文的,但宗教内容已普遍退居其次;而商业性报刊的迅猛发展,取代了传教士报刊的主导地位,成为这一时期报业发展的重要特点。商业性报刊首先是外文的,19世纪60年代后,中文商业性报刊迅速崛起,打破了传教士垄断中文报刊的局面,出现了《申报》《新闻报》等具有很大影响的商业性报刊。

(一) 外文报纸的扩张

从鸦片战争结束,到19世纪末这一段时期,外文报刊最早出现,而且数量最多。

鸦片战争后,中国门户洞开,一批批西方传教士、商人、政客纷纷涌入中国,中国境内外国人数量急剧增加,且活动区域从香港、澳门、广州及南洋等地迅速向内地扩张。上海1847年外国商人、传教士等仅175人,到1895年上升到4684人。外国人所到之处,无不创办供自己阅读的外文报刊,以满足他们了解中国时政信息和商业信息的急切需要。这一时期外文报刊的发展,表现为三个方面:一是数量急剧增加,先后开办120种以上。二是语种增多,有英文、日文、德文、法文、葡文、俄文,数量最多的是日文报刊,但英文报刊的规模与影响最大;且刊期不一,有月刊、周刊、三日刊、双日刊、日刊等。三是区域扩大,香港、上海、广州、青岛、天津、北京等地均有。主要有:马礼逊1841年在香港创办的《香港公报》(半月刊,香港最早的英文报刊);1845年英商肖锐德在香港创办的《德臣报》(香港历史最长、影响最大的英文报纸);1850年英商亨利·奚安门在上海创办的《字林西报》;1857 年由美商茹达和英商莫罗在香港创办的《孖剌报》(外人在华创办的第一张日报);1867 年在上海创刊的《大美晚报》;1881 年在香港创刊的《南华早报》。1886 年在天津创刊的《天津时报》。1894 年在天津创刊的《京津泰晤士报》。

外文报纸大都是商业性的,出版者多为外国商人。行情、船期、广告成为外文报刊的最主要内容,但都具有鲜明的政治倾向。维护本国的在华利益,为其殖民政策作辩护是它们的主要目的。有的甚至公开宣称其办报宗旨是"保卫外国在中华所有之政治商务利益,并抵拒华人之舆论"。有的明目张胆地煽动本国政府发动侵华战争。如美国的《上海通信》曾鼓吹建立美国远东海军基地,以加强其地位。《上海每日时报》曾叫嚷可以不受一切条约约束,对中国采取新的扩张行动。《字林西报》则最终发展成为英美诸国在华总的言论机关。①

在这一时期的外文报刊中,《字林西报》最具代表性。1850 年 8 月 3 日,英文《北华捷报》(周刊)在上海创办,创办者为英商字林洋行。1864 年,字林洋行又创办了《字林西报》(日刊)。从此,《北华捷报》改为《字林西报》的每周附刊。该报纸从 1850 年创刊到 1951 年 3 月停刊,历时 101 年,最高发行数达 7817 份,是在中国出版时间最长、发行最广、影响最大的一家外文报纸。

这张报纸的创办人和第一任主笔是英国拍卖商亨利·奚安门,1866 年改由字林洋行经营。该报自创刊起,就得到英国驻沪领事的大力支持和上海租界工部局的积极赞助。创刊时侧重于刊载行情、广告、船期等方面内容,同时也注重言论和新闻。1859 年,英国驻沪领事馆特别指定该报为英国驻沪领事馆和商务公署各项公告的发表机关。上海英国租界工部局和公共租界工部局的文告、新闻公报及广告,也都优先在该报刊载。因此,《字林西报》虽为商人所办,但由于其与政界联系密切,政治倾向性非常明显。

《字林西报》注重言论,其言论版的上端印有主笔马诗门 1862 年为该报制订的"社训"——"公正而不中立"。其实,"公正"只是幌子,"不中立"倒是揭示了其实质所在。该报言论常常就中外关系、中国政局和其他时政问题发

---

① 方汉奇主编:《中国新闻事业通史》,中国人民大学出版社 1992 年版,第 314 页。

表见解,在一定程度上反映了英国政府的立场,被视为英国驻沪领事馆和租界当局的喉舌,在上海的外国人中,有"英国官报"之称。

《字林西报》新闻来源广泛。在中国各地,包括青海、甘肃、新疆、四川、云南等边远地区均有通讯员,负责报道当地政治、经济、历史、地理等方面的新闻与资料。1872年英国路透社在上海建立远东分社后,该报又一度独享其电讯的特权,因而在新闻报道方面远远超出其他报刊。

《字林西报》的历任主笔和编辑,大都曾亲自参与"掠奇"中国的政治和商务活动,创办人与首任主笔奚安门曾经是波佛梅公司在中国的广告员和掮客;李德立原是茶商,曾担任过上海英租界工部局的总董;壁克是上海英租界工部局的首任秘书;鲍立德担任过英国驻广州的领事和香港总督;裨治文、林乐知等则为传教士。由此也可看出,《字林西报》维护英国商人、政客在华利益的性质。

《字林西报》仇视中国人民的革命运动,在太平天国、义和团、辛亥革命运动中,扮演了极不光彩的角色。

(二)传教士办报活动的变化

最早来华创办近代报刊的是一批西方传教士。由于清政府实行闭关禁教政策,传教士的办报活动受到极大限制,数量很少,且大都以传教为"要务",虽然《东西洋考》宗教色彩不浓,但并没有改变传教士报刊以"阐发基督教义"为主要内容的总的倾向。鸦片战争后,情况大为改观,传教士传教活动的种种限制被逐步解除。《南京条约》《黄埔条约》《天津条约》《北京条约》等均有条款,保证传教士在中国各地自由从事传教活动,中国政府"不得苛待禁阻",承认传教士有"传教权"。传教士活动从此进入了一个稳步发展时期。据统计,1844年在华的基督教传教士仅有31人,1860年增至100余人,中国教徒也从6人增至2000余人,到了1877年,在华基督教传教士达到了470余人,中国教徒人数已将近1万。①

这些传教士十分注重书报的出版工作,认为,"别的方法可以使成千的人

---

① 方汉奇主编:《中国新闻事业通史》,中国人民大学出版社1992年版,第338页。

改变头脑,而文字宣传则可以使成百万的人改变头脑";①认为只要控制住在中国出版的"主要的报纸"和"主要的杂志","我们就控制了这个国家的头和背脊骨"。② 因此,这一时期,传教士所办报刊的数量也急剧增加。据统计,1840 年前,外国传教士在华出版的报刊只有 10 多家,1860 年发展到 32 家,1890 年则增至 76 家。其中主要有:

《遐迩贯珍》月刊,1853 年创办于香港。

《六合丛谈》月刊,1857 年创办于上海。

《中外新报》半月刊,1858 年创办于宁波。

《中外杂志》月刊,1862 年创办于上海。

《教会新报》周刊(后改名《万国公报》),1868 年创办于上海。

《中西闻见录》月刊,1872 年创办于北京。

这些报刊,虽为传教士所办,但普遍来看,已不像鸦片战争前那样热衷于以"阐发基督教义"为主。这些报刊中,有的还保留有"宗教"栏目,刊载一些宗教方面内容;有的则完全以商务信息和新闻言论为主,极少有宗教材料;有的始创阶段以宗教为主,逐渐过渡为综合性时政刊物。同时,刊载科技知识,介绍"西学",并将自然规律套上"神"的光环,归结为造物主的精心创造,仍然是这一时期传教士报刊的重要内容和方式。

传教士报刊中,影响最大的是《万国公报》。它由宗教性报刊转变为非宗教性报刊的过程,典型地反映了这一时期传教士办报活动的变化。《万国公报》原名《教会新报》,1868 年 9 月 5 日创刊于上海,周刊。1874 年 9 月 5 日从第 301 期起改名为《万国公报》。创办人是美籍传教士林乐知。林乐知从美国埃默里大学毕业后,立志当传教士。I860 年来到中国,先后在上海、苏州等地传教。1861 年曾赴天京(今南京),访问太平天国干王洪仁玕。1864 年在上海广方言馆任教。1868 年任《上海新报》编辑,并在担任此职期间创办《教会新报》周刊。该刊完全由他一人操办起来,他自筹资金,自己编辑,自己发行。《教会新报》1874 年 9 月出版到 301 期时改名《万国公报》。1883 年 7

---

① [英]李提摩太:《给英驻上海领事白利兰的信》。

② [英]李提摩太:《给英驻上海领事白利兰的信》。

月,因林乐知忙于中西书院无暇兼顾而休刊,1889年2月复刊。1898年维新运动期间,销售量增至38400份。1903年达54000多份。1907年因林乐知病逝而停刊。这个刊物出版时间先后长达40年,是传教士创办的中文报刊中出版时间最长、销量最大、影响最大的。林乐知也因此而著名。林乐知除长期担任《万国公报》主编外,还曾担任《中西教会报》《上海公报》主编。他一生勤于笔耕,著述颇多,《万国公报》许多言论出自他的手笔。他还从事教育工作,创办了中西书院和中西女塾。除林乐知外,《万国公报》的主要撰稿人还有英国浸礼会传教士李提摩太。李提摩太1870年来华传教、办学,1890年7月任天津《时报》主笔,每日论说一篇,内容涉及政治、经济、文化、军事诸方面,为各报广泛转载。1891年就任上海广学会总干事,为《万国公报》撰写了大量政论。林乐知、李提摩太二人与许多中国上层人士关系密切,是当时传教士中异常活跃的人物。二人在中国生活均达40年以上,是有名的中国通。二人都曾得到清政府和本国政府的赞赏和褒奖。

《教会新报》创刊时是一份宗教性报刊,以宗教性内容为主,阐发基督教义和沟通传教士情况的"教友来信"等文章占主导地位。读者对象主要为教会人士,销量很少,最高只达三千余份。19世纪六七十年代,洋务运动兴起,清王朝一些实力派主张"师事夷人",学习西方"长技"。同时,中国许多地方爆发了反洋教运动,教案频频发生。主笔林乐知认准这一形势,开始增加非宗教内容,扩大教外报道。直至1874年9月,抛掉"教会"牌子,改称《万国公报》。改名后的《万国公报》声称:"本刊是为推广与泰西各国有关的地理、历史、文明、政治、宗教、科学、艺术、工业及一般进步知识的期刊。"在内容方面,用大量篇幅来刊登时政评论,选录一周的《京报》,刊载商贸行情,介绍科学知识,而宗教内容却退居其次。可以说,此时的《万国公报》已经演变成为以时事报道和评述为主的综合性刊物。

《万国公报》的转变,在教会报刊中具有代表性。它表明这一时期,传教士完全可以不必打着宗教的幌子来评述中国时政。时局的发展已经为他们直接干预中国政治、为殖民者侵吞中国摇旗呐喊亮了绿灯。

1889年2月,停刊6年之久的《万国公报》作为广学会的机关报复刊。广学会是基督教在华最大的出版机构,成立于1887年11月(初名"同文书会",

1894 年改称广学会）。创办人是英国长老会传教士韦廉臣。他在《同文书会发起书》中阐明了该会的目的："……凡欲影响这个帝国的人必定要利用出版物。……只有等到我们把中国人的思想开放起来，我们才能最终对中国的开放感到满意。"同文书会成立初期就决定恢复《万国公报》，并作为它的机关刊物，仍由林乐知任主编。复刊后的《万国公报》一方面着力介绍西方文明；另一方面非常注重评论中国时政，大谈变法改良，以此实现广学会图谋开放中国人的思想、干预中国时政的办会宗旨。

《万国公报》的这些办刊方针，正好迎合了正在摸索中国发展道路的一些中国官员和士大夫的口味，销量日增，影响渐广。特别是在维新变法期间，《万国公报》发表了一系列文章，不遗余力鼓吹变法，对资产阶级维新派产生了很大影响，发行量由每期两三千份猛增至 38400 份。读者极为广泛，连光绪皇帝也订阅了全套《万国公报》。早期资产阶级改良派代表人物王韬称赞它"有益于我国非浅鲜矣"，[1]康有为认为它"于中国事一片热心"。[2]

但是，《万国公报》虽极力鼓吹变法自强，林乐知、李提摩太等人写了大量文章，涉及政治、外交、经济、法律等各个方面，并且还提出了一系列具体主张，包括修铁路、开矿藏、办学校、设报馆等等，从表面看来，这些变法主张似乎与维新派的观点无甚区别，但实质上，二者大相径庭。维新派的目的是通过学习西方，革新政治，发展经济，使中国走向独立富强；而《万国公报》虽是积极提出各种革新变法的具体措施和建议，但最终目的是将中国纳入受制于西方的殖民地轨道。这些观点在林乐知、李提摩太的许多文章中袒露无遗。如《万国公报》第 93、94 册连载了林乐知《印度隶英十二益说》，在这篇文章中，林乐知列举了印度成为英国殖民地有"息纷争""禁盗贼""正律法""拯疾苦""筑铁路""广文学""增进益"等 12 项"益处"。该文还公然要求中国"借镜于印度之陈迹"，"先于东南方遴选二省地，租归英治，凡有利弊，听其变置"。希望中国步印度后尘，成为英国殖民地。李提摩太在《万国公报》发表的《新政策》一文，提出了加强武备、筑路开矿、开办银行、沟通中西关系、设报馆、办学校等

① 王韬：《中东战纪本末序》。
② 康有为：《致李提摩太书》。

一系列变法改良主张,但其实施必须聘请洋人当顾问,做指导,或者是"半用华官,半用西人";连创办国家日报,也要由洋人当总编辑。

林乐知、李提摩太所倡导的变法改良方案,无非是欲将中国完全置于西方的控制之下。这也集中反映了《万国公报》作为广学会机关报的根本立场。

(三)《申报》和中文商业性报刊的兴起与发展

鸦片战争后,中国报业的一个显著特点是,外文商业性报刊迅猛发展并取代传教士报刊而成为报业主流。

最早出现且数量居多的商业性报刊是英文报刊。1845 年 2 月,英商肖锐德在香港创办的《德臣报》,就是具有代表性的英文商业报纸。这些商业性报纸中商业信息与广告占据了绝大部分版面,读者对象为外国商人。

随着西方列强对华经济活动日益拓展,出版面向中国商人与普通消费者的中文商业性报刊已成为外人在华开展商贸活动的迫切需要。于是,从 19 世纪 60 年代开始,在上海、天津、汉口、福州、广州、北京、沈阳、旅顺等地,相继出现了一批中文商业性报刊,打破了传教士垄断中文报刊的局面。主要有:《上海新报》(1861 年,上海),《申报》(1872 年,上海),《字林沪报》(1882 年,上海),《时报》(1886 年,天津),《字林汉报》(1893 年,汉口),《新闻报》(1893 年,上海)。

中文商业报纸的"商业性"有一个发展过程。19 世纪 60 年代的商业报纸,以刊载商贸信息、为商业服务为特点,本身并不一定赢利;且多与外文商业报纸联系密切,作为外文报馆的附属出版物。如 1858 年初创刊的《香港船头货价纸》就是英文孖剌报馆出版的。《上海新报》是由英文《北华捷报》出版的中文报刊。

《上海新报》创刊于 1861 年 11 月,由英商字林洋行主办,聘请英美传教士伍德、林乐知、傅兰雅为主编。它是上海第一份中文商业报纸。创刊时即将各种商业信息的传播置于首位,以大部分版面刊载商业信息,且主要为字林洋行的商贸活动服务。该报发刊词说:"大凡商贾贸易,贵乎信息流通。本馆印此新报,所有一切国政军情,市俗利弊,生意价值,船贸往来,无所不载。"该报每期均用大量篇幅,并以专栏形式刊载广告、船期、商业行情。

19世纪70年代后,上海商贸活动日益繁盛,办报已成为一项有利可图的事业,作为贸易中心的上海出现了一批以营利为目的的报纸。这些报刊以其在经营方式、报刊业务、内容拓展诸方面的崭新态势,标志着外人办报高潮的来临。

其中,最具代表性,且最为成功的是《申报》。

《申报》1872年4月30日创刊于上海,由英国商人美查同伍华德、普莱尔、麦基洛等人合资创办,最后归美查一人所有。美查于同治初年来到上海,经营茶、丝出口贸易。后生意亏损,鉴于《上海新报》曾获相当大的利润,故将资金投入报业。美查是视办报为一项有利可图的事业而创办《申报》的。至于办报宗旨,1875年10月11日,该报发表的《论本馆作报本意》有直接表述,"新报之开馆卖报也,大抵以行业营生为计","但亦愿自伸其不全忘义之怀也"。这与《上海新报》有很大区别。《上海新报》虽然也曾盈利,但它依附于字林洋行,是为该洋行的商贸活动服务的,而《申报》则以报纸本身盈利为目的。这种办报观念,多少具备了西方近代资本主义报业的基本特点。由这一观念直接导致的一系列变革,标志着外人在华办报活动进入高潮。

《申报》以盈利为目的,如何吸引读者,提高销量,至关重要。针对当时订阅报刊者多为封建士大夫知识分子的特点,《申报》不像《上海新报》那样由传教士主持编辑事务,而是聘请熟谙中国典章制度、风土人情的文人学士如蒋芷湘、何桂笙、钱昕伯、吴子让等担任主笔或编辑,旨在拉近与读者的距离。美查将报名定为《申江新报》,简称《申报》,意为在上海出版的新式报纸,与旧式报纸有别,便于招徕读者。为与《上海新报》竞争,《申报》采用廉价纸张,压低报价,抢走《上海新报》不少老订户。

《申报》改变《上海新报》没有言论的传统,十分重视论说,每期必载一篇,置于首页,涉及新闻观念、自然科学知识、反对传统陋习、提倡封建伦理等许多方面,吸引了不少读者。

《申报》注重新闻报道,新闻量多、面广,尤其是其社会新闻,已注重反映社会实际生活,揭露社会黑暗。它对浙江余杭发生的"杨乃武与小白菜"一案,作了4年的连续报道,轰动一时。在1874年日本侵略台湾的战争中,《申报》派人去战地采访,写出了一批出色的军事报道。《申报》注重新闻时效,先是用快车快船传递京报信息,1882年1月16日,该报刊发了由驻京记者拍发的一条清廷查办一名渎职官员的专电,这是迄今发现的最早的一条由报社记者所发的电讯。

《申报》注意刊载文艺作品和广告,文艺作品成为它的必备栏目。1872 年11 月,《申报》出版文艺性月刊《瀛寰琐记》,这是我国最早的文学刊物。《申报》的广告占有相当大的版面,且内容广泛,形式多样。

这样,我国近代报刊的新闻、言论、文艺(副刊)、广告四要素,《申报》已完全具备。正因为《申报》的这些改革措施,使得已出版 10 年之久的《上海新报》,在竞争中难以招架,最终败阵。

继《申报》后,上海又出现了两张具有广泛影响的中文商业报纸。首先是《字林沪报》,于 1882 年 4 月 2 日创刊,由字林洋行主办。该洋行出版的《上海新报》于 1872 年在与《申报》的竞争中败北停刊。《字林沪报》仿效《申报》的经营方式,最终站稳脚跟。1893 年 2 月,由英商丹福士等主办的《新闻报》创刊,这是一份在旧中国具有广泛影响的报纸,1949 年 5 月方才停刊,先后出版达 56 年。

三、对外人办报的分析与评价

从 19 世纪初到 19 世纪末,外国人在华创办了上百种报刊,完全垄断了当时中国报业。这些报刊,无论是外文报刊、中文报刊,还是宗教报刊、商业报刊,其开办者无论是传教士,还是商人、政客,从实质上来说,都是西方列强入侵中国的舆论工具,都是为维护外人在华利益服务的。虽然,其中也不乏主观愿望以传教为目的的报刊,但客观效果,仍然是为西方殖民者打开中国大门起舆论准备作用。正如著名新闻史学家戈公振所指出的:"外报之目的,为传教与通商而宣传,其为一己谋便利,夫何待言。当时教士与关吏,深入内地,调查风土人情,探刺机密,以供其国人之参考。故彼等之言,足以左右外人舆论与其政府之外交政策,而彼等直接间接与报纸均有关系。"[1]前几节我们在讨论

---

① 戈公振:《中国报学史》,中国新闻出版社 1985 年版。

《东西洋考》等报刊的政治倾向时已有详述,此不赘言。

至于外报(尤其是中文报刊)中大量的关于西方自然与社会科学文化知识的内容,其根本目的并不是希望中国人了解西方先进的科学技术,走上自强独立的道路,而是通过宣扬西方文化以征服中国人高傲自大的观念,消除其敌视外人的心理,为入侵中国扫除思想障碍。诚如郭士立在阐述《东西洋考》宗旨时所言:"要使中国人认识我们的工艺、科学和道义,从而清除他们那种高傲和排外观念","让中国人确信,他们需要向我们学习的东西还是很多的。"①

当然,就客观而言,外报所传播的科学文化知识,对开阔国人眼界,启迪国人心智,促进中西文化交流,起了一定的积极作用。中国长期实行闭关锁国政策,对西方发达的工业文明几乎一无所知,以致殖民者的炮舰兵临城下,道光皇帝居然发问:"英国地方在哪里?""英国到新疆有无陆路可通?"对于自身文明的衰落毫无察觉,反以中央帝国自居,这种畸形的、夜郎自大的观念,已成为文明进步的巨大心理障碍。外报的宣传,对顽固存留于国人头脑中的封建守旧观念,是一种巨大冲击。一些先进的中国知识分子如林则徐、魏源、王韬、康有为、谭嗣同、梁启超等对外报介绍的科学知识倍加重视,外报对他们确立"打开眼睛看世界""师夷长技以制夷"观念,并进一步形成系统的维新变法思想,产生了重大影响。

在新闻观念与报刊业务方面,外报的影响更为直接。

(一)报刊观念方面。外报以其言论与实践,将言论、出版自由等西方近代报刊观念引入中国。当时外报被称为"新报",以与中国原有的邸报、《京报》相区别。邸报、《京报》只能抄发封建统治机关发布的宫廷动态、谕旨、章奏等,没有传报人自行采写的消息、言论,而"新报"则自编自采,自由地撰写言论,反映办报人自身的意志与价值取向。关于二者的区别,《申报》初创时期的几篇言论《邸报别于新报论》《〈申江新报〉缘起》《论新闻日报馆事》等有较全面的论述。文章说:新报"凡国家之政治,风俗之变迁,中外交涉之要务,商贾贸易之利弊,与夫一切可惊可愕可喜之事,足以新人我听闻者,靡不毕

---

① 《中国丛报》1833 年 8 月,第 187 页。

载。"而中国邸报"但谈朝廷之政事,不录闾里之琐屑而已"。"邸报之作成于上,而新报之作成于下","朝廷以每日所下之训谕,所上之章奏,咸登京报","而民间无一事一闻以上达于君","民之意不达于上"。新报读者广泛,而邸报,"阅之者学士大夫居多,而农工商贾不预焉"。《申报》的论述,反映了西方资产阶级民主制度下的近代报刊与中国封建专制制度下的古代报刊的区别。这些观念,对中国早期改良主义思想家的办报活动有直接影响。

(二)报刊内容与版式,传播机构的设置方面。从唐代进奏院状到清代《京报》,中国古代报纸存在千余年,但内容上始终没有超出谕旨、章奏等官文书范畴;形式上直到清代《京报》,仍然是小册子,无版面编排可言。以新闻、言论、文艺(副刊)、广告四要素组成的我国近代报刊格局,最早是外报形成的。早期外报,如《察世俗》《东西洋考》等就有大量自撰的言论,也有文艺作品和消息。《东西洋考》首次登载行情物价表,并在新闻后加编者按。《遐迩贯珍》首次运用插图,首辟广告专版。1876 年,《申报》第一个刊登新闻画。1897 年 11 月 24 日,上海《字林沪报》附出的《消闲录》是中文报纸的第一个副刊。早期外报大多是小册子,1828 年创刊的《天下新闻》开始用铅字单张印刷,1858 年创刊的《中外新报》已完全成为单张报纸式。大致到 19 世纪 70 年代,大部分日报已改为单页式,版面已开始分栏编排,广告版面达四分之一甚至二分之一。从 1870 年 3 月 24 日起,《上海新报》开始在每条新闻上加以简明标题,并且在字号运用上,标题与正文有别。

外报报馆是独立机构,且内部分工明细。有专职的编辑人员负责组稿、编稿,还要安排版面、制作标题。许多报纸有跑外勤的"访事员""访员",即记者,并普遍采用公开招聘方式聘用,本埠有专职访员,外埠有特约访员。

作为"消息总汇"的通讯社也是由外人在华最早开设的。1872 年,英国路透社派记者科林兹到上海建立远东分社。首先采用路透社电讯稿的是上海英文报纸《字林西报》,以后一些外文、中文报刊相继采用。第一次世界大战后,日本东方通讯社、法国哈瓦斯通讯社、美国合众社又先后在中国建立分社。

(三)物质技术方面。铅字、印刷机等近代报刊的生产设备和技术是通过外人的办报活动引进到中国的。早期的中文报刊采用木版雕印。1834 年,美国传教士将一套汉文木刻活字送往波士顿,制成一套汉文铅字运来中国。

1838 年,法国也复制了一套。1859 年,美国在华设立的英华书馆又制成电镀汉文字模和以 24 盘常用字为中心的元宝式字架。这些成果,逐渐为当时中文报纸采用。早期的印刷机是手摇机,每小时印数百张,1879 年,在上海创刊的英文《文汇报》首先采用煤气印刷机。现代化的石印技术在 19 世纪 30 年代传入中国,1838 年创刊的《各国消息》是采用石印的。从 19 世纪 70 年代起,外报开始采用有线电报技术传递新闻,1874 年 1 月 30 日,《申报》刊载了一条报道英内阁改组的消息"伦敦电",这是中文报刊上的第一条新闻电讯,不过不是由新闻记者专门拍发的。1882 年 1 月 16 日,《申报》刊载了第一条由记者拍发的新闻专电。到 19 世纪末,外人所办的日报已普遍采用电报传递新闻稿件。

外人的办报活动,"不自觉地"为国人自办报刊提供了借鉴。从 19 世纪 50 年代起,中国开始尝试自办近代化报刊。这些报刊,有许多就是仿照外报的形式创办的。19 世纪 90 年代国人办报出现高潮,几乎垄断中国报业半个多世纪的外报从此退居其次。中国近代报业舞台上的主要角色开始由国人自己充当。

(本文原载袁军、哈艳秋:《中国新闻事业史教程》,中国广播电视出版社 1996 年版,所选章节由袁军独立撰写)

新世纪广播电视发展趋势

  19 世纪是印刷媒介进入大众传播的时代,20 世纪是电子传播媒介由产生、发展到普及的时代。20 世纪 20 年代起,无线电广播走进人们的日常生活。20 世纪 30 年代,电视广播出现,开辟了人类传播史上的新纪元。20 世纪 50 年代以后,电视在世界范围内获得突飞猛进的发展,极大地改变了人类社会的交往方式,对人们的生活观、价值观和道德观等方面都产生了巨大影响。20 世纪后半叶,电子计算机空前发展,引发了通信领域的一场革命。因特网的开通,使人类社会的交往方式再一次发生巨变。进入 21 世纪,网络传播成为人们生活的一部分,包括广播电视在内的所有媒介都在被改变和影响着。

一、新技术的挑战

(一) 卫星时代

  无线传输、有线传输和卫星传输是人们熟知的电视信号的三大主流传输方式。在这三大方式中,卫星电视广播覆盖是跨地域、覆盖区域最大,受众面最广的一种传输方式。而卫星电视的数字化最简单,技术最成熟,需要的资金投入最少。因此,世界各国目前正在积极推进的数字高清晰度电视首先从卫星电视和有线电视开始。

  由于卫星广播具有覆盖面大、传输距离远、信息量大、信号质量高、不受地理条件限制等优点,决定了卫星电视能够实现跨地域服务或国际化服务。放眼全球,近年来卫星广播事业得到了迅猛发展。特别是数字技术的融入,把卫星电视广播带入了一个崭新的数字时代,拓宽了卫星广播的多功能利用,推动了信息的全面交流,促进了数字电视技术的发展。

从传播内容上看,卫星广播包括电视广播(以下简称卫星电视)和声音广播两种形式。卫星电视以传送电视图像信号为主,同时也包括电视伴音信号的传输。从严格意义上来说,早期卫星通信中的电视信号传输不属于卫星电视,而应称为卫星电视分配或转播。因为当时的卫星功率太小,地面接收要用大型地球站,然后再分送给本地的电视台转播给用户。电视广播主要是由广播卫星向地面转发电视信号,为广大用户直接提供电视节目。这是点对面的单向传送,形成面的广播覆盖网。为使用户的接收设备越简单越好,要求卫星上的转发器采用大功率输出或点波束强信号覆盖。用户接收天线口径小,设备简单。广义上的卫星电视广播包括卫星电视直播和卫星电视转播两种形式,严格意义上的卫星电视广播就是卫星电视直播,而卫星电视转播应称之为卫星电视分配。

20 世纪 60 年代,由于当时的卫星功率太小,卫星电视节目需经过卫星地面站的接收、转发之后,个人用户最终才能收看。也就是说,早期的卫星通信中的电视信号传输属于卫星电视转播,或称为卫星电视分配。20 世纪 80 年代以后,由于星载转发器采用大功率输出和点波束强信号覆盖技术的应用,利用广播卫星可以直接向地面传送电视信号,为广大用户直接提供电视节目。从此,卫星电视广播真正进入了卫星直播电视阶段。

直播卫星电视的完整定义是"直播到户的卫星电视"。其中"直播到户"的英文缩写为 DTH(Direct To Home),用于直播卫星电视的通信卫星称为"直播卫星",其英文缩写为 DBS(Direct Broadcast Satellite)。因此,直播卫星电视又称为"DTH-TV"或"DBS-TV",有时更进一步简称为"DTH"或"DBS"。

早期的直播卫星是指工作在专用卫星广播频段的广播卫星,即采用世界无线电行政大会 WARC 分配的 Ku 波段的高功率卫星,每个转发器功率在40—100W 之间。经过多年的发展,大功率、大容量的 Ku 频段直播卫星技术业已成熟,仅需 0.5m 左右的小天线便可直接接收来自卫星的声音广播和电视广播。如今,卫星直播是指可以使家庭利用小型接收天线直接接收卫星电视节目的任何卫星电视系统,而不论卫星转发器的功率和采用波段如何。以往一地的电视通过通信卫星的传送和转播,可实现在世界各地同时收看。而采用通信卫星双向传输和数字处理技术,还可以使全世界的观众能在同一时刻看到声画合一的电视直播画面。模拟卫星电视技术的一些天然不足,如接收质量容易受噪声及干扰的影响、频率资源利用率低、信道容量小等等,限制了卫星电视技术的进一步发展。数字电视技术的异军突起,冲破了传统模拟电视技术的羁绊,而数字电视技术的发展与成熟也离不开卫星电视技术的前导。数字卫星电视是卫星广播电视技术发展的必然要求,数字卫星电视取代模拟卫星电视是广播电视技术发展的必然结果。①

利用卫星传输广播电视节目是卫星应用技术的重大发展,模拟卫星电视同以往常用的电缆电视、微波电视等相比具有较多的优点。但是,由于卫星上转发器数目有限,对发射功率限制严,一颗卫星传送模拟电视节目的数量有限。如 C 频段卫星电视下行频率的带宽为 500MHz,模拟卫星广播电视每个频道要占用 27MHz 的带宽,即使采用极化识别方式,也只能送 24 套电视节目。技术发展要求进一步压缩电视节目的频带宽度,同时还需进一步提高传送节目图像的质量,这些高目标的要求使得传统的模拟卫星传输系统望尘莫及,而数字传输信号具有可再生和多重中继、信噪比高、可加密、一致性好等优点,更得益于近年来 MPEG 数据压缩编码技术的成熟及广泛应用,使得一个模拟卫星转发器在所占的带宽内可传送 4—8 套品质相当好的电视节目。数字压缩技术将卫星电视节目的传送成本降低了几倍,并为多节目的传送提供了良好的技术支援,使每颗卫星所传送的电视节目可达到 150 套。数字压缩技术的全面成功应用,迎来了卫星广播电视的数字化时代。数字压缩技术在卫星广播中的应用是广播电视传送技术的一次重大变革,采用 MPEG-2 视频压缩标准及 MUSICAM 音频压缩方法的 DVB-S 卫星数字电视广播具有模拟方式不可比拟的优势。

此外,数字卫星电视系统可采用大规模集成电路技术,使设备功耗降低,体积减小,重量减轻,可靠性提高,测试维修简便,并能降低成本。突出的技术

---

① 参见刘文开等主编:《卫星广播数字电视技术》,人民邮电出版社 2003 年版,第 4—15 页。

优势赋予数字卫星电视广阔的发展前景,卫星数字电视与有线数字电视两者将随着通信技术的发展在竞争中互为补充,长期共存。一方面,在未来几年内,有线电视将很快实现数字化,其服务功能也要从单一地向用户提供几十套广播电视节目转向交互式的综合业务,通过网络的互联互通实现互联网的功能;卫星数字电视则主要以广播为主,离交互式的服务相信还有一段距离。另一方面,卫星数字电视也将随着广播电视事业的发展走进千家万户,尤其是对于边远地区和有线电视网难以覆盖的地区,卫星数字电视直播将是一种更好的解决办法。

随着冷战后科学技术的发展与进步,20 世纪 80 年代尚处于研究开发阶段的光纤通信、数字通信和卫星通信等多种通信技术,到 20 世纪 90 年代已相继粉墨登场。卫星通信从军工转到民用,最先受益的是电信业,而数字直播卫星电视技术的成熟,则不仅对地面广播和有线电视业产生巨大的冲击,也同时标志着信息产业革命新纪元的到来。

回顾全球信息产业发展的历程可以看出,信息产业从无到有、从边缘科学到主体产业经过了两次浪潮:第一次是通信技术从模拟过渡到数字,即数字化浪潮。在这个过程中,技术的进步和高科技产品的更新换代令人目不暇接。无论是计算机制造业、电信业,还是广播电视业都得到了飞速发展。电脑芯片从最初的八位、十六位升级到现在的奔腾系列,电信也从原始的无线电报、手摇式电话机发展到现在的程控电话、无线寻呼和移动通信等。第二次是网络技术的发展,即网络化浪潮。20 世纪 80 年代,以王安电脑为代表的计算机局域网,电信的综合业务数字网,以及如雨后春笋般涌现出来的有线电视区域网等等都不断推动着网络化时代的到来。因特网的出现则进一步拓宽了人们的视野,人们对通信服务的要求也从双工通信、资源共享提高到现在的信息高速公路。普遍采用 Ku 频段转发器和通过数字视频压缩技术实现传递节目集束化的卫星数字电视直播,无疑将是信息产业发展史上的又一里程碑。凭借低廉的成本、优良的服务、灵活的管理、简易的接收方式以及多功能开发的潜力,数字直播卫星电视必将从有线电视分流一部分用户。它的出现,使广播方式从无线到有线、从地面到空间不断拓展,形成多层次、立体的信息网络。其影响不仅对地面的广播、电信业产生冲击,还将从认识上再一次改变人们的思想观念,掀起信息产业革命的第三次浪潮。

纵观数字直播卫星电视的发展,大致经历了试验、试用和发展三个阶段:

试验阶段始于 1978 年。日本先后发射了 BS-2 和 BS-3 系列七颗数字电视直播卫星。其中 BS-3b 和 BS-3N 发射成功;BS-2X、BS-3H 发射失败;BS-2a 和 BS-2b 两颗卫星的三个在线转发器中,分别损坏了 2 个和 1 个;BS-3b 是太阳能电池,容量损失近四分之一。尽管试验阶段非常艰难,但仍然取得 Ku 频段直播卫星电视技术方面的经验。

试用阶段始于 1988 年。20 世纪 80 年代末,美国和欧洲尝试开展直播卫星业务,且大都采用固定卫星业务频段(FSS)用于直播卫星电视。这些尝试并未取得商业上的成功,主要原因在于:发射运载能力的限制。即运载火箭只能将小容量的卫星送入地球同步轨道,每颗卫星的转发器数量少,同时每个转发器射频功率低,使得转播可用率降低;采用调频制的调制解调制式,每个转发器只能传输一个频道的电视节目。

发展阶段为第三阶段。从 1995 年开始有关技术取得了长足的进步,为开展直播卫星电视创造了条件。这些技术是:由于有线电视的发展,伴随而来产生了丰富的电视节目源;大功率长寿命的卫星研制成功,不但使每个转发器功率增大,而且使每颗卫星容纳的转发器数量增多,使每个转发器的成本下降,同时目前推力巨大的运载火箭也能将这样大容量的卫星发射至地球同步轨道;数字压缩技术和高清晰度电视研究的成果应用后,直播卫星电视的质量有了显著的提高,并且使每个频道节目的传输成本下降。

卫星电视基于空间技术的优势,自诞生之日起便引起了世界各国的重视。随着超大规模集成电路、计算机技术和数字化技术的迅速发展,卫星电视的发展正在发生一场数字化革命。面对数字大潮的洗礼,目前世界各国都在积极研发和制定符合本国的数字广播电视体制。在卫星广播数字电视领域,世界主流系统由开始的群雄逐鹿发展到目前的三足鼎立:即美国推出的 Direc TV 系统、日本推出的 Perfec TV 系统以及欧洲的 DVB-S 系统。其中最成功的是欧洲的 DVB-S(Digital Video Broadcast-Satellite)数字卫星电视系统。目前 DVB-S 标准几乎为所有的卫星广播数字电视系统所采用,中国也选用了 DVB-S 标准。

——美国 Direc TV 数字卫星电视系统:数字卫星革命是 1994 年从美国的 Direc TV 公司开始的。该公司属于休斯通信公司,它在全北美播出 175 个频道,信号用 18 英寸的碟形天线接收,当年用户人数就超过了 80 万。1994 年 4 月 17 日,美国首家数字卫星系统 Direc TV 正式开播,该系统共租用了大约 30 多个卫星转发器,采用 MPEG-2 标准,传送数字压缩电视信号,并计划开播 500 余个频道的电视节目。Direc TV 系统使用了美国视讯公司(CLI)生产的 Magnieude 数字电视编码器,并以多频道单载波(MCPC)方式和 CLI 独创的统计复用技术,使其整个传输系统处于最佳状态。每个频道的数字带宽在 3—7MHz 之间变动。每个转发器可传送 5—6 套图像达到广播级要求的电视节目。数字卫星电视接收机采用 RCA 公司生产的设备,由于 Direc TV 采用了 Ku 频段,接收系统使用的天线直径为 46cm,安装十分方便,可以直接作为个体用户终端使用。美国联邦政府规定,从 1998 年 11 月起,美国三大电视网必须有一个电视频道播送数字电视节目;到 2006 年,全美所有电视台必须完全停止发射模拟电视信号,代之以数字电视信号,完成模拟电视向数字电视的过渡。否则联邦政府将依法收回有关电视台的营业执照,可见,美国的数字卫星电视将有着非常好的发展前景。

——欧洲的 DVB-S 数字卫星电视系统:目前数字电视尚无统一的国际标准,影响较大的有美国的 ATSC、欧洲的 DVB 和日本的 ISDB 三种不同的标准。欧洲 1995 年实施的数字电视 DVB 标准,重点放在标准清晰度电视(SDTV)上。利用 ASTRA 卫星系列把 4 颗直播卫星 DBS 共同定位于 19.2°E,直播几百套数字电视 DTV 节目。1996 年年底,已有意大利、法国、德国、比利时等国的 7 颗卫星开始数字电视的 DBS 广播。1997 年起,英国等国的 3 颗卫星进行数字电视 DTV 广播。

(二) 数字化生存

数字化是广播电视自诞生以来最大的一次技术变革,也是最大的一次发展机遇和最大的一次严峻挑战。实现数字化,将改变广播电视的工作方式和生产流程,完善广播电视的服务方式和管理手段,提高广播电视的生产效率和工作质量,拓展广播电视的服务领域和发展空间,推动广播电视从传统媒体向现代媒体迈进。数字化的影响已超出了技术领域和行业范畴,对每个家庭乃至整个社会都将产生深刻的变革。

从技术层面看,数字化是针对信息制作、传递和接收技术而言的。数字化技术是基于 0 和 1 的二进制数字,其单位为"比特"。电子计算机是世界上第一个基于数字化的产品。媒介数字化,将电子计算机等多媒体技术运用到信息传播过程中,使信息传播技术发生了深刻的变革,是传播发展史上的一次巨大飞跃。[①]

数字化技术在大众传播中,主要运用在信息的收集与处理、信息的储存与管理,以及信息的传输与接收等。过去,记者采写新闻报道主要是靠纸和笔,拍照靠胶卷,排版印刷靠铅字。有了数字化技术后,采访可以用笔记本式电脑,发稿可以用电子邮件,拍照可以用数字照相机,排版印刷早已用上激光照排。过去的信息传递,是通过模拟信号进行的。通过数字化处理和传递的信息,与模拟化信息相比,有着无可比拟的优越性:一是存储和传输的信息量要大得多。原来一个卫星转发器只能传播一套电视节目,而使用数字压缩技术就可以传播几套、几十套节目;一条光缆使用数字压缩技术后,可以容纳 2000 条线路;以 MP3 压缩的 CD 光盘,可以存储 160 多首歌曲,比普通 CD 多存储近 10 倍;电子计算机可以存储海量的信息。二是信息传输质量高。数字技术传递的图像清晰,声音逼真,而且不受外界杂音干扰。高清晰度电视(HDTV)就是使用数字技术制作、播出和接收的一种新型电视。网络传播也是使用数字技术制作、存储、传播和接收信息的。三是检索方便,受众反馈及时,为用户自由选择信息提供了便利条件,也为传者和受传者相互交流、使传播具有双向性质奠定了基础。总之,数字技术可用在方方面面,其发展前途无量。可以说,未来的世界是由数字组成的世界。

20 世纪和 21 世纪之交,各国的传播媒介纷纷采用或正在准备采用数字技术,以增加信息传输量和提高信息传播质量。数字技术除了用于印刷媒介之外,主要运用于电子媒介——广播、电视、电影、音像制品等。1994 年,美国卫星广播公司就开始播放数字电视节目,播出的节目有 170 套;1996 年,第二

---

① 参见徐耀魁:《新世纪世界传媒发展趋势浅析》,《山东视听》2002 年第 2 期。

家数字电视台开播,节目数量达 200 套。英国的空中广播公司(BSB)自 1997
年起也开始播出数字电视,节目达 200 套以上。各国正在建设或准备建设以
数字技术为基础的高清晰度电视。美国政府根据信息高速公路计划,要求所
有电视台必须在 2006 年前停止播放模拟电视节目。到 1998 年 11 月底,全美
已有 46 家电视台正式开播数字电视节目,开播城市达 23 个。日本是世界上
最早研制、播出高清晰度电视节目的国家之一。自 1984 年起,开始试播高清
晰度电视节目。日本的高清晰度电视节目采用 MUSE 制式,其行扫描为原
NTSC 制式行扫描 525 行的 2 倍,即 1125 行,所以,他们选择 1991 年 11 月 25
日那一天作为高清晰度电视节目正式播出日,每天播出高清晰度电视节目 8
小时,自 1994 年起每天播出 9 小时的高清晰度电视节目。

　　各国除了大力开办卫星数字电视之外,还大力开办数字卫星广播。英国
BBC 自 1998 年起开始数字广播。随后,美国、加拿大、日本、中国等 30 多个国
家开办了数字广播。数字广播覆盖面广、传输距离长、信号稳定、声音清晰,深
受听众欢迎。使用数字技术的网络传播,弥补了传统媒介的不足。报纸不仅
可以图文并茂,而且可以像广播电视一样及时更新材料;广播、电视的声音和
图像转瞬即逝,不便保存和查询。通过互联网,广播、电视不仅能够播放优美
动听的声音和感染力强的图像,而且可以提供文本和图片,做到文字、声音、图
像三者俱佳,这不仅大大提高了广播、电视的感染力,而且便于随时查询和调
阅各类消息。

　　当然,媒介数字化是建立在一个国家的强大的物质基础和极高的科技水
平基础之上的。由于世界各国经济发展水平、科学技术水平、文化教育水平不
同,各国传媒数字化发展水平也不相同,各国使用互联网的情况也不相同。据
日本最近公布的《2001 年信息化白皮书》中提供数据,到 2000 年 11 月,使用
因特网的人数是:北美地区(美国和加拿大)1.6712 亿人,欧洲 1.1314 亿人,
而非洲大陆仅有 311 万人,拉丁美洲为 1645 万人。传播新技术的发展,并没
有从根本上改变世界传播格局不平等的现象,在一定意义上说,世界各国的信
息鸿沟会越来越大。网络传播的高科技性质决定了差距加大的趋势。网络传
播的发展,在很大程度上取决于信息技术的发展,而信息技术的发展又取决于
国家的经济实力。经济全球化短时间内改变不了"富者越富,穷者越穷"的状

况,媒介数字化也难以改变世界传播不平等、不均衡的格局。互联网络的语言文化背景将进一步加大各国使用互联网的差距。据统计,现在互联网上的信息,约有90%是用英语发布的,法语为5%,西班牙语为2%。中文信息少得可怜,只有0.01%到0.05%。

2007年,广播电视数字化在全球范围内得到认可,并形成由规划到政策和标准制定,直至政府全力推动,各个环节连锁推进的局面。有学者提出其主要标志有三:一是已有数字化时间表的国家数字化计划稳步推进,让人们看到广播电视数字化明朗的未来;二是很多国家宣布了自己的数字化时间表,走出观望和徘徊状态,正式、全面地接受了数字化这一现实;三是非洲等部分欠发达地区广播电视数字化的启动,意味着广播电视数字化已经逐步实现从全球化关注到全球化参与。①

美国在2007年全力推动广播电视数字化进程。在英国,广播电视数字化的发展不断加速。中国广播电视的数字化进程是由广电总局主导和推动的政策性工程。在佛山和青岛整体转换试点取得成功基础上,2007年,数字化成为一种共识。在欧洲,西班牙内阁批准模拟到数字电视的转换时间表,决定在2010年4月实现整体转换。意大利已经在部分地区停止播放模拟信号。在非洲,坦桑尼亚政府官员声称将于2015年实现模拟到数字的转换。在亚洲,缅甸政府在2006年年底成立全国数字广播委员会,负责广播媒体从模拟系统向数字系统的转化。新加坡政府投资64亿美元,鼓励和支持数字媒体的发展。印度全印电台成功进行数字传输试验。印度尼西亚在2007年开始数字广播并宣布了其采用的数字化标准。在拉美,巴西广播机构在数字化联播方面走在前列,2007年推动巴西数字广播联盟的建立和发展。在太平洋岛国斐济,国家电视台全力推动广播电视节目数字化进程,日益增加有效的数字广播服务。

2008年是全球广播电视数字化的攻坚之年。距离英、意、美整体转换设定的最后转换期限最短只有一年多,最长也只有4年多。而对于中国以及很多发展中国家,广播电视数字化则进入市场推广和政策推行的攻坚之年。

---

① 参见张毓强:《全球广播电视数字化的现状与未来》,《中国记者》2008年第3期。

2008 年要实现的另外一个突破是广播电视数字化全球化的深入推进。美国和欧洲各国在初步实现广播电视数字化基础上,其技术发展与平移可否造就新一轮全球化进程尚不能断言。但是,既然数字化是必然趋势。在全球和谐发展的旗帜下,国际电信联盟及相关国际机构应该能够在新技术发展过程中,充分重视欠发达地区先进技术与全球的同步。在美、英等国家率先实现数字化进程中,利用相应机制进行技术复制而又不影响欠发达国家的意识形态安全。

然而,无论是在美国、英国还是中国等国家,都会在数字化进程中遇到若干问题。但是,全球广播电视数字化的未来是光明的。首先,数字化是人类知识积累技术的重要发展,在人类的传播技术发展历史上将占有重要的地位。广播电视作为人类知识积累的主要载体之一,其制作生产到播出接收的数字化是大势所趋,无可回避。其次,全球各个国家和地区均已经认识到数字化的大趋势。从太平洋岛国到技术发展速度最快的美国,从非洲欠发达地区国家到欧洲诸多强国,直至欧盟、东盟等地区组织和国际机构均已采取措施,推动广播电视数字化迅速发展。第三,广播电视数字化到现在还未成为全球化贫富不均、发展不平衡的帮凶。信息技术的全球化进程中,欧美国家的红利不可谓不大。但是,在全球广播电视数字化进程中,包括中国在内的广大发展中国家已经站在了这一轮发展的门槛之内,部分技术甚至超越了欧美。最后,技术的发展进步使得原本有的很多难题在逐步得到解决,或可以看到解决的希望。①

广播电视数字化的推进,也会遇到种种挑战。即使是在 2015 年,很多国家承诺的数字化实现之后,仍会遇到诸多问题,也仍会有争议。调查数据显示,到 2010 年,全球高清用户将超过 1.5 亿。在亚太地区,数字电视家庭将达到 1.8 亿,其中中国就占到 43.3%。到 2012 年,美洲数字电视用户将达到 1.53 亿。而这些用户的分布,相对多元,并不仅仅来自发达国家。因此,全球广播电视数字化虽然遇到挑战,但前景光明。

中国的广播电视正面临着一场全面数字化转换的历史机遇。从某种意义

① 参见张毓强:《全球广播电视数字化的现状与未来》,《中国记者》2008 年第 3 期。

上说,数字化不是一个单纯的技术概念,它实际上是广播电视领域发生的深刻的、全面的、带有划时代意义的变革。其触角触及新闻宣传的节目形态、采制方式、报道方式、管理方式、接收方式、服务方式,乃至整个体制、机制的全面变革。中国是发展中国家,经济发展很不平衡,国民素质参差不齐,如何实现数字化,必须从中国的基本国情出发。中国电视机的家庭普及率已超过100%,大大高于计算机的普及率。通过数字化,使家家户户的电视机变成多媒体信息终端,不仅可以看电视、听广播,还可以获取电子政务、文化教育、生活信息、电视商务等海量的信息服务,从而充分发挥广播电视作为中国最普及信息工具和最便捷信息载体的优势,迅速实现千家万户、人人享用的数字化、信息化。可以说,广播电视数字化是一项惠及千家万户的民心工程,是符合中国国情的、用较短时间、用较低成本跨越数字鸿沟、推进信息化的有效途径。广播电视数字化有利于推进国家信息化、城市现代化进程,有利于最大限度满足人民群众日益增长的精神文化和资讯信息需求,有利于推动民族工业发展、加快文化产业和信息产业发展,为国民经济发展培育新的增长点。有关调查显示,全球有10亿电视用户,中国占了3.2亿;全球有14亿台电视机,中国占了4亿台。中国广播电视的数字化对全球数字化发展有着重要意义。①

就有线数字电视的实现而言,包括对有线电视前端、有线电视光缆干线网、HFC分配网、用户接收终端等环节全面实现数字化。自2003年青岛启动有线电视数字化整体转换以来,中国有线数字电视发展迅猛。截至目前,中国有线数字电视用户数达到5000万户,全国有229个城市进行了有线电视数字化整体转换,其中106个城市已完成转换,广西、宁夏、海南等省、自治区已完成整体转换,北京、天津、青海、贵州、吉林等地城市有线电视用户数字化率超过50%,全国有线电视用户数字化率接近三分之一。在推进有线电视数字化整体转换的过程中,各地因地制宜,探索出多种整体转换模式,包括:政府推动、市场运作的青岛模式;实现HFC网络与IP网的融合,提供"广播+点播"双向交互业务的杭州模式;实现从传统单向广播网向双向、交互、多功能新一代

---

① 参见张海涛:《以数字化为引领加速中国广播电视在新世纪的新发展》,在21世纪广电传媒高峰论坛上的发言,2004年11月21日。

有线电视网络转变的深圳模式;在完成网络整合基础上以全省(区)为单位完成有线电视数字化整体转换的广西模式;采用双向互动型机顶盒进行有线电视数字化整体转换的淄博模式;一卡一费、与制造商和技术商合作解决资本投入问题的佛山模式,等等。经过几年的艰苦努力,中国已经初步走出了一条符合国情、以信息化带动数字化、以数字化推进信息化的有线数字电视发展之路。①

从根本上看,广播电视的数字化是为了建立新的服务体系、运营体系和新的发展平台,应对其他传输手段和其他新媒体的新的竞争,同时提高广播电视传输覆盖网络的竞争力,为向下一代广播电视网络转换打好基础。未来,广播电视还将加大力度开发信息服务、高清、游戏、电子健康、电子医疗、电子教育和电子商务等多种形式的业务,为用户提供更为丰富的内容。如高清晰度电视,相比传统的模拟电视及标清数字电视具有诸多优势,其图像分辨率成倍地提高,可采用宽色域的16∶9大屏幕和环绕立体声播映,使电视节目具有更强的逼真性和感染力,尤其是42英寸以上的大屏幕更能显示出优越的性能。高清电视作为广播电视在技术上的一次飞跃,不仅仅是电视机的更新换代,更是从节目源头起始的突破性升级。拍摄时全程采用高清摄像机,传输则采用十几兆带宽,接收信号采用高清机顶盒,显示高清画面则需要高清电视机。

在中国,2008年元旦,中央电视台综合高清频道播出;5月1日,北京电视台奥运高清频道播出,引起极大反响。奥运会前,包括北京、天津、上海、沈阳、青岛、秦皇岛6个奥运城市和广州、深圳等8个城市开播免费地面数字电视奥运高清频道。2008年6月,中国各电视台拥有高清广播级摄像机1683台,高清转播车38辆,高清演播室46个,高清制作包装系统20多套。许多电视台还建有5.1环绕声录制棚和5.1音频转播车。到2008年年底,全国已有4个通过卫星覆盖全国、通过有线入户的高清频道:CCTV高清综合频道、上海文广SiTV新视觉高清频道、中影CHC高清电影频道、北京电视台奥运高清频道。另外,还有深圳广电集团高清频道、青岛电视台高清频道等地方高清频道开播。2008年北京奥运会期间,北京歌华有线网络公司架设了有线电视专

---

① 参见范洁:《向数字化全面转型》,《新闻战线》2009年第8期。

网,为奥运大家庭成员提供了优质的高清节目转播和点播服务,首次成功通过有线电视网络提供多频道高清服务。高清电视的发展是世界电视发展的潮流之一,是中国经济技术发展和人民生活水平提高到一定程度的产物。未来,高清频道和高清节目内容将不断丰富,除有线电视外,无线、卫星等也将丰富高清电视的传输方式,高清电视机、高清机顶盒将更加普及,必将成为未来文化消费热点之一。

二、全球化传播

(一) 媒介全球化

20世纪50年代,加拿大著名学者马歇尔·麦克卢汉曾经预言,人类将进入电子信息时代。他提出,电子传播媒介将把人类居住的这个地球变成一个小小的村落。麦克卢汉的预言如今已经成为现实。现在我们正生活在电子信息时代,足不出户便知天下大事,相距千里能够听声见人。地球已是一个小小的村落,诗人王勃的"天涯若比邻"成为真实的写照。这一切都应归功于电子传播媒介,是电子媒介将整个世界联系在一起。

一般认为,媒介全球化包含两层基本含义,一是指媒介的活动范围,二是指媒介的影响力。换句话说,21世纪的传播媒介,无论从其活动的范围,还是就其影响力来讲,都将冲破国界线,以整个世界为其活动舞台。

媒介全球化是世界经济全球化的要求和体现之一。当前,世界范围的冷战局面已经结束,各国之间的关系进入了新的发展时期。在政治上,世界正走向多极化,国与国之间的对话逐步取代对抗,和平与发展成为世界的两大主题。在经济上,国际经济正走向一体化,各国之间相互依存、相互交融的趋势在增强。总之,世界面临全球化的发展趋势。全球化这种发展趋势,对新闻信息的需求将是大量的,全方位的。各国政界需要不断地、及时地、全面地获取世界各地的各类信息,以便实时地制定和调整本国的各项政策;军事、财政、金融、科学、文化、教育等各个领域也同样是如此。各国的社会公众也渴望了解他国的新闻、文化、风俗等异域生活。因此,新闻传播是全球化发展趋势的一个重要领域。媒介全球化既适应这种发展趋势,又促进这种发展趋势。

科技发展和进步为媒介全球化提供了物质保证和基础。国际间新闻传播不断扩大的客观需要,促进了传播技术的不断更新和发展。而每一新传播技术的出现,又不断增加国际新闻传播的能力,扩大它的影响和范围。由于国际间空间距离较远,各国国界限制严格,再加上新闻传播时效性要求较高,因此,媒介全球化对传播技术的要求远比对国内高。印刷媒介由于受国界和文字的限制,国际流通有局限性。过去,短波广播是主要的对外传播方式。但是,由于供广播使用的短波波段容量有限,一般为 3.9 至 26.1MHZ,每天使用短波播出的节目数量众多,波段十分拥挤,各台之间信号干扰十分严重。加上短波是通过电离层传输的,播出信号极不稳定,又容易受自然界或人为因素干扰,所以收听起来质量相对差。为扩大覆盖面积,改善收听效果,许多国家竞相增加发射机的功率和数量,造成各电台之间的信号相互干扰越来越严重。

如果说过去的国际广播是以某个国家或某个地区为对象,使用当地语言通过短波波段在一定的时间段播出,节目比较单调,那么,近几年发展起来的环球广播则是国际广播未来的主要发展方向。所谓环球广播,是指某一国家以全球各地听众为对象的不间断的广播,通常用英语和本国语言播出,节目内容为综合性,以新闻为主。自 20 世纪 90 年代以来,开办环球广播的国家越来越多,规模也越来越大。数字技术的应用极大地改变了国际广播的质量。环球广播主要通过卫星传送数字信号。美、英、德、法、日、俄、中等国的环球广播影响最大。

电视是声像并茂的综合性传播媒介。但是,直到 20 世纪 60 年代以前,各国的电视主要是通过微波等方式由地面传送信号,传输距离短,常常受到地理和气候条件的限制。所以,各电视台主要是面向国内某一地区播出。如要对外,则须寄送和交换节目带,但能否在别国全部或部分落地播出,主动权不掌握在自己手里,这要取决于他国的意愿。

传播技术的局限性,无法实现媒介全球化。广播电视技术,特别是计算机技术和卫星通信技术的发展,使得媒介全球化成为可能。媒介全球化,主要通过两个途径来实现:一是通过卫星,二是通过互联网即因特网。① 20 世纪 50 年代,苏联发射了第一颗人造地球卫星。20 世纪 60 年代,美国发射了世界上第一颗通信卫星,从此人类进入了卫星通信时代。自 20 世纪 80 年代起,电视直播卫星(DBS)开始出现,从而揭开了电视传播史上新的一页。国际卫星电视特别是数字卫星电视,由于传播速度快,覆盖面广,节目声像并茂,视觉冲击力强,已成为国际传播的一个主要形式,为各国所重视。

目前,世界上面对国际受众的主要电视机构,大致可以分为三类:第一类是代表国家形象的公办电视台,如美国新闻署主办的世界电视网(World Net),英国广播公司的世界电视台(BBC World Service Television),德国之声电视台(Deutsche Well),法国国际电视台(CFI),日本 NHK 电视台,中国中央电视台的第 4 套和第 9 套节目等;第二类是商业电视台,如美国有线新闻网国际台(CNN International),美国广播公司(ABC),英国空中广播公司(BSB),法国新频道电视台(Canal Plus)等;第三类是多国出资合办的非商业电视台,如欧 洲 新 闻 台 (Euronews),欧 洲 体 育 台 (Eurosport),欧 洲 文 化 电 视 台(ARTE)等。

美国、英国、德国、法国、日本等,纷纷建立国际卫星电视台的目的,在于抢占国际电视市场。它们的着眼点是人多、地广的亚非拉广大发展中国家。而一些经济比较发达的亚非拉国家,如印度、新加坡、马来西亚、印度尼西亚、南非、埃及、墨西哥、巴西等国家,为了抵制和减少欧美国家的影响,扩大自己的影响力,也先后加入国际电视广播的行列,办起了自己的卫星电视。目前,在亚洲上空有分属不同国家的卫星近 40 颗,播出 200 多套电视节目。在欧洲,有通过卫星和有线传输的泛欧电视近 30 个频道,覆盖整个欧洲及其周边地区。播放的节目从新闻到娱乐、从体育到音乐、从成人到儿童,应有尽有。例如,以新闻为主要内容的有 BBC 世界台(BBC World),CNN 国际台(CNN International),欧洲新闻台(Euronews),欧洲体育台(Eurosport)等 5—6 家。泛欧电视使用欧洲数种通用语言,如英语、法语、德语、意大利语、西班牙语、葡萄牙语、丹麦语、芬兰语、瑞典语、捷克语、匈牙利语,还有阿拉伯语、日语等多种

①　参见徐耀魁:《新世纪世界传媒发展趋势浅析》,《山东视听》2002 年第 2 期。

语言。可见,一场抢占世界广播电视市场、争夺国际广播电视受众的无硝烟的电波大战,已经悄然展开,这将是 21 世纪各国显示国力、征服人心和扩大影响的主要表现形式。

因特网是媒介全球化的又一个途径。网络传播的特点是速度快、容量大、覆盖面广、穿透能力强,不受时空和地域的限制。一方面,网络传播对传统的大众传播媒介造成了巨大的冲击,同时,它也为传统的大众传播媒介开辟了新的活动天地,注入了新的活力。过去,国际间新闻信息传播,主要是通过国际广播、卫星电视、世界范围内发行和流通的报刊。而今,因特网又成了国际信息传播最主要的新途径之一。

早在 1995 年 8 月,美国 ABC 广播公司首先利用互联网进行全球广播,到 1997 年,已有约 85% 的美国区域性或全国性的广播电台在互联网上建立了自己的网站。现在,世界著名的广播电台都已早早地借助互联网,将自己的信息传入全球千家万户。发达国家的电视机构也纷纷在互联网上抢占地盘,美国广播公司(ABC)、哥伦比亚广播公司(CBS)、福克斯广播公司(FOX)、美国有线电视新闻网(CNN)等大广播公司均已开展网上广播。其中,1996 年美国全国广播公司(NBC)与世界著名的电脑软件生产商微软公司(Microsoft)合作,创办了微软—全国广播有线电视频道(MSNBC)。它既播放有线电视节目,又通过互联网提供各类信息。MSNBC 全天 24 小时提供多达 4000 页的信息。

由于网络传播不受国界限制,凡进入因特网的信息,都能被因特网使用者自由接触和调阅,而且可以反复传播。在网上,国家的地域界线已不再是阻止传播的因素,传统的国际传播观念已经发生了变化。无限的传播范围使得传统意义上的国界不复存在,连接了全球 150 多个国家的互联网为每个国家及其公民打开了自由通向世界的大门。互联网既带来了新的机遇,也带来了新的风险。多元化的传播内容大大降低了在不同国家、不同民族及不同信仰的人们之间进行交流的限制,进一步促进了不同文化之间的碰撞与交融。

全球化虽然主要表现在经济领域,但它也对国际政治、文化、意识形态、价值观念等各个领域产生重大影响。媒介全球化将使世界各国更加开放,各国之间的交流更加频繁,各国的文化将进一步融合,各国人民之间的理解将进一步加深,世界和平进一步巩固;同时,我们也看到,以美国为代表的西方发达国家会以全球化为契机,借助强大的媒体和雄厚的经济实力,进一步扩大自己的势力和影响,推行美国的价值观和生活方式,输出美国的文化,从而形成西方中心化,使世界其他各国对西方的依赖进一步加强。对此,要保持清醒的头脑和高度的警惕。

(二) 竞争国际化

毫无疑问,媒介全球化带来的主要挑战是,各国传媒的竞争将主要在国际舞台上进行。国际传媒的竞争,将面临两大发展趋势:

——西方一些实力强大、资本雄厚的非新闻传播事业公司开始插手新闻传播业,它们通过收购、兼并一些著名的传媒集团,以扩大自己的经济实力。如1986年,美国通用电气公司收购了全国广播公司(NBC);迪斯尼公司于1995年兼并了美国广播公司(ABC);1995年底,哥伦比亚广播公司(CBS)被西屋电气公司收购。

——跨国传媒公司之间的竞争将更加激烈。所谓跨国传媒公司,是指那些以一国为基地、收购或兼并其他国家传播媒介和信息产业的人媒介集团。它们在世界各地通过收购、兼并其他国家的传播媒介和信息产业,进入全球媒介市场,并且通过卫星、因特网等手段将信息直接传递给其他国家,从而争夺其他国家的受众和广告商。号称世界媒体大王的默多克,自20世纪70年代起,将其触角伸向世界各地,收购、兼并各地的报刊、广播和电视,一直在努力实施其"环球传播帝国"计划。他在英国先后收购了包括《泰晤士报》在内的30余家报纸,成为英国的最大报团;还在美国收购了数家报纸、电影公司、电视台;他还在中国香港收购和控制了包括香港卫视在内的数家新闻机构;在美国的福克斯广播公司、在欧洲的空中广播公司、在亚洲的中国香港卫视台,都在进行跨国电视广播。1996年起,默多克又对数字卫星直播电视大力投资,相继在英国、日本、拉美、新西兰等地创办空中广播公司。类似于默多克新闻集团的跨国媒介集团将越来越多。可以预言,国际范围内的传媒收购、兼并和垄断之风将越刮越猛。①

---

① 参见徐耀魁:《新世纪世界传媒发展趋势浅析》,《山东视听》2002年第2期。

由此可见,当代传媒模式的变更包含竞争国际化是这个时代最明显、最重要的变更之一。这些过程体现在包含政治、经济、文化等所有的社会领域,不能把它看作一个单一的状态,相反它指的是在社会运动的所有要害领域中不断全球化的相互接洽模式。在这种竞争中,人们的生活产生了重大的变更。人们会根据从媒介上获得的信息领导现实生活,也会以移植真实生活世界中的一些方法来处理虚拟媒介世界中的事务。更为深刻的是,现代社会将变得越来越宏大和复杂,人们从真实生活世界获得的信息可能远远比不上从虚拟媒介世界获得的信息。在某种程度上,每个人都是媒介化了的人。于是,全球性媒介走向全球的每个角落,指引人类的思考和美好的寻求。

中国已全面参与全球化进程,经济的发展与世界市场经济体系全面接轨。中国传媒面临着国际竞争的挑战与机遇,全球化对传媒的影响正逐渐显现。面对竞争国际化的新形势,中国传媒需要主动适应并服务于经济全球化,利用自身优势积极参与国际竞争,并善于学习和借鉴国际经验,增强本国传媒的竞争力,抵御境外传媒巨头的冲击。同时,不断提高本国传媒对外扩张能力,才能在全球传播市场中发挥与中国国际地位相称的作用与影响力。全球化对中国传媒的影响,既有严峻的挑战,也有难得的机遇。随着全球化的发展,中国传媒市场将面临国内外所有媒体的资源竞争、市场竞争,这种竞争提高了中国传媒业的危机感,并将促使中国传媒学习西方传媒先进的理念和技术,包括他们的商业模式,以推进中国传媒业的现代化进程,加快中国传媒与国际接轨的步伐,提升中国传媒竞争力。当前在中国走红的电视娱乐节目,有不少都是对西方同类电视节目的学习和借鉴,如中央电视台的《开心辞典》、上海东方卫视的《我型我秀》等,难能可贵的是,它们在学习国外娱乐节目的同时都有不同程度的文化创新。

随着中国日益提高的国际地位和日渐增长的国际影响力,经过近几年的努力,广播电视跨国传播、向海外进军取得了突破性进展。中国国际广播电台通过"本土化"落地模式,已成功实现在芬兰、法国、瑞典和丹麦等西方国家的节目落地,使国际台对北欧广播达到了芬兰语、瑞典语和丹麦语等三种语言播音。由中央电视台牵头,与国内10家电视台共同组建的"中国长城卫星电视平台",自2004年10月1日正式成立以来,相继在北美、亚洲、欧洲实现开播,

2006 年又在加拿大落地播出,长城平台的用户数量不断上升,在全球的影响力逐渐增强。中央电视台国际频道的信号已基本覆盖全球,中文频道、英语频道及西法语频道目前已在 120 个国家和地区实现落地,境外收视用户达 7000 万。2007 年 1 月 1 日,中文国际频道又实现了在亚洲、欧洲、美洲分别播出,2007 年 10 月,已实现在西班牙语频道和法语频道的分频道播出。可以预见,伴随着中国综合国力的进一步增强,对外开放的进一步扩大,中国电视将加快"走出去"步伐。

就目前来看,中国传媒的国际化发展虽然迈出了积极的一步,但是还处在初级阶段,与西方媒体巨头相比,无论是传播对象全球化、传媒组织全球化,还是传媒全球性影响力等方面,仍然存在不小的差距。中国既是传媒大国,也是传媒弱国,传媒业的发展不但落后于经济的发展,而且国际化程度低,难以与外资传媒巨头抗衡。与发达国家相比,中国的传媒创新还很落后,"同质性严重,低效率运行"是普遍存在的现象,这也导致中国传媒缺乏"走出去"的经济实力和国际经营能力。[①] 由于国际市场上竞争对手的实力都很强大,而中国传媒企业的整体经济实力和国际经营能力比较弱,因此,大大增加了开拓海外市场的难度。就传媒自身实力而言,具备走出国门发展的只是少数。比起发达国家的传媒巨头,中国传媒面临着多重任务,既要产业化,同时要全球化、数字化,任重而道远。总之,由于诸种条件的制约,中国传媒的全球化进程面临着许多困境,如开放程度较低、市场化程度不高、受到政策保护等,这些都不利于提高中国传媒业的国际竞争力。

三、媒介融合带来新机遇

（一）媒介融合的缘起

关于"媒介融合"概念的内涵,有多种不同的见解,目前还没有统一、确定

---

① 钱晓文:《我国传媒的国际化竞争战略》,《青年记者》2008 年第 4 期。

和公认的阐释。这一概念的最早提出者,美国马萨诸塞州理工大学的普尔认为,其本意是各种媒介呈现出多功能一体化的趋势,这种关于媒介融合的想象更多的集中于将电视、报刊等传统媒介融合在一起。普尔提出此概念明显是基于技术的发展之上。1997年,欧洲委员会的关于信息社会发展的绿皮书中认为,融合不仅限于技术,也体现在经济的层面,即商业机构采取一种新的方式来从事生产经营。美国新闻学会媒介研究中心主任安德鲁·纳齐森则认为,媒介融合是"印刷的、音频的、视频的、互动性数字媒体组织之间的战略的、操作的、文化的联盟"。

总体上看,媒介融合这一概念的提出,在技术发展的基础上预见了传媒业发展的趋势,根据当时迅猛发展的科学技术在推动传播媒介的变革中所起的决定性作用,研究者敏锐地洞察到传媒环境将发生的改变。实践也证明,媒介借助网络技术得到了前所未有的发展。媒介融合渐渐从理论和实践上得到印证,而且在不断完善。

在西方新闻学界,谈到媒介融合这一概念时,经常用 Journalism 代替 Media,其实两者的意思差别并不大。因为在西方,Journalism 是指整个"新闻业",因此"媒介融合"和"新闻业融合"是可以互换的两个概念。要理解媒介融合这一概念,界定其指向、范围,首先看看其英文单词 Convergence。根据《牛津高阶英汉双解词典》,有两个意思:一是指线条、运动物体会于一点,向一点会合、聚集;二是两种事物相似或者相同。因此,媒介融合就有两层意思,第一层意思是"会聚""结合",第二层意思才是融合,两层意思是有区别的,"会聚"或"结合"虽然有一些"融合"的意思,是低层次的"融合",是物理意义上的,是在做"加法",将同种的媒介或者不同种类的媒介结合为一个共同体,如中国很多的报业集团、广电集团等;而"融合"则是将不同的媒介功能和传播手段"融化"为一种,这应该是媒介融合的核心部分,也是未来媒介发展的一个主要趋势。① 所以,媒介融合的概念应该包括狭义和广义两种,狭义的概念是指将不同的媒介形态"融合"在一起,产生"质变",形成一种新的媒介形态,如电子杂志、博客新闻等;而广义的媒介融合则范围广阔,包括一切媒介及其有

---

① 陈浩文:《再论媒介融合》,《紫金学术》2007年第4期。

关要素的结合、汇聚甚至融合,不仅包括媒介形态的融合,还包括媒介功能、传播手段、所有权、组织结构等要素的融合。广义的媒介聚合是一个从低级到高级逐渐发展的过程,狭义的媒介聚合则是发展的最高阶段。

从广义的角度来看,结合实践,可以把媒介融合进行分类。早在 2003 年,美国西北大学的戈登便归纳了美国当时存在的五种"媒介融合"("新闻业融合")的类型:

一是所有权融合(Ownership convergence),大型的传媒集团拥有不同类型的媒介,因此能够实施这些媒介之间的内容相互推销和资源共享,如美国佛罗尼达坦帕市的媒介综合集团(the Media General company),美国俄亥俄州的新闻电讯集团(Dispatch Media Group),都是将各自在同一地区所拥有的报纸、广播电台、电视台和网站进行了融合。

二是策略性融合(Tactical convergence),指所有权不同的媒介之间在内容上共享,如分属不同媒介集团的报社与电视台之间进行合作,相互推介内容与共享一些新闻资源。

三是结构性融合(Structural convergence),这种融合与新闻采集与分配方式有关,如美国《奥兰多哨兵报》决定雇用一个团队做多媒体的新闻产品,使报纸新闻能够加工打包后出售给电视台。在这种合作模式中,报纸的编辑记者可能作为专家到合作方电视台去做节目,对新闻进行深入报道与解释。

四是信息采集融合(Information-gathering convergence),这主要是指新闻报道层面上一部分新闻从业者需要以多媒介融合的新闻技能完成新闻信息采集。前文中谈的"超级记者"的工作便属此类。

五是新闻表达融合(Storytelling or presentation convergence),这主要是指记者和编辑需要综合运用多媒体的、与公众互动的工具与技能完成对新闻事实的表达。

尽管是美国确实存在的一些现象,但正如人民大学蔡雯所说,这种划分的标准并不一致,前三种是"媒介组织行为"的划分,后两种则是以从业人员的角度进行划分。

另外,戴默等几位在美国鲍尔州立大学任教的学者也向美国新闻与大众传播学教育学会提交了一篇题为《融合连续统一体:媒介新闻编辑部合作研究的一种模式》的论文,在文中提出"融合连续统一体"这一新概念。他们根据自己所掌握的美国及其他国家的媒介的实际情况界定了"融合新闻"的几种模式以及每一种模式的具体含义:一式交互推广(Cross-promotion),指作为合作伙伴的媒介相互利用对方推广自己的内容,如电视介绍报纸的内容;二是克隆(Cloning),指作为合作伙伴的媒介不加改动地刊播对方的内容;三是合竞(Coopetition),指作为合作伙伴的媒介之间既有合作也有竞争,如一家报社的记者编辑在某电视台的节目中对新闻进行解释和评论,某一媒介为自己的合作伙伴提供部分新闻内容等。作者认为合作的媒介之间依然存在着相互戒备,在电视上露面的报纸记者不会愿意透露那些构成报纸独家新闻报道的关键信息;四是内容分享(Content sharing),指作为合作伙伴的媒介定期相互交换线索和新闻信息,并在一些报道领域中进行合作,如选举报道、调查性报道等,彼此分享信息资源,甚至共同设计报道方案,但各媒介的新闻产品仍然是由各自的采编人员独立制作的;五是融合(Conv-ergence),指作为合作伙伴的媒介在新闻采集与新闻播发两个方面进行全方位的合作,他们的共同目标是利用不同媒介的优势最有效地报道新闻。多个媒介的记者编辑组成一个共同的报道小组,策划新闻报道并完成采编制作,并且决定哪一部分内容最适合在哪个媒介上播发。①

从效果上看,戴默的划分明显比戈登合理,五种模式的新闻融合程度依次由弱到强、由简单到复杂。在现实中都存在着这几种"媒介融合"的例子,如报业集团、媒体联盟以及平面媒体电子化等现象。最能代表"媒介融合"的是论坛公司(The Tribune Company)和媒介综合集团(Media GeneralInc)。这两家公司都以自己所拥有的并且同在一个地区的报社、电视台和网站作为基础,构造了不同类型的"融合新闻"的平台,并取得引人瞩目的成果。在澳大利亚、新加坡等国家,"融合新闻"也同样有所收获。这个应该是迄今为止最高层次的媒介融合了。中国的很多学者也对媒介融合进行过划分,但大都不会脱离这两种划分方法。其中一个重要的不足就是仍然没有将最高层次的媒介

---

① 参见蔡雯:《从"超级记者"到"超级团队":西方媒体"融合新闻"的实践和理论》,《中国记者》2007 年第 1 期。

融合划分进去,就是在数字技术的帮助下,通过汇聚,产生一种新的媒介形态,正如有的学者认为,"融合新闻"必将超越"媒体组织之间的战略的、操作的、文化的联盟"这一界定,不只是"媒介之间的合作模式",而演变成一种独立运行、流程完整、操作规范的新闻生产模式。

实际上,媒介融合的分类方法并不是固定的,关键是看其分类的标准。按照刚才下的定义,广义的媒介融合包括一切媒介及其有关要素的结合、汇聚甚至融合,不仅包括媒介形态的融合,还包括媒介功能、传播手段、所有权、组织结构等要素的融合。媒介融合是一个不断发展的过程,因此,应该按照媒介融合的发展过程进行分类。

(二) 媒介融合的影响

从融合的进程来看,媒介融合的第一个阶段是组织的融合。这种结合往往是依靠外部的力量,如行政力量使媒体结合成一个共同体,中国的许多报业集团都属于这种类别。结合以后这类集团往往只是名义上的,只是一种十分松散的组合,往往还是处于各自为战的状态,没有形成有机分工的态势。

第二阶段是资本融合,比前一阶段有了很大的进步。因为它是在市场"看不见的手"的作用下,使有实力的媒介集团在资本市场上完成对其他媒介或媒介集团进行收购或者两个媒介组织之间通过资本市场进行的合并。这种兼并或收购往往不局限于一种媒介,是一种横向的收购。如美国在线与时代华纳的合作就是一个典型的例子。值得注意的是,参与到资本融合的双方不一定都是媒介组织,只要有一方是媒介或与媒介相关的组织,而且这种"融合"有利于它的发展,加强了其竞争力,都可以将其看作"媒介融合"的一个例子。2006 年 6 月 8 日,中国移动宣布收购星空传媒所持有的凤凰卫视 19.9% 的股权。根据战略联盟协议,中国移动与凤凰卫视将在移动增值服务领域,在以无线方式提供传媒内容方面进行资源共享,中国移动将在其无线平台上优先并以优惠条件获得凤凰卫视的内容。① 可以看到,通过这次的"资本融合",凤凰卫视获得了更大的资源优势,促进了媒介集团的发展。

---

① 高钢:《关于媒体融合的几点思索》,《国际新闻界》2006 年第 9 期。

第三阶段是传播手段的融合。所谓"传播手段融合",从小范围来说指利用新技术改造传统媒体,从大范围来说指大型的传媒集团不同媒介的传播手段在一个大平台上进行整合。实施这些媒介之间的内容相互推销和资源共享,报纸、广播电视、网络全部用一套班子,由"多媒体编辑"统筹策划,将采回的材料和新闻用于集团旗下的各个媒体。如报网的互动,还有更加典型的是美国佛罗尼达坦帕市的媒介综合集团(the Media General company),这个集团30多个媒体放在了同一个大平台里运作。尝试了一次多家媒体的融合:TAMPA 先驱报、WFLA 电视台和 TAMPA BAY 在线在同一写字楼同一平台上办公。这样他们的网站上有电子版报纸,这是网络和报纸的融合,电视台和报纸则会联合采访,共同工作。需要注意的是,这一阶段是"资本融合"的必然结果,是一种有机的整合。大范围的"传播手段融合"应该说已经接近媒介融合的最高阶段了。

媒介融合最高的阶段是媒介形态的融合。新技术的发展日新月异,完全有可能在未来产生一种与今天媒介形态完全不同的新媒介,这种媒介有可能融合了几种甚至全部媒体的优点。其实已经开始出现这方面融合的例子,如盛大网络的"盒子计划",这种机顶盒作为一种集成众多厂商技术、具有自主产权的新型电脑终端,具有播放影碟、浏览互联网、参与网络游戏、编辑电视等多种功能,可以说是"媒介融合"的典型产品,但最终由于制度因素而夭折。[①]可以预见,未来"三网合一"必然会造就一些新的媒体形态出现。

关于媒介融合这一现象和趋势,近几年来研究者越来越多,研究的范围方向也日益广泛,但是具有说服力的全面概括似乎并不容易,只能阐释其状态或可能的发展动向,而这也是媒介融合的一大特点。因为媒介融合是基于科学技术的发展而出现的,并且伴随着科技的日新月异,媒介融合将有更深广的内涵,所以一时很难有定论。

如前所述,对于媒介融合这一概念的阐述,至今没有一个公认的定义,学者们只是从不同角度阐述了这种现象。其实媒介融合作为新闻传播业的一种发展趋势,很难用一两句话概括得清楚,而且随着实践的发展,任何试图描述

---

① 孟建:《媒介融合:粘聚并造就新型的媒介化社会》,《国际新闻界》2006年第7期。

现状的语言在不可预测的实践冲击下都是无法全面准确概括媒介发展趋势的。但是,可以预见的是,媒介融合将有几个显著特点:一是媒体间的合作性。无论是传统媒体之间,还是新媒体之间,或者新旧媒体间,合作是融合的外部条件,包括技术合作和内容合作等全方位的合作将在媒体间展开;二是媒体与受众的互动性加强。媒介融合必将把传受者之间的互动发挥到极致,从目前媒体的运作来看,互动已成为不可或缺的环节,而在媒介融合中,互动将更为明显;三是媒介融合是在技术的支持下实现的。网络技术、数字技术等的运用使媒介融合的水平和层次不断得到提升,而且其前景无限,像网络技术发展以来短短的数年间就使传媒环境发生了巨大变化。由此,媒介融合以技术为依托,将随技术的发展而发展。以上这三方面将是媒介融合的必然结果。

尽管目前学界和业界对媒介融合的含义还没有达成一致意见,但是媒介融合的实践却一直在进行,而且这一趋势将会持续下去。将来的媒介融合将会以什么样的方式出现,达到什么样的效果还不能预测。虽然从现有的可以称作为媒介融合的实践中可以看到一些端倪,但是具体的状态效果只能有待于科学技术的不断发展和传媒业的改革和创新。无疑,媒介融合是传媒业发展的一种大趋势,其形式不断发展,模式也在不断改进,各方探索仍在进行,围绕媒介融合的话题也将更加深入。

从现有的实践来看,媒介融合有以下几种表现形式:一是传媒信息的融合,即从媒介内容上进行融合,指各类媒体中涉及媒介融合的栏目;二是各种不同媒介形态的融合,包括新媒体和传统媒体间的融合、新媒介间的融合、传统媒介间的融合等;三是传媒集团的整合是媒介融合重要的表现形式,平面媒体、电子媒体、网络媒体统一到一个平台上进行信息的采集、发布等也是可行的。以上这几种实践都可以称为媒介融合的实践形式,而且有些实践在业界已经成为一种模式。这几种表现是基于媒介融合的广义上来探讨的,广义上的媒介融合包括一切媒介及其有关要素的结合、汇聚甚至融合,尽管有些表现也会受到质疑,但是对于一个没有定论的发展趋势来看,所有相关的要素都是值得探讨的。

媒介融合的理论和实践已经产生了巨大的影响,无论是对于新闻传播业还是对整个社会,都有不同程度的改变。随着媒介融合进程的深入,其影响会更加深刻。从传媒业的角度看,媒介融合对新闻信息传播过程中的新闻信息采集方式、新闻内容、传受者地位以及新闻学教育、人才培养等方面提出了新的要求,传媒管理模式甚至关于传播的政策法规也将会更加适应媒介融合的步伐。

就新媒体而言,目前用户最多、传播影响力最大的两类,一是以互联网为传播介质的网络媒体,二是以手机为用户终端的手机媒体。新媒体造就了信息开放的新局面,造就了全时空传播的新局面,造就了一人一媒体、所有人向所有人传播的新局面,造就了信息爆炸和信息迅速更替的新局面。尤其是互联网新技术、新应用的推动,不断使传播形态更加丰富,推动了自媒体、私媒体、草根媒体、公民媒体、独立媒体、参与式媒体、社会化媒体等传播形态的形成。媒介融合不仅仅是给传统媒体的内容传播提供了众多新途径,实际上带来的变化是多方面的。在管理机制上,为制度创新预设了可能性,为向现代企业转型提供了空间;在新闻生产上,它是信息整合的具体方式、报道形态,以多媒体素材集成报道;在传播渠道上,它向各种平台终端强力渗透各种内容产品,形成和汇聚新一代受众群;在商业模式上,它是完善对传统媒体广告之外的全新的市场布局。可以说,媒介融合的进展,不断促进着新闻从业者信息获取方式、采访报道方式、新闻发布方式、新闻理念的改变,乃至传统媒体从业人员向新媒体领域的转行。

就广播电视而言,从长远来看,伴随着互联网成长的一代,将对其传统的单一产品形态、单向传播方式、大众化的传播内容无法接受,多媒体形态、互动传播、个性化服务将成为新一代受众心目中的媒体标准,这无疑是传统广播电视面临的最致命威胁。[①] 媒介在技术层面的融合,将导致一系列的连锁反应。媒介融合,说到底,就是技术数字化网络化、产品多媒体化、业务融合化、市场一体化、组织整合化,最终体现出来的是媒介产业融合。媒介融合给中国广播电视的生存与发展埋下了危机与隐患,但也为长期困扰于产业化之途的中国广播电视带来了产业创新的重要契机。媒介融合将给广播电视的发展带来从

---

① 参见姚志文:《媒介融合与中国广播电视的发展——访四川大学新闻传播研究所所长、博士生导师欧阳宏生教授》,《当代传播》2008 年第 6 期。

市场定位到组织机构、生产模式、营销模式、竞争模式等方面的全方位创新。

　　总之,在全球化媒介融合的形势下,大规模的媒介融合成为一种必然,而网络媒体的兴起则直接促成了中国多媒体融合的步伐。然而,到目前为止,中国大规模的媒介融合还在起步阶段,媒介之间的融合主要还是报纸与网络之间及广播、电视与网络之间的单向融合,传统媒体大都只在内部妊娠并发育出电子版媒体模块。毋庸置疑,媒介融合将是国际传媒大整合之下的新作业模式,简单地说,就是把报纸、电视台、电台和网站的采编作业有效结合起来,资源共享,集中处理,衍生出不同形式的信息产品,然后通过不同的平台传播给受众。这种新型整合作业模式已逐渐成为国际传媒业的新潮流。在市场大需求和全球大潮流的驱动下,媒介之间除了融合已别无选择。

　　(本文原载袁军、庞亮:《中外广播电视史》,高等教育出版社2012年版,所选章节由袁军独立完成)

香港、澳门和台湾的广播电视事业[①]

香港、澳门和台湾自古以来就是中国的神圣领土,香港、澳门和台湾的广播电视事业理所当然是中国广播电视事业的组成部分。香港、澳门回归后,遵循"一国两制"方针,两地规划和发展自身的广播电视事业,同时多方面开展与内地广播电视界的交流与合作。台湾与祖国大陆长期处于隔阂状态,台湾的广播电视事业自行发展。20 世纪 80 年代后期以来,随着"一国两制"构想的提出和形势的发展,海峡两岸关系有了一些突破,祖国大陆与台湾广播电视的交流和合作也随之开展起来。

一、香港的广播电视事业

(一) 广播事业的发展

1923 年,香港一些业余无线电爱好者自发开展业余实验广播活动,播放一些社会新闻并转播歌剧,每周仅播两天,每天两三小时,颇受欢迎。1928 年,香港政府接手经营广播,于 6 月 30 日成立香港电台,台号是 GOW,当天上午 9 时用 3.55 波长正式播出新闻和娱乐节目,这是香港历史上第一座广播电

[①] 本文是在《1949 年以来香港、澳门和台湾的广播电视事业》一文基础上,重新加工整理完成的。原文是《中国广播电视通史》(赵玉明主编,中国广播影视出版社出版)中的一章,由袁军独立完成,客观详实记录并全面反映了 1949 年后至 2000 年间香港、澳门、台湾地区广播电视事业发展的情况,具有较高的历史研究价值。《中国广播电视通史》一书为国家社科基金资助项目,先后获得第四届中国高校人文社会科学优秀成果二等奖、第五届吴玉章人文社会科学一等奖。

台。开播之初,香港电台只有英文台。1929 年 2 月 1 日,台号改为 ZBW。1934 年,香港电台增设中文台(广州话,下同),台号为 ZEK。1941 年 12 月,日军占领香港后,该台一度停播。次年初,日军监管的"香岛放送局"开播。1945 年 9 月 15 日,英国重新管治香港后,香港电台恢复广播。1948 年 8 月,取消 ZBW 和 ZEK 台号,正式命名为"香港广播电台"(Radio Hong Kong,简称 RHK)。

从 1928 年 6 月 30 日香港电台成立,到 1949 年初的二十年中,香港地区只有一家广播电台,市民只能收听香港电台的广播,别无选择。直到英商"丽的呼声(香港)有限公司"开办"丽的呼声"有线广播后,才结束香港电台"一家独占"的局面。

"丽的呼声"1949 年 3 月 21 日开播,与香港电台的无线发送不同,该台采用有线传输方式,听众需按月交费,才能接通线路收听。

开播之初,"丽的呼声"设中文(Silver Network)、英文(Blue Network)两台,称"银色中文台"和"蓝色英文台",每天从早晨 7 点到午夜 12 点连续播音,除自制节目外,还转播香港电台的节目。

1956 年 7 月,"丽的呼声"开办了第二个中文台,称"金色中文台"(Gold Network),专门播出广州话、潮州话、上海话等方言节目。1959 年 3 月,"丽的呼声"用户达 6.5 万,听众约 100 万左右,进入全盛时期。

20 世纪 50 年代,香港人口剧增,香港当时仅有香港电台和"丽的呼声"有线电台,难以满足市民对广播节目多元化的需要。1957 年,香港五家机构竞投开办无线商业广播电台。10 月,香港商业广播有限公司取得唯一的商业牌照,开始筹办电台。1959 年 8 月 26 日,商业电台正式开播,台址位于九龙荔枝角,发射功率 1 千瓦。开播之初,设有中文、英文节目各一套,中文节目称为"商业一台",英文节目称为"商业英文台",每天 7 时至 24 时播音。与香港电台不同,商业电台是一座民营广播电台,以广告收入作为经济来源。

1957 年 5 月,"丽的呼声(香港)有限公司"开办了黑白电视,该公司的经营重点转向电视业务。1973 年 4 月,"丽的呼声"有线广播宣布停业,从开播至此,前后共 24 年。

1971 年,英军廓尔喀兵旅从新加坡与马来西亚调驻香港后,人员增多,英军因此在香港筹办了一座广播电台。开播之初，只有尼泊尔语节目，每晚播出2小时，后增办了英语节目。

1990年5月，香港政府公开招标开办第二商业广播电台，香港本地及国外十多个财团参加投标。12月4日，港英政府宣布将经营第二商业台的牌照颁发给"高艺广播有限公司"，由该公司组成的新城电台随即开始筹备。1991年7月，新城电台正式开播，推出三个频道，分别称为"新闻台""劲歌台"和"金曲台"。

至此，香港四家广播电台（香港电台、商业电台、英军电台、新城电台）并存的格局形成。四家广播电台中，由于英军广播电台影响不大，新城电台开播不久，收听率有待提高，因此多年来，香港的广播实际上是香港电台和商业电台两家争雄，两家各自声称是全港听众最多的广播电台。

香港的广播技术发展较快，早在1960年，香港电台就开始采用超短波调频广播，1976年4月，香港电台首次播出调频立体声节目，成为亚洲第一个采用立体声广播的电台。1981年，商业电台的两个中文台也开始了调频广播。

1980年3月1日，香港电台的英文台首创全天24小时广播，其他广播电台大部分都是每天播出22至24小时。

在新闻报道方面，由于香港当局的严密控制，70年代以前，香港的广播电台没有独立发布新闻的权利。香港电台自开播后的很长一段时间，新闻节目靠转播英国广播公司（BBC）的节目，直到60年代末，其新闻报道主要还是由港府新闻处提供，由专人负责送稿。商业电台自1959年开播之时起，新闻节目也是由港府新闻处提供。1973年，香港电台正式成立新闻部，自行采制新闻节目。此时，商业电台的新闻节目也改由香港电台提供。直到1974年10月，商业电台才设立独立的新闻部。

1986年春节期间，香港电台与中国国际广播电台等合办《向全球华人贺岁》节目，这是香港电台首次与内地电台合办节目。

香港回归前负责广播电视事务的机构是文康广播科，下设广播处、影视及娱乐事务管理处以及1987年成立的广播事务管理局。其中广播处只管理官方的香港电台，该处处长也就是香港电台台长，影视及娱乐事务管理处兼广播事务管理局的秘书处。

（二）电视事业的建立和发展

香港的电视事业开始于 1957 年,直到 20 世纪 80 年代末,香港电视一直是亚洲电视台和电视广播有限公司(俗称无线)两大电视机构争雄。

1957 年 5 月,"丽的呼声(香港)有限公司"(该公司于 1949 年开办"丽的呼声"有线广播)经营的丽的电视台开播,这是香港历史上第一家电视台。该台是有线电视台,采用地下电缆输送黑白电视节目,这种方式持续了十多年。

1967 年 9 月 1 日,电视广播有限公司(简称"无线电视台")开始试播,11 月 19 日正式开播,这是香港第一家无线发送的电视台,开办之初是黑白电视,设有翡翠(中文台,广州话)和明珠(英文台)两台,1971 年开办彩色电视。

无线电视的开播,无疑对仍然采用黑白有线传输的丽的电视是一个重大挑战。1973 年 12 月,丽的电视获正式经营无线电视广播 15 年的牌照,其中文、英文两台也于当年 12 月和次年 4 月改为彩色播出。1982 年 9 月,丽的电视股东变化并改名为亚洲电视有限公司,简称"亚视"。

1975 年 9 月 7 日,香港第三家电视台——佳艺电视台开播。由于经营不善,1978 年 8 月 22 日,佳艺电视台宣布因经济发生困难而停止营业。

与广播不同,香港的电视采取纯私营体制,没有官办电视台。但为了利用电视这一有力媒介,宣传港英当局各项政策措施,1970 年,官办的香港电台成立了电视部,每周制作 12 小时有关公共事务的节目,分中、英文两种,按政府规定,交由两家商营电视台(亚视和无线)在晚上黄金时间无偿播出。1976 年,电视部开始制作彩色电视节目。

长期以来,香港的电视业一直由无线和亚视两家统领,进入 20 世纪 90 年代后,这一局面开始被打破。

作为商业电视台,广告收入是其存在和发展的基础,而广告又是以收视率为依据的。为了争取观众、提高收视率,长期以来,无线和亚视两台在技术上、节目上展开了十分激烈的竞争,而中文频道晚上的黄金时段是两台竞争的重点。亚视制作的多集电视连续剧《大侠霍元甲》《陈真传》等大受欢迎;无线也不示弱,除制作电视连续剧外,更推出大型综艺节目,无线开播的第二天即播出《欢乐今宵》第一期,节目久盛不衰。此外,一年一度的"香港小姐竞选""劲歌金曲大奖赛"等大型歌舞综合节目规模宏大,深受观众欢迎。

时事新闻资讯节目一直是两台竞争的重要领域。1969 年,无线电视首次租用通信卫星直播了美国太阳神飞船登月实况。此后,对于国际上及内地发生的重大事件,两台均通过卫星传播。两台每天早、中、晚都有固定的新闻栏目,尤其是每晚 6 点至 7 点之间,两台安排的新闻节目均有很高收视率。对于世界上的重大体育赛事,两台均竞相租用卫星现场直播。

两台还竞相开拓海外电视市场,朝国际化、多元化发展,纷纷与海外电视台合办节目,并大量外销电视节目。此外,两台经常派摄制组到内地拍摄制作节目,与内地各电视台的合作日趋频繁。

(三) 回归前后的广播电视事业

1984 年中英两国政府发表关于香港的联合声明,香港回归进入倒计时。同时,世界科技日新月异,卫星电视、有线电视异军突起,香港的传统广播电视格局虽然未发生根本变化,但出现了一些重大变化。

1. 加强对商业广播电视的监管,允许政府出资的电台实行"编辑自主"

回归前夕,港英政府一方面采取措施加强对商业广播电视的监管,另一方面在计划将政府电台——香港电台公司化未果后,准予该台"编辑自主"。

香港对广播电视的管理分为两个方面:一是设立必要的机构,二是通过法规进行监管。1989 年 9 月,港英政府将原有的文康广播科升格为文康广播司。文康广播司是当时港英政府在广播电视方面的政策司,负责制定有关的政策。1997 年 7 月 1 日,香港特区政府成立时更名为文康广播局,后又改组为资讯科技及广播局,它同样是香港特区政府主管广播电视的政策局。广播电视的日常监管工作由 1987 年 9 月成立的广播事务管理局(简称"广管局")负责,它是独立的法定组织。

为了适应变化的传媒环境,引进更多的竞争,2000 年 7 月 6 日,香港特区行政长官董建华签发了香港特别行政区 2000 年第 48 号条例——《广播条例》。这个条例代替了原来的《电视条例》,其目的是"促使电视市场开放、规管机制放宽、新科技得以汇流,同时更使香港成为机会之都,令广播行业迈进新纪元"。

2. 以内地和亚太为主要对象的卫星电视掀起两次开办浪潮

1990 年 12 月 22 日,李嘉诚的和记黄埔有限公司创办的卫星电视广播(香港)有限公司获港英政府发给的为期 12 年的非专利经营牌照,获准以香港为基地,利用"亚洲卫星"一号向亚洲地区发送电视讯号。截至 2000 年年底,"卫星电视"共办有 40 个频道,使用 8 种语言。

1996 年 3 月 31 日,"卫视中文台"与香港的"今日亚洲"及香港"华颖国际公司"等公司重组为"凤凰卫视中文台"。1997 年 6 月,该台口头获准在珠江三角洲落地,进入有线电视网。之后,凤凰卫视除原有的中文台外,又开办了电影台。2000 年 11 月,凤凰卫视购入原欧洲卫视的股份,股权重组,成为凤凰卫视欧洲台。随后凤凰卫视又开办了资讯台和北美台。至此,凤凰卫视共办有 5 个频道。

1994 年 10 月,港英政府又批准无线电视台(TVB)开办区域卫星电视广播,呼号为 TVBS,并与台湾地区的"年代公司"合资,主要在台湾地区落地。1998 年 7 月,无线电视台又获准开办"银河电视广播卫星有限公司",现办有 TVB8 和星河两套节目,内容以音乐和娱乐节目为主,用普通话播出,主要市场是亚洲的华人订户。之后,又改为开路卫星电视。

1994 年 11 月,香港《明报》前主席于品海创立香港传讯电视公司(CTN)并获准开办卫星电视,也是以香港为基地的卫星电视公司,提供一个娱乐节目频道及一个新闻频道,名为"中天"和"大地"。

1994 年 12 月 1 日,由新加坡籍的在港资深电视制作人蔡和平创办的华侨娱乐电视广播公司(简称"华娱卫视"),通过亚洲卫星一号开始试播,1995 年 3 月 11 日正式播出。该台以娱乐节目为主,"无新闻、无暴力、无色情",号称"三无"。该台覆盖日本、东南亚及中国大陆、中国台湾地区等,每天大约有两个小时的节目介绍中国的风土人情。

从 1990 年到 1994 年,香港出现了第一次开办卫星电视的浪潮,其主要对象是中国内地及亚太地区懂普通话的华人观众。

2000 年,香港特区政府发布了新的《广播条例》,进一步放宽了在香港开办非本地服务电视的限制,加上内地即将加入世界贸易组织,这一年在香港出现了第二次开办卫星电视的浪潮,它们看准的观众仍然以中国内地为主。8

月8日,以内地著名电视节目主持人杨澜为主席的"阳光卫视"在香港正式启播。10月1日,台湾地区"年代公司"与几家合作伙伴合资开办了"东风卫视"。2001年3月28日,以播出电影为主的"美亚卫视"启播。不过,这几家卫星电视公司均被列为"非本地电视节目服务机构",其服务对象主要是香港以外的地区。另有李泽楷的"盈科公司"下属的斯达巴克斯(Starbucks)公司于2001年1月取得牌照,并于当年6月启播名为Network of the World(NOW)的新频道。

此外,香港特区政府于2000年批准"亚太卫星公司"下属的亚太卫星辉煌有限公司经营卫星电视服务。它传送的第一个电视频道HALLMARK始于2000年8月,是英语加密娱乐节目频道,专供中国(香港除外)核许的观众收看。

3. 多频道有线电视开播

1989年,香港九仓集团以及海外等五家公司取得香港有线电视的牌照,但该公司于1990年终止发展计划。1993年6月,香港九仓集团独资成立有线电视公司,并被允许为期12年在香港经营有线电视,开创了香港多频道收费电视的先河。创办初期办有8个频道:新闻台、英语新闻台、一级台、体育台、儿童台、电影台、音乐台和动向台。1998年11月,该公司更名为香港有线电视公司,开始采用微波传送,之后不断铺设光缆,到2000年年底,它铺设的光缆已通达香港170万户家庭。

根据香港特区政府新的广播电视政策及有关政策指引,1999年10月15日前,曾有十家公司提出在香港开办收费电视的申请。根据特区政府有关部门的审定,2000年7月4日,特区政府资讯科技及广播局宣布其中五家的申请获得批准,它们是:于品海和成龙合办的香港网络电视有限公司、无线电视公司下属的银河卫星广播有限公司、英资的YES TELEVISION(HONGKONG)LIMITED、太平洋数码(香港)有限公司(台资)和新闻集团的HONG KONG DTV(在2000年12月1日政府有关部门又决定中止其原有的申请)。同年12月5日,香港特区政府行政长官董建华同意行政会议批出四个本地收费电视节目服务牌照给上述的四家公司。

4. 各广播电视台多次调整节目,增加有关内地的内容

整个20世纪90年代,香港原有的三家广播电台及两家电视台的基本格

局未变,主要是随着形势的发展,对原来的节目安排进行调整,增加有关内地的内容。

20 世纪 90 年代前后,香港三家广播电台基本上实现了分台专业化。截至 2000 年年底,政府出资办的香港电台共办有七套节目,自称为七个台,每周广播 1176 小时。第一台,是港台各中文台广播新闻及资讯节目的主要电台,使用调频,全日 24 小时广播,并于网上作实时直播。从 2000 年 4 月开始,所有主要节目的资料均存档一年。第二台,是全港听众最多的电台之一,每天从上午 7 时至次日凌晨 2 时,使用调频广播,其余时间与第一台、第五台及普通话台联播。以流行音乐及杂志式节目为主,主要为年轻人而设。第三台,是全英语台,使用中波和调频两种手段广播。全天 24 小时广播本地、邻近地区及国际新闻,并播放专题杂志式节目、专题电话热线、流行音乐及青年节目。同时与教育署联合制作娱乐与资讯并重的青少年傍晚节目《天天学英语》,以鼓励学生多运用英语。第四台,是香港唯一的古典音乐台,已开办 20 多年,使用调频技术和中英双语进行广播。近年又推出一系列教育及艺术节目。第五台,是使用中波和调频播送年长者、教育、文化及迎合少数人士兴趣的节目,如粤剧、地方戏曲及儿童节目。第六台,是每天 24 小时以中波转播英国广播公司(BBC)世界台的节目。第七台,称普通话台,于香港回归前夕 1997 年 3 月 31 日启播,为香港唯一全部使用普通话广播的电台,以中波和调频广播 19 小时,其他时段则与第二台联播。它以播放最新财经资讯及歌曲为主,并在社会各个层面推广普通话。

商业电台一台,又称雷霆 881 台,它使用调频 88.1 兆赫广播,是全天 24 小时广播的中文台(指广州话),主要以 25 岁以上比较成熟的普通话市民为对象,是全港听众最多的电台之一。节目内容以新闻资讯和时事为主,也播出娱乐节目,注重通俗化和大众化。商业第二台,又称叱咤 903 台,全天 24 小时广播。该台的对象主要是 24 岁以下的学生和年轻人,主要播放由唱片骑师(DJ)主持的本地和外国流行音乐,同时也播出新闻资讯节目,节目以轻松、活泼和富有创意为特点。商业台英文台,又称豁达 864 台,使用英文 24 小时播出,为中波广播,以播放国际流行歌曲为主,收听对象是 25 岁以上、收入较高的商务人员和专业人士及外籍人士等。

新城电台自开办之日起,就办有三套节目,现分别为新城劲歌997台、新城精选104台、新城采讯台。劲歌台的节目类型主要有由DJ主持播放的最新的流行歌曲和由本港艺人主持的听众电话热线、点唱、清谈节目等,同时也播放新闻资讯节目。新城精选104台,原为金曲台,使用调频104兆赫全天24小时播出。原来主要节目内容是各个时代的精选音乐,进入21世纪后,改为主要是邀请香港经济界的大班(大公司的重量级人士)谈财经问题。

香港的两家无线电视台各办有一套中文(广州话)、一套英文节目。无线每年自制节目6000小时,亚视每年自制节目3000小时。

香港电视节目大致也是分为三类:新闻资讯、戏剧娱乐和儿童及教育节目。

各电视台对新闻资讯节目均很重视。两家无线电视台的主要新闻节目每天安排在早、中、晚及夜间四次。此外,两台还有多次简明新闻,几乎每小时一次。如遇突发新闻,随时插播。

香港电台电视部及三家电视台都办有多个新闻资讯节目的栏目,如香港电台电视部制作的以探讨公众关注的问题为题材的《铿锵集》,无线自办的每周一次《新闻透视》,亚视的《六十分钟时事追击》等。

此外,每遇重大事件或重大题材,各台均制作专题或特别资讯节目。如1997年7月1日香港回归及特区政府成立,香港四大电子传媒——香港电台、无线电视、亚洲电视及有线电视携手组成"电视转播联盟",由香港电台做技术统筹,连续超过100小时向全球播放交接仪式及各项活动的实况讯号。

电视剧是两家无线电视台争夺观众最为激烈的节目类型,在香港电视剧被称为戏剧类节目。

1985年,无线电视台首次与广东省电视台联合制作电视剧《铁桥三传奇》,这一年还拍摄了古装电视连续剧《杨家将》。进入90年代,该台的电视剧制作进一步发展。同时,无线偶尔引进一些台湾地区或内地制作的电视剧,比如1993年,引进台湾地区电视剧《包青天》。1995年至1996年,亚视购买并播出了一批内地制作的电视连续剧,如《三国演义》《西游记》等,获得了较高的收视率。同时,该台还花大本钱制作了《戏王之王》《精武门》等,也较受观众喜爱。

90 年代后期,无线制作并播出了多部上百集甚至上千集的特长篇电视连续剧,如长达 1228 集的超长剧《真情》及《创世纪》等。出于竞争的需要,无线有时也会购买内地和台湾地区制作的优秀电视剧。香港电台也曾制作了一批有影响的电视剧,影响较大的当属《狮子山下》,共制作超过 200 集单元剧。

香港广播电视界有一个良好的传统,就是大型综合艺术节目经常与慈善募捐活动相结合。在无线过去 33 年的历史上,它透过其广州话频道——翡翠台,为不同类型的慈善团体筹得善款约 17.6 亿港元。亚视有时也办这类节目,如 1991 年 7 月,亚视举办了"爱心献华东"等大型筹款活动,影响很大。

香港两家电视台的综艺节目多种多样,大都在周六或周日晚上举行。2000 年,香港收视率最高的十大综艺节目均由无线获得,收视率在八成以上。亚视每年也举办一些大型综艺节目,如与中央电视台等合办的中秋节晚会《香江明月夜》等。

教育电视节目主要由香港电台的电视部制作,由两家电视台播出,同时供教师在教室里用以辅助教学。儿童电视节目主要是日本生产的节目;另有儿童电视剧及儿童歌曲等。知识性竞赛节目在香港也颇受欢迎。

5. 香港广播电视界加强与内地同行的交流与合作

中英两国政府关于香港问题的联合声明的签署,推动了香港与内地广播电视界的交流与合作。

1986 年 8 月 6 日至 18 日,香港无线、亚视及商业电台代表和演员到内地访问。此前,1986 年农历新年,中国国际广播电台加入了《全球华人贺岁特辑》联播行列。1987 年,内地广播电视代表团、香港无线电视台先后开展了交流访问活动,香港电台与中国国际广播电台也先后合办了向全球华人贺岁、贺中秋节目。此外,80 年代末,香港两家电视台与内地电视台联合制作了《江苏、香港星辉传真》《省港缤纷迎夏日》等一批大型综合艺术节目,受到广泛关注。

香港回归前夕,内地广播电视台也纷纷赴港采访制作介绍香港各方面情况的节目,如中央电视台制作的《香港沧桑》《香港百年》;上海电视台的系列专辑《香港之最》,均产生了较大的影响。

同时,两地的广播电视节目交流也成倍增加。仅广东电视台就在 1992 年从香港引进了 250 小时的电视剧,输出到香港的节目也有近百个小时。1993

年香港九仓有线电视台开播,该台每一季度从中央电视台购买不少于365小时的节目,自1996年7月起,该台又在其网络内全频道转播中央电视台第四套节目。

"九七效应"促使两地广播电台的合作也有了长足的发展。两地广播电视工作者直播市民欢度除夕花市之夜、开设两地市民电话拜年节目,联合制作《粤港经贸专线》节目等,都进一步加深了两地居民的了解,深受欢迎。

香港回归后,香港与内地广播电视界进一步加强合作。

1997年,两地广播电视工作者在国庆、春节以及"心连心"演出等文艺晚会的合作中进行了有益的尝试。此外,对合拍电视剧也进行了新的探索,双方的节目交易也日趋频繁。

在"一国两制"方针的指引下,香港与内地广播电视的交流与合作将继续发展。

二、澳门的广播电视事业

(一) 广播事业的发展和电视事业的开办

澳门最早的广播电台于1933年8月26日开播,是一些专业人士作为业余爱好开办的,呼号为"CON—MACAU",每天21点至23点用葡萄牙语播送新闻和音乐,后改为隔天广播一次。1937年停办,1938年9月恢复。1948年,该台归澳葡当局经营,隶属于新闻旅游处,播出内容只有音乐、粤曲和儿童故事等。1962年,电台改由澳门政府的邮电厅负责管理,播出时间不长,节目很简单,主要是天气预报和音乐等。1980年2月15日,澳门政府同葡国电视台签约,将澳门广播电台交其管理。1981年12月31日签约期满后,澳门政府准备成立一个管理传播事业的机构,并计划将澳门电台归入此机构管理。1982年10月澳督颁布法令,撤销澳门广播电台,成立澳门广播电视有限公司。从此,澳门广播电台归入澳门广播电视公司,属电台部,称澳门电台。

澳门电台分中文(广州话,下同)和葡萄牙文两台。中文台始于1981年6

月。从此,中、葡文分别播出。最初,葡萄牙语台用超短波立体声广播,中文台用中波广播。从1985年12月起,中文台也增开了超短波立体声广播。

中文、葡文两台均全天24小时播出,两台节目包括新闻、体育、文化、娱乐、音乐、儿童节目以及文艺剧集等。

私营的澳门绿村商业广播电台创办于1950年,创办人是已故的澳门名流罗保博士。开播之初,只是每天用广州话和葡萄牙语播送音乐节目,后逐渐扩展出多种类型节目。自1964年起,该台全部节目改用广州话播出。该台节目有音乐、粤曲、广播剧、儿童故事、谐剧、点唱、赛狗消息等。该台自称"不谈政治",至今没有自制新闻节目,只在综合节目中由主持人依据报纸加插一些听众感兴趣的社会新闻。

1984年5月13日,澳门广播电视公司经营的澳门电视台正式开播,这是澳门第一家电视台。澳门电视台开播后,经营不够景气,长期亏损,1989年1月后,澳门电视台开始接受私人股份,但仍未改变亏损局面。1989年7月,澳门电视台推出一系列改革措施,包括延长播出时间、重视新闻报道、推出大型节目等。

从1990年10月起,澳门电视台的中文、葡文节目开始分台播出。中文台占用一个频道,每天播出10小时,每周播出67.5小时,其中50%的节目依靠购买,自制节目比重不大。葡文台每周播出40小时节目,其中78%靠购买。

澳门电视台的自制节目主要是新闻、纪录片特辑、座谈会、歌唱比赛和选美活动的现场直播;买入的节目主要是一些电视剧集,片源来自葡萄牙、英国、美国等国家以及中国内地和港、台地区。澳门电视台于1989年增大发射功率,香港以及广东一部分地区可收看到其节目。

澳门广播电视有限公司原为澳葡政府独家经营。1989年后开始接纳私人股份,之后,其股份由政府和私人两部分组成,政府占50.5%,私人股东占49.5%,私人股东来自澳门、香港地区及日本等地。

(二) 回归前后的广播电视事业

澳门回归前后,澳门广播电视事业发生了一些重要的变化,特别是1999年,被视为澳门广播电视发展史上的转折点。现分述如下:

1. 澳门广播电视公司(简称"澳广视",葡文缩写 TDM)的股权变更和增办本地节目

1989 年之后,澳广视虽经多次股权重组,但澳门政府和私人所占的股份比例不变,一直是政府控股的股份公司。澳门回归前,澳广视私人财团股份由何厚铧、澳门旅游娱乐公司和南光公司持有。回归后股东有所变更,何厚铧及旅游娱乐公司退出,澳门商人吴福的新韵公司、信诚达公司分别购买了他们原来持有的股份而成为新股东,分别占有 15% 和 19.5% 的股份,南光公司仍占 15%。尽管如此,由于澳门政府仍控股,在性质上澳广视仍为公营广播电视机构。

澳广视管辖澳门中、葡文电台及中、葡文电视台,并各办有两套节目,共有工作人员 400 多位。

澳广视电台由开办初期的每天播出 2 小时发展到 24 小时全天播出,开设有新闻、资讯、娱乐、教育、少儿、广播剧和文化体育节目,满足不同年龄和不同族群听众的需求。

澳门电台使用两个频段分别以广州话和葡语广播。中文台每天 24 小时播音,使用调频和中波播出,可覆盖澳门和珠海两地,中山市和香港的部分地区也能收听到。广州话节目以服务本地社群为宗旨。

澳广视电视台是澳门唯一的地面电视台,1990 年,中、葡文两个频道分开,全天 24 小时播出。中文台以广州话为主,兼有普通话新闻。该台播出的节目种类有:本地新闻、资讯和报道社会活动的《澳视晨彩》、儿童节目、教育节目、体育节目(包括赛马、赛狗、赛车等赛事活动)以及纪录片。周日播放电影以及足球比赛实况等。葡文台主要播送葡萄牙电视剧、纪录片、综艺和体育节目,还有教育节目以及葡萄牙广播电视台提供的各类电视节目,也有部分本台自制节目。

1998 年年底,澳广视在加强新闻节目的同时,开始走节目本地化的道路,一大批反映当地民俗风情的纪实性、娱乐性节目应运而生,如《竞健群英》《生活动感廊》《澳视晨彩》以及新闻性节目《澳视新闻档》等。同时,足球直播、体育报道、旅游览胜、烹饪饮食等节目也获澳门观众欣赏。从 1997 年起,增加了内地制作的高质量电视连续剧,转播意大利甲级足球联赛和英国超级足球联赛等,同时还面向在澳一万多菲律宾人,每周播出一次菲律宾电视连续剧。

1999 年澳门回归,澳广视的电台、电视台都作了大量的采访报道,并制作了一个长达一年的时事特辑《见证回归》,介绍澳门在回归前后的政治和社会民生变化。在澳门回归日,澳广视的电台、电视台分别使用两种语言,连续 40 个小时全程直播记录了这一历史性的庆典活动。

在澳门回归前,1998 年至 1999 年,澳门的蔡氏兄弟影业公司和中华海外联谊会、广东有线电视台联合投资,由澳门蔡氏影业公司负责制作,拍摄了 30 集大型电视系列节目《细说澳门》。在海内外介绍澳门的众多影视作品中,它是迄今篇幅最长、最为详细的介绍澳门从古至今方方面面的电视节目。

2. 开办卫星电视和有线电视

1996 年 1 月,澳门卫星电视有限公司成立,1998 年 1 月 19 日获澳葡政府批准,发给专营牌照。这是一家私营公司,董事会主席是澳门商人吴福。

按照澳葡政府的批准文件,澳门卫视可以开办 6 个频道,将在投入运营的前 5 年陆续开办 4 至 6 个专业频道,并计划在 15 年中投资 2 亿元。澳门卫视开播前,已经投资一个亿,还不包括在中山设立的制作中心的费用。

澳门卫视最先开播的是旅游频道,习惯上被称为澳门卫视旅游台,它是全球最早开办的华语卫视旅游台。该台于 1999 年 5 月 18 日试播,同年 12 月 18 日正式播出。它是以新闻资讯、娱乐资讯、旅游资讯及其他社会、经济、文化为主要特色的综合性卫星频道,每天播出 16 个小时,通过鑫诺 1 号卫星传送节目,其信号可以覆盖亚太地区 50 多个国家和地区。

澳门卫视其他频道的节目通过亚太 1 号卫星传送,覆盖面包括中国内地和香港、台湾、澳门地区以及东南亚地区。2000 年,澳门卫视的亚洲台和五星台两个频道都已开播。

澳门卫视亚洲台是内地、澳门及香港三地合资开办,其行政总部及播控中心设在澳门,而制作及网络中心设在北京。节目包括影视剧、综合娱乐、新闻、体育、旅游及休闲、寰宇探秘、财经、教育及儿童节目等。

澳门卫视五星台是在澳门回归一周年时正式开播的,它通过鑫诺 1 号卫星、亚洲 3S 号卫星向数十个国家和地区播出,服务对象主要是城市青年,设有财经、网络、假日和时尚等节目。

澳门在回归祖国之前,多数酒店及居民大厦都安装了各自独立的共用天线系统,接收香港、澳门、广东、深圳、珠海等地的广州话电视节目和中央电视台第一和第四套节目,收视质量普遍不够理想。

1999年1月20日,中葡联络小组批准了《澳门有线电视专营合约》,同年4月22日,澳葡政府同澳门有线电视有限公司签署了有效期为15年的专营合约。根据这份合约,授权澳门有线电视公司在合约签署后15个月,以专营形式开始向澳门居民提供有线电视服务,并免费提供两个频道给澳广视下属的电台、电视台使用。

澳门有线电视公司由葡萄牙电讯公司、澳门广播电视公司、大西洋银行、吴福集团等共同创办,总投资澳门币4.5亿,启动资金为5000万元,预计五年内将投资1.7亿元用于基础设施建设。

澳门有线电视有限公司由葡萄牙电讯的代表负责项目管理及运营,采用多路微波分配系统(MMDS),目前尚未铺设电缆。

2000年7月,澳门有线电视公司开始运营,并向用户提供收费电视服务,截至2000年年底,用户近两万。

澳门有线电视公司现阶段以转播形式播送40个来自不同国家和地区的电视节目。节目以广州话、普通话、英语为主,也有葡萄牙语、德语及意大利语节目。澳门有线电视转播中央电视台四套和九套以及广东、福建、珠海电视台的节目,还转播香港地区和部分国外电视台的节目。

澳门有线电视目前没有自办节目,所有频道都是以整频道方式外购,同时也不插播自己的广告。

此外,因创办人故去而停播了多年的澳门绿村广播电台于1999年3月22日恢复广播。该台在其每天24小时的广播中,仍有8小时的葡语节目。该台使用中波频段,发射功率为10千瓦,除覆盖本地外,还可覆盖珠江三角洲及香港的大部分地区。

澳广视电台由于政府拥有一半以上的股份,从性质上应是公营电台,而绿村电台则是澳门纯粹的、唯一的民营台。

3.加强与内地同行的交流与合作

进入20世纪90年代以后,澳广视的电台、电视台进一步加强了与内地电台、电视台的业务交流与合作,合作的方式有:举办各地电视周、节目展播、共同制作节目以及人员来往等。

澳广视电视台除覆盖本地外,还可以覆盖周边地区,主要是珠江三角洲地区的一些城镇。澳广视中文电视台注重加强与内地其他省市电视台的合作。1994年,在澳广视电视台开播十周年之际,内地中央电视台、上海电视台等多家电视台以及香港电视台派代表参加庆祝活动。当年,澳广视与内地的合作又有新的进展,它与中央电视台联合在澳广视电视台举办了中国电视周,在9月的一个星期内播出了14个小时介绍内地各方面的节目,同时澳广视的葡文台将大部分节目用葡语播出。澳广视还在这一年,同中央电视台和上海电视台签订了节目交换协议。中国广播电视艺术团参加澳门一年一度的澳门音乐节,并连续多年参加。

1997年是香港回归祖国的不平凡的一年,澳广视更加强了与内地广播电视界的合作与交流,这一年它大量地采用中央电视台的新闻和广东电视台的专题节目,并对葡萄牙总统访华、香港回归等重大事件进行了重点报道。1998年夏,澳广视制作播出与内地密切相关的《见证九九》《众志成城抗洪水》《澳粤新干线》等节目。

澳广视电台早在20世纪80年代就同内地电台建立了合作关系,进入90年代以来,这种合作更进一步,该台主要的合作伙伴是广东电台、广州电台、佛山电台、珠海电台以及部分国外电台,特别是葡萄牙电台,主要是交换广播节目,以增进相互了解。

三、台湾地区的广播电视事业

(一)广播事业的发展

台湾地区的广播事业始于日本占领时期的20世纪20年代末,是在日本驻台湾总督府的控制下发展起来的。到台湾光复前夕,台湾共有台北、台中、台南、花莲、嘉义等五家广播电台,均为日本人开办,受台湾总督府的直接控制。1945年日本战败后,南京国民党政府接管了这些广播电台,并入官办的中国广播公司。至 1949 年 12 月,台湾地区共有五家 11 座广播电台,总发射功率不到 3 千瓦,总播音时间约 91 小时 30 分。经过 40 年的发展,到 1989 年底为止,台湾共有 32 家 186 座广播电台,发射机 391 部,总发射功率为 11766 千瓦。

台湾地区的广播电台于 20 世纪 50 年代初期开始采用调频广播。1953 年以后,"中国广播公司"在台湾地区先后建立了数个调频广播传输系统。1968 年 7 月 31 日,"中国广播公司"的台北地区调频广播电台正式播音,标志着台湾广播进入调频时代。除"中国广播公司"外,军中电台、警察广播电台、教育广播电台等相继开办了调频广播。其中军中电台有七个调频广播电台,分设于七个地区,电波覆盖台湾全省。

50 年代中期,台湾地区开始出现专业性的广播电台。1955 年 8 月开播的台中农民广播电台是较早出现的专业性广播电台。1971 年 3 月 1 日,警察广播电台所属的台北交通专业电台正式开播,这是台湾地区第一座交通专业电台。1973 年 8 月 1 日,"中国广播公司"在台北设立新闻专业台,这是台湾地区第一座新闻专业电台。1975 年 8 月,"中国广播公司"在台中建立农业专业电台,以农民为特定听众对象,集中播报与农业有关的法令、常识、新闻等节目。

新闻是广播的一大支柱。在新闻来源方面,早期各台多依赖剪报,广播新闻时效落后于报纸。后来各广播电台加强采访阵容,并且订购省内外各大通讯社的新闻电讯稿,拓宽新闻来源,增强时效。1967 年 8 月 1 日,"中国广播公司"的"第一广播部分"实行全天 24 小时播音,成为台湾地区第一座全天播音的广播电台。80 年代后,台湾地区的广播电台大都实行全天 24 小时不间断播音,为广播电台随时播报新闻、增强时效,提供了保证。

早期对于洲际间的新闻信息传播,台湾地区各广播电台一般通过租用国际电话线路,进行实况转播。这种方式干扰大,杂音多。60 年代后,台湾地区开始设立地面卫星接收系统,于 1969 年完成。同年 8 月 24 日,"中国广播公司"首次租用国际通信卫星,独家转播了在美国举行的中华金龙少年棒球队与美国西区队争夺世界冠军比赛的全部实况,这是台湾的广播电台利用通信卫星传送新闻信息的开端。

1957 年 10 月,"中国广播公司"一次推出十个"综艺节目",其他各台纷纷仿效,从此综艺节目开始在台湾广播界盛行。

台湾各公营和民营广播电台比较重视利用广播开展"空中教学"。1960年3月,台湾"教育部"创办了专门从事教学的教育广播电台。

截至1989年年底,台湾有公营广播电台12家,包括以"中国广播公司"为首的八家台湾当局党政部门开办的广播电台和四家军队系统主办的广播电台。公营广播电台占台湾广播事业的主导地位,其电台数量、发射机部数以及发射功率均远大于民营广播电台。

"中国广播公司"是台湾最大的一家广播机构,1949年11月16日在台湾宣告正式成立。截至1989年年底,"中国广播公司"拥有45座广播电台,发射机121部,发射总功率达3286千瓦,使用133个频道全天24小时播音,节目分为对大陆广播、对海外广播和对台湾省内广播三个方面。

"中国广播公司"的对大陆广播开始于1950年。这年12月18日正式开始对大陆播音,设置专门节目,使用"中央广播电台"呼号,每天播音六小时。1954年5月20日,"大陆广播组"扩大改组为"大陆广播部",并启用"中央广播电台"名称。1976年12月,"中央广播电台"正式恢复独立建制,成为对大陆广播的电台。目前,该台拥有中、短波大功率发射机30部,总发射功率占台湾各公营、民营广播电台总功率的四分之三,使用国语、广州话、客家话、藏语、维语、蒙语等多种方言和民族语言,全天24小时播音。

"中国广播公司"对海外广播开始于1949年10月10日,使用国语、广州话、闽南话、潮州化和客家五种本国语言,以及英、法、西班牙等十多种外国语广播。

"中国广播公司"对台湾省内广播通过设在台北、台中、台南、嘉义等地的广播电台进行,设有若干新闻、农业、交通等专业电台以及调频广播电台。

除"中国广播公司""中央广播电台"外,台湾的公营广播电台还有警察、幼狮、教育、台北、复兴、汉声、空军、光华、渔业、高雄市政等。

(二) 电视事业的建立和发展

1961年10月,为迎接电视时代的来临,台湾当局通过了《电视广播电台设置暂行规则》《黑白电视广播技术标准规范》和《电视广播接收机登记规则》

三个法规,确立台湾电视采用 NTSC 制。此后台湾地区相继建立了"台视""中视"和"华视"三座电视台。

1962 年 2 月 14 日,台湾教育电视实验广播电台开播,这是台湾第一座电视台,由教育资料馆具体筹建。

1961 年 2 月 28 日,设立"台湾电视广播事业股份有限公司",并成立了"台湾电视事业筹备委员会",1962 年 4 月 28 日,"台湾电视事业股份有限公司"(简称"台视",英文缩写 TTV)正式成立。10 月 10 日,"台视"正式开播,每日中午、晚上两次播出。"台视"是台湾第一家商业电视台,与以教学节目为主的教育电视台相比,节目丰富不少,因而深受观众喜爱。

1969 年 9 月 7 日,"台视"发射了台湾第一个彩电信号,开始不定期试播外国彩色影片。9 月 25 日,"台视"试播彩色节目成功。到 1972 年,"台视"成立十周年时,其彩色节目已占总播出节目的 80%。"台视"开播后七年时间,台湾地区的电视事业可谓其"一台独霸"(虽然已有教育电视台,但其收视范围限于台湾北部地区)。这种局面直到实力强大的"中国电视公司"成立方才结束。

"台视"开播后一年即有盈余,各方人士纷纷申请开办电视。应各界呼吁,台湾当局决定在"台视"完成全岛联播网后就开放第二家民营电视台。以"中国广播公司"为中心,结合各民营广播电台及部分有志于电视事业之工商文化界人士,共同集资创办。1967 年 10 月 17 日,由上述三方面代表组成的筹备委员会成立。1968 年 9 月 3 日,"中国电视事业股份有限公司"(简称"中视",英文缩写 CTV)在台北市中山堂成立。1969 年 10 月 9 日,"中视"开始试播,10 月 31 日,正式播出。"中视"一开始即全部播出彩色电视信号,并谋求发展卫星电视转播。1975 年 3 月,完成全省电视联播网。

当"台视"和"中视"相继开播,特别是播出彩色电视节目后,教育电视台深感难以为继。1969 年 9 月,台湾有关当局拟订完成扩建计划,将教育电视台改组扩建成"中华电视台"。"财团法人中华电视台"(简称"华视",英文缩写 CTS)于 1971 年 10 月 10 日试播成功,10 月 31 日正式开播。

"华视"成立后,台湾电视事业进入"台视""中视""华视"三台鼎立时期,并一直延续至 1997 年。

1982 年,台湾当局的相关主管部门开始研讨台湾发展有线电视的可行性。可是,台湾当局多年来一直受到非法的"第四台"的纷扰。所谓"第四台"是指利用录像设备播放录像带,经由电缆输入到订户家庭,并收取费用的闭路电视系统。民间习惯称其为"台视""中视""华视"之外的"第四台"。因"第四台"属于"非法",其开始时间和数量难以确切统计。台湾当局对所谓的"第四台"采取取缔政策,"第四台"一度有所收敛。但 1988 年"报禁"开放后,"第四台"又重整旗鼓,再度活跃起来。同时,台湾当局加紧制定《有线电视法》,发展有线电视事业已提到议事日程上来。此外,台湾许多地方建立了社区共用天线系统。到 1991 年 2 月止,拥有执照的社区共用天线系统已有172 家。

"台视""中视""华视"都采取股份制,而且官股占有很大比重,因此,三台虽都称"民营",实质并非纯属民营企业,但是,三台完全采用商业电视的经营方式,广告收入占全部收入的 97% 左右。广告是以收视率为依据的,为提高收视率,吸引大量观众,商业电视往往尽量使其节目大众化、通俗化乃至倾向低俗。

对于台湾电视的商业化倾向,台湾地区一些人士多次建议开办公共电视,负责制作没有广告的社会教育节目,以配合政策与教育的需要。1990 年 6 月,台湾当局正式成立了"公共电视台筹备委员会",其任务有二:一是拟定《公共电视法》,以规定未来的公共电视台的定位、节目政策、经费来源等;二是筹划建立公共电视台。

除了在广告经营上竭力拼争外,新闻报道也成为三台激烈竞争的领地。为拓展新闻来源,台湾地区各电视台纷纷通过通讯卫星收转海外电视新闻。1969 年底,台湾地区第一座卫星地面站启用。11 月 19 日,"台视""中视"第一次租用美国卫星转播了美国阿波罗号登月成功的彩色电视实况。80 年代末,台湾各电视台开始向海外输出电视节目。

80 年代中期以后,台湾观众利用小型卫星接收天线即可收到日本 NHK 的卫星电视节目。随着世界各大卫星电视公司纷纷涌入亚洲市场,台湾民众收看海外直播卫星电视节目套数急增,台湾三大电视公司已受到海外卫星电视节目的冲击。

1969 年,台湾地区进入彩色电视时代。70 年代上半叶,已通过微波通讯系统实现了全岛的电视覆盖。

(三) "开放天空"后的广播电视事业

1950 年 1 月,台湾当局借口海峡两岸形势紧张,宣布台湾全省实行戒严,并根据《戒严法》对新闻事业实行军事管制,其中也涉及广播电视事业。1987 年 7 月,迫于岛内外压力,台湾当局宣布解除"戒严令",开放台湾民众赴大陆探亲。1988 年,当局首先开放台湾民众接收直播卫星信号,主要是日本广播协会的直播卫星电视节目,继而又开放经营者租购卫星转频器、自行上下链,其后进一步开放卫星节目中继业务的转频器经营和地面站经营。1989 年,又允许台湾广播电视从业人员赴大陆制作广播电视节目,为海峡两岸广播电视交流逐步消除了障碍。1993 年,迫于民众的压力,又开放广播频率,为台湾广播电视事业的进一步发展带来了契机。特别是"开放天空"政策,使境外卫星电视长驱直入,加上有线电视合法化,星网联手,使台湾广播电视业的竞争如火如荼,传统电视遭受致命冲击。90 年代后期,民视、公视又相继开播,台湾广播电视业步入了名副其实的"战国时代",呈现出以下特点:

1. 开放频率,广播电台逐年增多

随着报纸开禁,台湾民众要求开放广播频率以开办电台的愿望日益强烈。1993 年,台湾当局决定"分梯次"开放广播频率,以便民众申请开设新的广播电台。至 2000 年年底,连同原有的电台,台湾地区共有广播电台 176 家。而频率开放以前,台湾地区仅有 33 家广播电台,这种局面延续了 40 多年。

进入 90 年代后,原有的"中国广播公司"发生了一些变化:主要是它原来接受台湾当局委托经办的"自由中国之声"和"亚洲之声"的海外业务,自 1998 年起移交给"财团法人中央广播电台"接管,但"中国广播公司"仍通过因特网和卫星传送,向全球播送它经营的覆盖全岛的六大广播网节目:调频部分的流行网、宝岛网和音乐网,以及调幅部分的新闻网、乡亲网和信息网。新改建成立的"财团法人中央广播电台",于 1998 年 1 月 1 日正式改制开播,以"台北国际之声"及"亚洲之声"两个呼号,对大陆与海外播音。

"中央广播电台"在台湾拥有一套由 9 个发射分台组成的传输系统,发射功率高达 10050 千瓦,覆盖大陆大部分地区以及全球各大洲。

2."第四台"合法,有线电视蓬勃发展

1993 年 8 月 11 日,台湾地区第一部《有线电视法》公布施行,使"共同天线"及"第四台"纳入管理,由地下非法经营转到地上合法经营,台湾有线电视事业从此走上蓬勃、有序的发展之路。

早在 1979 年,台湾花莲县丰滨乡的电器行为销售电视机而架起天线传送台视节目,服务范围五百余户,这被认为是台湾首家非正式的"共同天线"。1972 年,台湾的基隆市首次出现以电缆线传送录像节目至订户收看的有线台,相对于三家无线电视台而言,这在当时被称为"第四台"。"共同天线"与"第四台"构成了台湾有线电视的雏形。

1973 年 4 月 3 日,台湾当局根据《广播电视法》第十一条的规定,首先开放业者申设"共同天线",但对播放录像节目的"第四台"仍暂不开放。

1993 年,台湾当局修订《广播电视法》,允许"因教育、宣导等特殊需要",经专案申请核准者可申设有线电视录影节目播放系统。1993 年 11 月 9 日,原有的"共同天线"及"第四台"均被依法纳入管理,两者被统称为"有线电视节目播送系统"(简称"有限播送系统"),同年底注册登记者达六百余家。

3."开放天空",卫星电视发展迅速

20 世纪 80 年代,部分台湾民众安装卫星接收天线收看日本广播协会(NHK)开办的卫星电视节目。90 年代后,香港卫星电视(Star TV)向台湾地区传送四套卫星电视节目。随着卫星技术的不断发展及境外卫星电视的增多,台湾的卫星电视如日中天。原来依靠人工跑送录像带的"第四台"及"共同天线"即有线电视播送系统,大都改用卫星技术传送节目,这是台湾卫星电视的第一阶段。

"第四台"合法后,节目需求量大幅度增加,同时促进了广播电视节目供应业的发展。这也就是卫星与有线电视结合的新时代,也是卫星电视在台湾地区发展的第二阶段。

90 年代末,台湾地区进入直播卫星电视阶段。1999 年 2 月 3 日公布施行《卫星广播电视法》,有关的施行细则亦于同年 6 月 10 日发布生效。台湾"行政院新闻局"又于同年 7 月成立了第一届卫星广播电视审议委员会,受理卫星广播电视事业供应者与服务经营者的各项申请。截至 2000 年年底,直播卫星电视服务经营者有五家获得许可。

4.相继开办民视、公视

在台湾地区,自 1962 年台视开播到"中视""华视"先后开办,三足鼎立的局面一直延续了 30 多年。在广播频率开放后,民间又不断强烈要求开放无线电视频道。台湾当局在 1993 年 12 月 29 日宣布开放一家覆盖全台湾的无线电视台,并在 1994 年 1 月 29 日公告开放申请,经过一年的审议,"民间全民联合无线电视台筹备处"获得第四家无线电视台的筹备许可,该台在 1997 年 6 月 11 日正式开播营运。自此结束了台湾无线电视三足鼎立的局面。

为平衡商业电视台可能造成的负面影响,实现广播电视台公共服务的目的,1998 年 7 月 1 日公共电视台开播。公共电视台由依法成立的"财团法人公共电视文化事业基金会"经营管理,不得播出广告,节目有电影节目、新闻节目、戏剧节等。据称,妇女节目将持续列为重点经营,比例逐年增加。此外,弱势族群节目亦为未来重点。①

民视、公视先后开播后,打破了台湾无线电视 30 多年三足鼎立的局面,从此台湾地区的无线电视市场形成了五台竞争的态势。

5.成本核算,独立节目供应过半

自 60 年代"台视"开播以来,台湾地区的独立电视节目制作公司就应运而生。据统计,在目前的台湾地区,独立的节目制作公司制作的节目占据台湾电子媒体节目播出量的一半,这是台湾广播电视界一种非常独特的现象。为规范这一行业,台湾地区在 1978 年公布施行了《广播电视节目供应业管理规则》。根据 1995 年 12 月修订的《广播电视节目供应事业者管理规则》规定,将供应事业分为广播电视节目业、广播电视广告业和录影节目带业三大类。截至 1997 年 1 月底,在台湾当局主管部门登记立案的广播电视节目供应事业共 11621 家,广播电视广告业共 2509 家,录影节目带业共 11099 家。

6.互利双赢,两岸交流成果丰硕

海峡两岸的广播电视交流开始于 80 年代,1987 年 9 月 2 日,为满足台湾

---

① 据台湾《无线电视年鉴》(2000—2001 年版),第 30 页。

同胞赴祖国大陆探亲的需要,台湾三家电视台开始播报大陆主要城市的天气概况。同年9月12日,"华视"开始在每周一至周四晚9点30分至10点播出大陆风光片《锦绣山河》。这是台湾在电视上正式放映的第一部大陆风光片,这也是台湾当局开放大陆电视节目的第一步。

第二步是允许台湾电视节目制作人赴大陆摄制的节目在台湾电视台播出。1989年6月,台湾三家电视台同时播放反映大陆风土人情的电视片《八千里路云和月》和《放眼看大陆》,并同时重播《锦绣山河》。1989年11月14日,"华视"开辟大陆新闻特别报道,"台视""中视"也在有关栏目中播出部分大陆的报道。

迫于形势压力,1989年5月18日,台湾当局颁布了《现阶段电影事业、广播电视事业、广播电视节目供应事业赴大陆地区拍片及制作节目报备作业实施要项》。此后,台湾影视界来大陆拍片急剧增加,掀起了一股"大陆热"。

在电视剧制作方面,最突出的当属台湾知名作家琼瑶在湖南电视台的协助下,历时四个多月在大陆各地实景摄制的电视剧《六个梦》的《婉君》《哑妻》和《三朵花》,1990年3月19日起在"华视"播出后,引起极大反响,唤起了许多台湾观众的思乡情感。

从1989年下半年起,台湾每年来大陆摄制电视节目的团组都在二三十个左右,而直到1992年7月福建电视台摄制组获准赴台拍片,双方的所谓交流基本上是单向的。福建电视台摄制组在台采访了15天,制作了一部纪实专题节目《台湾行》,反映很好,台湾媒体作了不少报道。1993年5月下旬,中央人民广播电台代表团赴台访问,反响很大。台湾同胞从广播节目中获知主持人徐曼①正在台湾访问,纷纷致电问候,登门拜访者络绎不绝,在台湾岛掀起了一股"徐曼热"。两岸广播电视交流从此由基本单向变成双向,这是两岸广播电视交流的第三步。

随着两岸广播电视交流,特别是互赴对方制作节目日益增多,国家广播电视主管部门于1993年12月在北京主持召开了"海峡两岸广播电视交流研讨

---

① 徐曼是中央人民广播电台著名播音员。1981年,中央人民广播电台开设对台湾广播"空中之友"节目,徐曼担任主持人,深受台湾同胞的喜爱,被誉为"和平的使者""知心的大姐"。

会"。1995 年双方的第二次研讨会在台北召开,大陆代表重点讲明大陆各级电视台已经播放了台湾三千部(集)电视剧,而台湾当局仍然不开放大陆制作的电视剧在台播放,这种三千比零的局面不能再继续下去了。当年年底,台湾当局决定从 1996 年起修改有关规定,台湾三家电视台可以播放大陆电视剧。这是两岸广播电视交流迈出的第四步。

自 1992 年 10 月 1 日中央电视台第四套节目开播以来,台湾有线电视台一直转播。自 1993 年 9 月 28 日起,台湾年代公司与香港无线电视台合办的 TVBS 卫星电视台每天转录中央电视台第四套的新闻节目,改编后播出。1995 年 9 月 27 日 19 点 20 分至 25 分,中央电视台第四套的《中国新闻》在 TVBS 的新闻中直播了 5 分钟,这是《中国新闻》首次在该台直播。TVBS 还曾一度作为中央电视台第四套节目在台湾地区的落地代理。1997 年 9 月 16 日农历中秋节,台湾电视公司、台湾《中国时报》与上海东方电视台、中央电视台成功举办了《千里共婵娟——中秋夜·两岸情》中秋特别节目,引起强烈反响。这是两岸电视交流迈出的第五步。

为进一步规范台湾地区电视从业人员来大陆制作电视节目,更好地开展对台湾地区的电视交流,1994 年 1 月 21 日,广播电影电视部、国务院台湾事务办公室联合发布《关于台湾电视从业人员来大陆摄制节目的管理办法》。1996 年 12 月 1 日,国务院台湾事务办公室发布了《关于台湾记者来祖国大陆采访的规定》,其中包括台湾广播电视记者来大陆采访。从此,两岸广播电视交流更加规范,进入常规作业阶段。

香港、澳门及台湾地区由于不尽相同的政治、历史背景,广播电视的创办和发展也有各自的轨迹与特色。尽管如此,我们还是可以归纳出它们的一些共同特点:

第一,这三地的广播电视从性质上仍然是资本主义制度的广播电视,虽然其中有政府出资经办的电台,但从性质上仍未发生根本性的变化,在办台方针上依然崇尚西方式的"新闻自由"。

第二,从经营方式上,基本上属于恶性竞争,以是否赚取利润为目标,较少考虑社会责任。

第三,由于历史的原因,它们对广播电视的监管早就有一套比较完整的法规和监管机制,并且能够紧跟变化的形势,及时修订有关的法规。

第四,在体制类型方面,这三地既有政府出资办的或控股的广播电视机构,又有民营的商业机构,还有弥补商业广播电视之空缺的公营广播电视台,这样可以满足不同受众的需要。

第五,香港和澳门回归祖国之后更进一步加强了与内地同行的业务合作,联合制作节目大大增多,相互购买节目的现象也在不断增加,广播电视的发展跨入了一个新的阶段。

传媒与高等教育

顶层设计、战略规划与南广学院发展

一

顶层设计是架设在愿景和实践之间的桥梁,是指引现实方向的理性蓝图,是从目标到行动的系统思维。难以想象故宫不按图纸设计施工,难以想象大国的崛起没有系统的战略思维,同样也难以想象大学的脱颖而出没有顶层设计。"顶层设计"作为精确的概念来源于工程学,原是指为完成工程项目的目标所作的最初、整体的系统性构想,用系统论的方法,以全局视角,对项目系统的各方面、各层次、各要素进行统筹考虑,确定目标,选择最优的目标实现方案和路径,为此必须遵循理论一致、功能协调、结构统一、资源共享等原则。这一概念,后被广泛应用于各领域的决策系统,甚至成为政府制定国家发展战略的重要思维方法。

对于大学战略规划而言,顶层设计是最初、最关键的一步。20 世纪 10 年代,作为全美最好的技术学院,色诺帕技术学院调转航向发展"自然科学",从而成为今天最卓越的研究型大学之一——加州理工学院。这体现了顶层设计的力量。1963 年出台的《加利福尼亚州大学总体规划》体现了美国加州政府对其管理的大学进行整体设计。该规划的核心就是将加州的大学进行分层或分类。《规划》将加州的大学系统分成三个层次:第一层是加州大学,12.5%左右的最好的中学毕业生进入加州大学学习;第二个层次是加州州立大学,34%的毕业生进入这里;三是社区学院,100%的毕业生都可以进入。这一总体规划不仅对加州,甚至对美国高等教育产生了深远的影响。美国是世界上最善于进行高等教育顶层设计的国家,直观地看世界大学排行榜,位于金字塔尖的研究型大学美国已经领先于欧洲各国,但更为重要的是其优越的高等教育系统。这一系统将知识和教育需求的分层、分类,对应于高等教育的分层、分类,从而既保证了学理追求所需的象牙塔精神,也顺应了高等教育大众化的需求。英国普利茅斯大学汉南教授指出,当那些老大学在关注他们的国际地位和全球范围内的大学相互竞争时,那些新兴大学则趋向于更多地在英国国内做文章,并且优先规划与社会民生相关的重大问题。

综观大学发展史,虽然最初没有"顶层设计"概念引导大学的发展,但是真实的顶层设计却存在于一个个卓越的大学中。最早以"纯粹科学"为目标的研究型大学德国柏林大学(今天的柏林洪堡大学)得益于洪堡、费希特、施莱尔马赫等一批大学的设计师。洪堡是柏林大学的创办者,作为德国主管教育的最高领导者,他却提出"大学与政府保持距离",从事无功利的纯粹科学研究。20世纪30年代科南特担任哈佛大学校长之前哈佛仍是一所教学研究型大学,为将教学上出色的哈佛引领到学术上卓越的哈佛,在其担任校长的20年间(1933—1953年),哈佛发掘、寻觅,继而聘用学术上最具资质的人担任教职,他提出"如果没有长期持续聘用最有发展前景的年轻学者的计划,就无望建立一支卓越的教师队伍",与此同时,科南特校长在哈佛推行了"非升即走"的教师评价政策。中国近现代史上卓越的大学大多起因于卓越的顶层设计。最著名的顶层设计莫过于蔡元培校长对北京大学的整体设计,他在就任北大校长的演说中阐明大学的性质"大学者,高深学问者也",蔡元培心目中北京大学的蓝图是"以文理为基础的中国学术文化中心",为此以"学理"为标尺进行学科改革,创立研究所,建立教授会制度,蔡校长为代表的先行者设计的蓝图,在几代北大人的努力下到新中国成立时已是名副其实。

现代大学处于日益复杂的社会环境和教育环境中,同时大学的内部组织也愈加复杂,缺少顶层设计的大学将处于"无序""失聪""盲目"的境地。今天,高等教育的类型、模式越来越多样化,"高等教育丛林"常常令置身其中的高等学校迷失方向,"我们是什么类型的大学""我们要按何种模式来办这所大学"之类的问题常常困扰着大学的领导者。而高等学校本身承担的职能呈现多元化的趋势,学理研究和应用研究乃至技术、操作层面的知识生产,高深学问传授与专业化教育和高级技能培训,可能共存于一所大学之中,现实的图景中,人们很难像在教科书中那样回答"大学是什么""学院是什么"。缺少顶层设计的大学,将不可避免地生活在惯性中,缺少理性的自觉。由此,大学内外部关系的日益复杂促使大学必须站得更高、看得更远,进行战略思考。美国学者詹姆斯·杜德斯达认为:"教育机构必须具有更强的适应力和应变的能力来为这个变化中的世界服务……由于大学多样的使命和数目众多的参与者,大学变革所遇到的挑战远比商业部门和政府部门遇到的挑战复杂。必须采用战略而不能仅作出反应,要深入理解大学的使命和特点,以往重要的传统和价值标准,并对未来的前景有清晰的认识。"①

大学的顶层设计,是对大学进行时空的整体谋划。愿景中的大学、现实中的大学和历史上的大学之间,应该是一条逻辑的线索,显示的是大学设计者理性和想象的力量。没有大学未来20年的谋划和想象,大学未来5年、10年的规划势必是坐井观天。有了未来20年的蓝图,大学才明白未来5年、10年的方向和作为,什么可为,什么不可为,什么先为,什么后为,什么是要津,什么是瓶颈。除了要在时间长河中谋划大学的未来,大学还须在内外部环境和条件中设计自身发展的可能性空间。

现代大学逐渐从社会的边缘走向社会的中心,大学不再仅仅是知识、人才的内部循环系统,而是政府和社会各界的智库,是国际、国家和地区的知识工厂,是民众继续教育、终身学习的加油站。如何审时度势地判断大学与政府、社会、知识消费者的关系,把握大学在其外部的位置或心目中的位置,是大学领导者无法回避的重大课题。现实的大学生活中,大学领导者常常要充当政治家、外交家的角色,他们要及时领会上传下达的政策,了解业界的需求,倾听来自学生、家长乃至潜在知识消费者的声音。不仅如此,现代大学由于种种原因向着巨型化方向发展,对大学组织自身的透彻把握是顶层设计需考虑的另一维度,一个良好的大学顶层设计可能因为大学组织特性或内部问题而得不到落实。大学的顶层设计,应着眼于大学的整体,而非局部。无论是学科发展

① [美]詹姆斯·杜德斯达:《21世纪的大学》,刘彤等译,北京大学出版社2005年版,第221—237页。

的顶层设计,还是师资建设的顶层设计,思路必须是整体的、连贯的、一致的。如果片面追求重点学科的发展,忽视支撑学科、基础学科的培育,势必会造成学科生态的危机,丧失可持续发展的动力。同样,如果片面重视"成名成家"师资的引进,忽视潜在的、年轻的后备人才培养,势必舍本逐末,师资队伍的整体性遭到破坏。大学正是在内外部空间中选择自己的位置,无疑这个位置既指现在的,又指将来的。正如美国学者艾默斯·迈克基尼斯所言,"大学应该有明确的目标,这些目标应既与大学外部社会的时代需求相联系,还要与大学内部的优先重点相联系……而且……应该对内代表公众利益,对外代表学术利益,并在这两种角色之间保持良好的平衡"。

综上所述,大学战略规划之顶层设计,须有强烈的时间意识,既需要从过去看到将来,又需要从将来审视现在和过去。顶层设计,须充分考虑大学的内外部环境和发展条件,明确大学的"可为"和"能为"。顶层设计,须着眼于大学的整体,而非仅仅关注通常被认为是重点的学院、学科,追逐名学者、学术大师等。

二

大学顶层设计和战略规划的第一步,是明确大学定位。

对大学定位的内涵一般理解为:根据经济和社会发展需要,以及大学自身条件和自身发展潜力,找准学校在人才培养中的位置,确定学校在一定时间的总目标,培养人才的层次、类型和人才的服务面向,是学校对未来发展所做出的战略性思考。在社会系统层面所反映的是大学在社会中扮演的角色和承担的责任与义务;在教育系统层面所反映的是大学在高等教育中的教育层次、办学类型、办学特色等内容。一般而言,大学定位应包含以下内容:

(一)目标与功能定位——确定学校的办学理念、发展目标、在社会中的角色选择、人才的服务面向等问题;

(二)层次定位——反映学校的人才培养层次,如博士、硕士、本科、专科层次人才的培养重点与比例;

（三）学科设置定位——反映学校的学科结构，如单科性、多科性、综合性等；

（四）类型定位——根据教学与科研比重，分为研究型、教学科研型、教学型等；

（五）体制定位——反映办学主体，如公办、民办或混合体制；反映隶属关系，如中央部属高校、地方性高校等；

（六）特色定位——指学校自身独有的、有别于其他学校的办学目标与功能、办学措施等，是在大学定位层面和大学运行层面所表现出来的独特的办学内涵，是学校办学水平的重要表现。

由于大学定位是学校发展战略性顶层设计的基础，各学校无一不对此高度重视，纷纷寻找和确定自身在社会系统和高教系统的位置。经济社会对人才的需求是多样化的，包括人才层次和专业结构等，客观上要求大学不可能有千篇一律的面孔，而在办学规模、学科设置、办学层次、师资队伍、科研能力、培养目标、办学条件等方面形成差异，以丰富高等教育的生态环境。在这样的环境中，各大学以相对准确和稳定的定位，使自身处于一个相对恰当的"生态位"上，保证了整个高等教育系统的协调与持续发展。

我国高教系统由于历史的原因，并没有形成一个靠社会环境与市场机制调控的良性发展环境，学校的资源基本上由政府配置，高校较少感受来自市场的压力，导致各大学在确定定位时不够重视从自身的历史沿革与现有条件去寻求在社会系统中的客观位置和鲜明特色，而是相互攀比、定位雷同，并无特色可言。有学者指出：我国高等教育经过改革开放近三十年的变化，现在基本形成了一个圈层态势。处于内圈的"985"大学、"211"大学及其他设有研究生院的大学，其定位是清晰的也是基本合理的，而外部圈层相当多高校建设远景和目标是模糊和杂乱的，有些甚至提出和自己学校及我国高等教育整体发展状况十分不相称的愿景和目标。大学定位的模糊和杂乱，从一定程度上反映了我国教育体制改革的深层次问题，也反映了高等教育的观念与社会大环境变化的不相适应性。

在思考大学定位时，我们需要明确目前高校所应适应的历史环境：

（一）应与经济社会发展相适应。改革开放以来，我国经济社会已由社会主义计划经济成功地转型为社会主义市场经济,这场深刻的变革已经引发了我国上层建筑领域的改革,高等教育的观念和运行也不可避免地受到影响。高校由过去的统招统分,变成了学生毕业自主择业,双向选择,学生毕业就失业的现象不但是学生所面临的压力,更是对高校办学水平的挑战;高校的合并、专业管理的放开使学校直接面临国内同行之间的竞争;民办大学虽在艰难中挣扎,但却锻造了一批具有顽强生命力的种子,一旦土壤适合定会以难以想象的力量迅速发展壮大;国外大学以产业运作方式抢滩国内生源市场,国内生源的高端和底端两部分市场受到威胁;目前各大学还都处于卖方市场的环境,学校不愁没有生源,但从近两年始,我国大学适龄人口将逐年下降,如果各大学仍保持现在的招生规模,则我国高等教育的毛入学率将由现在的21%提高到40%左右,那时大学的卖方市场将不复存在,大学的买方市场逐渐形成,大学由挑选生源的时代,将转变到被生源挑选的时代。凡此上述种种现状,都昭示着大学必须主动适应经济社会的发展,找准自身的合理定位,由市场决定其生存状态,以自身的办学质量作为其安身立命之本。

(二)应与高等教育大众化相适应。高等教育大众化是全球高等教育不可逆转的趋势,它充分体现了经济社会发展到今天对于人才规模和结构的客观需求。我国近些年经济发展速度年均增长9%以上,2005年我国经济总量居全球第六位,人均GDP在2004年已突破1000美元大关,进入了小康社会,各行各业对于高等教育人才的需求急剧增长,尤其对博士、硕士等高端人才的需求更旺。我国高校于1999年开始的连续扩招,一方面适应了社会对于高等教育人才的需求,另一方面满足了大众接受高等教育的愿望,使中国的高等教育从精英化教育阶段快速步入到了大众化教育阶段。政府以往在精英化教育阶段对于高等教育的资源配置、管理体制、教育政策等已不能适应大众化教育阶段的高校生存状态,使得大学在我国政治、经济体制改革不断深化的特殊时期,在行政指令与市场经济之间扮演着体制冲突下的集多种矛盾于一身的复杂角色。大学自身是否需要走出过去完全由政府包办一切的金字塔,将古老的大学精神与价值追求和经济社会发展的滚滚洪流相互融合,面向市场吸取更多的资源与养分,已成为各大学在确定定位时必须要回答的问题。

(三)应与高等教育国际化相适应。知识是无国界的,科技成果是全球共享的,但知识产权和原创是有归属并受到保护的。这样的游戏规则的确使全世界能够迅速分享科技进步给人类社会带来的巨大变化,同时也使世界进入了科技垄断的时代,少数发达国家掌握着世界上大部分的知识产权。打破这种态势,使我国成为创新型国家,高等教育责无旁贷,高等教育的国际化是必然选择。大学要满足探索真理和发现知识的需要,就必须置身于国际知识系统之中,国际化便随之成为大学的特征之一。伴随经济全球化进程,尤其是信息化程度的提高,民族之间、国家之间不仅联系与合作日益密切,竞争也日趋激烈。21 世纪的公民将生活在一个开放的、多样化的、充满矛盾和变化的世界之中。教育要培养适应这种世界的公民,他本身必然既是民族的,又是面向世界的。另一方面,我国高校面临着国外大学对于生源的激烈竞争。一些国家将留学生教育作为产业来扶持,我国每年出国留学人员对国外的经济贡献巨大,这种形势应促使国内大学认真反思,我们也需要加入国际竞争的行列,顺应国际化潮流,在国家竞争中提高高等教育的办学水平。

三

南广学院是中国传媒大学的一个独立学院,其发展与中国传媒大学具有内在的、天然的逻辑联系。创办南广学院的最初构想,是源于中国传媒大学事业发展的延伸、补充,作为中国传媒大学整体发展战略的有机组成部分考虑的。

因此,南广学院的顶层设计、战略规划,不能脱离中国传媒大学整体发展战略的大背景。

近十几年来,中国传媒大学实现了令人瞩目的跨越式发展。决定跨越式发展有许多因素,如高等教育和传媒业的迅猛发展等,但是,具有强烈的顶层设计和战略规划意识,适时制定目标明确、思路清晰、措施得力的战略规划是非常重要的前提。

1993 年 2 月,当时的北京广播学院有一个著名的《学院改革与发展 30 条》,提出了 1993—1997 年学院改革发展的目标和主要任务。

近十几年来第一个规范的发展规划是《"九五"发展规划和 2010 年设想》。

1997 年,学校制定了《"211 工程"建设规划》,这也是一个总体规划,但侧重于重点学科建设。

1999 年党代会的工作报告,是一个完整的发展规划,对学校近年来的发展产生了重要影响。

从 2001 年起,中国传媒大学每年春季开学前夕都要召开一个工作会议,每年的工作会议上校长都有一个务虚与务实相结合,以务虚为主的工作报告,而且都要谈思路、谈措施,甚至谈形势、谈定位、谈目标,对规划的制订起到了非常重要的指导作用。

目前,中国传媒大学最重要的发展规划主要有 2007 年 6 月党代会的报告、"十一五"规划和 2005 年工作会议确定的远景目标和定位。

(一) 党代会和"十一五"规划——"十一五"和中长期发展目标与定位

党代会对未来十五年或更长一段时间发展目标的表述是:"到 2020 年或更长一段时间,把我校建设成为世界知名高水平传媒大学。"其中,"世界知名"可以说是学校的"视野"和"参照系","高水平"规定了"层次","传媒"强调的是"特色"。

这一发展目标的内涵特征主要有两个方面。一是具有国内外高水平大学的共同特征:有若干学科或学科领域处于国际先进水平,有高水平的师资队伍和国内外知名的学者群,为国家培养出一批优秀人才,产生对国家建设和社会进步有重大影响的科研成果,具有符合国家民族利益和世界高等教育普遍规律的先进办学理念和现代大学制度。二是具有自身鲜明的特色:继续保持并提升学校传媒领域学科综合的优势,形成以新闻传播学、艺术学、信息与通信工程为龙头,文学、工学、管理学、法学、经济学、理学、教育学等多学科协调发展,相互交叉渗透的学科体系;以培养传媒界的高层次应用型、复合型创新人才为主体,以面向传媒业的高新技术研发、理论应用研究、决策咨询服务、传媒内容和形式创新为科研重点,成为国家传媒和文化事业发展的人才库、科技库、思想库和信息资源库。

党代会工作报告还确定了实现这一奋斗目标,分"十一五""十二五""十三五"三步走的战略。

经过三年多的研究和制定,中国传媒大学"十一五"规划于 2007 年 11 月教代会正式通过实施。"十一五"规划在党代会报告的基础上,对"十一五"期间传媒大学的基本定位做了界定——

办学类型定位:教学研究型大学。

人才培养目标定位:培养具有强烈社会责任感和国际视野,基础扎实、实践能力和创新能力强的传媒领域精英人才。

学科结构定位:以新闻传播学、艺术学、信息与通信工程为重点,文、工、管、经、法、理、教等多学科协调发展。

人才培养层次定位:突出本科教育的主体地位,稳步发展研究生教育。

服务面向定位:立足广播影视行业,为传媒、文化及相关事业和产业服务,为国家及地方经济社会发展服务。

(二) 2005 年工作会议报告——远景目标和定位

2005 年的工作会议,提出了中国传媒大学的远景目标和定位:"到本世纪中叶,把中国传媒大学建设成为综合性、研究型、国际化的高水平传播大学,成为传媒界的人才培养与人才信息交流中心、科学研究与科技开发中心、文献信息资源汇集与发散中心,成为传媒内容创研与示范平台、传媒教育国际交流与合作平台。"

这是在北京广播学院校庆 50 周年、更名为中国传媒大学之后,在总结 50 年办学的基础上,对未来 50 年发展前景的一个展望。

定位和目标的详细解释:

综合性——学校将以大传播的理念、全媒体的视野,坚持"以特色带综合,以综合强特色"的思路,使各学科交叉渗透、相互支撑,基础学科与应用学科有机结合,建设以信息传播为特色的学科体系。

研究型——学校将以培养适应 21 世纪信息传播发展需要的研究型人才为主要目标,重点开展基础性、战略性和前瞻性的科学研究,成为信息传播领域高层次研究型人才培养基地,成为引领信息传播业发展方向的智力库和思想库。

国际化——学校将顺应信息全球化和高等教育国际化趋势,以"全球意识、国际水准、世界眼光",嫁接与整合信息传播教育国际资源,延聘国际化师资、培养国际化人才、开展国际化研究,成为传媒教育国际交流与合作平台。

"三个中心、两个平台"可以说是具体目标,体现了具有中国传媒大学特色的人才培养、科学研究、社会服务的三大职能,再加上国际交流与合作,构成一个完整的目标体系。

四

南广学院的顶层设计和战略规划,应该说从 2003 年向教育部申请创建南广学院时就开始了。南广学院的顶层设计和战略规划构想,有两个基点:一是南广学院是中国传媒大学创办的一所独立学院,依托传媒大学,是传媒大学整体事业发展的拓展和延伸;二是南广学院是一所民办大学,是按照教育部"名校办民校"的号召,利用中国传媒大学的优质教育资源,吸收社会资金开办起来的一所独立学院,与校本部在办学体制和运行机制上有很大不同。

2003 年 3 月,中国传媒大学与南京美亚教育投资有限公司签订了《联合办学合同》。这是按照新体制、新模式,规范南广学院运行的一个重要文件。

2005 年 10 月,南广学院召开了发展战略规划座谈会。这是规划南广学院发展的一次非常重要的会议。会议对南广发展目标、定位、措施等作了深入探讨,会后形成了南广学院"十一五"发展规划。随后又相继出台了学科与师资队伍规划、校园规划。这些规划特别是"十一五"发展规划对南广开办以来几年的发展起到了十分重要的指导作用。当然,经过几年的实践和南广学院的快速发展,这些规划有待进一步的调整和修订。

2008 年 1 月,在南广学院教职工大会上,笔者建议,2009 年是南广开办整整五年,对于一个新办学校来说,第一个五年至关重要。因此,南广学院可以以总结五年办学经验为基础,结合已有的几个规划,正式修订和制定"三个规划"(总体发展规划、学科与师资队伍建设规划、校园建设规划)。即,总结5年(2004—2008年),规划5年(2009—2013年),展望15年(2009—2023年)。

经过一年的调研、论证,南广学院"三个规划"的基本思路和设想已经逐步明确。

(一) 总体发展规划

总体发展规划是学校发展的顶层设计,主要解决和回答学校发展目标和定位问题。

关于南广的发展目标和定位及南广"十一五"规划的表述。

总体目标:从现在起至2020年或更长一段时间,把中国传媒大学南广学院建设成为具有鲜明特色的综合性、教学型、国际化的高等院校,成为中国传媒界重要的应用型本科人才培养基地、媒体从业人员继续教育基地和学院派影视节目创研制作基地。

近期目标:在"十一五"规划末期,将南广学院办成全国一流的独立学院,在探索高等教育发展新机制、新模式中起到示范和辐射作用。

这一表述,实际上已经阐述了南广发展目标和定位的主要内容。

1. 目标定位(确定学校的办学理念、发展目标)——将南广学院办成全国一流的独立学院,在探索高等教育发展新机制、新模式中起到示范和辐射作用。

2. 层次定位(反映学校的人才培养层次,如博士、硕士、本科、专科层次人才的培养重点与比例)——应用型本科人才培养基地,媒体从业人员继续教育基地。

这里,"应用型"和"本科"是两个关键词,其核心是人才培养模式的创新。探索应用型本科人才培养模式,对于独立学院而言是全新的课题。"应用型"与校本部研究型或应用研究型人才培养目标定位相区别;"本科"则与同属于应用型的高等职业教育相区别。四年多来,南广学院在应用型人才培养模式方面作了许多探索。论证并制订出一套适合应用型传媒本科人才培养的教学方案。如六个"四年不断线","三证一体","院—系—专业—导师四级人才培养负责制","小学期制"等。有必要认真总结,逐步完善。

3. 学科设置定位(反映学校的学科结构,如单科性、多科性、综合性等)——综合性。具体来说,学院将延承校本部的学科与专业建设思路,坚持以大传播的理念、全媒体的视野,"以特色带综合,以综合强特色",使各学科交叉渗透、相互支撑,基础学科与应用学科有机结合,建设以信息传播为特色的学科专业体系,形成信息传播领域综合性的学科专业布局。

4. 类型定位(根据教学与科研比重,分为研究型、教学科研或教学研究型、教学型等)——教学型。学院以培养本科应用型高级专门人才为重点,坚持以教学为主,以"教学带动科研,科研促进教学"。

5. 特色定位(指学校自身独有的、有别于其他学校的办学目标与功能、办学措施等,是在大学定位层面和大学运行层面所表现出来的独特的办学内涵,是学校办学水平的重要表现)——鲜明特色。特色办学一直是中国传媒大学所秉持的重要办学理念,也是南广学院生存与发展的重要途径。我们认为,南广学院的特色,具体体现为"四个区别":一是区别于中国传媒大学,以培养本科层次的应用型传媒人才为重点;二是区别于高等职业技术教育,是培养本科层次的传媒人才;三是区别于浙江传媒学院等专业院校,有中国传媒大学校本部的强大后盾和支撑,有更加灵活的办学机制与模式;四是区别于其他独立学院和办有传媒专业的综合类院校,是全国唯一的从事传媒高等教育的综合性独立学院。

6. 社会服务功能定位(在社会中的角色选择、人才的服务面向等)——成为中国传媒界重要的应用型本科人才培养基地、媒体从业人员继续教育基地和学院派影视节目创研制作基地。

一是应用型本科人才培养"基地"——南广学院作为中国传媒界重要的本科人才培养基地,与中国传媒大学以培养适应 21 世纪信息传播发展需要的研究型人才为主要目标相比,更注重人才的应用性与适应性,更贴近媒体的运营需求。与中国传媒大学在人才培养方面各有侧重,形成南北呼应、互补互动的发展格局。

二是媒体从业人员继续教育"基地"——十七大报告提出,要"发展远程教育和继续教育,建设全民学习、终身学习的学习型社会"。全国广播影视系统在职职工 58 万多人(不包括服务于该系统的大量公司从业人员),终身学习、继续教育的市场十分广阔。

三是学院派影视节目创研制作基地——南广学院地处长江三角洲,这里经济发达、媒体繁荣,为人才培养提供了得天独厚的条件,也为学校开展社会服务与合作拓展了广阔空间。南广要敏锐把握发展机遇,依托周边媒体资源,充分利用自身的校园条件,尽快形成集教学、传媒内容创研和影视节目制作于一体的产学研平台。

7. 体制定位(反映办学主体,如公办、民办或混合体制;反映隶属关系,如中央部属高校、地方性高校等)——独立学院。独立学院是公办大学利用自身的优质教育资源与社会资金相结合,具有独立法人资格、独立校园、独立颁发文凭、独立财务核算的高等教育实体。公立大学是党委领导下的校长负责制;独立学院则是董事会为学校决策机构,院长负责学校教育教学及行政管理工作。

独立学院的管理和运行机制是一个全新的课题。教育部相关文件一直强调以"新的机制和模式""试办"独立学院,"大胆探索"高等教育的办学机制。

概括地说,独立学院的"探索"主要有两个方面:一是管理方面的新机制、新模式,二是应用型本科人才培养模式。

8. 南广学院还提出了"国际化"的定位,反映了办学的视野和参照系。在信息全球化和高等教育国际化的今天,国际视野是办学的基本要求。南广学院在充分利用校本部与50多个国家和地区200多个高校、传媒和研究机构建立的交流合作关系资源的基础上,根据自身条件,拓展国际化视野,提升办学水平。

总体发展规划将在围绕并回答上述八个方面问题的基础上展开。

(二) 学科专业与师资队伍建设规划

1. 学科专业规划方面

应该重点思考几个问题:

第一,要依托中国传媒大学的学科专业优势和资源。学科专业资源是最重要的办学资源,依托校本部的学科优势是南广学院建设自身学科和专业体系的基础。同时,南广学院在发展过程中,也要结合学院定位、市场需求、自身资源等情况,逐步形成自己的学科和专业特色。

第二,在学科结构布局上,坚持大传播、全媒体与综合性原则。紧紧围绕信息传播领域构筑学科专业体系,形成信息传播领域综合性的学科专业布局。

第三,在学科发展策略上,依据应用型人才培养特点,将品牌建设与敏锐适应市场变化相结合。品牌建设是立足学校长远发展的举措,南广学院应充分发挥比较优势,注重宽口径、厚基础,着力打造若干个在社会上享有盛誉的精品专业,并以此为辐射,带动其他专业的发展。敏锐适应市场变化是应用型人才培养的必然要求,学院的多数专业应以市场需求为导向,通过对市场变化因素的及时分析和毕业生就业动态跟踪调查,适时调整各专业办学思路,使南广学院培养的人才适应社会需求。

第四,要分层次规划建设学科和专业,专业设置力求与校本部对接,要有所为、有所不为,有选择地追求卓越。重点学科专业在与本部对接的同时,应该根据应用型人才培养的定位和南广自身发展的需要,有所调整。

第五,逐步适量地发展研究生教育。研究生教育和学位点建设,可以在中长期规划中体现。

2. 师资队伍建设方面

第一,生师比、学历结构、职称结构等,要符合教学评估对办学条件的要求。教育部对艺术类本科院校规定的合格指标师生比为 1∶11,限制招生指标师生比为 1∶17,南广学院并非纯艺术类院校,可以按师生比略高于限制招生的指标(即略高于 1∶17)规划教师规模。学历结构、职称结构也应逐步达到要求。

第二,要注重自有教师的培养和提高。根据教育部要求,独立学院的教学工作应由申办学校负责。师资队伍建设是南广学院"十一五"期间所面临的最为重要和紧迫的问题。教育部对独立学院提出"三三制"的师资配备要求,即 1/3 的自有教师,1/3 的校本部教师,1/3 的外聘兼职教师,对于一般意义上的独立学院是可行的,而作为异地办学的南广学院,随着学校规模的迅速扩大,其教学任务的 1/3 长期由本部承担是不现实的。所以,南广学院必须主要依靠自有教师队伍,逐步增大自有教师的比重,加大引进学科带头人和高端人才的力度。这是独立学院师资队伍建设的发展趋势。

经过几年的努力，目前南广专任教师 589 人，大多数具有硕士学位。核心专业课程主要由校本部派来的知名教师讲授。另从国内外传媒界、学界聘请了多位教授、专家。但是，年龄结构、职称结构，也包括学历结构不尽合理，教师队伍相对年轻，高级职称较少。这也是新办学校不可避免的问题。校本部定期派出有经验的专家督导组进行教学督导；对只有本科学历的教师，开办高校教师专业硕士课程班，提高其学历学位；采取对口培养方式，提高教师业务水平。

第三，重视教师的科学研究。一方面，科研是教学之源，科研是保证教学质量的基础；另一方面，开展科学研究是教师培养的重要环节。南广学院作为教学型大学并非意味着忽略科研，学校应按照教学和科研相互促进的原则，鼓励教师在完成教学任务的同时，积极开展科研活动。

（三）校园规划

南广学院规划占地面积 1660 多亩，目前校园规划一期已使用土地 810 亩，规划建筑面积 33 万平方米。目前，一期规划已基本完成。南广的校园规划，有两点应重点考虑：

第一，要尽快启动二期校园规划。经过广泛的调研、论证，二期校园规划已有成熟方案。二期规划中的影视基地、传媒文化与国际交流中心、实训大楼等三大部分，可以说是学校发展目标中"应用型本科人才培养基地、媒体从业人员继续教育基地和学院派影视节目创研制作基地"这"三个基地"的重要条件支撑，也是国际化定位的依托。一期规划只能满足基本的教学和生活需要，很难或不能承载这些功能，完成二期规划才能形成功能完整、独具特色的校园环境。

第二，要注重校园的文化承载功能。环境育人非常重要，以传媒为特色的高校尤其重要。中国传媒大学的"校园大课堂"的理念，为培养传媒领域精英人才，营造了良好的校园文化氛围。新学校、新校园，优势是好规划，缺点是缺乏历史感。耶鲁大学 300 年前开第一次董事会的办公楼至今完好保存，这就是历史，就是学校的文化。南广学院提出的"大楼、大师、大树、大器"的办学理念，具有很强的针对性，体现了对南广学院这样一所新学校、这样一个新校

451

园的独特要求和期待。

　　总之,南广学院创办近五年来,取得了令人瞩目的成就。在系统总结几年办学经验的基础上,本着教育部倡导的"再学习、再思考、再规划",做好"顶层设计",修订"三个规划",进一步明确未来发展定位、思路和方向,南广学院一定会有美好的发展前景。

　　(本文原载龙小农主编:《创意南广——大学的诞生》,中国传媒大学出版社 2009 年版,编入本书时进行了一些技术性的处理)

高等院校办学与管理体制改革的一大举措

——大学董事会的实践与思考

一、大学董事会概述

大学董事会是大学实施有效管理的一种组织形式。在西方国家,董事会制度已成为大学管理体制的核心和基础。尽管各国因国情不同,高等教育体制不一,大学董事会制度也千差万别,但就一般情况而言,国外大学的董事会具有许多共同特点:

从大学董事会的职能来看,大致有几个方面:(1)确定大学的使命;(2)任命校长;(3)对学校的目标和任务进行评价;(4)制定或批准学校的长期规划;(5)学校与社会联系的桥梁;(6)筹集足够的办学经费;(7)学校内部事务的最后仲裁者。

董事会的组织机构方面。董事会一般设有董事长、副董事长、秘书、司库等职位。下设有各种委员会,如执行委员会在董事会闭会期间代行董事会职责;任命委员会负责校长和董事会成员的推选;投资委员会负责筹款;财务委员会负责财务管理;审计委员会负责监督审计财务等等。

董事会成员及其产生。董事主要由校外人士担任。由于筹集办学经费是董事会的重要职能之一,因此董事会成员中实业家往往占相当大的比例;其次是政府官员,在公立学校中政府官员的比例更高,甚至担任董事长;此外,有个别大学的董事会也吸收教师和学生参加,但比例很低。至于董事会成员的产生,在公立学校,大都由州长、议会任命或由公众选举;私立学校则由学校的创办者、主要资助人担任。

新中国成立之前,我国的一些大学曾实行过董事会制度。新中国成立后一度消失。党的十一届三中全会后,伴随着改革开放的步伐,我国的高等教育也开始了改革历程。在这种背景下,大学董事会作为一种新鲜事物,首先在沿海省份和地区由海外华侨、港澳台胞等捐资开办的大学中兴起。1987年,我国改革开放后第一个大学董事会——汕头大学董事会成立。此后,一大批大学相继创办了自己的董事会,例如:武汉工学院(现武汉汽车工业大学,1988年10月)、安徽大学(1988年12月)、中国矿业大学(1989年10月)、对外经济贸易大学(1989年11月)、江汉大学(1990年3月)、湘潭矿业学院(1990年11月)、重庆大学(1993年)、沈阳药科大学(1994年5月)等等,形成了80年代末、90年代初我国高等教育管理体制和办学体制改革的一大热点。

现有的近百个大学董事会大致可以分为两种类型:一种是决策型董事会。这类董事会大部分在沿海省份和地区,由海外华侨、港澳台胞捐款兴建的那些大学。董事会为学校筹集和提供基本的或大部分办学经费,所以董事会有权对学校的重大事务进行审议、监督、决策。如广东的暨南大学、嘉应大学、仲恺农学院,福建的华侨大学,浙江的宁波大学等,而以香港知名人士李嘉诚先生捐资近9亿港元兴办的广东汕头大学最为典型。汕头大学董事会章程规定:"校董事会协助政府对汕头大学的建设发展进行积极的实质性的工作,对学校的重大事务起决策和审计作用。"另一种是咨询指导型董事会。这主要是行业性院校以行业对口为原则,争取社会教育行政机关、企事业单位对学校的支持而建立的董事会。这类高校董事会是一种学校与社会双向参与的新型组织形式,有利于调动社会各方面,尤其是行业系统办学的积极性,它对学校无决策领导权,只发挥指导、支持和桥梁作用。目前国内大学的董事会大多属于这种类型。这类董事会有一个显著的特点,即董事会的成员主要来自大学所属的行业内部,行业主管部门领导出任董事长,行业内部经济效益好的企事业单位领导担任副董事长或董事会成员。如北京林业大学董事会董事长为林业部副部长,对外经济贸易大学校董事会主席为对外经济贸易部部长等。

虽然国家行政部门对高校董事会尚未作出明确的规范和要求,有关高校董事会的法规条例也未出台,但高校董事会这一具有探索性的改革措施得到了有关方面的充分肯定。原国家教委曾要求委属"条件成熟的学校,还应积极探索组建有地方政府、企业(集团)、科研单位及社会各界参加的学校事业发展基金会、院一级董事会或建立校董事会,推动社会各方面参与学校办学的咨询、审议、资金筹措等工作,逐步探索学校面向社会合作办学的新路子"。1999 年 1 月 1 日实施的《高等教育法》也明确指出:"国家鼓励企业事业组织、社会团体及其他社会组织和个人向高等教育投入。"这些,为大学董事会的探索与实践提供了一定的法律和政策依据。

二、北京广播学院董事会的创建

北京广播学院(以下简称广播学院)直属国家广播电影电视总局,是我国第一所培养广播电视传播人才的高等学府。创建 45 年来,已发展成为一所融新闻、艺术、外语、工程技术、管理等学科于一体,博士、硕士、双学位、本科、专续本、专科、函授夜大、高等职业教育等办学层次齐全、办学形式多样的广播电视行业性综合大学。

广播学院面向广播电视行业,以培养高素质的广播电视传播人才为己任。广播电视属于信息产业,其核心、主体是传播新闻性信息,因此,广播电视教育总体上可纳入新闻传播教育范畴,

广播学院是我国广播电视传播教育的最高学府。几十年来,为全国广播电视系统及相关行业培养、培训了十多万专业人员,与广播电视系统建立了鱼水相依的密切关系。如何利用这种联系,充分发挥自身特色和广播电视新闻传播行业优势,调动本行业的力量参与办学,共同推进广播学院的改革与发展,是近年来广播学院的决策者们一直思考着的一个问题。

小平同志南方谈话之后,我国高等教育的改革力度加大,步伐明显加快。以管理体制改革为核心的高教体制改革全面铺开,并已取得一系列阶段性成果。在市场经济体制逐步建立的新形势下,如何适应"两个根本转变",满足现代化建设对各类人才的需要;如何深化管理体制改革,优化教育资源配置;如何加强与社会组织和企事业的联系,拓宽产学研合作的渠道,创造良好的外

部环境;如何调动社会各方面办学的积极性,多渠道筹措资金,弥补办学经费的严重不足等等,已成为高等教育改革备受关注而又亟待解决的问题。

1993 年 2 月颁布的《中国教育改革和发展纲要》提出:高等教育办学和体制改革的目标就是要逐步建立和完善政府统筹规划和宏观管理、学校面向社会依法自主办学的新体制。国务院《关于〈中国教育改革和发展纲要〉的实施意见》进一步指出:"部门所属学校的管理体制要分别不同情况,采取中央部门办、企业集团参与管理、学校之间联合或合并等不同办法,进行改革。"原国家教委在有关文件中也提出:"要进一步贯彻落实教育与生产劳动相结合的方针,采取多种形式,大力加强学校与科研部门、企事业单位等密切合作,争取社会各方面更多地参与高等学校人才培养工作。"

正是这种背景下,北京广播学院确立了"植根广播电视系统,依托传媒界,面向全社会开放办学"的办学思路,并在与社会有关企事业单位开展联合办学、合作办学等方面作了许多探索与尝试。例如:争取中央三台在广播学院设立奖学(教)金;为中央和地方广播电台、电视台定向培养急需的广播电视专门人才;与广电部无线电台管理局联合开办广播电视技术大专班;与中央电视台及一些地方广播电视厅合作开办在职硕士学位课程进修班;与中央和一些地方广播电台、电视台联合制作节目,拍摄电视剧、专题片以及联合进行科研、开展项目调查;一些相关的企业单位慷慨解囊,支持广播学院的教育事业,如星光影视设备集团公司出资百万元资金开办电视照明专业等等。这些活动,有力地推进了学院的改革与发展。

为了使上述活动能在一定的组织形式下稳固、持续地发展,进一步加强与社会各界的联系,发展高层次的横向联合,建立学校与社会双向参与、双向服务的新机制,增强主动适应经济建设和社会发展的活力,广播学院提出了建立董事会的构想,并开始了积极的筹备工作。1994 年 7 月,经广播电影电视部批准,北京广播学院董事会正式成立。根据《北京广播学院董事会章程》和有关条例,现将广播学院董事会的基本情况概括如下:

1. 性质:高层次的办学咨询机构,对办学发挥指导、支持和桥梁作用,是学校和有关企事业单位合作办学共同发展的一种组织形式。

2. 基本职能:(1)听取院长的工作报告,对学校工作进行审议和指导,提出改进工作的意见和建议;(2)审议学校的发展规划,并积极推进规划的实施;(3)审议院董事会基金管理小组提出的基金使用和管理情况报告,有权对基金的使用提出质询和建议;(4)对学校和董事单位之间的合作进行指导、协调和咨询。

3. 成员构成:董事会由广播电影电视部领导以及部有关司、局和单位、地方广播电视厅(局)台及有关企业事业单位等组成。本着平等协商、相互支持的原则,凡承认董事会章程的海内外单位和个人均可申请加入董事会。

4. 组织机构:董事会由董事长、副董事长、董事若干人组成。董事长由广播电影电视部领导担任,副董事长由董事推荐,经协商产生。董事会可根据需要,聘请高层人士和海内外知名的企业家、社会活动家、专家学者担任名誉董事长或顾问。董事会设若干专门小组,分别研究有关问题。董事会设秘书长一人,副秘书长若干人。设立董事会办公室,负责日常工作并与董事单位联络。每届董事会任期四年,期满改选。

5. 董事会的运作:董事会一般每年召开一次会议。必要时可由董事长决定提前或推迟。董事会的日常工作由董事长会议研究决定。

6. 董事会基金:设立北京广播学院董事会基金,由各董事单位和个人提供。董事会基金用于改善北京广播学院办学条件,支持学科建设、建立重点实验室,资助重大科研项目、重要学术活动和出版优秀教材,奖励有突出贡献的教职工和品学兼优的学生,支付开展董事会活动的费用。按国家有关规定,制定董事会基金管理条例,建立董事会基金管理小组。管理小组受董事会委托,根据管理条例对基金进行管理,并定期向董事单位通报基金使用情况。

三、董事会为学院的改革与发展作出了积极贡献

董事会成立四年来,按照章程规定积极开展各项工作,在自身不断完善发展的同时,有力地推进了广播学院的改革与发展,作为面向社会,依靠社会力量办学的高层次咨询机构和组织形式,已初步显示出它的生命力。

在自身建设方面,首先,积极稳妥地发展董事单位,壮大董事会的实力。

董事会成立之初,有董事单位72个(包括广播学院在内),后又相继发展了10个,现共有董事单位82个,主要成员均在广播电视系统。目前,全国31个省级广播电视厅、局和5个计划单列市广播电视局、台均已成为广播学院董事会的成员。其次,组成和完善了董事会领导机构。经广电部党组批准,确定了董事会人选,广播电影电视部副部长何栋材任董事长,在此基础上,选举产生了副董事长。并推选了19个副董事长单位,其中,成立之初9个(广电部教育司、计财司、中央人民广播电台、中国国际广播电台、中央电视台、陕西省广播电视厅、深圳电视台、星光集团、北京广播学院),后在第三次董事会议上又增选了10个(其中8个为地方广播电视厅局,另有国家工商总局广告司和华姿银团)。董事会设有秘书处,处理日常工作,并编印了六期董事会专刊。设有基金管理小组,负责筹集基金、规划使用基金,秘书长、副秘书长以及基金管理小组成员均为兼职。四年来,在董事长的主持下已先后举行了三次全体董事会议和六次董事长会议。最后,聘请名誉董事长、董事会顾问、个人董事和法律顾问。名誉董事长有全国人大常委会副委员长王光英、全国政协副主席马万祺和中央宣传思想工作领导小组副组长艾知生。

在履行基本职能方面,董事会工作成效显著。

(一) 咨询指导职能

《北京广播学院董事会章程》明确指出:"董事会是高层次的办学咨询机构",广播学院与董事单位之间是"双向参与、双向服务","平等协商、相互支持"的关系。这决定了广播学院董事会既不同于国外大学董事会是大学的"最高权力机构",也不同于沿海省份和地区由华侨、港澳台胞捐款兴办的大学董事会对大学行使"决策职能",而是一种具有中国特色的大学董事会。虽然董事会对广播学院办学没有决策权,但是,董事会成员单位大多来自广播电视系统,他们是广播学院人才输送和科技服务的"老客户",因此,他们对学院办学的希望和要求,实际上是社会需求的最直接体现,是广播学院面向社会办学的最有价值的信息反馈。

四年来,按照《章程》规定,董事会十分重视并很好地履行了咨询指导职能。每次董事会议和董事长会议均听取广播学院负责人有关办学情况和教育教学改革的汇报,对学院的改革与发展提出意见和建议,多为学院采纳。在第三次董事会上,还专门向原国家教委和"211 工程"办公室提出了"支持北京广播学院进入'211 工程'的建议",为广播学院争取"211 工程"立项工作和重点学科建设起到了积极的促进作用。

(二)桥梁和纽带职能

董事会是高等学校与社会、与企事业单位建立稳固联系的组织形式,通过这种形式,高等学校与董事单位广泛开展互惠互利的合作活动。例如,董事会向学校提供各种信息,促进学校与董事单位、与社会广泛接触和联系;为学校教学、科研工作提供方便和支持,建立教学、科研实习场所和学生实习基地,促进学校的教学、科研不断发展。高校根据董事单位的需要,优先输送各类毕业生;通过代培、短训等多种形式,提高董事单位在职人员的业务素质;为董事单位开展科技服务,优先转让科技成果;为董事单位的重大决策和受众调查、科研、科技开发等提供咨询服务等。通过这些活动,高校了解到社会各界对人才培养方向、质量和人才素质等方面的信息,以便及时针对自身实际情况,确立发展定位,改革教学内容方法,调整专业设置,更好地适应社会、服务社会;董事单位则获得了适应自身发展需要的优秀人才。

由于董事单位的牵线搭桥,董事会成立以来,广播学院与董事单位、与社会各界的联系明显加强。目前,已与 30 多家新闻机构、企事业单位和高等院校实行了联合办学、合作办学。联合形式多种多样,有合作开办在职硕士学位课程进修班;合办教学、科研实验中心(室);合办专业;联合成立研究所;联合开办教学实践、实习基地;合作承担重大科研项目;联合开办"空中课堂",进行远距离教育,培训广播电视专业人员,等等。这些活动,拓宽了办学路子,提高了办学效益,增强了办学实力,也使董事单位得到了一定的实惠。

董事会的成立在密切了广播学院与董事单位和社会各界关系的同时,也使董事单位之间加强了联系。例如,星光集团作为董事单位,一方面积极为董事会提供基金,支持广播学院办学;另一方面,通过参与董事会的活动,了解其他董事单位的电视灯光业务需求,促进了自身的发展。

（三）支持与资助职能

筹资建立董事会基金,为高校提供财力支持,是国内外大学董事会的共同职能。我国是穷国办大教育,在政府对高教投入严重不足的情况下,董事会最具体的实事就是为高校筹措办学资金。这种资助,一方面在一定程度上缓解了办学经费不足的矛盾,另一方面也有利于形成以政府投入为主、社会各界多方筹资办学的新体制。这种资助不仅具有物质上的意义,而且有利于高校提高面向社会、自主办学的能力,以适应高教改革形势发展的需要。

自 1994 年 7 月广播学院董事会成立至今,已筹集基金总计 987 万元。根据董事单位的意愿,基金的使用有两种形式:一种为可存入基金,即收到基金后不直接使用,而是投入有关公司(银行),利用投入所得来支持办学,目前,已签署协议的此类基金为 797 万元(其中 665 万元已到位);另一种为直接使用基金,其中有的还是设备投入,例如,星光集团投入 100 万元的灯光设备、华姿银团投入 50 万元用来支持科研和出版教材等,目前此类基金总数为 190 万元(其中 155 万元已到位)。

关于投入所得的使用,根据《章程》和《基金管理办法》的规定,由广播学院提出使用方向,经董事长会议讨论通过后实施。已先后两次,总计 105 万元分别用于补助特困生、德育工作、基础课教学和购买专业书刊。

四、几点考量

根据北京广播学院董事会的实践,结合高校董事会的运作情况,提出几点肤浅看法。

（一）高校应普遍设立董事会,以适应高校"自主办学"的新形势。1999年 1 月 1 日开始实施的《高等教育法》在总则中明确规定:"高等学校应当面向社会,依法自主办学,实行民主管理。"教育部《面向 21 世纪教育振兴行动计划》提出:"今后 3—5 年,基本形成以政府办学为主体、社会各界共同参与、公办学校和民办学校共同发展的办学体制。"这些,为我国高等教育管理体制和办学体制改革指明了方向。高等学校必须适应市场经济的需要,面向社会、与社会建立广泛的联系,多渠道筹集办学经费,切实提高自我生存、自我发展的能力,才能跟上高教改革的步伐。董事会这一组织形式,有利于加强高校与社会的联系与沟通,筹集办学资金,提高办学实力,实现高教改革的目标。

(二)明确董事会的法律地位。建立高校董事会,必须有一定的立法程序予以规范和保障。目前,虽然教育行政主管部门对高校董事会的实践与探索给予充分肯定,但相应的法律法规尚未出台,对高校董事会的地位、性质、权限和职能也没有作出明确的规范和要求。这种状况,导致高校与董事会之间的关系具有相当大的"情感"或"行政"色彩(像广播学院这种行业性高校的董事会尤其如此),缺乏理性的规范,从而加大了董事会运作的难度。

(三)高校与董事单位之间的互惠互利要有实质性内容。互惠互利,明确高校和董事单位的权利与义务,是高校董事会赖以存在和不断发展的基础。在高教管理体制改革以及广播电视行业改革逐步深入,毕业生就业走向市场的新形势下,必须适时调整双方的权利义务关系,尤其是高校向董事单位所承担的义务要有实实在在的内容,从而充分调动董事单位筹资办学的积极性,使董事会步入良性运行的轨道。

(本文原载苏志武主编:《高校管理纵横》,北京广播学院出版社 1999 年版,编入本书时进行了一些技术性的处理)

我国新闻传播学学科建设的现状及思考

　　我国的新闻传播学学科发展开端于新闻学。新闻学学科的建设真正起步和发展始于改革开放之后,20 世纪 90 年代开始进入高速发展时期。1997 年新闻学从中国语言文学一级学科中分离出来,扩展为新闻传播学,成为独立的一级学科;2004 年又被国家确定为重点发展的九大哲学社会科学之一。目前的情形正如方汉奇先生在总结新闻学学科建设 30 年时所说的那样,"中国的新闻传播学已经由被某些业界人士妄自菲薄的'无学'变成了'显学'"。

一、新闻传播学学科点分布情况

　　从严格意义上讲,学科建设与本科专业并不是一回事,但说到新闻传播学的发展必须从本科教育谈起。新闻传播学本科教育的迅速发展主要体现在三个方面:首先,开办相关专业的学校和专业点迅速增加。1982 年,全国 16 个高等院校的新闻院、系开办新闻学专业。到 2011 年,全国已有 975 个新闻传播类专业点,其中新闻学 286 个、广播电视新闻学 215 个、广告学 355 个、编辑出版学 73 个、传播学 40 个、媒体创意 6 个。其次,专业数量明显增加。1982 年,只有新闻学专业点。2012 年 9 月正式公布的普通高等学校本科专业目录中新闻传播类专业则有新闻学、广播电视学、广告学、传播学和编辑出版学。在特设专业中还有网络与新媒体及数字出版两个专业。第三,培养的人数大为增加,1982 年,全国各专业点有 1585 名本科、专科学生。到 2006 年,我国877 个新闻院、系、专业点有 15 万名在校学生。

在研究生教育方面,我国内地 1977 年开始恢复招收新闻学研究生。[1]
2008 年,全国 800 多个新闻院系专业点中,已经有 6 个新闻传播学一级学科
博士授予点,5 个新闻学二级学科博士授予点,4 个传播学二级学科博士授予
点,32 个新闻学硕士学位授予点和 41 个传播学硕士学位授予点。[2] 到 2011
年,新闻传播学一级学科博士授权点由 6 个增至 15 个,一级硕士授权点由
2005 年的 28 个增至 83 个[3]。

在人文社科基地方面,中国人民大学、复旦大学、中国传媒大学和武汉大
学建有四个教育部人文社科基地;中国人民大学、复旦大学、武汉大学、清华大
学、华中科技大学建有 5 个"985"国家哲学社会科学创新基地。

二、国务院学位委员会关于学科建设的相关政策

多年以来,我国一直没有进行过大规模的学科调整,在学科建设和人才培
养方面一直沿用 1997 年版的《授予博士、硕士学位和培养研究生的学科、专业
目录》(以下简称目录)。但一方面,1997 年以后高等教育学科发展出现了新
的变化;另一方面,已经获得一级学科博士授予权的高校自主设置的二级学科
数量过于庞大(目录内二级学科 387 个,目录外自主增列二级学科超过 2000
个)。《目录》在人才培养和学科建设中的指导作用无法发挥。以新闻传播学
为例,在《目录》中,新闻传播学一级学科下只有新闻学和传播学两个二级学
科,但在 2002 年至 2008 年间,获得新闻传播学一级学科博士授予权的高校已
自主增列了广播电视学、广播电视新闻学、数字媒介、传媒经济学、广告学、编
辑出版、国际传播、媒介管理学、跨文化传播学、国际新闻学、公共关系、舆论
学、传媒生态学、传媒教育、传媒政策与法规、传播心理学、广播电视语言传播、

---

① 方汉奇:《新闻学学科建设的回顾与前瞻》,全国新闻学研究会首届中国新闻学学术年
会——新时期中国新闻学学科建设 30 年,北京,2008 年 11 月。

② 方汉奇:《新闻学学科建设的回顾与前瞻》,全国新闻学研究会首届中国新闻学学术年
会——新时期中国新闻学学科建设 30 年,北京,2008 年 11 月。

③ 由于国务院学位委员会和教育部的管理调整,二级学科今后已不再列入统计范围。

跨文化传播、媒介经营与管理等 10 余个二级学科。

为规范学科专业的设置与管理,国务院学位委员会、教育部在 2009 年 2 月印发《学位授予和人才培养学科目录设置与管理办法》。国务院学位委员会、教育部只负责批准学科门类、一级学科的设置与调整方案,二级学科、交叉学科的设置由各学位授予单位负责。2011 年 3 月,国务院学位委员会、教育部下发通知,公布了新的《学位授予和人才培养学科目录(2011 年)》,新目录增设了"艺术学"门类,学科门类达到 13 个,一级学科从 89 个增加到 110 个。同年,国务院学位委员会下发了《关于委托学科评议组编制〈授予博士、硕士学位和培养研究生的二级学科目录〉的函》,委托各学科评议组对目录内的二级学科提出建议。

根据国务院学位委员会的要求,各一级学科可以在原有二级学科基础上增加或减少 40% 的二级学科,即新闻传播学可以再增加一个目录内的二级学科。新闻传播学学科评议组召集当时拥有新闻传播学一级学科博士授予权和拥有新闻学或传播学二级学科博士授予权的高校和科研机构参加了讨论会。当时获得各校广泛认可的二级学科包括广播电视、广告学、传媒经济或媒介经营管理、新媒体或数字媒体、国际传播等。学科评议组决定,在新闻学、传播学外,建议在目录内增加广播电视与数字媒体、广告与媒介经济两个二级学科。

当年,国务院学位委员会对各学科提交的《二级学科目录》初稿进行汇总后发现,各学科组共设置了 717 个二级学科,比原目录增长了 85.3%。且各学科组编制的《二级学科目录》很不平衡,粗细不一、差异很大;部分一级学科未统筹考虑其他学科的学科设置,导致不同学科之间出现了重叠;部分二级学科设置口径过窄,未能充分考虑学科成熟度和社会对人才的需求。

以原来与新闻传播学同属文学门类的艺术学为例:艺术学为一级学科时,下设二级学科 8 个,升格为门类后,一级学科有艺术学理论、音乐与舞蹈学、戏剧与影视学、美术学、设计学 5 个,但这 5 个一级学科建议的二级学科目录则多达 38 个。这样过细的二级学科设置显然与当初国务院学位委员会进行调整的初衷不符,不利于学科的优化、整合。

2012 年 3 月,国务院学位委员会下发《关于暂不统计编制内二级学科目录的通知》,认为现阶段下发《二级学科目录》可能会进一步强化二级学科,不利于学位授予单位优化、整合学科,更不利于全面推进学科设置与管理的改革。

三、对新闻传播学学科建设的思考

(一) 新闻传播学二级学科的设置应当符合媒介融合的大趋势

目前,媒介融合已涉及媒介业的各个环节。在媒介融合的趋势之下,媒介生态正在发生巨大变化。媒介融合不但改变着新闻界,也在改变着新闻传播学的建设和发展。新闻传播学如果还依照媒体差异进行学科设置和规划,以媒介形态为学科划分标准的话,显然无法与媒介产业自身的发展相适应。因此,需要各相关培养单位一起探索新的二级学科定位和划分标准。

此外,现有的新闻学和传播学边界不清的老问题也应当正视并予以解决,以有利于新闻传播学学科的整体发展。

(二) 新闻传播学一级学科的建设和管理需要宏观的业务指导

自 2009 年以来,国务院学位委员会和教育部放宽了对二级学科的管理,获得一级学科博士授予权和硕士授予权的高校可以自行设置二级学科。经过专家评审、国务学位委员会指定网站公示、授权单位学位评定委员会通过、国务院学位委员会备案等环节即可。这样的管理方式给了各相关院校较大的自主权。但这也带来有的学校在二级学科设置上出现随意性过强、口径过窄、跑马圈地、因人设置等问题。为避免自主权一放就乱、一管就死的局面,我们建议以现有的新闻传播学学科评议组、本科教指委和社科委的专家队伍为依托,建立学科专家组或学科建设指导委员会对国内现有的新闻传播学科点进行规范和指导,让新闻传播学学科建设有章可循,通过各校新闻传播学学科建设的规范性和内涵式发展,提升新闻传播学学科的总体水平和在学科门类中的话语权。

(三) 新闻传播学学科建设应遵循学科或专业的基本规律

一个学科有其基本的形成发展规律。首先边界要清楚,具有独特的研究对象和研究领域;其次要有理论基础和体系;第三还要有自己相对完整的术语系统。新闻传播学要想取得更大的发展,必须要在学科发展的基本规律上对其进行建设。

目前传播学就存在一定程度的泛化问题。传播学的交叉研究特征从诞生伊始就十分明显,按照施拉姆的说法,传播学就是一个十字路口,任何一个学科的学者都可以在这里上车,也可以随时在这里下车。但这并不意味着传播学是个筐,什么都能往里装。把经济、政治、文艺、科技、体育和宗教等其他学科都纳入传播学领域。传播学可以无限制地容纳其他学科,那么传播学就难以成为独立自主的学科。因为一个学科如果可以包罗万象,恰恰是其学科身份自我消解的开始。传播学边界的过于扩张不但不利于传播学自身的发展,也会影响新闻传播学的整体发展。

(本文原载袁军、王宇:《新闻学论集》第 29 辑,经济日报出版社 2013 年版)

关于学科建设的几点思考

一、关于学科建设的地位

所谓学科,其含义有两个:一是作为知识体系的科目和分支;二是指高校教学、科研等的功能单位,是对教师教学、科研业务隶属范围的相对界定。学科建设中"学科"的含义指后者,但与第一个含义也有关联。

学科是高校发挥人才培养、科学研究、社会服务三大功能的基础平台,学科水平是高等学校综合办学实力的主要标志。建设一流大学的关键就是要建设一流的学科。一流大学不可能所有的学科都是一流的,但一流大学一定拥有一批一流学术水平的优势学科。世界著名大学往往与一批知名学科紧紧地联系在一起,如剑桥大学的物理学、化学、数学、生物学、经济学;哈佛大学的工商管理、经济学、政治学、教育学、哲学;麻省理工学院的物理学、计算机科学、航空航天工程学;斯坦福大学的心理学、教育学、植物学、电子工程学;加州大学伯克利分校的原子物理学、化学、生物学等。

学科建设是高校一项永恒的基础性工作。学科是一个集合概念,包括人才培养、科学研究、社会服务、队伍建设,包括博士点、硕士点、重点基地、重点实验室等等;学科建设是一个系统工程,不单是学科管理部门的工作,也不仅仅是教学科研部门的任务,学校的人事、财务、外事、后勤等行政管理部门,都要围绕学科建设做文章,都要从有利于学科建设的发展来计划和开展自己的工作。在千头万绪的学校工作中,只有抓住学科建设,才能理出头绪,分清层次,头脑清醒,目标明确,才能理清师资建设、课程设置、专业方向、科研立项选题、资金设备投入等各项工作的轻重缓急,从而达到通过学科建设保证学校各类资源的最优配置和各项政策规定的协调一致。正如周济部长在 2003 年 1 月 5 日教育部直属高校工作咨询委员会第十次会议上所指出的:"在学校的整体建设中要坚持以学科建设为主线,以重点学科建设为核心,抓住了这条主线,抓住了这个核心,就抓住了纲,就可以纲举目张,带动学校其他各个方面工作的开展。"

近年来,北京广播学院正是充分利用"211 工程"重点学科建设的契机,紧紧抓住学科建设这个"纲"不动摇,提出了"以学科学位建设为龙头,以重点学科建设为突破口,带动学校整体水平和核心竞争力的提高"的方针,在"211 工程"实施、国家重点学科建设、博士授权单位申报、学位点的增列、研究基地建设等方面取得突破性进展,实现了学校的跨越式发展。

二、关于学科特色和品牌意识

世界一流大学有一个共同特点,那就是非常重视根据自身具有的资源优势形成办学特色,不随波逐流,而学科特色是办学特色的核心。在千帆竞发、百舸争流的高等教育领域,"强化特色"已成为高校生存与发展的基础条件。任何一流大学不可能所有学科都是一流,必须有所为,有所不为,有选择地追求卓越。学科建设应突出个性差异,强化比较优势,注重品牌塑造。在市场经济条件下,企业和产品的品牌形象是极为宝贵的一种财富,高校也是如此,学校有名校,专业也有品牌专业。在高等教育大众化的今天,高等教育的社会需求趋于多元化,选择更为理性,学科特色、品牌的重要性日益凸显,学科的品牌形象已成为一种宝贵资源和财富。

近年来,在办学经费渠道单一、生源竞争日趋激烈、毕业生就业压力增大的背景下,高校为了争生源、抢市场,不顾基本条件,"一窝风"办"热门"专业,"短视眼""打一枪换一个地方"的现象十分突出。因此,特别需要清醒地认识到,学科特色的经营、品牌的塑造,既取决于学校学科资源的独特、定位的科学,更重要的是需要时间的积累。李岚清同志曾指出:"一流大学要有长期的优良学风和深厚的学术积淀。"优势学科的成长是一个长期、艰苦的过程,需要长远规划,苦心经营,切忌急功近利,赶时髦。高校的优势学科往往被称为"传统优势学科",何谓"传统",无非是指这些学科历史悠久,底蕴深厚。大学"社会服务功能"的核心是推动社会进步,引导社会前进。大学不仅要培养当下社会所需要的高素质人才,还必须准确预见社会发展趋势,为社会发展提供前瞻性咨询和引导性论证。新学科的增设,老学科的改造,旧学科的淘汰,都要有前瞻意识。学科建设和专业设置要适应人才市场变化,不能远离社会,不能与世隔绝,但随波逐流更不可行。正如美国教育学家弗莱克斯所指出的:"大学不是风向标,不能什么流行就迎合什么,大学应不时满足社会的需要,而不是它的欲望。"人才市场瞬息万变,而学科成长周期相对较长,学科建设不可能也没有必要与市场需求完全合拍,而应具有前瞻意识,为经济社会发展提供人才储备。

在长期的发展过程中,北京广播学院逐步形成了自身鲜明的办学特色,即在众多学科门类中以信息传播教育为特色,在信息传播领域又以电子传媒教育为优势,许多学科为全国首创,并保持了"人无我有,人有我优,人优我特"的学科专业特色。面对近年来强劲的高等教育改革与发展浪潮,我们清醒地认识到,在教学科研资源有限的情况下,高校要发展,必须有自己的特色,集中有限的资源,谋求特色发展,在竞争和发展中形成差别化优势,树立自己的品牌形象。

近年来,无论是学校整体发展规划制定、"211 工程"实施、重点学科建设、新专业设置、博士硕士点申报,还是研究基地建设、学科研究方向凝练等等,北广都以强化"信息传媒教育特色和优势"为重点,始终坚持特色建设,特色发展,从而巩固了北广在电子传媒领域教学科研的国内领先地位,在国际上的影响逐渐扩大,这些都是学校持续发展最可宝贵的资源。学校坚持学科建设一定要有鲜明的特色,有特色才有优势,有优势才有发展的理念;面对激烈的市场竞争,各高校都在力求办出特色,并用自己的特色去竞争,求生存、求发展;广播学院的特色就是为信息传媒全方位培养人才,这也是北广的生命所在;在强调提高综合性的同时,一定要突出这个特色,在体制改革中要注意保持这个特色,在教育全球化趋势面前,千万不要忘记这个特色。在学科建设中,要重视选择特色,精心设计特色,积极创造特色,认真保持特色,努力强化特色。

三、关于学科布局与调整

世界著名大学的发展,一般都经历了一个由单科性、多科性到综合性大学的发展过程。例如,牛津大学、剑桥大学、耶鲁大学从以文为主,发展到文、理、法、管、医、工相结合的综合性大学;麻省理工学院、德国工业大学、加州大学伯克利分校则从以技术学院为主,发展到理、工、文、管相结合的综合性大学。我国的著名大学也在朝着这个方向发展。有的高校通过延伸、扩展,分化、发展及交叉、综合,有选择地新建学科,建设学科群等多种方式发展成为综合性大学;有的则通过合并,走向综合性大学。之所以从单科走向综合,其意义无外乎有两点:一是有利于形成科学、合理的学科体系,促进学科的交叉、渗透,发挥学科的综合势能;二是有利于提高学生的综合素质,培养复合型人才。

近年来,学科布局结构的调整是北京广播学院学科建设的一项重要内容。1999 年 1 月召开的党代会,学校提出了建成"以文、工两大学科门类为主,文、工、管、经、法、教多学科协调发展的综合性大学"的发展目标。从学科布局角度,这一目标确定了"多学科、综合性"的基本格局。这一目标定位,是顺应形势发展,综合分析各种主客观因素形成的。

一是学校整体发展定位。

2003 年初,北京广播学院提出了要成为"国内外知名的以信息传播为特色的综合性研究型大学,达到世界同类大学的一流水平"的目标。建设一流的研究型大学,在学科的总体布局结构上,必须形成基础学科、主干学科、支撑学科和新兴交叉学科组成的相对完整的体系。

二是社会需求。

首先,社会主义市场经济体制的逐步建立与发展和世界范围的科技进步与竞争,极大地推动了产业结构的调整,我国已进入依靠结构调整促进经济发展的新阶段,人才需求也随之发生了结构性变化。经济结构的战略性调整要求进一步促进教育与经济的结合,加大教育结构和学科结构调整的力度,最大程度地满足社会需求。

其次,全面推进素质教育对高校的学科建设提出了新的要求。学科建设必须适应"厚基础、宽口径、强能力、高素质"的人才培养模式要求,搭建交叉渗透、优势互补的学科专业平台。

最后,20世纪90年代以来,信息科技突飞猛进,一方面,促进了作为信息产业重要组成部分的广播电视业的迅猛发展;另一方面,信息技术革命导致数字化浪潮席卷全球,互联网等新兴信息传媒兴起,传播媒介的汇流与整合态势形成,对传统的广播电视构成强劲的挑战。北京广播学院必须迅速适应这种传播形态的变革,在学科布局结构上,实现从"广播电视"到"大传播"的历史性转变,面向整个传媒界,建立起全面、科学、完整的信息传播高等教育学科体系。

三是学科自身发展规律和趋势。

近几十年来,学科发展明显地呈现出一种分化和综合的趋势。一方面,学科越分越细,越来越专;另一方面,通过交叉与渗透,不同的学科又趋向高度的综合。其中,高度的综合是主流。各门学科、各层次分支学科不断地交叉,同时又加速地综合,使学科朝着一个领域内不断地深入和多个领域综合交叉的整体化方向发展。在科学迅猛发展的今天,单一学科的"突飞猛进"已不太可能,一个科学技术领域常常涉及许多学科专业,往往需要不同学科的学者共同完成。提高学科体系的综合性,发挥学科的综合优势,已成为学科发展的客观趋势。

学科的布局结构调整是一个动态的过程。近年来,为实现学科发展目标定位,北京广播学院主要采取了两个方面措施。

一是以重点学科建设为核心,增设新学科,改造老学科,扶植新兴学科和交叉学科,促进学科交叉渗透和新的学科生长点形成。

"九五"以来,学校确定了"集中有限财力,突出重点,分层次规划,分阶段实施,以重点学科建设带动相关学科发展"的学科建设基本方针。新闻学、广播电视艺术学、语言学及应用语言学、通信与信息系统、电磁场与微波技术等重点学科建设成绩显著。在加强重点学科建设的同时,注意促进和带动相关学科的发展。通过原有学科的生长、分化、融合,优化和调整学科布局,建立了一批富有特色的新型交叉学科,网络传播、电子出版、应用语言学、录音艺术、动画、影视艺术与技术、公共关系、传播心理、传媒经济、传媒教育、传媒生态、传媒政策与法规以及20多个非通用语国际传播等一批新学科、新专业方向的设立与发展,适应了信息传播发展的社会需求,优化了学科结构,为学科的可持续发展奠定了坚实的基础。

二是调整、理顺学科,优化学科资源配置。

首先,组合相关学科资源,成立二级学院。从1995年上半年起,先后成立了工学院(信息工程学院)、新闻传播学院、电视学院、录音艺术学院、播音主持艺术学院、国际传播学院等二级学院,一定程度上避免了"大而全、小而全"和重复建设问题,优化了资源配置。2002年上半年,借并校之机,进一步调整、理顺学科,形成了由14个二级学院组成的相对完整、合理的学科布局。

其次,组建学科群,成立学部。学科群是若干学科间相互渗透、相互支撑,围绕某一共同领域或重大的科研项目紧密而有机地结合在一起的学科群体。学科群有利于发挥学科的综合优势,加强学科间的交叉、综合与渗透,促进新型学科和边缘学科的衍生。北京广播学院2001年下半年制定的《学科建设"十五"规划》,提出在"十五"期间要重点建设新闻学与传播学、广播影视艺术学、语言学及应用语言学、信息科学与技术、媒介经营与管理、政治学与教育学等六大学科群。2002年10月提交的"十五""211工程"重点建设项目可行性研究报告调整为新闻传播学、广播影视艺术学、传媒语言及信息处理、媒介经营与管理四大学科群。2003年工作会议上,学校进一步确定为三大学科群、五大学部:一是以国家重点学科新闻学为核心,形成新闻传播学学科群,组建新闻传播学部。该学部由新闻传播学院、电视学院、广告学院、国际传播学院、媒体管理学院和社科学院等六个二级学院组成。二是以国家重点学科广播电视艺术学为核心,形成广播影视艺术学学科群,组建广播影视艺术学部。该学部由影视艺术学院、播音主持艺术学院、录音艺术学院、动画学院、文学院等五个二级学院组成。三是以21世纪重点发展的信息技术为基础,形成信息科学与技术学科群,组建信息科学技术学部。该学部由信息工程学院、理学院、计算机与软件学院、计算中心、网络中心组成。同时,还组建研究生学部和继续教育学部。这个框架,可称之为"三足鼎立、五部并存"。学科群使各相关学科之间优势互补、交叉渗透;而学部的组建则从学科组织形式上确保了学科资源的优化配置和高效共享。

四、关于学科建设与研究生教育

学位授予层次和博士、硕士授权点的数量是衡量一所大学综合实力极其重要的指标。一方面,学位授予点体现了学科水平;另一方面,学位授予点是学科进一步发展的重要平台。从国际上看,世界一流大学十分重视研究生教育,尤其重视博士生培养,研究生占在校生的比例一般为一半左右或更高。国内高校也极其重视学位建设,往往不惜代价提高学位授予层次,发展研究生教育。

北京广播学院1978年招收硕士研究生,1981年成为国内首批硕士授权单位。但是,直到20世纪90年代中期,仍然不是博士授权单位,没有博士点。这种状况,与我校所面向的行业——广播电视高科技、重装备、高层次人才密集的行业性质,与广播电视所处的社会地位是不相称的。广播电视担负着提升国民综合素质的神圣使命,广播电视不仅需要大量的应用型人才,而且需要大量的研究型人才。广播电视媒介不仅要承担社会信息的传播任务,而且应履行社会信息的分析、解释和研究职能,成为全社会信息处理的中枢机构。因此,提高广播电视人才培养层次,尽快建立博士点,是当时一项极其紧迫的战略性任务。

1998年,经国务院学位委员会第十六次会议批准,北京广播学院成为博士学位授予单位,并获得新闻学、广播电视艺术学2个博士点,实现了全国广播影视系统博士点零的突破。在国家严格控制新增博士授权单位的背景下,获得博士授予权,是极不容易的。

2000年,学校又新增传播学、语言学及应用语言学、通信与信息系统、电影学4个博士点,并获得新闻传播学一级学科博士学位授予权。硕士点也由"九五"初期的7个增至13个。

2003年,学校增列电磁场与微波技术、戏剧戏曲学2个博士点;经国务院学位办备案批准,在新闻传播学一级学科内自主增列了广播电视新闻学、广告学、国际新闻学、传媒经济等4个博士点,以及编辑出版学、舆论学等6个硕士点;获准设立新闻传播学、艺术学、信息与通信工程3个博士后科研流动站。

2004年1月,学校又获准在新闻传播学一级学科内自主增列编辑出版博士专业,以及公共关系、传播心理、传媒教育、传媒生态、传媒政策与法规等5个硕士专业。

至此,北京广播学院拥有一级学科博士授权点1个,二级学科博士专业共13个,硕士专业共28个,工程硕士专业学位点1个,高校教师专业学位点5个,博士后科研流动站3个。

短短6年,学位点达到如此规模,在国内高校中是不多见的。这体现了北京广播学院学科建设的成绩,是对学校学科水平的一种综合评价,也是学校近年来跨越式发展的重要标志。

(本文原载《奋进的脚步——治校方略》,北京广播学院出版社2004年版)

加强高素质国际传播人才培养

近年来,随着中国国际地位的不断提升,世界各国对中国的关注日益密切。这其中的一个重要表现就是各国媒体对中国报道的日益增多。但是,应当看到,这些涉华报道多元、复杂,其中一些混淆是非的报道有损中国形象,需要警惕。在此情势下,加快提升我国的国际传播能力,培养更多高素质国际传播人才,使我们更好地向世界发出中国的声音,显得十分重要而紧迫。

国际传播人才培养的紧迫任务

当今世界正逢大发展大变革大调整时期,中国经济快速发展,世界各国希望了解我国经济社会发展各类信息的需求十分迫切;与此同时,全球思想文化交流、交融、交锋日甚,越来越活跃和复杂。在这一国际形势下,如何赢得话语权,占领舆论制高点,发出中国声音,阐述中国立场,确保在激烈的国际舆论交锋中维护国家文化安全和意识形态安全,成为我国国际传播面临的重大课题。

近年来,随着传播科技和新媒体技术的发展,发达国家凭借雄厚的信息科技实力优势,形成新的"媒介霸权"——"互联网霸权",这给中国国际传播带来新的挑战;同时这一现实也为中国国际传播充分利用先进的传播技术、扩大国际受众有效覆盖、拓展国际市场空间提供了前所未有的渠道和方式。如何抓住这一历史性机遇,顺应媒介融合趋势,改造传统媒体资源,抢占全球新兴媒体阵地,成为中国国际传播的必然追求。

当前全球传媒业生态环境和竞争格局正在发生显著变化,建设世界一流媒体,提升国际传播能力成为我国媒体的重要使命。国际金融危机之后,世界媒体格局深度调整,我国媒体的国际地位有所加强。我国的国际传播机构纷纷进行"战略转型",实施"走出去"战略,加强海外阵地建设,参与国际媒体市场竞争,力争在世界传媒格局变革中抢占先机,打破"西强我弱"的国际舆论格局。但是,应当看到,面对日益复杂的国际传播形势,加快提升我国国际传播能力,加强人才培养最为关键。而高标准、多元化的人才需求,也为国际传播学科专业建设和人才培养提出了更高要求。

培养国际传播人才的经验总结

在国际传播人才培养方面,中国传媒大学的实践经验或许可以为我们提供有益借鉴。

一是以"坚守国家立场,发出中国声音"作为基本的人才培养理念,加强思想政治和国情教育,坚定学生的理想信念,坚持正确的政治方向。

多年来,中国传媒大学以"坚持党性原则,树立喉舌意识、导向意识"作为新闻传播人才培养的根本,十分重视培养学生的思想政治素质。在国际新闻传播硕士研究生班的建设中,以"坚守国家立场,发出中国声音"作为基本的人才培养理念,引导学生自觉成为中国观点的传播者、中国立场的阐释者和中国形象的塑造者。还通过"三项学习教育活动""部长国情教育讲座""业界名家当代媒介前沿问题系列讲座""驻外主流媒体记者系列讲座"等教学和培养环节,强化学生爱国情感、职业道德和社会责任感的养成。

二是依托"小综合"的学科优势,"新闻、艺术、技术"三位一体、交叉融合,以国际性、复合型为培养目标,以多语种选拔、多渠道学习、双导师制和国际化教学平台为主要手段,强化学生国际传播专业能力的培养。

外语能力、新闻业务能力、国际问题观察与研判能力是国际传播人才的三种基本能力,也是形成其他高端能力的基础和关键。中国传媒大学具有信息传播领域"小综合"的学科特色,新闻、艺术、技术三位一体,加上近30个语种的外语优势,为培养复合型国际传播人才奠定了坚实的学科专业基础。

在国际新闻传播硕士研究生班建设中,中国传媒大学面向全校硕士研究生,实行多语种、多专业背景选拔。培养过程中,充分利用新媒体手段,开展互动式的师生交流;实施模块化课程设计;配备双导师;利用国际化教学平台,拓展学生国际视野;运用每晚外语训练、每周主题班会等"全天候"培养方式,致力于专业培养与德育教育相结合、理论学习与专业实践相结合、能力训练与班级管理相结合,营造全方位、立体化、多层次的育人氛围。

三是强调人才培养的针对性和实践性,坚持"校园大课堂,传媒大舞台"特色育人理念,构建"全员、全方位、全过程、多层次、多渠道"及理论与实践相结合的培养模式。

中国传媒大学依托校园媒体平台和中央主要外宣媒体,建立社会实践基地。国际新闻传播硕士研究生班的同学利用学校"中传电视台"制作英语新闻节目 NEWS BATONG LINE(新闻八通线),强化训练新闻业务技能与现场报道能力;利用"电视与新闻学院实验教学中心"开通 3G 现场连线报道系统,结合专业课程开展命题训练,且由专业教师定期点评;推荐学生在中央六大主要外宣媒体实习;推荐学生利用小学期到我国主流媒体驻外机构见习,使其置身于西方本土环境中了解国外传媒生态,实践国际新闻报道;推荐学生参与国家留学基金委项目选拔,赴我国主流媒体驻外机构进行实习。

培养国际传播人才的努力方向

近年来,正是有了在国际传播人才培养方面的充分实践,中国传媒大学为我国输送了一大批高素质的国际传播人才。但是我们在国际传播人才培养方面与现实需要仍然存在差距,需要进一步作出努力。

一是要充分认识国际传播人才培养的重要性和紧迫性。高素质的国际传播人才是提升国际传播能力的基础和关键。中央领导同志把加强国际传播人才培养的重要意义和紧迫性归纳为"三个迫切需要",即宣传我国发展成就、发展道路、发展理念,提升国家文化软实力的迫切需要;开展国际舆论斗争、维护我国国家安全和意识形态安全的迫切需要;打造国际一流媒体、增强我国国际传播能力的迫切需要。作为国家重要的传播人才培养基地,中国传媒大学将不辱使命,从战略高度充分认识加强国际传播人才培养的重要性与紧迫性,紧紧围绕国家外交战略和外宣工作大局,为党和国家源源不断地继续培养和输送一大批高素质的国际传播人才。

二是要全校一盘棋,统筹优质资源,全方位培养复合型国际传播人才。适应国际传播人才高标准、多元化的需求,中国传媒大学将坚持和深化"交叉复合培养"思路,优化各种复合型资源,不断探索国际传播人才培养的新机制、新思路、新方法。在进一步办好国际新闻传播硕士研究生班的同时,加强英语(国际新闻方向)、国际新闻第二学士学位,以及国际传播、国际新闻博士、硕士专业和研究方向的建设,形成全校统筹,多层次、多专业的国际传播人才培养格局。按照国际传播人才"复合性"的要求,创新人才培养机制和模式,在传统"复合型专业"(国际新闻、录音艺术、媒体创意、数字媒体艺术等)的基础上,着重推进跨层次、跨专业的"专业复合型"培养模式,在本科、研究生、第二学士学位、双学位(辅修)等实行"前专业背景型""后专业背景型"的交叉与复合,或实行本硕、硕博连读。

三是要调整和优化培养方案,力求更加契合国际传播人才培养规律。国际传播人才应当打牢"五个根底",即新闻业务根底、新媒体业务根底、各方面知识根底、外语根底、国际知识和国际视野的根底。我们要进一步调整和优化人才培养方案,加大"外语"和"国际"比重,强化学生外语能力训练,拓宽国际视野,营造国际化环境和氛围;实现培养方式和途径的开放性,多渠道、开放式地选拔和培养国际传播人才。

四是要建设好国家"国际传播人才培养示范基地"。培养高素质的国际传播人才是一项系统工程,涉及诸多因素,建立国家"国际传播人才培养示范基地",有利于集中有限资源,在国家加强国际传播能力建设、实施国际传播人才培养战略中起到引领和辐射作用。中国传媒大学办学50多年来,在办学理念、人才培养、学科建设、科学研究、国际交流、服务社会等各个方面形成了鲜明特色和独特优势,尤其是信息传播领域"小综合"的学科专业特色,为培养复合型国际传播人才提供了得天独厚的条件。在中国传媒大学建立国家"国际传播人才培养示范基地",必将有力地推动国际传播人才培养和国家国际传播能力的提升。

（本文原载《光明日报》2011 年 4 月 2 日第 7 版(理论、实践版)）

关于高等教育国际化的思考

一

从历史的角度分析,最初的高等教育开放应该始于早期学者的游学,如西方古希腊时期和我国春秋战国时期。最初的学者游学是为了获得生存逃避迫害或是完全个人意义上的自由的学术交流。"公元前 5 世纪,古希腊的智者学派成为西方第一批巡游讲学者。他们四处游历,以讲学为生。"著名的哲人苏格拉底、柏拉图、亚里士多德是杰出的教育家,他们也曾经四处游走,所到之处都有一群虔诚的追随者。

在西方中世纪大学崛起之后,因为有了相对固定的组织和机构,现代意义上的高等教育国际化格局开始初具形态。甚至,我们不妨说,中世纪大学的诞生本身,就带有"国际化"的原始特征。西欧中世纪的大学无论是学者还是学生,都具有跨境性和多民族特征,这些学者和求学者来自西欧各国。如据统计,"对 13 至 14 世纪在巴黎大学求学的外国著名人士进行了详细研究,结果发现,其中有英国人 153 名,德国人 200 名,荷兰人 56 名,意大利人 109 名,西班牙和葡萄牙人 44 名,斯堪的那维亚人 41 名,斯拉夫人、匈牙利人和希腊人 41 名,稍晚还有来自亚洲的学者,而且在校长名单中还有外国人"。中世纪大学国际化另外的一个重要特征是学者的广泛流动性,不仅如此,甚至大学也是流动的,并在学者的流动中不断生成新的大学机构。瑞斯戴尔(Hastings Rashdall)认为:欧洲至少一半中世纪大学起源于学术迁移或人员的流动。有人甚至认为,正是早期一些著名的学者,如吉尔伯特(Gerbert)、阿伯拉尔

(Abelard)、彼得朗巴德等(Peter Lombard),他们四处的流动讲学,使得大学的火种传遍四方,并改变了整个西方文化的面貌。一部早期大学史,我们甚至不妨称之为学者流动史或者说学术迁移史。正如哈斯金斯所言:"权威人物的假设是,牛津起源于学术迁移,而且它最初的教师和学生一定来源于巴黎。"

然而,进入19世纪后,出于殖民主义统治的需要,西方一些发达国家也开始在其殖民地创办高等教育,在注重军事征服的同时,又开始加强文化的驯服,从而,以军事和政治强制方式开启了西方高等教育国际化的道路。20世纪后,在民族国家全面兴起之后,为获得全世界卓越的科技人才以及他国的学术资源,或者出于培养合乎自己意愿的他国政治人才的需要,在许多西方国家尤其是美国,政府开始以政策手段介入高等教育的国际化,从而使高等教育开放的一个重要特征日益凸显出来:即所谓开放不再仅仅是个体或机构的自发性行为,而更多带有政府意志色彩。发达国家政府或政治力量作为开放主体的介入,大大拓展和拓深了高等教育开放的广度和深度,而与此同时,为能够跻身于现代化民族国家的行列,实现国家的快速发展,众多发展中国家也开始由被动开放转向对其他特别是发达国家高等教育的主动开放,从而形成了一个在世界中基于被动/主动、输出/输入形式的高等教育开放差序格局。

所谓主动与被动维度是就开放的意愿而言,如果是在胁迫中或不得已而为之的,称为强制性开放,比如殖民主义时期的西方国家在殖民地国家开办学校。非强制性开放即本国主动向他国开放,包括对外主动输送人才,对内主动引进外国人才、学术内容等,甚至对外开放自己的高等教育市场等。

所谓输出与输入维度是就不同国家在开放过程中的地位而言的,第一种形式是:以对外输送学生、学者及团体,引进学术内容等为主,对内输入学生、学者及团体,输出学术内容等为辅,如目前大多数发展中国家的开放;第二种形式则是:以对内输入学生、学者及团体,输出学术内容为主,对外输送学生、学者及团体,引进学术内容为辅,如发达国家如美、欧等高等教育强国。

当今世界已经进入到一个高等教育全球化的时代,在全球化的背景中,高等教育开放的主动/被动、输入/输出不同维度间的区分界限尽管依然存在,尤其在发达与非发达世界之间,但是已经越来越模糊。特别是对非发达世界而言,要实现高等教育乃至民族国家的崛起,主动开放并平等参与国际高等教育,已经成为无可回避的选择。同时,也使得全方位的高等教育开放的理念和行动,代替了简单的高等教育国际化的讨论。

二

今天,在经济全球化的背景下,国际化已成为世界高等教育发展的一股强劲的潮流,成为高等教育改革和发展的一种必然趋势。克拉克·克尔说:"高等教育的历史,很多是由内部逻辑和外部压力的对抗谱写的。"目前高等教育国际化处于一个信息沟通技术迅猛发达的知识社会中,其中市场经济为主导经济模式。而贸易自由化和治理方式的改变也影响着高等教育国际化。全球化既是高等教育国际化产生的背景,也是其面临的挑战,同样也蕴含着机遇。在全球化的情境下,经济因素特别是追求商业利润或经济利益成为影响和推动高等教育国际化发展的主要外因;高等教育国际化从发达国家向发展中国家提供援助阶段进入全球范围内各国相互竞争阶段;高等教育国际化的实施由"国家—政府主导型"逐步转变为"政府—院校协作型"和"院校主导型";高等教育国际化的内容从以往单纯、外在的人员交流,扩大到课程国际化和跨国教育等方面;制订和形成区域性或全球性高等院校合作计划和组织,某些课程、文凭和学位以及办学质量保证系统趋于全球标准化和统一化。

现代意义上的高等教育国际化源自20世纪90年代初,当时是根据高等教育机构层面的系列活动对其进行界定,即高等教育国际化就是在国际性学习、国际性教育交流以及技术合作中的活动、项目和服务等,后又逐渐发展为旨在使高等教育能够应对全球化挑战的任何体系化的努力。但是此概念只包含了高等教育国际化的外部环境的国际维度,没有涉及教育的本质、目的、功能等内在因素。高等教育国际化是将高等教育放在一个国家的战略地位上,作为国家的一部分参与到国家之间交往的国际环境中,按照国际上通用的规则和标准,利用国际范围内的资源培养国际化的人才,进行国际化的研究,为整个人类社会的发展服务,从而提高国际影响力,提升国际地位。

在高等教育领域,一般认为,高等教育的国际化是指高等教育活动带有跨境或跨国性。这种跨境性活动通常包括:学生跨境流动,教师学者跨境流动,学术思想内容的流动,不同国家院校之间的合作,以及高等教育对整个国家在国际范围内的影响,等等。因为开放被嵌入不同时代背景之中,不同时代乃至不同开放主体的高等教育国际化的形式、程度存在差异。

作为追求高深知识的场所,大学自中世纪诞生之日起就是最国际化的机构,而这种国际性在文艺复兴与启蒙运动复兴了大学校园生活后被进一步强化。但是"国际化"(internationalization)这一词汇真正进入教育领域,是在20世纪80年代早期,而此前"国际教育"(international education)和"国际合作"(international cooperation)更为常用。曾满超认为,国际化的概念既有连续性也有显著变化,而且直到20世纪90年代初全球化成为世界性的变迁推动力以后,对国际化的兴趣才真正开始在各国间广泛传播开来。此后,学界对国际化的概念进行了广泛探讨,但始终未能形成共识。而与国际化相关的如"全球教育""多元文化教育""跨国教育""无边界教育"等一批新词汇的出现,更使得国际化的概念趋于模糊。

加拿大学者简·奈特(Jane Knight)在2004年提出的,国际化是"在院校和国家层面的高等教育目的、功能和供给中融入国际、跨文化或者全球化维度的过程。"这一定义包含以下几个层面的意义:①高等教育国际化是一个过程,而非结果,因此,它具有鲜明的阶段性特征;②高等教育国际化可以理解主要是两个层面上的活动,一为国家,二为院校,这也是高等教育国际化的两大主体;③高等教育国际化是一种策略,正如奈特和阿特巴赫所说,全球化是一种动力,而国际化是一种主动的选择,具体来说,高等教育的国际化是应对全球化趋势的一种策略选择;④高等教育国际化体现在高等教育的诸多方面,主要包括目的、功能和供给方式的国际化。

三

关于高等教育国际化的理论基础,一般认为,高等教育国际化是知识进步和文化交流的内在要求,反过来也构成高等教育国际化的重要推动力量。目前,世界各国都在不同程度上认识到,文化交流能够加深不同民族和国家之间的理解与尊重,减少和避免国家之间的矛盾和冲突。首先,大学是生产知识和交流文化的重要机构,大学的国际化是传递和交流文化的重要渠道。其次,政治因素推动着高等教育国际化进程。发达国家通过高等教育国际化,向整个世界传播自己的价值观念和利益追求,借以强化既有的世界秩序。发展中国家则希望通过大学的国际化,谋求较为理想的国际关系。第三,经济利益成为高等教育国际化最为重要的动力因素。因为留学生教育作为高等教育国际化的重要组成部分,给留学生接收国带来了极为可观的学费收入,甚至拉动了留学生接受国的经济增长。第四,学术研究的复杂性,要求跨国合作。而一些国际通用的学术规范也促进了高等教育的国际化。据此,高等教育国际化的理论基础可以划分为以下四类:社会的/文化的,政治的、学术的和经济的,而随着国际化理论和实践研究的进展,高等教育国际化的理论基础逐渐演变为在国家和机构两个层面的相互交叉,如表 1 所示。该表基本上全面概括和总结了目前高等教育国际化的理论基础,尽管仍有待于进一步的改善。总之,高等教育国际化的理论基础随高等教育的机构、政府部门的引导、利益相关者以及国家的不同而显示出一定的差异性,并导致了教育国际化维度的多样性,成为制定国际化政策、策略、项目的根据。

表 1　驱动高等教育国际化的理论基础

理论基础	现象表征	交叉状态
社会的/文化的	文化认同;理解不同的文化;培养公民意识;社会的和地区性的发展	国家层面:人力资源开发;战略联盟;创收;商业贸易;国家建设;制度建设;社会文化发展和相互理解
政治的	外交政策;国家安全;技术支持;和平与理解;国家认同;地区认同	
经济的	经济增长和竞争;劳动力市场;财政刺激	机构层面:国际品牌和声誉;质量提高和国际标准;资金来源;师生发展;人际网和战略联盟;研究和知识创新
学术的	学术范围的扩大;机构建设;现状分析;提高质量;国际学术标准;教学和研究的国际维度	

四

高等教育国际化潮流的驱动力,除了以上所述,在全球化背景下的经济、文化、技术,乃至政治的种种外在因素之外,笔者觉得,更多地来自高等教育自身发展的内在动力。

我们发现,比较短的历史发展起来的世界知名大学,有一个共同特点,就是无一例外地大力实施国际化战略或者说国际化策略。这里列举几所比较典型的大学的情况。

一是香港科技大学。

香港科技大学是一所成立于 1991 年 10 月的高度国际化研究型大学,多种大学排名被评为世界前 50 名。

科大在短短不到二十年的时间内成为世界著名大学,在很大程度上归功于科大的高等教育国际化战略。

来自全球 35 个国家的 430 名教授,全部拥有博士学位,其中 75% 的博士学位来自世界一流研究型学府。

国际化造就了香港科技大学商学院。前不久《中国教育报》刊登了一则访谈,报道了香港科技大学商学院的 EMBA 项目,再一次被英国《金融时报》EMBA 排名(世界公认最权威的)为全球第一(2007 年曾排名第一;还曾连续 5 年排名全球前 3 名)。

科大商学院院长的解释原因:"我们的国际化,我们的研究能力。"国际化的教授背景,带来的是世界级的知识财富。"我们的国际化主要体现在两个方面,一是科大商学院是目前唯一同时取得美国工商管理学院国际协会和欧洲管理发展协会欧洲质量发展认证体系,两家国际权威商学院课程认证机构认可的商学院;二是学员及教授来源的国际化。"

二是香港城市大学。

1984 年建校。真正的发展是在 20 世纪 90 年代以后。

《泰晤士报》2009 年度全球 200 所顶尖大学排名中,香港城市大学跃升 23

位,居第 124 位(2004 年《泰晤士报》排名即进入全球 200 名;2006 年排名 150 多位)。

香港城市大学前校长张信刚接受采访,分析原因:"我们有着与内地院校不同的教学体制与教学管理模式,课程与国际接轨,教师大多具有国际背景。本校有 150 位教员曾在英美院校带博士生,另有 500 位教员在英美院校执教。毋庸置疑,这对内地学生具有很大吸引力,是通向国际化的很大一步。"

三是英国的华威大学。

华威大学是英国这一具有悠久高等教育历史的国度中,新生代高校的代表(最年轻的名校)——才 40 多年历史,但已进入英国名校行列——前十名。其最重要的诀窍就是实施国际化战略——世界范围延聘师资、课程体系和培养模式国际化、学科标准国际认证,等等。

一般来说,世界一流大学的成长是一个长期的历史过程,靠的是大学培养的人才、产出的学术成果对社会的贡献,由社会所公认;而不是靠短时间内的经费支持,或"运动式"地启动"建设一流大学工程"所能成就。然而,我们觉得,虽然高校的发展路径各不相同,情况千差万别,但是,实施国际化战略是强校的重要捷径,尤其对于中国传媒大学这样历史不长,底子不厚,综合实力不强的高校,要想在不太长的时间内,跻身世界知名高水平大学行列,国际化战略是必然选择。

五

近十几年来,中国传媒大学紧紧抓住高等教育和信息传播业迅猛发展带来的历史性机遇,实现了跨越发展。学校综合实力显著提升,从学科相对单一、以本科教育为主的行业院校,发展成为多学科、本科与研究生教育体系完整的国家"211 工程"大学。

这一成绩的取得,与中国传媒大学一直坚持国际化发展战略密不可分。当前,中国传媒大学正处在发展方式的转变期、办学结构的调整期、深化改革的攻坚期、开放办学的提升期。面对新形势新任务,如何进一步富有成效地实施国际化发展战略,是摆在我们面前的一个重要问题。

(一) 坚持国际化发展战略不动摇

20 世纪 90 年代中期,中国传媒大学开始提出建设"国内外著名"或"国内外知名"的广播电视综合大学的发展目标。2005 年前后开始提"国际化"的发展目标定位,并提出成为"传媒教育国际交流与合作平台"的具体目标。近年来,虽然定位的表述有一些变化,如综合性调整为"小综合",研究型变为"教学研究型"等,但是,"国际化"的目标定位却是一以贯之的;并且,实施"国际化战略"得到进一步强化,强调了"具有国际视野"的人才培养定位,强调了"世界知名"作为总目标中的关键词。

近年来,学校在转型过程中提出了一系列新的思路,如"入主流,创一流"的学科建设思路,启动"名校工程"等,都是围绕"世界知名",瞄准的也是"世界一流",是"国际化战略"的强化和自然延伸。

中国传媒大学已经开始编制"十二五"规划。在"十二五"规划预先启动的几个专题研究项目中,"国际化战略"是重点项目之一。"十二五"规划中,"国际化战略"将在认识上得到进一步强化,计划举措更实、更符合学校总体发展战略的要求和总目标的实现。

(二) 国际交流与合作要强调实质性、高层次

我国高校中,国际交流与合作存在走马观花、签框架性协议及交流与合作层次不高、内容不实的弊端。如何把西方高水平大学的一流学科、把优质教育资源引进来,与其进行深层次、实质性的合作,是我们面临的问题,也是教育部近年来的一贯要求。

中国传媒大学与"50 多个国家和地区 200 多个机构"建立了交流与合作关系。这奠定了我校实施"国际化战略"的基础。下一步的重点,是如何开展实质性的合作。

近些年,我校在国际交流合作的实质性方面迈出了可喜的步伐。"111"引智计划、本科生海外见习、非通用语的 3+1 模式、海外暑期班、青年教师国外一流大学对口进修、管理干部的海外培训、发起成立传媒高等院校国际联盟

等等,都是实质性的举措。

高层次的交流与合作也是发展方向,即教育部一直强调和要求的与世界"优质教育资源"开展交流与合作,而不是三四流大学的低层次的合作交流。

(三) 实施国际化战略是一项全方位的系统工程,既需要顶层设计,更需要各学院、各部门协调合作,充分发挥主观能动性,全面推进

一是人才培养国际化。

也就是"请进来、派出去"。

"请进来"主要是留学生教育。这是国际化程度的非常重要的指标之一。世界著名大学的留学生大都在20%左右。而我国的大学中,留学生所占比例不到1%,差距很大。

中国传媒大学留学生教育的发展空间应该是很大的。我们有一流的播音学科(标准普通话),有20多个语种的非通用语专业(双语教学);再加上影视制作、动画、多媒体制作技术等学科专业(有利于多媒体汉语教材建设),等等。当然,我国是非英语国家,我校新闻传播学科的特殊性,还有国际课程的数量十分有限等,也制约了我校发展留学生教育。

尽快推出全英文本科课程和全英文硕士项目,是我校拓展留学生教育的当务之急。

"派出去"。据了解,香港中文大学每年有20%的学生去国外大学学习。相比之下,我校差距明显。

二是师资队伍的国际化。

这是关键。全球范围延聘师资,组建国际化的师资,是成就一流大学的基本途径。

香港城市大学"现有900余位分别来自22个国家的教师,其中9位乃世界级院士,逾500名持有海外知名学府的博士学位,150名曾于海外的大学担任专职教研工作"。

吸引海外优秀留学人员归国是提高师资国际化水平的现实途径。据教育部统计,我国从1978年开始留学海外的139万学生和科研人员中,只有近39

万回国工作。这意味着吸引海外留学人员回国到高校任教，还有很大的空间。

国家近年来启动了到国外一流名校、师从一流导师，培养研究生的计划，目的就是师资队伍。这是富有远见的。

哈佛大学德国语言和文学教授沃尔兹表示，正是第一次世界大战前近万名美国学子远涉重洋，赴德留学才有了真正意义上的美国大学，才造就了今日美国高等教育强国的地位（当时世界高等教育的中心在欧洲）。"今日美国学术所拥有的较高地位以及它在某些分支领域所拥有的主导地位，直接和间接归于许多在德国大学接受先进训练和吸取灵感的美国人。"

三是学术研究和交流国际化。

我校"十一五"规划提出，在国外设立 8—10 个研究基地，开展国际化课题研究。现在许多国家的传媒类高校和传媒类学科，都十分关注中国的媒体发展，成立相应的研究机构，如莫斯科大学新闻系的中国媒体研究中心，英国西敏斯特大学的中国媒体中心等。我们可以采取共建的方式合作，也可以在传媒联盟高校中，设立研究中心，有针对性地开展国际化课题研究，切实提高学术研究的国际化水平。

国际会议方面，我校近年来举办的"世界大学女校长论坛""亚洲传媒论坛""国际大学生动漫节"，已经具有一定的国际影响力。下一步的关键是要做实、做出成效、做出品牌，使我校举办的国际研讨会真正成为与国际一流学者平等对话和交流的平台。

四是高等教育理念、人才培养模式和管理机制的国际化。

实施国际化战略，包括借鉴国际先进的高等教育理念、人才培养模式和管理机制。如何将国际先进的东西与我国、我校的实际进行有效的嫁接，是摆在我们面前的一个课题。

如英美许多著名大学的"寄宿制学院"的本科人才培养模式，延续了数百年，被称为理想的人才培养模式。在我们这样一个穷国办大教育的背景下，面临资源紧缺、强调资源共享的情况下，能否借鉴？怎么借鉴？都值得我们思考。

高等教育国际化，从某种程度上说，是全球高等教育资源在一种特定背景下的排列组合。从这个意义上说，搭建什么样的平台，以一种什么样的体制机制,吸纳和汇聚全球视野下的优质高等教育资源,是带有根本性的一个重要问题。因此,高等教育理念、模式和机制问题,显得尤其重要。也就是说,在坚守我们的文化传统和体制机制特色的同时,如何融入高等教育国际化潮流,适应相对共同的高等教育运行机制和人才培养模式的要求,既是一个值得深思的理论问题,更是一个摆在我们面前的现实课题。

前不久,海外人才招聘会,一所西部大学出价1000万。这不由得使人想起了前些年我们一些高校100万美元年薪全球招聘诺贝尔奖获得者,结果不了了之;想起了一个名不见经传的民营企业收购汉马,有评论说娶一个洋媳妇不好伺候,等等。实际上,这引发了对我们的高等教育、我们的企业是否具备了国际化顶尖人才生长和发展环境的深层思考。

(本文为2009年度北京高校领导干部理论文章评选获奖论文)

高等教育与和谐社会

中共十六届六中全会通过的《中共中央关于构建社会主义和谐社会若干重大问题的决定》(以下简称《决定》),提出了到 2020 年构建和谐社会的指导思想、目标任务、工作原则和重大部署,是我们党的历史上第一个关于构建社会主义和谐社会的纲领性文件。

《决定》将坚持教育优先发展、促进教育公平摆在突出位置,提出了新形势下教育改革和发展的指导方针和重大举措。以下我结合教育特别是高等教育发展,谈几点学习《决定》的个人体会。

一、逐步缩小教育发展差距,促进教育公平

六中全会提出了建设和谐社会的总要求,即:"民主法治、公平正义、诚信友爱、充满活力、安定有序、人与自然和谐相处"。这个总要求中,"公平"是一个非常引人注目的概念。过去我们强调的是"效率优先,兼顾公平",近些年来,有了显著变化,更多地强调的是社会公平、和谐。

而在社会公平体系中,教育公平最为引人关注。《决定》中,"教育公平"是放在非常突出的位置加以强调的。这是因为教育公平是人发展起点的公平,促进教育公平是构建社会主义和谐社会的客观要求。可以说,没有教育的相对公平,社会和谐就失去了一个非常重要的基础。教育涉及人民群众的切身利益和社会发展的各个方面,是全体社会成员最为关注的一项社会事业,历来被看作是人们发展提高、缩小社会差距的重要手段。

改革开放以来,我国的教育事业实现了历史性的跨越式发展。目前我国举办着世界上最大规模的教育,已成为世界人力资源大国。高等教育的发展尤其引人注目,毛入学率从1999年的11%发展到现在的21%,进入大众化阶段。

然而,教育发展与广大人民群众对于优质教育资源的强烈需求之间的矛盾仍然没有根本缓解,城乡、区域之间教育发展不平衡问题非常突出。

以高等教育为例。与二十年前相比,现在读大学已不是一件很难的事,然而,优质高等教育资源增长的速度却十分有限。过去是"读大学难",而现在"读好大学难"成为面临的新问题。

城乡、区域的差距问题更为突出。全国各省区高考录取分数线的不同就是教育区域差距很重要的一个指标。办学条件方面,区域之间存在很大差距。2005年,教育部发展规划司公布的全国60所被亮黄牌的高校(58所高职,2所普通高校),其中50多所是西部高校。

党和政府采取了一系列措施,如西部大开发中,教育的专项经费给予西部地区很大的倾斜;本届政府教育投入向农村、特别是西部农村基础教育倾斜。《国务院关于深化农村义务教育经费保障机制的通知》指出:从2006年开始,全部免除西部地区农村义务教育阶段学生学杂费,2007年扩大到中部和东部地区。

但是,尽管如此,缩小差距、推进教育公平的任务仍然十分艰巨。

同时,我个人有一个体会,影响我国教育公平的还有一个十分重要的因素,那就是各种类型教育发展的政策导向不合理,存在很大的调整空间。

我们一直强调分层次办学,强调每一个层次都能办成一流。但实际上,高职想升本科,本科想成为硕士授权单位,硕士授权单位希望升格为博士授权单位,再进一步跻身于"211""985"高校行列,这已成为各高校约定俗成的上台阶的"路径图"。导致这种状况的根本原因在于各种类型的高校在获取教育资源上的不平等、不均衡、不公平。

这实际上涉及两个问题:

一是强调"办学层次",忽视"办学类别",以"办学层次"为主要标准分配高等教育资源,导致不同层次高校之间获取国家教育资源的巨大差异。强调分类别办学,强调不同类别的高等教育都能办成一流,是发达国家高等教育健康发展的一条重要经验。例如,英国中学生毕业后的选择是多元的、交叉的,毕业生可以直接读大学,也可以选择职业学院—大学、职业学院—工作—大学、职业学院—工作等多种模式。而且,每一种模式之间有很多立交桥相连,基础学位证书、学士学位证书、研究生学位证书与高级职业证书是相通的。在英国,博士毕业后再读一个高职是很正常的,因为这是两种完全不同的教育类别。我国提出"十一五"期间,要大力发展职业教育;前不久,启动了100所高职资助计划。这是一个很好的举措,将有利于促进办学类型的多样化。

二是政府评估高等教育的标准问题。在我国,不论是博士、硕士单位的评定,还是"211""985"院校的遴选,都是考察、评估高校的整体办学水平,而忽略办学特色和单一学科的办学实力。近些年高校如火如荼的教学评估,也是侧重于整体水平,不能体现具体学科、专业的办学特色和实力。

这种状况,一方面导致教育资源分配的不公平、不平衡,影响社会教育公平;另一方面,也是造成我国高校的办学定位、目标趋同严重,并且存在盲目攀比、贪大求全的现象的重要政策根源。

在今年年初召开的教育部直属高校咨询会上,陈至立同志指出:"高校主管部门要加强引导和督促,建立有利于高校办出特色的评估标准";提出要"合理定位,努力办出特色",并且把"传媒"作为八大专业领域之一加以强调。这是很好的一种导向。

二、落实科学发展观,走内涵发展之路,着力提高高等教育质量

《决定》着重强调了构建社会主义和谐社会,必须遵循"以人为本""坚持科学发展""提高发展质量"的原则。

之所以强调这一原则,我认为,主要是因为科学发展观和构建社会主义和谐社会,是一脉相承的,具有理论上的密切相关性。也就是说,只有落实科学发展观,才能实现社会主义和谐社会的目标。

从高等教育角度来看,促进高等教育的和谐发展是建设和谐社会的重要内容。而在当前,要实现高等教育的和谐发展,必须全面落实科学发展观,走内涵发展之路,努力提高高等教育质量。

目前,我国高等教育正处于一个转型期、调整期,即从外延发展向内涵提升过度,工作重心正在实现战略性转移。新的"八字方针"——"巩固、深化、提高、发展",为新的阶段高等教育的内涵发展指明了方向。

经过近十年的跨越式发展特别是 1999 年以来的大规模扩招,高等教育发展面临教育资源的全线紧缺,需要调整乃至"休整"。

1999 年我国高等教育毛入学率是 11%。2000 年以来平均每年以 2 个百分点的速度增长,目前,毛入学率超过 21%,在校学生总数 2300 万,超过美国,跃居世界第一。

而 1995 年,世界上毛入学率超过 15%(即高等教育步入大众化的国家)的国家有 68 个。这些国家平均人均 GDP 为 10445 美元。而我国目前是 1500 美元左右。可以说,近十年来我国高等教育走的是一条跨越式的超前发展之路。

这种跨越式发展,的确导致了不少问题的产生。如高等教育资源紧缺问题,教育质量问题,大学生就业难问题等,都是社会的不和谐因素。

与国家高等教育发展同步,中国传媒大学也正在实现从外延发展向内涵提升的转型。近十年来,学校抓住机遇,实现了跨越式发展;同时,学校也正面临人才、资金、校舍和校园面积等办学资源的全方位紧缺。可以说,经过十几年的艰辛努力,中国传媒大学搭建起了以信息传播为特色的高水平大学的基本架构,但一系列非常艰苦、细致的"内部装修"工作尚待完成。

中国传媒大学正在根据国家高等教育新的形势,结合自身发展实际,修订"十一五规划",提出了"十一五"期间要坚持"两条主线":

第一条主线是"全面落实科学发展观"。其基本依据:一是科学发展观是我国未来相当长一段时期经济社会发展的一个总的思路和指导思想。二是我国高等教育正处于一个转型期、调整期,新的"八字方针"以及"十一五"期间我国教育发展的三大任务——"巩固、发展、提高"。三是学校也处于一个转型期。

第二条主线是"创新"。其基本依据：一是国家将创新提升到了前所未有的高度。二是科技大会提出了建设创新型国家的目标。三是高等学校是国家创新体系的重要组成部分，应该为建设创新型国家作出特殊贡献。

三、坚持以人为本，构建和谐校园

和谐校园这一概念，内涵丰富，涵盖学校工作的方方面面。这里，我仅就以下三个方面谈一点看法。

第一，树立以学生为本，以教师为主体的理念。

坚持以人为本，即是做到教育以育人为本，以学生为主体；办学以人才为本，以教师为主体。以学生为主体，学生交费上学，理应得到相应的服务，从这个意义上说，学生就是我们服务的对象。一切为了学生，为了学生的一切。育人是学校的首要职责，学校离开了教学工作便抽掉了学校生存的基础，所以学校应以育人为主线，各项工作围绕着培养合格人才而展开，各个层面、各个部门都应履行育人的职责，形成教书育人、管理育人、服务育人的全方位育人环境。以教师为主体，是指完成学校的三大职能，必须全心全意依靠广大教师。教师是学校存在的基本要素，没有一大批高水平的教师根本不可能有高水平的大学，大学的理想、目标必须成为广大教师的共同意志才能得以实现。

第二，促进学风、校风建设。

当前我国高校的学风状况，是令人担忧的。浮躁、好大喜功、急功近利的不良学术风气在高校的确有着它的市场。教育部学风建设委员会正在组织起草《高等学校哲学社会科学学术不端行为惩处办法》《高等学校哲学社会科学研究学术规范实施细则》等规范性文件。许多大学将治理学术风气提上重要的议事日程，采取严厉措施惩治学术不端行为。相信，这些举措对规范学术行为，改进学风将起到积极作用。

第三，处理好学术权力与行政权力的关系。

去年10月至11月，笔者参加了由教育部和国家外专局组织的"高校领导海外培训团"，到英国进行了为期一个月的培训与考察。英国高等教育的自主性,英国高校中学术权力与行政权力的关系,给我们留下了深刻印象。

英国的高等教育,有限制,但自主性很强,包括经济自主、学术自主、管理自主等。一方面是自立于政府。英国高等教育尽量避免政府对高校的直接干预。例如,英国大学办学经费的国家拨款是由英国高等教育拨款委员会HEFCE 来承担的,这样一个非常重要的机构虽然承担着政府的职能,但却是一个非官方机构,是英国政府与高校之间拨款的中介组织,起到缓冲器的作用。若没有这个机构,由政府直接向高校进行拨款,这样政治的因素难免就会介入到高校,高校的学术自由就难以得到保证。另一方面,英国高等教育的自主性,表现在学校与各院系的关系,院系的自主性很强,人、财、物等各方面享有相当大的自主权,管理重心下移。

相对于我国来说,一方面,我国《高教法》早已规定,高等学校应面向社会,依法自主办学,实行民主管理。但十几年过去了,自主性仍是面临的一个难题。另一方面,我国许多高校在短短的十来年从原有的规模小、专科性、院系两级关系,发展到了规模大、综合性、校院系三级建制、两级管理,然而,校院之间集权与分权的关系问题一直处于探索的过程之中,是高校内部管理体制改革的一个难点。

此外,学术权和行政权的关系问题,英国大学特别强调学术管理,各种学术机构、委员会行使对高校的有效管理权,学术权力得到充分保证。而我们更多的是行政主导的运行机制,其弊端十分明显。从本质上说,高校是一个学术组织,理应按照学术组织来建设和管理。然而,由于传统和现实的种种原因,这一点很难落到实处。在高校,有行政权力直接干预学术,而更多地表现为学术主动攀附行政,导致谁的行政地位高就意味着学术地位高,这是尤其令人忧虑的。

今年初的教育部直属高校咨询工作会,以"管理、质量、特色"为主题,并且确立 2007 年为"高等学校管理年"。加强管理,既是高校办出水平、办出特色的基本前提,也是落实科学发展观,建设和谐校园的迫切要求。

(本文原载《展望未来 谋划发展》,中国传媒大学出版社 2007 年版)

从办学定位入手建设大学文化

大学是大类文明的灯塔,是正义良心的代言人,负载着精英文化传承与新文化创造的责任。而大学自身的文化性质和文化建设,则是保证大学的文化责任得以实现的前提。

大学文化潜移默化影响着校园的学术氛围和教育精神,学术氛围和教育精神日积月累形成大学文化。日积月累的大学文化和一时一地的大学功利相对。新的学科专业、学位点相对容易搭建,但是学科专业的内在品质和特色却非一时之功;学者和教师相对容易邀请和引进,而教育和研究的制度则需长期锤炼;"得天下英才而教育之"相对容易,而以教育思想为核心的培养模式和课程设计则要艰辛探索;大学管理的秩序相对容易建立和维持,而办学定位和大学个性则需仔细推敲。

大学文化纷繁复杂,涉及精神、制度、物质环境等各个层面,不同的大学主体从不同的侧面为大学文化建设"添砖加瓦",各主体承担自己的文化责任,同时分享历史积淀下来的大学文化。对于大学领导者来说,其身负的大学文化责任首先是办学方向的制定和引导,为大学定位,在此基础上规划并落实大学的基本制度,建设大学文化。

一、品质的提升和办学个性的彰显:大学文化建设的意义

(一) 扩大招生的意义和局限性

1999 年以来高校大规模扩大招生,是当今中国大学发展的基本政策背景

之一。为了解决长期以来高等教育需求与供给的矛盾,满足人民群众日益增长的高等教育需求,20世纪90年代末国家作出重大决策,扩大高等学校招生规模,这对于教育机会均等、教育民主化具有重要而深远的意义。从量的扩张和积累看,我国高等教育进入了快速发展的阶段,其标志就是从精英高等教育阶段迅速进入了大众高等教育阶段。

由于我国高等教育大众化的道路比较特殊,它是以现有高校的扩大招生和规模扩张为基础,以新增的无公办高校背景的民办高等教育为辅的模式。这一模式对于承担精英高等教育任务的高校来说具有史无前例的质的影响。生师比和班级规模的扩大,以实用技术为导向的专业的增加,就业市场对于学生求学心态的影响,深刻地转移着大学的内在精神,"心无旁骛""一心向学"的象牙塔精神式微了。市场的逻辑和经济的逻辑,渗透到大学自身的逻辑中,渗透到教学、研究乃至整个办学中。重提大学的办学质量、大学的品质,关注大学自身的文化建设,乃是当务之急,同时关系着大学未来的走向。

(二) 彰显办学个性,建设个性化的大学文化

大学组织是文化的有机体,其流向和气质,既显现了大学之为大学的共性,又显现了此大学不同于彼大学的个性,大学的个性显现了大学的办学风格和特色。卓尔不群,和而不同,崇尚思想自由的大学是充满创造力的文化组织,而办学个性则是教学、研究、管理个性的总和,它集中体现在大学的办学思想上。

从现实可以看到,大学的办学思想还不够丰富多元,办学的同质化倾向明显,"百校一面"的情况屡屡发生,大学的办学个性严重不足。"世界一流大学"一时间成为共同的追求,而基于自身条件的"一流的办学思想"却显得贫乏和不足。"世界一流大学"的崛起,是其卓越的办学思想自然而然的结果,独特的办学思想显现了独立的办学个性。如果不能超越已有的办学思想版图,找到自己学术和教育的位置,纵有天时地利也难成"世界一流"。当今"世界一流大学"已经站在较高的发展平台和较为深厚的思想传统上,要成为新的世界一流,必须在办学思想的创新和办学个性的积淀上率先走出一步。

除了具体的办学个性问题,国内大学的发展还存在着结构性的个性发展

问题。大学发展的同质化,很大程度上受制于"大学组织行政化"的传统,《高等教育法》明文规定的"面向社会依法自主办学"的精神亟待展开和落实,大学办学的独立性和自主性还不够。此外,大学之间的协作组织、学术教育发展的监督和促进机制还不健全,其独立行使的权限和权威有待加强。大学整体的独立性不足制约着大学具体的办学个性,有学者提出"让大学像大学",实乃切中时弊之语。

二、建设什么样的大学文化:从办学定位入手

(一) 办学定位:大学文化建设的基调

大学文化的创新、积淀和传承,是大学组织发展的根本大计,问题是建设什么样的大学文化,从哪里着眼,从哪里着手。大问题需从关键处着眼,从小处着手。大学文化建设这样的"大问题"还需要回到大学本身的含义上来。我们通常将兼有学术和教育职能的机构称为"大学",然而无论从历史看,还是从"大学"的分布看,"大学"是具体的,处于相同或不同的位置上,处于相同或不同的发展阶段。从大学所处的位置和发展阶段可以明晰地看出"这是什么性质的大学"。作为民国高等教育法令法规的创始人之一,蔡元培先生曾经把高等专门技术为导向的学校称之为"高等专门学校",把高等学术为导向的学校称之为"大学",它们有性质之分,而无年限和程度的差别。蔡元培先生的这一思想,借鉴了源于德国的"双轨制"传统,其思想依据在于"学术分途,各行其道"。这一思想,在宏观上为高等教育的发展定了位。"高等专门学校"和"大学"职责不同,道路不同。而具体到每一所高等学校,需要更为细致的定位,定该学校发展历史中的当前和今后一段时间的位置,定该校在某一类别高等学校中的位置。办学定位既是一项科学的活动,又是集中全校师生员工意志的民主化的决策行为,办学定位反映了大学的愿景(vision)。办学定位基于办学条件和潜能的审慎判断,基于大学理想和目标的设想。

先有办学定位,后有该定位下的大学文化建设。专业技术学院的定位,需

要营造"精益求精"、为专门职业服务、理论与实践紧密结合的大学文化精神;以高深知识的创造和传播为己任的研究型大学,则需要营造"为知识而知识""为学术而学术""与亚里士多德为友,与柏拉图为友,与真理为友"(哈佛大学校训)的大学文化精神。

精神层面的大学文化无形而又无处不在。具体到每一所大学,文化精神的意味又大异其趣,相得益彰。"兼容并包""肚里能驶飞艇才好"的老北大精神,"求是"的老浙大精神,"允公允能"的老南开精神,曾经是这些大学的文化内核。由"容"字,就能想到旧日北京大学新学旧学济济一堂,学派纷呈;社会青年和北大学子共"容"于大学课堂;女生和男生共赴学堂;不分长幼,确立先生和后生共同研究的制度。由"求是"二字,我们可以追溯"东方剑桥"科学的求真精神,由"公、能"二字,可以看到南开为国家为社会培养经世致用的精英人才的办学理念。

中国传媒大学立足于培养传媒精英人才,参与并引领传媒事业的发展。根据传媒事业国际通行的人才规格,深刻理解国家传媒事业对高层次人才的要求,总结和提炼50多年来的办学经验,我们提出了系统的人才培养准则:"政治上坚持党性原则,树立'喉舌'意识、导向意识,业务上力求'三头'过硬、'六语'皆通。"治学方面,我们坚持学以致用、服务社会的志向,形成了理论与实践有机结合、学术与应用并重的治学传统,营造了事业进步和大学发展良性互动的局面,创建了有中国特色的广播电视学科体系。

(二) 大学的"综合性"定位与大学文化的走向

综合性是大学学科布局和结构的基本定位。"大学"这个词的英文和拉丁文的词根就是"综合性"。综合性首先是指学科的综合性。科学在学科的分化和综合中向前发展,现代科学研究更加重视学科间的综合,20世纪以来影响人类发展进程的最伟大的成果,大多是多学科学者之间合作产生的。学科的综合性,有利于学术之间相互渗透和融通,有利于学问和修养的造诣,有利于学者之间围绕"综合的难题"进行切磋与合作。其次是教育的综合性。一个人在大学阶段能够接受不同学科多方面的教养,对于他深刻地理解专业的局限和价值,对于他自身人格的修养,具有重要的意义。不同学科共存于大学,学生自由地选择所向往的知识,教师将知识传递给那些具有特殊天分的人。

"综合性"的定位是大学的内在要求。但是没有一所大学有能力建设好所有的学科,在各个学科领域都卓有建树。具体到一所大学"综合性"有着其特有的含义,"综合性"和学科特色乃至办学特色的选择直接相关。耶鲁大学以人文学科见长,柏林大学以纯粹科学和哲学作为发展重点,伦敦政治经济学院以社会科学为特色。蔡元培任北京大学校长时期办学理想是文理综合性大学,因为蔡先生考虑到当时在"中体西用"和"经世致用"思想下通行的是高等专门学校的模式,而北大则要逐步成为中国思想学术的中心。

中国传媒大学在走向综合性大学的过程中以"信息传播类综合性大学"为发展方向,以"大传播的理念、全媒体的视野"规划学科发展,这是充分考虑学校的历史、办学条件、传媒领域学科布局和发展现状之后审慎的选择。随着信息传播业的迅速崛起,越来越多的高等学校涉足相关学科专业,但是目前力量相对分散,学术范围比较窄,该领域缺少一所真正意义上的综合性大学。而学校历史上以广播电视领域的学科专业为特色,近些年敏锐把握新媒体和信息传播业的发展动向,学科专业布局扩展延伸到整个传媒领域。未来几十年将在"信息传播类综合性大学"的内涵上苦练功夫。

三、结语:定位之后

大学文化存在于大学主体的行为(包括言语行为)中,在历史积淀中散发其文化的特性。大学主体既处身于大学文化中,又是大学文化的身体力行者。不同的大学主体承担着各自的责任。教师学者的责任在教育和研究,决策管理者的责任在决策和管理,而大学生的责任在学习和探究,他们负载着大学文化建设的不同侧面。教师学者是学生的向导或引路人,是新知的报晓者,教学和研究的文化是大学主导的精神乃至魂魄;决策管理者是大学蓝图的设计者,是大学行动的规划者,决策和管理的文化是大学机体健康运转的动力装置;而学生则是专门知识、高深知识的理解者和探究者,是大学文化的传播者,学习和探究的文化是大学生生不息的薪火。这些责任的实现,依赖于良好制度的支持,既包括学术和行政管理的制度,又包括教学和研究的制度。大学基本制度的确立,有利于大学文化的养成,确保大学文化不偏离轨道。制度是刚性的尺度,文化则是柔性的力量,刚柔并济才能铸就一所健康成长的大学。

（本文原载首都师范大学《高教研究》编辑部、《首都师大》校报编辑部编：《现代大学的文化精神》,首都师范大学出版社2006年版）

后　记

　　本书是笔者近三十年来，从事新闻传播、传播媒介、传媒高等教育等领域研究的成果选录、集萃。包括三个方面：

　　一是新闻传播学领域论文。从 1991 年的申请硕士学位论文，聚焦中国大陆媒介广告从有到无，随着改革开放的步伐重新恢复的独特过程，到收入本书的最后一篇——《从办学定位入手建设大学文化》，反映的是笔者对传播技术迅猛发展、社会变革前所未有的大环境下，媒介变迁一系列具体节点的所思所悟所感。

　　二是出版的著作、主持的课题结项成果节选。笔者主持和参与完成了一系列国家级、省部级科研项目的研究，形成结项成果、出版著作、编写教材，其中不乏相对成熟、相对自成体系的研究成果，摘选章节，录入本书。

　　三是传媒高等教育研究论文。笔者 2002 年走上高校校级管理岗位至今，从新疆艺术学院，到中国传媒大学，到北京外国语大学，几乎分管过高校内部管理的所有领域，感悟不少，形成文字。

　　媒介、传播、传媒教育等领域，是改革开放以来发展最迅猛、变化最深刻，对人类生产生活乃至日常交往交流方式产生影响最直接的行业，很有可能没有"之一"。面对这样一个"极其特殊的"领域，研究者的思考是短暂的，甚至是"应时性"的；成果是阶段性的，甚至具有某一特定发展时期认识的"局限性"。不管怎样，把近三十年的所思所感"和盘端出"，呈现在读者面前，力求敞开心扉与读者交流，亦客观记录自己几十年的研究历程。

　　本书启动编辑工作时，正值百年不遇的新冠肺炎疫情肆虐之际。隔离状态下，搜集、整理杂乱的文稿、书籍、材料，相当比例的文稿已没有电子版，需要重新录入、编校，很花时间、很费工夫。我的同事彭澍、刘博然、张文超等，做了大量工作，非常辛苦；人民出版社孙兴民主任一直保持热线联系，在编辑、体例等方面提供具体指导，一并致以诚挚的感谢！

统　　筹:张振明　孙兴民
责任编辑:孙兴民
封面设计:徐　晖
版式设计:王　婷
责任校对:方雅丽

图书在版编目(CIP)数据

媒介与传播/袁军 著. —北京:人民出版社,2021.7
(新时代北外文库/王定华,杨丹主编)
ISBN 978-7-01-023485-4

Ⅰ.①媒…　Ⅱ.①袁…　Ⅲ.①传播媒介-研究　Ⅳ.①G206.2

中国版本图书馆 CIP 数据核字(2021)第 101221 号

媒介与传播

MEIJIE YU CHUANBO

袁　军　著

人民出版社 出版发行
(100706　北京市东城区隆福寺街 99 号)

北京新华印刷有限公司印刷　新华书店经销

2021 年 7 月第 1 版　2021 年 7 月北京第 1 次印刷
开本:710 毫米×1000 毫米 1/16　印张:32.25　插页:1 页
字数:496 千字

ISBN 978-7-01-023485-4　定价:118.00 元

邮购地址 100706　北京市东城区隆福寺街 99 号
人民东方图书销售中心　电话 (010)65250042　65289539